프로그래머의 취업, 이직을 결정하는

알고리즘 문제 풀이 전략

지은이 조중필

미국 대학에서 수학을 전공하고 여러 스타트업을 거치며 실리콘밸리에서 교육용 앱 개발 회사를 설립했다. 한국을 비롯한 아시아 국가의 초·중·고등학교 학생들이 주입식 교육으로 인해 창의성이 부족함을 안타까워하면서 글로벌 인재로 성장하는 데 필요한 새로운 교육법을 개발하려고 불철주야 고민 중이다.

지은이 한현상

컴퓨터 공학을 전공하고 아이폰 열풍이 한창이던 2010년, 몇몇 친구들과 의기투합해 교육용 앱 개발 회사를 설립했으나 실패한 경험이 있다. 현재는 IT 업계 프로그래밍 교육 분야의 팀장이다.

지은이 이주호

영문학과 재학 중에 C를 접한 후 전공 선택이 잘못되었음을 깨닫고 바로 컴퓨터 공학으로 진로를 변경했다. 현재는 프리랜서 개발자로 미래를 개척 중이다. 과거의 자신처럼 진로 선택이 잘못된 젊은이들이 없도록 올바른 진로를 선택할 수 있는 커리어 컨설턴트가 되고 싶은 야망이 있다.

알고리즘 문제 풀이 전략 : 프로그래머의 취업, 이직을 결정하는

초판발행 2016년 04월 20일
3쇄발행 2016년 08월 19일

지은이 조중필, 한현상, 이주호 / **펴낸이** 김태헌
펴낸곳 한빛미디어(주) / **주소** 서울시 마포구 양화로 7길 83 한빛미디어(주) IT출판부
전화 02-325-5544 / **팩스** 02-336-7124
등록 1999년 6월 24일 제10-1779호 / **ISBN** 978-89-6848-270-0 93000

총괄 전태호 / **책임편집** 송성근 / **기획** 이중민 / **편집** 김연숙
디자인 표지 더그라프, 내지 김미현
영업 김형진, 김진불, 조유미 / **마케팅** 박상용, 송경석, 변지영 / **제작** 박성우, 김정우

이 책에 대한 의견이나 오탈자 및 잘못된 내용에 대한 수정 정보는 한빛미디어(주)의 홈페이지나 아래 이메일로
알려주십시오. 잘못된 책은 구입하신 서점에서 교환해 드립니다. 책값은 뒤표지에 표시되어 있습니다.

한빛미디어 홈페이지 www.hanbit.co.kr / 이메일 ask@hanbit.co.kr

지금 하지 않으면 할 수 없는 일이 있습니다.
책으로 펴내고 싶은 아이디어나 원고를 메일(writer@hanbit.co.kr)로 보내주세요.
한빛미디어(주)는 여러분의 소중한 경험과 지식을 기다리고 있습니다.

알고리즘 테스트의 시대가 온다!

프로그래머의 취업, 이직을 결정하는

알고리즘 문제 풀이 전략

조중필, 한현상, 이주호 지음

b 한빛미디어
Hanbit Media, Inc.

실력 향상을 고민하는
모든 프로그래머에게!

이 책은 이 세상에 존재하는 모든 알고리즘을 설명한 책은 아니다. 그럴 필요도 없지만 불가능하기도 하기 때문이다. 하지만 1장부터 마지막 장까지 일관적으로 지키려는 한 가지 원칙은 다양한 문제들을 머릿속에서 체계적으로 구조화해 프로그래밍 코드로 풀어나갈 수 있게끔 도와주자는 것이다. 잘 알려지지 않은 신기한 알고리즘 한두 개를 아는 것보다 주어진 상황에 맞게 본인 스스로가 코딩해서 풀어낼 수 있는 능력을 갖추는 것이 실무에서는 훨씬 큰 힘이 되기 때문이다.

이러한 이유로 국내와 외국의 많은 IT 기업에서 소프트웨어 개발자를 채용할 때 반드시 짚고 넘어가야 하는 관문으로 소프트웨어 시험 혹은 알고리즘 시험을 채택하고 있다. 제한된 시간과 환경에서 주어진 문제와 상황을 이해하고 그 문제를 해결하는 데 가장 최적화된 코딩을 할 수 있는 사람들을 선별해서 채용하길 원하기 때문이다.

이 책은 프로그래머의 실력 향상, 취업, 승진 등을 준비하는 사람들에게 조금이나마 도움이 되었으면 하는 소망을 담고 집필했다. 여러분에게 이 책이 작은 도움이 될 수 있기를 바란다.

저자 일동

제대로 된 프로그래머가 되는 지름길
알고리즘 문제 해결이 관건

컴퓨터를 전공한 전공자든 비전공자든 프로그래밍 언어를 배웠다고 해서 실무에서 한 사람 몫을 충분히 해내기는 어렵다. 영어 문법을 배운 사람이 영어로 에세이를 쉽게 쓰지 못하는 것과 마찬가지다. 실력이 없다는 말은 절대 아니다. 그 실력을 제대로 발휘하려면 현재 자신이 속한 상황을 이해하는 시간이 필요하고, 또 현실 상황과 자신의 실력을 비교하는 시간이 필요하다는 뜻이다.

이 책은 프로그래밍의 첫걸음을 뗀 독자가 실무에서 한 사람 몫을 하는 데 필요한 지침을 알려주는 책이다. 또한 올바른 개념을 갖춘 프로그래머를 채용하고 싶어 하는 국내외 IT 기업의 기술 면접 혹은 소프트웨어 시험에서 만날 수 있는 여러 가지 문제를 알고리즘의 종류와 특성에 맞게 구성했다. 이 책에 수록된 알고리즘 문제가 모든 소프트웨어 시험과 기술 면접에 나올 것이라고 자신 있게 말할 수는 없지만 어떤 패턴의 문제가 나오는지는 감을 잡을 수 있게 해줄 것으로 생각한다.

이 책은 크게 두 부분으로 나누어져 있다. 1부(1장~9장)에서는 기존의 알고리즘 서적이나 프로그래밍 문제 해결 서적에서 다루었던 여러 알고리즘의 특성을 설명한다.

2부(10장~17장)는 알고리즘의 난이도 수준을 나타내는 1~4레벨과 해당 레벨의 코딩 난이도를 나타내는 Easy, Mid, Hard로 구분한 여러 가지 알고리즘 문제를 제시하고 이를 해결하는 방법을 설명한다. 분할 정복 알고리즘, 탐욕 알고리즘, 동적 계획법, 백 트래킹 등의 알고리즘 패턴에 맞게 간단하지만 번득이는 아이디어가 필요한 문제들을 다룬다. 문제를 한 번 보고 바로 풀기는 쉽지 않을지도 모른다. 그러나 브레인 스토밍과 코드 해설을 통해 제시된 문제를 코드로 변환하는 방법을 충분히 익힐 수 있을 것이다.

각 장의 내용은 다음과 같이 구성되어 있다.

1장은 알고리즘이 무엇이고 알고리즘을 코드로 만든다는 것이 어떤 의미인지를 설명한다.

2장은 알고리즘을 본격적으로 배우기 전에 C에서 초급자들이 이해하기 까다로워하는 자료형, 포인터, 배열을 집중적으로 설명한다. 이 장에서 다루는 C의 개념들은 앞으로 설명하게 될 알고리즘에서 기본적으로 사용되는 개념이다.

3장은 기본 자료구조를 다룬다. 알고리즘 문제를 해결할 때 가장 많이 사용하는 자료구조는 2장에서 설명한 배열과 링크드 리스트, 스택, 큐 등이다. 이 장에서는 이 기본 자료구조의 특성과 사용 방법을 설명한다.

4장은 트리의 개념과 트리를 순회하는 알고리즘을 설명한다.

5장은 트리의 응용 방법을 설명한다. 4장에서 배운 트리를 실제로 사용할 때 필요한 다양한 트리 응용 알고리즘을 설명한다.

6장은 기본 정렬 알고리즘을 설명한다. 간단한 4개의 정렬 알고리즘(선택, 삽입, 버블, 셸 정렬 알고리즘)에 따라 주어진 데이터를 처리하는 방법을 설명한다.

7장은 6장에서 다룬 정렬 알고리즘보다 성능이 향상된 4개의 정렬 알고리즘(퀵, 기수, 병합, 힙 정렬 알고리즘)을 설명한다.

8장은 트리를 기반으로 한 이진 검색 알고리즘을 설명한다.

9장은 해시 알고리즘을 설명한다.

10장의 몸풀기 알고리즘은 최대공약수 구하기와 피보나치 수열 구하기 등 간단한 문제가 어떻게 알고리즘 코드로 바뀌는지를 설명한다. 간단한 문제이기는 하나 고민해서 접근해야 해결할 수 있는 문제들이다.

11장 기본기를 다지는 알고리즘은 초등학교나 중학교 정보 올림피아드 시험에 출제됐거나 시험 준비를 위해 만들어진 문제들이다. 10장까지의 내용을 탄탄하게 익혀야 해결할 수 있는 문제들이므로 만만하게 생각해서는 안 된다.

12장 수학식을 이용하는 알고리즘 I은 분할 정복 알고리즘의 특성과 그와 관련된 실전 문제들을 다룬다.

13장 수학식을 이용하는 알고리즘 II에서는 탐욕 알고리즘과 그와 관련된 실전 문제들을 다룬다.

14장 2개의 for문을 이용하는 알고리즘은 동적 계획법과 그와 관련된 실전 문제들을 다룬다.

15장 동적 계획법의 응용은 기술 면접과 소프트웨어 시험에서 가장 많이 출제되는 동적 계획법을 응용한 실전 문제들을 다룬다.

16장 맵을 이용하는 알고리즘은 백 트래킹과 그와 관련된 실전 문제들을 다룬다.

마지막 **17장**은 각종 소프트웨어 시험과 알고리즘 대회에서 자주 출제되는 알고리즘 문제 형식만을 추려서 설명한다.

부록에서는 이 책의 알고리즘 코드를 직접 실행해보는 데 필요한 마이크로소프트 Visual Studio의 설치 방법, 프로젝트 만드는 방법을 설명한다.

이 책은 다음과 같은 독자가 읽기를 권한다.

- C를 알고 사용해본 경험은 있지만 알고리즘에는 친숙하지 않은 사람
- 정보 올림피아드 대회를 준비하거나 IT 기업의 소프트웨어 및 알고리즘 시험을 준비하는 사람

C를 알지만 알고리즘에 친숙하지 않은 사람이라면 1장~9장의 여러 가지 알고리즘 설명들이 도움이 될 것이다. 또한 IT 기업에 취업하려고 소프트웨어 및 알고리즘 시험을 준비하거나 취업 후 승진이나 승격을 목적으로 치르는 알고리즘 시험을 대비하는 데는 2부의 문제가 많은 도움이 될 것이다.

만약 이 책을 보면서 이해가 되지 않는 부분이 있다면『뇌를 자극하는 알고리즘』등의 알고리즘 입문서를 읽어보기 바란다. 그리고 이 책의 내용과 관련해서 궁금한 점이 있다면 algo.hanbit@gmail.com으로 문의하기 바란다.

마지막으로 이 책을 공부하는 방법을 알려주는 로드맵을 소개한다.

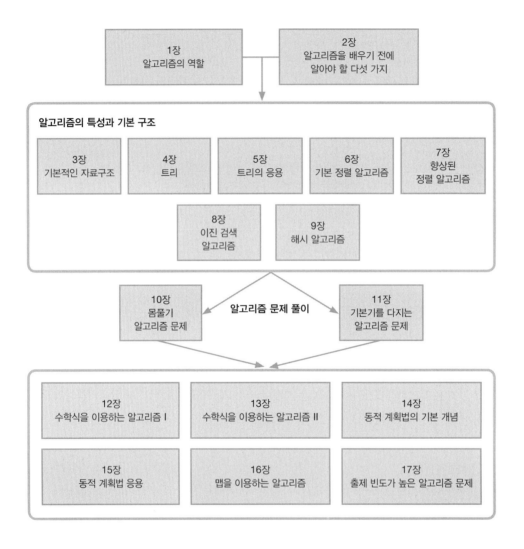

CONTENTS
목차

지은이 말 ·· **004**

서문 ·· **005**

PART I 꼭 알아야 하는 필수 알고리즘

CHAPTER 1 알고리즘의 역할

01 알고리즘의 정의 ··· **026**

알고리즘의 조건 ·· **026**

02 알고리즘을 왜 평가해야 하는가? ··· **028**

알고리즘을 평가해야 하는 이유 ·· **029**

알고리즘 평가의 세 가지 요소 ·· **031**

03 수학적 배경 ··· **039**

알고리즘의 수학적 표기 방법 ··· **039**

빅오 표기법의 종류 ··· **042**

반복문의 시그마 연산 표현 ·· **043**

04 분석의 대상 ··· **047**

무엇을 분석할 것인가? ·· **047**

반복문은 최대 반복 횟수로 계산한다 ·· **048**

중첩된 반목문은 중첩문 각각의 최대 반복 횟수를 곱해서 계산한다 ········ **048**

반복문이 떨어져서 2개 이상 있는 경우는 그중 가장 큰 값으로 계산한다 ··· **049**

if-else문은 알고리즘 성능에 영향을 미치지 않는다 ·························· **050**

재귀 호출은 풀어서 계산한다 ···························· **050**

05 알고리즘의 분석과 최적화 ···························· **051**

프로그램의 수학적 분석 예 ···························· **051**

프로그램의 최적화 예 ······························· **054**

06 정리 ·· **057**

CHAPTER 2 알고리즘을 배우기 전에 알아야 할 다섯 가지

01 메모리와 주소의 관계 ································ **060**

02 자료형과 배열 ·· **062**

메모리와 자료형 ··································· **062**

메모리와 배열 ····································· **063**

03 배열의 응용 ·· **069**

함수와 일차원 배열의 사용 ························· **069**

다차원 배열 ······································· **075**

04 포인터 ··· **080**

포인터는 왜 사용할까? ····························· **080**

포인터의 사용 형식 ································ **080**

05 배열과 포인터의 사용 ································ **089**

배열과 포인터의 기본적인 조합 방법 ················ **089**

배열과 포인터의 차이점 ····························· **092**

배열을 사용하는 포인터를 함수의 매개변수로 사용 ··· **093**

06 포인터 배열과 포인터 연산 ·························· **096**

포인터 배열이란? ··································· **096**

포인터 연산의 이해 ···················· **098**

07 포인터의 활용: Call by reference ···················· **102**

08 정리 ···················· **104**

CHAPTER 3 기본적인 자료구조

01 링크드 리스트란? ···················· **106**

02 **단일 링크드 리스트의 삽입과 삭제** ···················· **109**

단일 링크드 리스트의 특징 ···················· **109**

단일 링크드 리스트의 삽입 알고리즘 ···················· **110**

단일 링크드 리스트의 삭제 알고리즘 ···················· **120**

03 **이중 링크드 리스트** ···················· **126**

이중 링크드 리스트 ···················· **126**

이중 링크드 리스트의 삽입과 삭제 알고리즘 ···················· **127**

04 **스택의 개념과 알고리즘** ···················· **135**

스택의 개념 ···················· **135**

스택의 구현 ···················· **136**

푸시와 팝 ···················· **137**

05 **큐의 개념과 알고리즘** ···················· **143**

큐의 개념 ···················· **143**

배열을 사용한 큐의 구현 ···················· **144**

링크드 리스트를 사용한 큐의 구현 ···················· **149**

06 정리 ···················· **158**

CHAPTER 4 트리

01 트리의 개념과 주요 용어 ···················· 160

트리의 개념 ···················· 160

트리 관련 주요 용어 ···················· 160

이진 트리 ···················· 162

트리의 순회 알고리즘 ···················· 165

02 전위 순회 알고리즘 ···················· 166

03 중위 순회 알고리즘 ···················· 176

재귀 호출을 사용한 중위 순회 ···················· 180

스택을 사용한 중위 순회 ···················· 182

04 후위 순회 알고리즘 ···················· 186

재귀 호출을 사용한 후위 순회 ···················· 191

스택을 사용한 후위 순회 ···················· 191

스택을 사용하는 순회 알고리즘의 비교 ···················· 196

05 단계 순회 알고리즘 ···················· 199

06 정리 ···················· 206

CHAPTER 5 트리의 응용

01 AVL 트리 ···················· 208

이진 트리의 문제점 ···················· 208

AVL 트리 ···················· 209

AVL 트리의 구성 ···················· 210

02 2-3 트리 ··· **235**

　AVL 트리의 문제점을 해결하는 2-3 트리 ······································ **235**

　2-3 트리의 구현 ··· **237**

　2-3 트리의 변형 ··· **246**

03 정리 ··· **247**

CHAPTER 6 기본 정렬 알고리즘

01 다양한 정렬 알고리즘 ··· **250**

02 선택 정렬 알고리즘 ··· **252**

　선택 정렬 알고리즘의 개념 ··· **252**

　선택 정렬 알고리즘의 분석 ··· **259**

03 삽입 정렬 알고리즘 ··· **261**

　삽입 정렬 알고리즘의 개념 ··· **261**

　삽입 정렬 알고리즘의 분석 ··· **266**

04 버블 정렬 알고리즘 ··· **267**

　버블 정렬 알고리즘의 개념 ··· **267**

　버블 정렬 알고리즘의 분석 ··· **271**

05 셸 정렬 알고리즘 ·· **273**

　셸 정렬 알고리즘의 개념 ··· **273**

　셸 정렬 알고리즘의 분석 ··· **277**

06 정리 ··· **278**

CHAPTER 7 향상된 정렬 알고리즘

01 퀵 정렬 알고리즘 ·· **280**

   퀵 정렬 알고리즘의 개념 ·· **280**

   퀵 정렬 알고리즘의 분석 ·· **289**

02 기수 정렬 알고리즘 ·· **291**

   기수 정렬 알고리즘의 개념 ······································ **291**

   기수 정렬 알고리즘의 분석 ······································ **300**

03 병합 정렬 알고리즘 ·· **301**

   병합 정렬 알고리즘의 개념 ······································ **301**

   병합 정렬 알고리즘의 분석 ······································ **308**

04 힙 정렬 알고리즘 ·· **309**

   힙 정렬 알고리즘의 개념 ·· **309**

   힙 정렬 알고리즘의 분석 ·· **321**

05 정리 ··· **322**

CHAPTER 8 이진 검색 알고리즘

01 이진 검색 알고리즘 ·· **324**

   이진 검색 알고리즘의 개념 ······································ **324**

02 이진 검색 트리 알고리즘 ······································ **330**

   이진 검색 트리 알고리즘의 특성 ·································· **330**

   이진 검색 트리 알고리즘의 데이터 삽입 ·························· **330**

   이진 검색 트리 알고리즘의 데이터 삭제 ·························· **338**

03 정리 ··· **348**

CHAPTER 9 해시 알고리즘

01 해시 알고리즘 ··· **350**

키–주소 검색 알고리즘 ·· **350**

키–매핑 검색 알고리즘 ·· **354**

02 해시 알고리즘의 문제점 ··· **360**

해시 알고리즘의 데이터 중복 문제 ·· **360**

03 해시 알고리즘의 문제 해결 방법 ·· **373**

해시 알고리즘에서 발생되는 문제들 ·· **373**

04 정리 ·· **377**

PART
II 실전 알고리즘 문제 해결

CHAPTER 10 몸풀기 알고리즘 문제

01 10진수와 16진수 변환 프로그램 LEVEL 1 Easy ······················· **382**

02 숫자 맞추기 LEVEL 1 Easy ··· **385**

임의의 숫자를 생성하는 방법 ··· **387**

프로그램이 계속 실행되도록 하는 방법 ·· **387**

03 최대공약수 구하기 LEVEL 1 Mid ··· **389**

임의의 숫자의 약수를 구하는 방법 ·· **390**

임의의 두 숫자에 공통으로 해당하는 약수를 구하는 방법 ·················· **391**

임의의 두 숫자에 공통으로 해당하는 약수 중 최댓값을 선택하는 방법 ·················· **393**

04 피보나치 수열 `LEVEL 1` `Hard` ·················· **395**

05 임의의 숫자 배수의 개수와 합 구하기 `LEVEL 1` `Mid` ·················· **398**

06 소수 구하기 `LEVEL 1` `Mid` ·················· **400**

소수를 구하는 기능 ·················· **402**

한 행에 값 8개씩 맞춰 출력하는 기능 ·················· **402**

07 지그재그 숫자 출력하기 `LEVEL 1` `Hard` ·················· **404**

전체 총 몇 행을 출력하는지 결정하는 for문 ·················· **405**

출력할 행이 홀수인 경우의 for문 ·················· **406**

출력할 행이 짝수인 경우의 for문 ·················· **406**

08 재귀 호출로 최대공약수 구하기 `LEVEL 1` `Mid` ·················· **407**

첫 번째 재귀 호출: x = 4, y = 6 ·················· **409**

두 번째 재귀 호출: x = 6, y = 4 ·················· **409**

세 번째 재귀 호출: x = 4, y = 2 ·················· **410**

네 번째 재귀 호출: x = 2, y = 0 ·················· **411**

최종 결과 ·················· **411**

09 정리 ·················· **412**

CHAPTER **11 기본기를 다지는 알고리즘 문제**

01 탐욕 알고리즘 `LEVEL 2` `Hard` ·················· **414**

문제 ▸ 브레인 스토밍 ▸ 문제 풀이 ▸ 해설 ▸ 정리

02 세포의 자기 증식 프로젝트 `LEVEL 2` `Mid` ·················· **426**

문제 ▸ 브레인 스토밍 ▸ 문제 풀이 ▸ 해설 ▸ 정리

03 재난 관리 프로젝트 `LEVEL 3` `Hard` ·· **435**

문제 ▸ 브레인 스토밍 ▸ 문제 풀이 ▸ 해설 ▸ 정리

04 블록 쌓기 게임 `LEVEL 1` `Easy` ··· **448**

문제 ▸ 브레인 스토밍 ▸ 문제 풀이 ▸ 해설 ▸ 정리

CHAPTER **12** 수학식을 이용하는 알고리즘 I

01 분할 정복 알고리즘의 특징 ·· **470**

02 하노이의 탑 `LEVEL 3` `Easy` ·· **471**

03 기약 분수 구하기 `LEVEL 3` `Easy` ··· **474**

문제 ▸ 브레인 스토밍 ▸ 문제 풀이 ▸ 해설 ▸ 정리

04 동전 옮기기 `LEVEL 3` `Mid` ··· **483**

문제 ▸ 브레인 스토밍 ▸ 문제 풀이 ▸ 해설 ▸ 정리

05 숫자 순환 `LEVEL 3` `Easy` ·· **490**

문제 ▸ 브레인 스토밍 ▸ 문제 풀이 ▸ 해설 ▸ 정리

CHAPTER **13** 수학식을 이용하는 알고리즘 II

01 탐욕 알고리즘의 특징 ·· **500**

02 앞뒤가 같은 제곱 `LEVEL 3` `Easy` ··· **502**

문제 ▸ 브레인 스토밍 ▸ 문제 풀이 ▸ 해설 ▸ 정리

03 연 소수 `LEVEL 3` `Easy` ·· **508**

문제 ▸ 브레인 스토밍 ▸ 문제 풀이 ▸ 해설 ▸ 정리

04 최대 연속 부분합 `LEVEL 3` `Easy` ··· **516**

　　문제 ▸ 브레인 스토밍 ▸ 문제 풀이 ▸ 해설 ▸ 정리

05 화물차 배치 `LEVEL 3` `Mid` ··· **521**

　　문제 ▸ 브레인 스토밍 ▸ 문제 풀이 ▸ 해설 ▸ 정리

06 대칭 행렬 구하기 `LEVEL 3` `Easy` ··· **528**

　　문제 ▸ 브레인 스토밍 ▸ 문제 풀이 ▸ 해설 ▸ 정리

CHAPTER **14 동적 계획법의 기본 개념**

01 동적 계획법의 특징 ·· **536**

02 계단 오르기 게임 `LEVEL 3` `Hard` ··· **537**

　　문제 ▸ 브레인 스토밍 ▸ 문제 풀이 ▸ 해설 ▸ 정리

03 타일 바르기 `LEVEL 3` `Hard` ··· **545**

　　문제 ▸ 브레인 스토밍 ▸ 문제 풀이 ▸ 해설 ▸ 정리

04 목장 울타리 만들기 `LEVEL 3` `Mid` ··· **551**

　　문제 ▸ 브레인 스토밍 ▸ 문제 풀이 ▸ 해설 ▸ 정리

05 한빛스키장 리프트 가격 `LEVEL 1` `Hard` ································· **559**

　　문제 ▸ 브레인 스토밍 ▸ 문제 풀이 ▸ 해설 ▸ 정리

06 포인트 스키 활강 `LEVEL 3` `Hard` ··· **568**

　　문제 ▸ 브레인 스토밍 ▸ 문제 풀이 ▸ 해설 ▸ 정리

CHAPTER 15 동적 계획법 응용

01 동적 계획법의 전형적인 문제 ·· 578

02 한빛 패스트푸드 LEVEL 3 Hard ·· 584
문제 ▸ 브레인 스토밍 ▸ 문제 풀이 ▸ 해설 ▸ 정리

03 시장의 도시 방문기 LEVEL 3 Mid ·· 590
문제 ▸ 브레인 스토밍 ▸ 문제 풀이 ▸ 해설 ▸ 정리

04 신입 사원 선발 LEVEL 3 Mid ·· 596
문제 ▸ 브레인 스토밍 ▸ 문제 풀이 ▸ 해설 ▸ 정리

05 해커의 도전 LEVEL 3 Easy ·· 602
문제 ▸ 브레인 스토밍 ▸ 문제 풀이 ▸ 해설 ▸ 정리

06 배낭 여행 LEVEL 3 Hard ·· 610
문제 ▸ 브레인 스토밍 ▸ 문제 풀이 ▸ 해설 ▸ 정리

CHAPTER 16 맵을 이용하는 알고리즘

01 백 트래킹 알고리즘의 개념 ·· 620

02 생화학 폭탄 LEVEL 3 Hard ·· 622
문제 ▸ 브레인 스토밍 ▸ 문제 풀이 ▸ 해설 ▸ 정리

03 아파트 단지 LEVEL 3 Hard ·· 631
문제 ▸ 브레인 스토밍 ▸ 문제 풀이 ▸ 해설 ▸ 정리

04 피곤한 배달부 LEVEL 3 Mid ·· 637
문제 ▸ 브레인 스토밍 ▸ 문제 풀이 ▸ 해설 ▸ 정리

05 체스 LEVEL 3 Hard ·· **645**

　문제 ▸ 브레인 스토밍 ▸ 문제 풀이 ▸ 해설 ▸ 정리

06 배수로 공사 LEVEL 4 Easy ··· **653**

　문제 ▸ 브레인 스토밍 ▸ 문제 풀이 ▸ 해설 ▸ 정리

CHAPTER 17 출제 빈도가 높은 알고리즘 문제

01 세뱃돈 만들기 LEVEL 3 Easy ··· **660**

　문제 ▸ 브레인 스토밍 ▸ 문제 풀이 ▸ 해설 ▸ 정리

02 한빛캐피탈의 스타트업 투자 LEVEL 3 Mid ················· **668**

　문제 ▸ 브레인 스토밍 ▸ 문제 풀이 ▸ 해설 ▸ 정리

03 외양간 고치기 LEVEL 3 Easy ··· **678**

　문제 ▸ 브레인 스토밍 ▸ 문제 풀이 ▸ 해설 ▸ 정리

04 영역의 크기 LEVEL 4 Mid ·· **685**

　문제 ▸ 브레인 스토밍 ▸ 문제 풀이 ▸ 해설 ▸ 정리

05 식인종과 연구원 LEVEL 4 Hard ····································· **693**

　문제 ▸ 브레인 스토밍 ▸ 문제 풀이 ▸ 해설 ▸ 정리

부록 Visual Studio 2013의 설치 및 설정 방법

01 Visual Studio 2013의 다운로드와 설치 ··················· **706**

　Visual Studio 웹사이트 ·· **706**

　Visual Studio 2013의 설치 ··· **707**

　Visual Studio 2013의 실행 ··· **708**

02 Visual Studio 2013을 사용한 테스트 코드 빌드와 실행 ································· **709**

새로운 프로젝트의 생성 ·· **709**

새로운 소스 코드의 생성 ·· **711**

코드 입력과 빌드 및 실행 ·· **713**

03 실행과 디버깅 ·· **715**

input.txt 파일의 저장 위치 ··· **715**

콘솔에서 실행 파일 입력해 실행하기 ·· **717**

찾아보기 ·· **719**

ALGORITHM PROBLEM SOLVING

1부에서는 다양한 알고리즘 문제를 실제로 풀기 전에 꼭 알아야 할 각종 알고리즘 이론을 소개한다.

다양한 기반 지식이 뒷받침되지 않으면 문제를 해결하는 능력을 키울 수 없다.

다룰 내용은 다음과 같다.

- 알고리즘의 역할
- 알고리즘을 배우기 전에 알아야 할 다섯 가지
- 기본적인 자료구조 – 링크드 리스트, 스택, 큐
- 트리
- 정렬 알고리즘
- 이진 검색 알고리즘
- 해시 알고리즘

1부를 통해서 여러분의 알고리즘 이해도를 반드시 높이기 바란다.

꼭 알아야 하는 필수 알고리즘

PART
I

CHAPTER

01

알고리즘의 역할

C나 C++ 혹은 자바나 스칼라 같은 어떤 프로그래밍 언어든, 기초를 배웠다고 해서 누구나 바로 프로그래머로서 능숙하게 일하기는 쉽지 않다. 즉, 프로그래밍 언어 입문 과정을 배웠다는 것은 여러분이 본격적으로 프로그래머의 길을 걸어가기 위한 준비의 한 과정이라고 받아들이면 된다.

그렇다면 이제 여러분이 중점적으로 공부해야 할 것은 무엇일까? "주어진 조건이 있을 때 어떤 절차와 방법으로 문제를 풀 수 있는가?"라는 점이다. 이것이 바로 이 책의 주제인 알고리즘algorithm이다.

이번 장에서는 다양한 알고리즘을 본격적으로 익히기 전에 알고리즘이 도대체 무엇인지, 왜 알고리즘을 배워야 하는지 알아본다.

SECTION 01 알고리즘의 정의

문법의 규칙대로 단어를 나열한다고 해서 영어, 일본어, 중국어와 같은 외국어를 잘한다고 볼수 없듯이 단순히 프로그래밍 언어의 규칙대로 프로그램 만드는 일을 좋은 프로그래밍이라고볼 수 없다. 같은 단어와 같은 표현이라도 어떤 상황에서 사용하느냐에 따라 전달되는 의미가달라지는 건 프로그래밍 언어도 마찬가지다. 문법만 확실히 익혔다고 해서 어떤 문제든 해결할수 있는 것은 아니다. "구슬이 서 말이라도 꿰어야 보배다"라는 속담처럼 프로그래밍 언어로 어떤 문제를 해결하지 못하면 빛 좋은 개살구에 불과하다.

그럼 컴퓨터를 전공했든 전공하지 않았든 프로그래밍 서적을 펼치는 순간부터 가장 많이 듣게되는 단어 중 하나인 알고리즘이란 무엇일까?

알고리즘의 사전적 의미는 다음과 같다.

"어떤 문제를 해결하기 위한 절차나 방법"

프로그래밍에서 의미하는 알고리즘은 다음과 같이 조금 다르다.

"어떤 문제를 컴퓨터를 사용해서 해결하기 위한 절차나 방법"

이를 잘 기억해두고 다음부터는 알고리즘이라고 말할 수 있는 조건을 살펴보겠다.

알고리즘의 조건

알고리즘은 방금 설명한 것처럼 '문제를 해결하는 방법'을 의미한다. 그러나 문제를 해결하는방법을 너무 복잡하게 생각할 필요는 없다. 예를 들어 여러분이 길을 걷고 있는데 어떤 외국 사람이 다음과 같은 질문을 했다고 생각해보자.

Do you speak English?

어떻게 대답할 수 있을까? 여러분이 영어를 잘한다면 아래 문장처럼 대답할지도 모른다.

I'm sorry. I don't speak English very well. But if you need my help, I will be happy to help you.

그런데 꼭 이렇게 이야기할 필요가 있을까? 그냥 'No'라고 대답해도 상관없다. 좀 성의 없어 보일 수는 있겠지만 어차피 영어를 말할 수 있느냐는 질문에 'No'라고 대답한다고 해서 절대 잘못된 답변이라고는 볼 수 없다. 알고리즘도 이와 마찬가지다. 주어진 문제를 해결하는 방법이나 절차가 맞는다면 알고리즘이라고 말할 수 있다.

그럼 알고리즘의 조건을 살펴보자. 다음과 같다.

- 입력: 알고리즘은 0 또는 그 이상의 외부에서 제공된 자료가 존재한다.
- 출력: 알고리즘은 최소 1개 이상의 결과가 있어야 한다.
- 명확성: 알고리즘의 각 단계는 애매함 없는 명확한 과정으로 구성되어야 한다.
- 유한성: 알고리즘은 유한한 수의 단계를 수행한 후 문제가 해결되고 종료되어야 한다.
- 효율성: 알고리즘의 모든 연산은 명백하게 실행할 수 있음을 검증할 수 있어야 한다.

예를 들어 코드 1-1처럼 단순히 화면에 문자를 출력하는 Hello World 프로그램을 살펴보자.

코드 1-1 일반적인 Hello World 프로그램

```
01   #include <stdio.h>
02
03   int main(int argc, char *argv[])
04   {
05     printf("Hello, World!\n");
06
07     return 0;
08   }
```

"Hello World라는 문자를 출력한다"는 명확한 목적이 있고, 문자를 출력한 다음에 해당 프로그램은 종료된다. 또한 명백하게 실행할 수 있다는 점도 검증할 수 있다. 즉, 이 프로그램은 알고리즘의 조건을 만족한다고 볼 수 있다.

이제 막 프로그래밍을 배운 초보 프로그래머가 착각할 수도 있는 점 하나는 프로그램 안에 반복문을 사용해야 알고리즘이 있다고 생각하는 것이다. 이는 극히 잘못된 생각이다. 정상적인 프로그램이라면 어떤 알고리즘을 구현한 것이다.

SECTION 02 알고리즘을 왜 평가해야 하는가?

예를 들어 어떤 초등학교에 학생이 50명인 반이 있고 학생 한 명 한 명에 1번부터 50번까지 번호를 부여한다고 생각해보자. 이때 키 순서대로 1번부터 50번까지 번호를 매길 수도 있고, 이름의 '가나다라' 순서대로 1번부터 50번까지 번호를 매길 수도 있을 것이다.

이를 프로그래밍의 개념과 연결해보면 1번부터 50번까지 번호를 매기는 두 가지 방법은 알고리즘이라 할 수 있다. 그러면 두 가지 방법을 알고리즘으로 구현했을 때 무엇이 더 효율적일까? 지금은 어떤 알고리즘이 더 효율적이라고 딱 잘라 말할 수 없을 것이다.

키 순서대로 번호를 매기면 교실 책상 맨 앞을 기준으로 키 작은 사람부터 차례로 앉힐 때 누구 키가 작거나 크다는 비교를 할 필요 없이 차례대로 자기 책상을 찾아서 앉힐 수 있어 효율적이다.

하지만 '가나다라' 기준이라면 엑셀과 같은 프로그램으로 출석부를 만들 때 이름 순서대로 정렬한 후 바로 번호를 매기면 되므로 효율적이다. 즉, 어떤 조건Condition이 중요하냐에 따라 효율적으로 문제를 해결하는 방법은 달라지기 마련이다.

따라서 알고리즘의 효율성을 평가하려면 다음을 기억해야 한다.

"컴퓨터를 사용해 주어진 조건에 맞게 효율적으로 문제를 해결하는 절차와 방법을 우선한다."

예를 들어 많은 알고리즘 책에서 여러 가지 정렬 알고리즘 중에 가장 좋은 알고리즘이 퀵 정렬Quick Sort이라고 이야기하더라도 모든 경우에 반드시 그렇다고 생각해서는 안 된다. 즉, 알고리즘의 평가는 해당 알고리즘이 적용될 조건이 어떠하냐에 따라 달라진다는 사실을 꼭 기억하자.

또한 여러분이 이 책의 마지막 페이지를 넘길 때까지 잊지 말아야 할 점이 있다. 여러분 스스로 적용될 조건을 적극적으로 찾으라는 것이다. 그래야 이 책에서 소개하고 설명하는 여러 가지 알고리즘이 내가 만드는 프로그램에 가장 효율적인지 평가할 수 있다.

알고리즘을 평가해야 하는 이유

먼저 다음 두 프로그램을 통해 아주 기본적인 알고리즘 평가의 예를 살펴보자.

코드 1-2는 총 9개의 printf( ) 함수가 있는 프로그램이다.

코드 1-2 printf( ) 함수가 여러 개인 프로그램

```
01  #include <stdio.h>
02
03  int main(int argc, char *argv[])
04  {
05    printf("Hello, World!\n");
06    printf("Merry Christmas\n");
07    printf("Happy New Year\n");
08
09    printf("Hello, World!\n");
10    printf("Merry Christmas\n");
11    printf("Happy New Year\n");
12
13    printf("Hello, World!\n");
14    printf("Merry Christmas\n");
15    printf("Happy New Year\n");
16
17    return 0;
18  }
```

코드 1-3은 for문으로 코드 1-2와 같은 실행 결과가 나오도록 변경한 프로그램이다.

코드 1-3 for문을 사용한 프로그램

```
01  #include <stdio.h>
02
03  int main(int argc, char *argv[])
04  {
05    int i;
06
07    for(i = 0; i < 3; i++) {
08      printf("Hello, World!\n");
09      printf("Merry Christmas\n");
```

```
10        printf("Happy New Year\n");
11     }
12
13     return 0;
14  }
```

실행 결과는 다음과 같다.

코드 1-2와 **코드 1-3**의 실행 결과

```
Hello, World!
Merry Christmas
Happy New Year
Hello, World!
Merry Christmas
Happy New Year
Hello, World!
Merry Christmas
Happy New Year
```

결과만 놓고 보면 모두 3개의 문자열을 반복해서 출력한다는 알고리즘을 프로그램으로 구현한 것이다. 그런데 두 프로그램의 알고리즘 구현에는 차이가 있다.

코드 1-2와 코드 1-3의 코드를 간단하게 설명하면 다음과 같다.

- 코드 1-2는 9개의 printf( ) 함수를 차례로 출력한다. 각 printf( ) 함수에 있는 문자열 모두를 모니터 화면에 출력하는 기능만 있으므로, printf( ) 함수 안에서 사용하는 연산과 메모리를 제외하고는 메모리에 할당해야 할 변수나 실행해야 할 연산이 없다.
- 코드 1-3은 공통으로 출력되는 문자열 패턴이 있다는 점을 확인한 후 for문을 사용해 이를 반복해서 출력하게 했다. 코드 1-2와 비교했을 때 코드 행이 적고, 지역 변수 i와 printf( ) 함수 3개 안에 있는 문자열을 메모리에 할당한다.

따라서 코드 1-2와 코드 1-3을 비교해 알고리즘을 간단하게 평가하면 다음과 같이 설명할 수 있다.

- 코드 1-2는 반복해서 출력해야 할 문자열이 늘어날수록 printf( ) 함수를 추가로 작성해야 한다. 따라서 코드가 간결하지 않다.
- 코드 1-3은 코드 1-2와 비교하면 출력해야 할 문자열이 늘어나도 for문의 종결 조건만 바꿔주면 된다. 따라서 코드가 간결하다.

즉, 여러분이 보편적으로 알고리즘을 구현한다고 고민하는 일은 앞의 예처럼 알고리즘을 평가한 후 주어진 조건에 맞게 효율적으로 문제를 해결할 수 있는 알고리즘이 무엇인지 확인하는 일이다. 그리고 확인이 끝났다면 자신이 만드는 프로그램에 따라서 더 효율적이라고 생각하는 알고리즘을 적용해야 한다.

그럼 알고리즘을 평가할 때는 무엇을 고려해야 할까? 다음부터 알고리즘을 평가하는 데 필요한 세 가지 요소에 대해 알아보자.

알고리즘 평가의 세 가지 요소

어떤 프로그램 코드의 알고리즘 효율성을 평가하려면 세 가지 요소를 고려해야 한다.

- 시간의 효율성
- 공간의 효율성
- 코드의 효율성

이 세 가지 요소는 표현은 다를 수 있으나 알고리즘을 설명하는 대부분의 책과 강의에서 강조하는 요소다. 우선 개념부터 설명한 후 실제 알고리즘들을 구현한 코드를 비교하면서 반복적으로 설명한다.

시간의 효율성

시간의 효율성은 모든 알고리즘에서 가장 중요하게 생각하는 요소다. 컴퓨터에서 실행되는 프로그램이라면 주어진 조건에 맞춰 문제를 해결하는 데 무한대의 시간을 사용할 수는 없다.

예를 들어 친구 2명과 카드 게임을 즐긴다고 가정해보자. 다른 두 친구는 1~2분 만에 자기 차례의 패를 내는데 본인만 10~20분씩 너무 곰곰이 생각한 후 카드 패를 낸다면 과연 게임이 제대로 진행될까? 아마 친구들은 다시 여러분과 카드 게임을 즐기려고 생각하지 않을 것이다. 혹은 스타크래프트와 같은 게임 소프트웨어를 개발한다고 가정해보자. 여러분이 고안한 게임 알고리즘에서 어떤 유닛의 움직임을 계산할 때 거의 1시간이 소요된다면 아마 아무도 이 게임을 하지 않을 것이다. 되도록 빠른 시간 안에 가장 효율적인 해결책을 찾는 것이 좋은 알고리즘이라는 사실을 기억하자.

이제 프로그램 코드를 살펴보면서 시간의 효율성을 살펴보자. 코드 1-4와 코드 1-5는 data라는 배열 안에 정숫값 1부터 1,000까지의 숫자가 차례대로 저장되어 있다고 할 때 사용자로부터 입력받은 값을 찾아내는 알고리즘을, 실행 결과는 같으나 방법이 다른 두 가지 프로그램으로 구현한 것이다.

먼저 무식한(?) 검색 프로그램을 살펴보자.

코드 1-4 무식한(?) 검색 프로그램

```
01  #include <stdio.h>
02
03  int main(int argc, char *argv[])
04  {
05    int i, input;
06    int data[1000];
07
08    for(i = 0; i < 1000; i++)
09      data[i] = i + 1;
10
11    printf("찾을 값을 입력하세요 => ");
12    scanf("%d", &input);
13
14    for(i = 0; i < 1000; i++) {
15      if(input == data[i]) {
16        printf("찾으려고 하는 값은 배열 data의 %d번째에 있군요.\n", i + 1);
17        break;
18      }
19    }
20
21    return 0;
22  }
```

다음은 좀 더 똑똑한 검색 프로그램을 살펴보자. 배열 data에는 앞 프로그램과 마찬가지로 1부터 1,000까지의 값이 저장되어 있다.

코드 1-5 똑똑한 검색 프로그램

```
01  #include <stdio.h>
02
03  int main(int argc, char *argv[])
04  {
05    int i, input;
```

```
06    int data[1000];
07    int min = 0;
08    int max = 1000;
09
10    for(i = 0; i < 1000; i++)
11      data[i] = i + 1;
12
13    printf("찾을 값을 입력하세요 => ");
14    scanf("%d", &input);
15
16    i = (max + min) / 2;
17    while(min <= max) {
18      if(input == data[i]) {
19        printf("찾으려고 하는 값은 배열 data의 %d번째에 있군요.\n", i + 1);
20        break;
21      }
22
23      else if(input < data[i])
24        max = (max + min) / 2 - 1;
25
26      else
27        min = (max + min) / 2 + 1;
28
29      i = (max + min) / 2;
30    }
31
32    return 0;
33  }
```

이제 코드 1-4의 무식한 검색 프로그램과 코드 1-5의 좀 더 똑똑한 검색 프로그램을 비교해 보자. 총 1,000개의 항목 중에서 사용자가 원하는 값을 검색하는 프로그램이므로 이 2개의 프로그램에 주어진 조건은 동일하다. 그러나 시간의 효율성 면에서는 큰 차이가 있다.

코드 1-4의 무식한 프로그램의 경우는 첫 번째부터 1,000번째까지 데이터를 차례로 검색한다. 따라서 사용자가 원하는 데이터가 첫 번째에 있는 경우라면 한 번에 원하는 데이터를 찾을 수 있다. 하지만 원하는 데이터가 맨 뒤에 있는 경우라면 무려 1,000번을 비교해야 한다는 단점이 있다.

코드 1-5의 좀 더 똑똑한 프로그램의 경우는 사용자가 입력한 값과 배열의 중간값을 비교해서 배열을 이등분하여 배열의 중간값보다 작으면 앞부분의 중간값과 비교를 하고, 배열의 중간값보다 크면 뒷부분의 중간값과 비교를 한다. 이 프로그램의 경우 아무리 최악의 경우라고 하더라도 약 9번만 검색하면 원하는 값을 찾을 수 있다.

결국 한 번 비교하는 데 1분 정도 시간이 소요된다고 가정하면 최악의 경우 첫 번째의 무식한 프로그램은 1,000분이 걸리는 데 반해 똑똑한 프로그램의 경우는 9분 만에 검색이 된다는 의미가 된다.

바로 이러한 시간 효율성의 차이가 알고리즘의 효율성을 좌우하게 된다.

> **NOTE | 코드 실행을 일시 중지하는 방법**
>
> C에서 사용자에게 키보드 입력을 받는 함수는 getchar( ) 함수와 getch( ) 함수가 있다. 그중 getch( ) 함수는 사용자가 키보드의 어떤 키를 입력하게 되면 바로 해당 문자를 반환한다. 이 책에서는 코드 실행 시 사용자가 키를 누를 때까지 프로그램 실행을 유지시키려는 목적으로 getch( ) 함수를 사용할 때가 있다.

공간의 효율성

두 번째로 고려해야 할 요소는 공간의 효율성이다. 공간의 효율성은 컴퓨터에서 사용하는 메모리와 관계가 있다. 아무리 용량 대비 물리적인 메모리 가격이 저렴해졌다고 하더라도 무한대의 메모리를 사용할 수는 없다. 더군다나 현재 사용되는 운영체제 대부분은 여러 개의 프로그램에서 하나의 물리적인 메모리를 공유해 사용하는 추세이므로 메모리를 효율적으로 관리하고 사용하는 것이 중요하다.

실제로 메모리를 효율적으로 사용하는 방법은 여러 가지가 있지만 여기에서는 프로그램 코드로 한정해서 살펴보자.

코드 **1-6** 배열 코드 선언

```
01   #include <stdio.h>
02
03   int main(int argc, char *argv[])
04   {
05     int i;
06     int data[1000];
07
08     for(i = 0; i < 10; i++)
```

```
09      data[i] = i;
10
11   return 0;
12  }
```

위 코드는 int 자료형 배열 data를 선언하고 안에 0부터 9까지의 정숫값을 저장하는 코드다.
그림 1-1처럼 배열 data가 사용하는 것은 0부터 9까지의 총 10개의 숫자에 해당하는 메모리
공간뿐이다. 그러나 6행의 배열 선언 때문에 int 자료형 1,000개 분량의 메모리 공간을 확보하
게 된다. 결국 990개의 불필요한 메모리 공간이 생긴 것이다. 이 같은 경우에는 굳이 int 자료
형 배열 data를 1,000개나 잡을 필요가 없다. 아마 실무 경험이 많은 프로그래머라면 이렇게
코드를 작성하지 않으리라고 생각한다.

배열 data

그림 1-1 메모리 안의 배열 구조

또한 초보 프로그래머들이 흔히 저지르는 실수 중 하나는 프로그램에서 사용하는 모든 변수를
전역 변수로 선언해 사용한다는 점이다. 그러나 이는 결국 필요 없는 메모리 공간을 사용하게
되므로 피해야 한다. 코드 1-7을 살펴보자.

코드 1-7 변수 사용에 따른 메모리 효율

```
01   #include <stdio.h>
02
03   int Add(void);
04   int Subtract(void);
05
06   // 지역 변수로 사용할 변수를 전역 변수로 선언했다
07   int Num_A, Num_B;
08
09   int ret;
10
11   int Add(void)
12   {
13      // 전역 변수를 사용하여 메모리가 낭비된다
14      return Num_A + Num_B;
15   }
```

```
16
17   int Subtract(void)
18   {
19       // 전역 변수를 사용하여 메모리가 낭비된다
20       return Num_A - Num_B;
21   }
22
23   int main(int argc, char *argv[])
24   {
25       Num_A = 100;
26       Num_B = 90;
27
28       ret = Add();
29
30       // ... 중간 생략 ...
31       ret = Subtract();
32       // ... 중간 생략 ...
33   }
```

물론 코드 1-7은 극단적인 예를 든 것이다. 하지만 이런 형태가 아니더라도 실제 초보 프로그래머들의 코드를 보면 함수의 매개변수를 비롯해 코드 안에서 사용하는 변수를 전역 변수로 사용할 때가 종종 있다.

전역 변수는 지역 변수와는 달리 프로그램의 실행 시점부터 종료 시점까지 메모리 공간을 계속 유지하므로 상당히 비효율적이다. 부득이한 경우에는 전역 변수를 사용해야 하겠지만 되도록 전역 변수의 사용을 줄여야 한다.

코드의 효율성

마지막은 코드의 효율성이다. 코드의 효율성은 프로그래머 입장에서 보는 코드의 효율성과 컴퓨터의 입장에서 보는 코드의 효율성이 있다.

첫 번째, 프로그래머 입장에서 보는 코드의 효율성은 가독성Readability이 좋은 코드를 의미한다. 다시 말해 시간이 지난 후 다시 해당 코드를 수정하더라도 쉽게 수정할 수 있어야 한다. 또한 다른 프로그래머가 해당 코드를 볼 때도 되도록 쉽게 이해할 수 있어야 한다.

가끔 암호문처럼 복잡하게 코드를 작성한 후 다른 사람이 전혀 이해하지 못하는 것을 보면서 의기양양해 하는 프로그래머들이 종종 있다. 예를 들면 다음과 같은 코드다.

```
b = ++(a-- *++c) / ++d;
```

앞과 같은 코드가 약 1만 행 정도 있다고 가정해보자. 아마 10행도 보기 전에 포기해 버릴 것이다.

프로그램의 소스 코드는 되도록 다른 사람들이 보고 이해하기 쉽도록 작성해야 한다. 주석을 사용해서 이해하기 어려운 코드를 설명하는 일도 필요하고, 변수 이름이나 함수의 이름을 생성할 때도 A(), B()와 같이 모호한 알파벳의 나열이 아니라 다른 사람이 봤을 때 쉽게 이해할 수 있는 이름으로 작성하는 것도 필요하다.

두 번째, 컴퓨터 입장에서 보는 효율성은 컴파일러와 하드웨어에 좀 더 최적화된 코드를 의미한다. 프로그래머 입장에서 효율적인 알고리즘을 만든다고 하더라도 컴퓨터 입장에서는 그다지 좋은 코드가 아닐 수도 있다. 예를 들면 코드 1-8과 같다.

코드 1-8 컴퓨터 입장에서 비효율적인 코드

```
01   #include <stdio.h>
02
03   int main(int argc, char *argv[])
04   {
05     int i;
06
07     for(i = 0; i < 10; i++)
08       printf("%d X %d = %d\n", i, i, i * i);
09
10     return 0;
11   }
```

코드 1-8은 제어 변수 i를 0부터 9까지 반복하면서 i의 제곱을 화면에 출력하는 프로그램이다. 얼핏 봐서는 별로 문제가 되지 않는 코드지만 컴퓨터 입장에서 보면 제어 변수 i를 굳이 int 자료형으로 선언할 필요는 없다. int 자료형은 4바이트의 메모리 공간을 차지하는데, 최대 81까지의 숫자만 출력 결과로 사용하는 코드 1-8에서는 굳이 사용할 필요가 없는 넓은 범위 숫자를 다루는 자료형이기 때문이다.

이런 경우에는 int 자료형보다 char 자료형이나 unsigned char 자료형을 사용해도 좋다. char 자료형이나 unsigned char 자료형의 경우는 1바이트의 메모리 공간만 사용하며, 코드

1-8에 한정해서 생각해보면 i * i의 연산 결과도 char 자료형이나 unsigned char 자료형의 범위를 넘지 않는다. 즉, int 자료형의 1/4바이트만큼의 메모리 공간만 사용해도 큰 문제가 없으므로 int 자료형보다 메모리 공간을 효율적으로 사용한다고 말할 수 있다.

물론 i * i의 연산 결과가 char 자료형이나 unsigned char 자료형의 범위를 넘는다면 오히려 컴퓨터 입장에서 비효율적인 코드가 되므로 실제 코드를 작성할 때는 원하는 연산 결과의 범위를 먼저 생각할 필요가 있다.

재귀 호출[Recursive Call]의 경우도 마찬가지다. 프로그래머 입장에서 재귀 호출을 사용하면 코드의 길이도 짧아지고 코드를 이해하는 데도 명쾌하다고 생각하기 쉽다. 하지만 실제 컴퓨터 입장에서 보면 재귀 호출을 위한 여러 가지 부가 작업이 필요할 수 있는데, 이것 역시 오버헤드[Overhead]를 일으킬 수 있다.

이처럼 프로그래머 입장에서 보는 효율성과 컴퓨터 입장에서 보는 효율성은 큰 차이가 있다.

SECTION 03 수학적 배경

프로그래밍 언어가 만들어진 이후 지난 수십 년 동안 수천 개 혹은 수만 개의 알고리즘이 새로 만들어지거나 사라졌다. 지금 이 시각에도 어느 대학 연구실 혹은 기업의 연구소에서는 새로운 알고리즘을 개발하려고 불철주야 연구하는 사람들이 있다.

위와 같은 새로운 알고리즘의 평가 역시 앞에서 밝힌 세 가지 평가 요소에 기준을 두는데, 이를 객관적으로 설명할 때는 수학 이론에 기반을 두고 설명하게 된다. 이번 절에서는 수학과 알고리즘의 관계를 알아보도록 하자.

알고리즘의 수학적 표기 방법

이 책에서 소개하는 알고리즘들을 비롯해 많은 알고리즘이 이 세상에 존재한다. 보통 알고리즘을 만든 사람은 자신이 만든 알고리즘이 제일 좋은 알고리즘이라고 주장하기 마련인데, 그 말을 쉽게 믿을 수는 없다. 또한 여러분이 어떤 알고리즘을 개발했다고 가정해보자. 개발한 알고리즘을 다른 알고리즘들과 비교했을 때 성능이 좋다는 것을 증명해야 한다. 그런데 알고리즘의 성능은 적용된 시스템, 컴파일러의 종류, 사용 환경에 따라 많은 영향을 받으므로 단순히 알고리즘의 시간 측정이나 메모리의 사용 여부만으로 판단하기에는 무리가 있다. 더군다나 이 책에서 다루는 정렬 알고리즘이나 이후에 다룰 검색 알고리즘, 압축이나 암호화 알고리즘 등 복잡한 알고리즘의 경우에는 그것이 최선 혹은 최악의 경우인지에 따라 성능이 달라질 수 있다.

그럼 알고리즘의 성능을 평가하는 확실한 방법은 무엇일까? 여러분의 알고리즘이 다른 알고리즘보다 뛰어나다는 것을 수학적으로 증명하면 된다. 이를 위해 알고리즘을 수학적으로 연구하는 학자들이 만든 표기 방법이 있다. 실수를 다루는 함수 $T(N)$과 $f(N)$이 있다고 가정하고 다음을 보자.

1 $T(N) \leq cf(N)$, $N \geq N_1$이라는 두 조건을 만족하는 상수 c와 N_1이 존재한다면 $T(N) = O(f(N))$이라고 한다.

2 $T(N) \geq cf(N)$, $N \geq N_1$이라는 두 조건을 만족하는 상수 c와 N_1이 존재한다면 $T(N) = \Omega(f(N))$이라고 한다.

3 $T(N) = O(f(N))$이라는 조건을 만족하는 상수 c_1과 N_1이 존재하고 $T(N) = \Omega(f(N))$이라는 조건을 만족하는 상수 c_2와 N_1이 존재할 때 $T(N) = \Theta(f(N))$이라고 한다.

앞에서 1의 경우를 빅오(O) 표기법^{Big-O Notation}이라고 한다. 알고리즘의 성능 평가 방법 중 가장 많이 사용하는 방법이며 최고의 성능과 최악의 성능 중 최악의 성능을 측정하는 방법이다. 최악의 성능을 측정해 평가하는 이유는 적어도 이 정도 성능 이상은 보장한다는 의미이기 때문이다.

2의 경우는 1과는 반대의 개념으로 오메가(Ω) 표기법^{Omega Notation}이라고 하며 알고리즘의 성능이 최고인 경우를 측정하는 표기법이다. 그다지 자주 사용하지는 않는다.

마지막 3의 경우는 세타(Θ) 표기법^{Theta Notation}이라고 하며 최고/최악의 성능이 아니라 정확한 알고리즘 성능을 측정하는 방법이다. 세타 표기법의 경우는 가장 좋은 성능 표기 방법이라 할 수 있겠지만 실제로 알고리즘의 성능을 이처럼 표기하기는 어렵다.

따라서 당연하겠지만 현재 가장 많이 사용하는 성능 측정 방법은 빅오 표기법이다. 그렇다면 빅오 표기법으로 프로그램의 성능을 계산하는 방법에 대해 알아보자.

예를 들어 1부터 100의 덧셈은 다음과 같은 수학식으로 나타낼 수 있다.

$$\sum_{i=1}^{100} i$$

이를 바탕으로 1부터 100을 더해서 화면에 출력하는 프로그램을 작성하면 코드 1-9와 같다.

코드 1-9 1부터 100을 더하는 프로그램

```c
01   #include <stdio.h>
02
03   int main(int argc, char *argv[])
04   {
05      int Sum = 0;
06      int i;
07
08      for(i = 1; i <= 100; i++) {
09         Sum = Sum + i;
10      }
11
12      printf("1부터 100까지의 합 : %d\n", Sum);
13   }
```

코드 1-9의 알고리즘을 분석하기 전에는 다음과 같은 몇 가지 가정이 필요하다.

1 헤더 파일은 알고리즘의 성능에 영향을 주지 않는다.

2 함수 진입과 함수 반환은 알고리즘의 성능에 영향을 주지 않는다.

3 프로그램은 첫 번째 행부터 마지막 행까지 차례로 실행된다.

위 가정대로라면 1행의 헤더 파일과 3행, 4행은 알고리즘의 성능에 영향을 주지 않는다. 따라서 5행부터 12행까지의 코드를 살펴보면 된다. 5행, 6행, 12행은 1회만 실행되므로 문제는 8행부터 10행의 반복문인 for문이다. 8행은 101회, 9행은 100회 실행된다.

따라서 5행부터 12행까지 실행 횟수를 계산하면 다음 표와 같다.

표 1-1 각 행 코드별 실행 횟수

알고리즘 성능에 영향을 주는 코드	실행 횟수
int Sum = 0;	1회
int i;	1회
for(i = 1; i <= 100; i++)	101회
Sum = Sum + i;	100회
printf("....");	1회
합계	204회

위 표의 실행 횟수를 빅오 표기법으로 나타내면 다음과 같다.

$$\sum_{i=1}^{100} i \; = \; O(204) \; = \; O(1)$$

204회 실행되더라도 204라는 상수의 존재는 알고리즘의 성능에 아무런 영향을 끼치지 못한다. 따라서 빅오 표기법으로 위 알고리즘을 나타내면 $O(1)$이 된다. $O(1)$은 알고리즘의 성능이 고정적이라는 의미다. 즉, 1부터 100까지의 합을 구하는 경우라면 위 알고리즘을 최적화하더라도 알고리즘 성능에는 거의 영향을 주지 않는다는 의미다.

그럼 이번에는 1부터 N까지 1을 계속해서 더하는 경우를 생각해보자. 다음과 같은 수학식으로 나타낼 수 있다.

$$\sum_{i=1}^{N} 1$$

이와 같이 1을 계속해서 더하면 앞의 코드 1-9는 8행~9행이 달라진다.

```
08    for(i = 0; i < N; i++) {
09       Sum = Sum + 1;
10    }
```

9행은 N이 1이면 1회, N이 10이면 10회, N이 100이면 100회가 실행된다. 결국 이 프로그램은 N의 값이 얼마가 되느냐에 따라 for문의 반복 횟수가 결정되며 for문의 반복 횟수는 결국 알고리즘의 성능에 가장 큰 영향을 미치는 요소가 되는 것이다.

따라서 1부터 N까지 특정 숫자를 더하는 프로그램을 수학식으로 나타낸 후 이를 빅오 표기법으로 나타내면 다음과 같다.

$$\sum_{i=1}^{N} C = C + \cdots + C \ (N \ times) = O(C \times N) = O(N), \text{(C는 상수, 위 예에서는 1)}$$

이와 같이 빅오 표기법은 처리해야 할 데이터양에 대한 실행 시간을 수학적으로 계산해 알고리즘의 성능을 평가한다.

빅오 표기법의 종류

여기에서는 처리하는 데이터양에 따른 빅오 표기법의 종류를 살펴보자. 다음 7가지 정도로 나눌 수 있다.

O(1)

처리해야 할 데이터양과 상관없이 항상 일정한 실행 시간을 갖는 알고리즘을 의미한다. 앞에서 다룬 $\sum_{i=1}^{100} i$ 알고리즘이 이에 해당한다.

O(logN)

처리해야 할 데이터양이 증가할수록 실행 시간도 약간씩 증가하는 알고리즘을 의미한다. 단, 실행 시간의 증가 폭이 logN 그래프를 갖기 때문에 급격하게 증가하지는 않는다. 일반적으로 효율이 높은 검색 알고리즘의 성능이 이에 해당한다.

O(N)

처리해야 할 데이터양과 비례해 실행 시간도 증가하는 경우다. $\sum_{i=1}^{n} 1$과 같은 알고리즘이 이에 해당한다.

O(NlogN)

처리해야 할 데이터양보다 실행 시간이 좀 더 빠르게 증가한다. 일반적으로 효율이 높은 정렬 알고리즘의 성능이 이에 해당한다.

O(N²)

보통 반복문이 2번 중첩된 경우의 알고리즘이다.

```
for(i = 0; i < N; i++) {
  for(j = 0; j < N; j++) {
    // 처리
  }
}
```

이와 같은 알고리즘은 처리해야 할 데이터양이 증가할수록 데이터양의 제곱만큼의 실행 시간이 소요되므로 그리 좋은 알고리즘이라고 볼 수 없다.

O(N³)

반복문이 3번 중첩된 경우의 알고리즘이다. 따라서 처리해야 할 데이터양이 증가하면 실행 시간은 그의 세제곱만큼 증가하므로 좋은 알고리즘이라고 볼 수 없다.

O(2ᴺ)

데이터양의 증가에 따라 2^N만큼 실행 시간이 증가하는 알고리즘이다. 역시 그다지 추천하지 않는 알고리즘이다.

반복문의 시그마 연산 표현

반복문의 알고리즘 성능은 반복문을 시그마(∑) 연산으로 표현한 후 계산 결과를 어떤 빅오 표기법으로 나타낼 수 있는지 이해하면 된다. 여기에서는 먼저 몇 가지 반복문 형태를 표현하는

시그마 연산을 소개한다. 시그마 연산의 계산법은 중학교 혹은 고등학교에서 많이 경험했을 것
이므로 자세한 설명은 생략한다.

반복문을 표현하는 가장 간단한 시그마 연산

i를 1부터 N까지 증가시키면서 1을 계속해서 더하면 당연히 N이 된다.

$$\sum_{i=1}^{N} 1 = (N - 1 + 1) = N$$

이를 나타내는 간단한 코드는 다음과 같다.

```
for(i = 0; i < N; i++)
    Sum += 1;
```

이 연산을 좀 더 응용하면 다음과 같은 공식을 유추할 수 있다.

$$\sum_{k=i}^{j} 1 = (j - i + 1)$$

즉, k가 i부터 시작해서 j까지의 횟수만큼 1씩 증가시킨 결과는 (최댓값 - 최솟값 + 1)이 되므
로 (j - i + 1)이 된다. 이는 다음과 같은 반복문으로 응용해 사용할 수 있다.

```
for(k = i; k <= j; k++)
    Sum += 1;
```

반복문을 표현하는 두 번째 시그마 연산

두 번째 시그마 연산은 다음과 같은 경우다.

$$\sum_{i=1}^{N} i = \frac{N(N + 1)}{2} \approx \frac{N^2}{2}$$

이 경우는 시그마 안의 i 값이 변경된다. 보통 학교에서 수열의 합을 시그마 연산으로 표현하는
경우, 즉 1부터 N까지의 합을 반복문으로 구하는 예에 해당한다.

$$\sum_{i=1}^{N} i = 1 + 2 + 3 + \cdots + N$$

중첩 반복문을 표현하는 시그마 연산

중첩 반복문을 표현하는 반복문은 앞에서 이미 살펴봤다. 이를 시그마 연산으로 표현하면 다음과 같다.

$$\sum_{i=1}^{N} \sum_{j=1}^{N} 1 = \sum_{i=1}^{N} N = N^2$$

또한 다음처럼 제어 변수 i가 안쪽 반복문의 종결 조건에 영향을 미치는 중첩 반복문도 있을 것이다.

```
for(i = 0; i < N; i++) {
  for(j = 0; j < i; j++) {
    printf("*");
  }

  printf("\n");
}
```

이를 시그마 연산으로 표현하면 다음과 같다.

$$\sum_{i=1}^{N} \sum_{j=1}^{i} 1 = \sum_{i=1}^{N} i = \frac{N(N+1)}{2} \approx \frac{N^2}{2}$$

위 코드에서 변수 N이 10이라면 실행 결과는 다음과 같다.

```
*
**
***
****
*****
******
*******
********
*********
```

3 중첩 반복문에서 사용하는 시그마 연산

3 중첩 반복문의 시그마 연산은 중첩 반복문의 시그마 연산을 응용하면 쉽게 유추할 수 있다.

$$\sum_{i=1}^{N} \sum_{j=1}^{N} \sum_{k=1}^{N} 1 = \sum_{i=1}^{N} \sum_{j=1}^{N} N = \sum_{i=1}^{N} N^2 = N^3$$

반복문이 3개 중첩된 상황이라고 생각하면 된다. 이에 대한 프로그램 코드의 예는 생략한다.

기타 시그마 연산

이 외에도 자주 사용하지는 않지만 반복문을 표현하는 시그마 연산이 몇 가지 있다.

$$\sum_{i=0}^{N-1} i2^i = 2 + (N - 2)2^N$$

$$\sum_{i=0}^{N-1} a^i = \frac{1 - a^N}{1 - a}$$

$$\sum_{i=1}^{N} i^P = \frac{(N + 1)^{P+1}}{P + 1} + \sum_{k=1}^{P} \frac{B_k}{P - k + 1} \binom{P}{k} (N + 1)^{P-k+1}$$

(B_k는 베르누이 수)

위 내용은 코드까지 나열해 설명하기는 무리가 있으므로 앞에서 설명한 네 가지 시그마 공식만 잘 기억해두면 된다.

SECTION 04 분석의 대상

앞 절에서 배운 수학적 배경을 실제 알고리즘 평가에 사용하려면 어떻게 해야 할까? 이번에는 빅오 표기법을 사용해 실제 프로그래밍 코드 알고리즘의 성능을 평가하는 방법을 알아보도록 하자.

무엇을 분석할 것인가?

알고리즘의 성능을 정확하게 평가한다는 것은 실제로 거의 불가능한 일이다. 사실 불가능하다는 말보다는 너무 많은 상황을 고려해야 한다는 말이 더 정확하다.

예를 들어 알고리즘 수업을 듣는 학생 A와 B에게 교수님이 정렬 알고리즘 숙제를 내주고, 학생들이 제출하는 정렬 알고리즘의 정렬 시간을 측정해 평가한다고 가정해보자. 그런데 학생 A의 노트북은 1GHz CPU를 장착한 구형 노트북이고, 학생 B의 노트북은 3GHz CPU를 장착한 최신형 노트북이라면 학생 A는 학생 B와 같은 알고리즘을 프로그래밍했더라고 해도 학생 B보다 더 빠른 실행 결과를 갖는 알고리즘이 아니라고 생각할 수도 있다.

앞에서 설명한 것처럼 알고리즘 성능 평가는 시간의 효율성, 공간의 효율성, 코드의 효율성으로 평가되어야 한다. 그리고 알고리즘의 실행 환경(운영체제, 하드웨어 등)과 같은 요소 역시 알고리즘 성능 평가 요소에서 배제해야 한다.

그러나 현실적으로 공간의 효율성, 코드의 효율성조차 모두 평가 요소로 활용하기는 어렵다. 예를 들어 코드의 효율성은 프로그래밍 언어에 따라서 달라질 수 있으므로 객관적인(혹은 수학적인) 기준으로 평가하기가 어렵다. 공간의 효율성 역시 프로그램을 실행해서 실제 저장 공간의 사용량을 측정해보기 전에는 알고리즘이 얼마나 많은 메모리 혹은 기타 저장 공간을 사용하게 하는지 정확히 알기 어렵다. 또한 프로그램 실행과는 무관한 운영체제의 저장 공간 관리 방식도 공간의 효율성에 영향을 미치므로 알고리즘의 객관적인 성능을 평가하는 요소로 사용하기가 어렵다.

결국 알고리즘의 성능을 평가하는 가장 현실적인 항목은 시간의 효율성 부분이다. 실제 구현한 알고리즘이 어느 정도의 시간을 소비하는지를 빅오 표기법으로 나타내보면 프로그램을 실행해 보기 전이라도 객관적이고 수학적인 알고리즘의 성능 평가가 가능하게 된다.

그렇다면 이제 C에서 자주 사용하는 문법 요소들을 어떻게 빅오 표기법으로 나타내는지 살펴 보도록 하자. 먼저 대입 연산이나 기타 C에서 제공하는 연산자를 이용한 단순 연산 등은 알고 리즘의 성능에 그다지 영향을 미치지 못한다는 점을 기억하자. 알고리즘의 성능을 좌우하는 요 소는 주로 반복문이다.

따라서 어떤 알고리즘의 성능이 좋은지를 판단하려면 알고리즘 안에 있는 반복문의 구성과 개 수 등을 세밀하게 살펴볼 필요가 있다. 앞에서 반복문의 시그마 연산 표현을 설명한 것은 바로 이러한 반복문들이 알고리즘의 분석 대상이기 때문이다.

반복문은 최대 반복 횟수로 계산한다

예를 들어 1부터 100까지의 수를 더하는 반복문이 있다고 가정해보자.

```
for(i = 1; i <= 100; i++)
  sum += i;
```

1부터 100까지 총 100번을 반복해서 실행한다. 이와 같이 반복문이 하나 있는 경우의 최대 반 복 횟수를 빅오 표기법으로 표시하면 $O(100)$이다. 그런데 빅오 표기법에서는 아무리 큰 수라 도 상수인 경우는 무조건 1로 표기하므로 결국 위의 반복문은 $O(1)$이 된다.

앞에서 설명한 것처럼 위 코드에서 100을 N으로 바꾸게 되면 빅오 표기법은 $O(N)$이 된다.

중첩된 반목문은 중첩문 각각의 최대 반복 횟수를 곱해서 계산한다

다음과 같이 2개의 for문이 중첩되어 있다고 가정해보자.

```
for(i = 0; i < N; i++) {
  for(j = 0; j < N; j++) {
    k++;
  }
}
```

2개의 for문이 중첩된 경우에는 반복문 각각의 최대 반복 횟수를 곱해서 빅오 표기법을 계산한다. 첫 번째 반복문의 최대 반복 횟수는 N이며 두 번째 반복문의 최대 반복 횟수도 N이 된다. 반복문의 시그마 연산에서 중첩 반복문은 N^2로 표현했다. 따라서 빅오 표기법으로 나타내면 $O(N * N) = O(N^2)$이 된다.

마찬가지로 반복문의 시그마 연산에서 중첩 반복문은 N^3로 표현했다. 따라서 for문이 3번 중첩된 경우는 $O(N * N * N) = O(N^3)$이 된다.

```
for(i = 0; i < N; i++) {
  for(j = 0; j < N; j++) {
    for(k = 0; k < N; k++) {
      i++;
    }
  }
}
```

반복문이 떨어져서 2개 이상 있는 경우는 그중 가장 큰 값으로 계산한다

다음과 같이 서로 떨어져 있는 2개의 반복문이 있다고 가정해보자.

```
for(i = 0; i < N; i++) {
  sum = sum + i;
}

for(i = 0; i < N; i++) {
  for(j = 0; j < N; j++) {
    k++;
  }
}
```

이 같은 경우에 첫 번째 for문과 두 번째 중첩 for문은 별개의 for문이다. 따라서 각각의 빅오 표기법을 나타내면 첫 번째 for문은 $O(N)$이 되며, 두 번째 for문은 $O(N^2)$이 된다.

이 중에서 두 번째 for문의 $O(N^2)$이 더 큰 차수이므로 위 같은 경우의 빅오 표기법을 나타내면 $O(N^2)$이 된다.

if-else문은 알고리즘 성능에 영향을 미치지 않는다

프로그램 안에서 가장 빈번하게 사용되는 구문 중의 하나는 if-else문이다. 그러나 if-else문은 알고리즘의 성능에는 영향을 미치지 않는다.

재귀 호출은 풀어서 계산한다

다음은 재귀 호출을 사용해 팩토리얼Factorial 연산을 실행하는 프로그램이다.

```
int Fact(int N)
{
  if(N <= 1)
    return 1;

  else
    return N * Fact(N - 1);
}
```

얼핏 보면 if-else문에 재귀 호출까지 섞여 있어서 복잡해 보이지만 앞에서 설명한 것처럼 if-else문은 알고리즘의 성능에 영향을 미치지 않는다는 점을 생각하자. 결국 남은 것은 else문 안에서 함수를 재귀 호출한 return N * Fact(N − 1);뿐이다.

위 재귀 호출은 다음처럼 표현할 수 있다.

> N * (N - 1) * Fact(N - 2) = N * (N - 1) * (N - 2) * Fact(N - 3) = N * (N - 1) * (N - 2) * ... * 2 * 1

결국 1부터 N까지의 곱셈이다. 그런데 여기서 주의할 점이 있다. 위 재귀 호출 역시 반복 횟수는 N번이라는 것이다. 즉, 팩토리얼 연산과 같은 곱셈 연산도 덧셈 연산과 반복 횟수는 차이가 없다. 따라서 빅오 표기법으로 나타내면 위 팩토리얼 함수는 $O(N)$이다.

알고리즘의 분석과 최적화

이번 절에서는 앞에서 다룬 수학적 배경을 이용해 실제 프로그램을 빅오 표기법으로 나타내는 방법을 다룬다. 분석, 실행 시간을 계산하는 방법과 이를 통한 최적화 방법 등을 설명할 것이다.

프로그램의 수학적 분석 예

이미 앞에서 설명한 것처럼 알고리즘 성능에 제일 중요한 요소는 시간이다. 같은 기능을 실행하는 데 실행 시간을 얼마나 줄일 수 있느냐라는 것이 해당 알고리즘이 뛰어난 알고리즘인지 아니면 쓸모없는 알고리즘인지를 판단하는 기준이 된다. 사실 어떤 알고리즘의 성능을 판단하는 데 있어 시간을 측정하는 방법은 실제 알고리즘이 실행되는 시간을 스톱 워치^{Stop Watch}로 직접 측정해보는 등 물리적으로 실행되는 시간을 측정해보는 방법도 사용할 수는 있다.

그러나 현실적으로 성능을 비교해야 하는 모든 알고리즘을 구현해서 직접 실행시켜보기도 어려울뿐더러 알고리즘 각각의 실행 시간을 계속 확인한다는 것도 현실성이 없다. 알고리즘에 따라서는 1, 2분 정도가 아니라 1달이 걸릴지 2달이 걸릴지 모르는 경우도 있는데 그런 실행 시간을 고려하지 않고 무작정 실시간으로 실행 시간을 확인한다는 것은 바보 같은 짓이다.

결국 어떤 알고리즘이 다른 알고리즘에 비해 성능이 뛰어나다는 것을 증명하는 가장 빠르고 정확한 방법이 바로 수학적 분석이다. 그리고 이 수학적 분석에서 가장 많이 이용하는 것이 빅오 표기법 기반의 분석이다.

그럼 빅오 표기법을 이용한 프로그램의 수학적 분석 예를 본격적으로 살펴보자. 다음은 배열 Array에 저장된 1부터 N까지의 요소 중 첫 번째 요소부터 차례로 더했을 때의 합이 가장 큰 수를 찾아내는, 부분 수열의 합을 구하는 프로그램이다. 예를 들어 배열 Array에 { 4, −1, 5, −2 }와 같이 4개의 데이터가 존재한다고 가정하면 이 중에서 합이 가장 큰 수는 4 − 1 + 5를 더했을 때다. 이 예제를 통해 프로그램의 알고리즘을 분석하는 연습을 해보자.

```c
01  #include <stdio.h>
02
03  int MaxSum(int);
04  void Init(void);
05  int Array[100];
06
07  int MaxSum(int N)
08  {
09    int Sum, Max, i, j, k;
10    Sum = Max = 0;
11
12    for(i = 0; i < N; i++) {
13      for(j = i; j < N; j++) {
14        Sum = 0;
15
16        for(k = i; k < j + 1; k++)
17          Sum += Array[k];
18
19          if(Sum > Max)
20            Max = Sum;
21      }
22    }
23
24    return Max;
25  }
26
27  void Init()
28  {
29    int i;
30
31    for(i = 0; i < 100; i++)
32      Array[i] = 100 - i;
33  }
34
35  int main(int argc, char *argv[])
36  {
37    int ret;
38    Init();
39    ret = MaxSum(10);
40
41    printf("ret : %d\n", ret);
42
43    return 0;
44  }
```

코드 1-10에는 MaxSum() 함수 내부 12행부터 22행까지 3개의 for문을 사용한 것을 알 수 있다. 빅오 표기법으로 이 알고리즘을 분석하면 $O(N^3)$이 된다. 그런데 눈치 빠른 독자라면 12행, 13행, 16행 3개의 for문이 약간씩 다르다는 것을 알았을 것이다.

일단 12행의 for문은 1부터 N까지를 반복하므로 최대 반복 횟수는 N이 되지만 13행 for문에서는 제어 변수 j가 i부터 시작해서 N까지 반복되고, 16행 for문에서는 제어 변수 k가 i부터 j까지 반복되는 것을 알 수 있다. 즉, 3개의 for문이 중첩되어 있지만 for문 각각의 최대 반복 횟수가 다르다. 그런데 어째서 빅오 표기법으로는 $O(N^3)$이 될 수 있을까? 빅오 표기법에 이미 익숙해 있거나 알고리즘 강의를 한 번이라도 수강한 사람이라면 위와 같이 중첩된 반복문의 경우라도 $O(N^3)$이 된다는 것을 알 수 있겠지만 알고리즘을 처음 접한 사람이라면 쉽게 이해하기는 어렵다.

그렇다면 수학적으로 분석해보자. 먼저 3개의 for문을 시그마 연산으로 나타내면 다음과 같다.

$$\sum_{i=1}^{N} \sum_{j=i}^{N} \sum_{k=i}^{j} 1$$

반복문이 3개가 중첩되어 있으므로 하나의 반복문마다 시그마(Σ) 연산으로 나타냈다. 또한 마지막 for문인 16행의 for문에서는 17행의 Sum += Array[k];가 이전 반복 실행의 값을 포함해 더하지 않으므로 시그마 연산 안의 일반항은 1로 표현한다.

먼저 가장 안쪽에 있는 for문부터 살펴보자. 가장 안쪽의 for문은 다음과 같은 시그마 연산으로 나타낼 수 있다.

$$\sum_{k=i}^{j} 1 = j - i + 1$$

제어 변수 k는 i부터 시작해서 j까지 반복되므로 세 번째 for문에서 변수 i와 j는 상수 취급한다. 따라서 (최댓값 − 최솟값 + 1)이라는 식으로 나타낼 수 있다.

이제 앞의 결과를 포함해 두 번째 for문을 시그마 연산으로 나타내면 다음과 같다.

$$\sum_{j=i}^{N} (j - i + 1) = \frac{(N - i + 1)(N - i + 2)}{2}$$

결국 첫 번째 for문을 기준으로 코드 1-10의 시그마 연산은 다음처럼 나타낼 수 있다.

$$\sum_{i=1}^{N} \frac{(N - i + 1)(N - i + 2)}{2}$$

위의 시그마 연산을 계산하면 다음과 같은 과정을 거친다.

$$= \frac{2N^3 + 6N^2 + 4N}{12}$$
$$= \frac{N^3 + 3N^2 + 2N}{6}$$
$$= \frac{N^3}{6}$$

결국 위 시그마 연산의 결과를 빅오 표기법으로 나타내면 다음과 같다.

$$\sum_{i=1}^{N} \sum_{j=i}^{N} \sum_{k=i}^{j} 1 \approx \frac{N^3}{6} = O(N^3)$$

즉, 코드 1-10을 빅오 표기법으로 표현하면 $O(N^3)$이 되는 것이다.

프로그램의 최적화 예

지금까지 알고리즘의 성능 분석에 대한 수학적인 접근을 주로 살펴봤다. 프로그램을 최적화한다는 말은 결국 해당 프로그램에서 사용하는 알고리즘을 최적화한다는 의미다. 그렇다면 알고리즘을 최적화한다는 의미는 무엇을 말하는 것일까? 간단하게 설명하면 수학적인 접근 방법을 기반으로 프로그램을 살펴보고 필요하다면 고치는 것이다.

그중에서 앞서 설명한 빅오 표기법은 최악의 경우를 판단할 수 있으므로 최선의 경우라면 평균 실행 시간이 최악의 경우보다는 훨씬 빠르다는 것을 간접적으로나마 주장할 수 있으므로 주로 사용된다.

이런 관점에서 빅오 표기법의 장점은 다음과 같다. 예를 들어 A라는 학생이 있다고 가정해보자. 이 학생이 어느 날 "난 고등학교 때 전교 1등 해본 적이 있어"라고 으스대며 자랑한다. 그 말을 들던 학생 B가 "그래? 난 고등학교 때 전교 10등 밖으로 벗어나 본 적이 없어"라고 말을 한다. 여러분이 학생 A와 학생 B의 이야기를 들었다면 어떤 학생이 더 성적이 우수한 학생이라고 판단할 수 있을까?

필자의 경우는 학생 B가 더 성적이 우수한 학생으로 생각한다. 그 이유는 학생 A의 경우는 전교 1등을 1번 이상 해봤겠지만 최악의 경우 전교 꼴찌를 했을 수도 있다. 또 고등학교에 다니는 동안 전교 500등 정도 하다가 딱 한 번의 시험에서만 전교 1등을 했을 수도 있다. 그러나 학생 B의 경우는 고등학교에 다니는 동안 전교 1등을 해보지 않았을 수도 있지만 적어도 3년 내내 최악의 성적이 전교 10등이었다고 말할 수 있다. 결국 가장 잘한 성적만 보고서 그 학생의 성적이 우수하다고 판단하는 것보단 가장 좋지 않은 성적을 보고서 그 학생의 성적이 우수하다고 판단하는 것이 더 안전한 판단이라고 할 수 있다.

바로 이러한 예와 같이 빅오 표기법을 이용할 수 있다. 최악의 성능인 경우를 표현하여 "적어도 이 성능 이상은 보장한다"라는 것을 나타내는 것이다.

그렇다면 알고리즘의 성능을 좀 더 끌어올리는 최적화는 어떻게 해야 할까? 이론적으로는 최악의 성능을 더 좋아지게 수정해 결국 전체적인 성능을 향상시키는 것이다. 즉, $O(N^3)$의 경우라면 알고리즘을 더 최적화시켜서 $O(N^2)$으로 만드는 것이 최적화에 해당하며, $O(N^2)$의 경우라면 $O(NlogN)$이나 더 나아가서 $O(N)$이 되도록 하는 것이 최적화에 해당할 것이다.

코드 1-10에서 살펴본 부분 수열의 합을 구하는 프로그램이라면 $O(N^3)$의 성능을 $O(N^2)$이나 $O(NlogN)$으로 향상시킬 수가 있다. 그렇다면 코드 1-10의 성능을 향상시킨 코드 1-11을 살펴보자.

코드 1-11 $O(N^2)$의 성능으로 향상시킨 부분 수열의 합 프로그램

```
07   int MaxSum(int N)
08   {
09     int Sum, Max, i, j;
10     Sum = Max = 0;
11
12     for(i = 0; i < N; i++) {
13       Sum = 0;
14
15       for(j = i; j < N; j++) {
16         Sum += Array[j];
17
18         if(Sum > Max)
```

```
19              Max = Sum;
20          }
21      }
22
23      return Max;
24  }
```

코드 1-11을 보면 코드 1-10에서 3개를 사용했던 for문을 하나 줄여서 2개만으로 값을 구하는 것을 볼 수 있다. 변수 N을 10이나 100으로 해서 코드 1-10과 코드 1-11을 실행시키면 체감할 수 있을 정도로 속도 차이를 느끼지 못하겠지만 변수 N의 값이 10,000이나 100,000 혹은 그 이상이 되었다고 가정해보면 $O(N^3)$과 $O(N^2)$는 체감할 정도의 속도 차이를 보여준다.

이처럼 알고리즘을 최적화하려면 알고리즘의 전체 성능에 관한 빅오 표기법을 먼저 파악하고 해당 빅오 표기법의 성능을 높이는 방향으로 코드를 수정하는 것이 가장 좋은 방법이다.

정리

이 장을 보면서 몇몇 독자의 경우 도대체 알고리즘과 프로그래밍을 공부하는 데 머리 아픈 복잡한 수학식을 왜 소개하냐고 투덜투덜 불평할지도 모르겠다. 그러나 여러분이 이 책에서 만나게 될 알고리즘들은 이미 실용화되어 운영체제, 애플리케이션 개발, 이미지 프로세싱 등 많은 분야에 적용되고 있다.

알고리즘들을 잘 사용하려면 성능이 좋다고 평가받는 알고리즘을 무조건 추종하는 것은 곤란하다. 알고리즘의 기본 개념을 이해하고 성능을 평가할 방법을 아는 것이 중요하다. 이 책에서는 알고리즘의 성능을 평가하는 방법으로 수학적 분석에 기반을 둔 빅오 표기법을 소개했다.

이 장에서 다룬, 시그마 연산을 계산해 반복문의 빅오 표기법이 무엇인지 확인하는 내용을 확실하게 이해했다면 앞으로 접하게 될 알고리즘을 살펴볼 때도 객관적이고 냉철한 시각을 갖게 될 것이다.

CHAPTER

02

알고리즘을 배우기 전에
알아야 할 다섯 가지

이 장에서는 알고리즘을 익히기 전에 반드시 알아야 할 몇 가지 기능을 살펴본다. 주로 C와 관련된 내용이지만 C++나 다른 프로그래밍 언어와도 관련이 깊은 내용이다. 단, 이미 배열, 포인터, 구조체 등에 익숙한 독자들은 이 장을 건너뛰어도 상관없다.

SECTION 01 메모리와 주소의 관계

아마 컴퓨터 케이스를 열어본 사람이라면 RAM이라고 하는 메모리를 한 번쯤은 봤을 것이다. 사실 메모리는 0과 1이 저장되는 2진수 기반 메모리 블록인 비트로 구성되어 있으며, 8개의 비트가 모인 1바이트 단위로 데이터(값)가 저장된다. 즉, 메모리에 어떤 데이터가 저장될 때는 1바이트의 메모리 블록 기준으로 저장된다는 의미다.

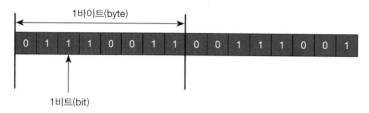

그림 2-1 메모리의 구조

그럼 프로그램 안에서는 데이터를 저장하거나 저장된 데이터를 불러올 때 어떻게 메모리에 접근할까? 메모리의 위치 정보가 있는 메모리 주소Address를 사용해 접근한다. 메모리 주소는 데이터가 메모리에 저장될 때 함께 만들어지며 C에서는 메모리에 저장된 데이터에 직접 접근하는 것보다 메모리 주소를 통해서 접근하도록 프로그래밍하는 것이 더 효율적인 상황이 있다.

25층 아파트가 있다고 가정해보자. 여러분이 이 아파트의 2501호에 산다고 가정하면 여러분의 집을 어떻게 찾아가야 할까? 무조건 1층부터 차례로 아파트 현관문을 열어보는 방식으로 25층까지 올라가지는 않을 것이다. 엘리베이터를 타고 25층 버튼을 눌러서 2501호의 현관문을 열고 들어간다. 메모리도 어떤 영역에 값을 저장하거나 읽어올 때 엘리베이터를 타고 가는 방식과 비슷하게 직접 해당 메모리 부분의 위치를 찾아가게 된다. 이 위치를 나타내는 정보가 바로 메모리 주소다.

메모리 주소는 현재 여러분이 사용하고 있는 컴퓨터 환경에 따라 다르다. 예를 들어 32비트 윈도우 운영체제를 사용한다면 메모리 주소는 0x0054FF78과 같이 32비트 값을 갖는 16진수로 표현할 수 있다. 그러나 64비트의 리눅스 운영체제(윈도우에서도 32비트가 아닌 64비트를 사용할 수 있으며, 이 경우 리눅스와 동일한 크기의 주소 값을 갖는다)에서는 0x2314C8430054FF78과 같이 64비트 값을 갖는 16진수로 표현할 수 있다.

이 책에서는 독자들의 이해를 돕고자 32비트 형태의 주소 값만을 표기했다.

자료형과 배열

앞에서 메모리의 개념을 살펴봤다면 이제는 실제 프로그램에서 메모리를 어떻게 사용하는지 알아볼 차례다. 이번 절에서는 C가 제공하는 강력한 메모리 관리 기능을 알아보자.

메모리와 자료형

프로그래머라면 실제 프로그래밍할 때 사용되는 논리적인 개념으로 메모리를 사용한다는 것을 이해해야 한다. 방금 설명한 메모리의 물리적인 개념을 이해했더라도 프로그램에서는 이러한 2진수 표현 그대로 사용하지 않는다. 예를 들어 1바이트는 8비트이므로 $2^8 = 256$이라는 수를 표현할 수 있다. 그리고 우리가 다루는 논리적인 개념에서는 결국 10진수인 0~255를 다룬다. 또한 프로그래밍하다 보면 같은 1바이트를 사용하더라도 음수를 다루는 경우도 있다.

이와 같이 프로그램 내부에서는 필요한 메모리의 단위를 바이트가 아닌 논리적인 개념 단위로 제공한다. 이 개념이 C 프로그래밍을 처음 배울 때 가장 먼저 만나게 되는 자료형 혹은 데이터 타입Data Type이다. 자료형은 프로그래밍 언어에 따라서 약간씩 다르지만 자료형과 메모리의 관계에 관한 개념은 모든 프로그래밍 언어가 같다.

프로그래밍 언어에서 별도의 자료형을 제공하는 이유는 다음과 같은 두 가지 장점이 있기 때문이다.

> **1** 메모리 공간의 효율적 이용
> **2** 메모리를 효율적으로 사용하는 자료구조 구축

첫 번째는 프로그램 내부에서 사용하는 변숫값의 범위에 따라 물리 메모리의 공간을 낭비하지 않고 최대한 효율적으로 사용할 수 있다는 뜻이다. 예를 들어 자료형이라는 개념 없이 무조건 바이트만 사용한다면 10,000이라는 크기의 숫자는 어떻게 저장할 수 있을까? 물론 능숙한 프로그래머라면 시프트 연산자를 어떻게든 사용해서 저장하겠지만 굉장히 번거롭다. 즉, 메모리에 쉽게 저장하고 읽을 수 있게 하려고 자료형을 제공하는 것이다.

두 번째는 자료형을 기반으로 여러 가지 자료구조(배열, 스택, 큐, 리스트 등)를 구축해 데이터를 효과적으로 처리할 수 있고, 이를 통해 효율적인 메모리 사용 효과를 기대할 수 있다는 뜻이다. 예를 들어 어떤 프로그램에서 학생 수 100명에 관한 데이터를 사용한다고 가정하면 학생 수만큼의 변수 100개를 만들어서 사용하는 것보다 조금 후에 살펴볼 배열을 사용하는 것이 더 효율적이다. 모든 경우에 그렇다고 말할 순 없지만 보통 데이터를 연속적으로 읽고 쓸 때 각각의 변수를 만드는 것보다 메모리에 순차적으로 데이터를 저장해두고 사용하는 배열을 만드는 것이 훨씬 효율적이기 때문이다. 이러한 자료구조를 만드는 데 기본이 되는 것이 자료형이다.

실무에서 사용하는 프로그램들은 거의 90% 이상 자료구조를 구축한다. 따라서 능숙한 프로그래머라면 자료구조에 따라 메모리를 효율적으로 관리할 수 있어야 한다.

메모리와 배열

이제 실제 프로그램에서 어떻게 메모리를 사용하는지 알아보도록 하자. C뿐만 아니라 대부분의 프로그래밍 언어에서 메모리를 쉽게 사용하는 방법은 배열이다. 또한 이 책에서 다루는 알고리즘에서 가장 많이 사용하는 개념도 바로 배열이다. 기본적으로 메모리에 연속적인 데이터를 저장할 수 있기 때문이다.

그럼 C의 배열 사용법을 간단하게 알아보자. 형태는 다음과 같다.

```
자료형  배열이름[배열항목수];
```

여기서 '자료형'은 C에서 사용할 수 있는 모든 자료형(void는 제외)이 대상이며, '배열이름' 역시 변수 이름을 생성하는 규칙으로 정할 수 있다. '배열항목수'는 해당 배열이 몇 개의 항목을 갖는지 설정하는 부분이다. 즉, '['와 ']' 기호 사이에 원하는 배열 개수를 지정할 수 있다는 것을 제외하면 변수 선언과 큰 차이가 없다.

예를 살펴보자. "문자형 값 5개 분량으로 메모리에 영역을 확보하는 buf라는 이름의 배열을 사용하라"는 코드를 작성하면 다음과 같다.

```
char buf[5];
```

C를 배웠다면 문자를 의미하는 char 자료형은 1바이트 공간을 차지한다는 것을 기억할 것이다. 따라서 배열 buf는 1바이트 메모리 영역을 5개 확보해 총 5바이트의 공간을 사용할수 있다.

만약 char 자료형을 정수를 다루는 int 자료형으로 바꾸면 다음과 같다.

```
int buf[5];
```

int 자료형은 일반적으로 4바이트이므로 4×5 = 20바이트의 공간을 차지하게 된다.

한 가지 주의할 점은 실제 배열에 있는 데이터를 사용할 때다. C에서 배열의 첫 번째 항목은 0부터 시작한다. 따라서 배열 buf의 첫 번째 항목을 불러오려면 buf[1]이 아니라 buf[0]이라고작성해야 한다. 즉, 배열 buf의 마지막 항목도 buf[10]이 아니라 buf[9]다. C의 배열이 갖는특징은 처음 C 프로그래밍을 접하는 초보자들이 자주 착각하는 실수 중의 하나이므로 기억해두자.

다음 사항도 기억해두어야 한다. char buf[5]라는 구문은 5바이트를 동시에 사용한다는 의미일까? 그렇지 않다. 1바이트 크기가 되는 상자 5개를 모아놓았다는 의미일 뿐이다. 여러분 앞에 같은 크기의 상자 5개가 있을 때 각각의 상자들을 첫 번째 상자, 두 번째 상자, ..., 다섯번째 상자로 구별하는 것처럼 배열도 마찬가지로 구분한다. 즉, 1바이트 크기의 공간 5개 중첫 번째 공간은 buf[0]이라고 표현하며, 두 번째는 buf[1] 그리고 마지막은 buf[4]라고 표현한다. 또한 5개의 공간은 다음 코드처럼 일반적인 char 자료형 변수와 동일하게 사용할 수 있다.

```
buf[0] = 'A';
buf[1] = 'C';
buf[2] = 'D';
buf[3] = 'Z';
buf[4] = 'Q';
```

그림 2-2는 char 자료형 값 10개를 갖는 배열 buf가 메모리에 할당된 모습이다.

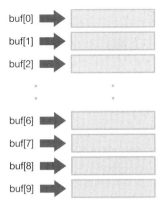

buf[0]
buf[1]
buf[2]

buf[6]
buf[7]
buf[8]
buf[9]

그림 2-2 char buf[10]의 메모리 할당

그림에서 알 수 있듯이 각 배열의 크기는 8비트, 즉 1바이트가 된다. 그리고 buf[10]이라고 정의했으므로 10개의 공간이 메모리에 자동으로 만들어진다. 이러한 원리로 char 자료형(1바이트) 값 총 10개를 메모리에 할당할 수 있게 된다. 이는 마치 char 자료형 변수 10개를 선언한 것과 같은 형태다. 단, 배열로 선언하게 되면 배열의 첫 번째 항목에서부터 마지막 항목까지 메모리에 연속적으로 위치하게 된다는 차이가 있다.

배열을 사용해서 얻을 수 있는 장점은 하나의 배열 이름만으로 원하는 데이터를 저장하거나 가져올 수 있다는 점이다. 반면에 배열이 선언되는 순간 메모리를 확보한 상태가 되어 사용 영역이 고정되므로 프로그램 실행 중에 배열의 사용 영역을 변경할 수 없고, 프로그램을 종료하기 전까지는 해당 메모리 영역을 사용할 수 없다는 단점이 있다. 이러한 단점은 C 프로그램에서 배열 대신 포인터를 사용하게 된 원인이기도 하다.

그렇다면 실제로 프로그램에서는 배열을 어떻게 사용할까? 그림 2-2에 있는 배열의 세 번째 항목(buf[3]이 아니라 buf[2]가 된다)에 216을 저장한다면 다음과 같이 코드를 작성한다.

```
buf[2] = 216;
```

이제 지금까지 배운 개념을 이용해 사용자가 키보드로 입력한 값을 배열에 저장한 후 입력한 문자를 대문자로 변경해 출력하는 프로그램을 살펴보자.

```
01   #include <stdio.h>
02
03   void main()
04   {
05     int i = 0;
06     char buf[11];
07
08     printf("소문자 11개를 입력해봅시다.\n");
09     printf("입력 : ");
10
11     while(i < 11) {
12       scanf("%c", &buf[i]); // Visual C++ 컴파일러에서는 scanf_s() 함수를 사용하면 좋다
13       i++;
14     }
15
16     printf("문자를 입력하셨군요. 대문자로 변환합니다.\n");
17
18     for(i = 0; i < 11; i++)
19       printf("%c", buf[i] - ('a' - 'A'));
20   }
```

코드 2-1 실행 결과

```
소문자 11개를 입력해봅시다.
입력 : hello world
문자를 입력하셨군요. 대문자로 변환합니다.
HELLO WORLD
```

먼저 사용자가 'hello world'라는 소문자 값을 입력했다면 배열 buf는 현재 사용 가능한 메모리에 임의의 영역을 할당하고 'hello world'라는 문자 값을 메모리에 연속해서 저장한다. 참고로 C에서는 문자열 배열의 가장 뒷부분에 '\0'라는 값(NULL 문자)이 자동으로 삽입된다. 즉, 'd' 다음에 문자열의 끝을 의미하는 '\0 '이 저장된다.

| h | e | l | l | o | | w | o | r | l | d | \0 |

그림 2-3 'hello world'라는 문자가 메모리에 할당된 구조

그런 다음 반복문에서 배열을 사용해 프로그램을 훨씬 보기 쉽고 간결하게 만들 수 있다. 각 배

열 항목의 값을 읽어오거나 쓰기 위해 인덱스를 사용할 수 있기 때문이다. 배열의 인덱스 부분을 반복문의 제어 변수로 사용해 다음과 같은 코드를 작성했다.

```
11    while(i < 11) {
12        scanf("%c", &buf[i]); // Visual C++ 컴파일러에서는 scanf_s() 함수를 사용하면 좋다
13        i++;
14    }
```

바로 이런 특징이 프로그램에서 배열을 많이 사용하는 이유다.

그럼 반복문을 사용하지 않는다면 어떻게 코드를 작성할 수 있을까? 변수를 나열하는 방식으로 코드 2-1을 변경하면 다음과 같다.

```
scanf("%d", &buf[0]);
scanf("%d", &buf[1]);
scanf("%d", &buf[2]);
scanf("%d", &buf[3]);
......
scanf("%d", &buf[11]);
```

이번에는 char 자료형이 아닌 int 자료형을 사용하는 배열 예제를 살펴보자.

코드 2-2 int 자료형을 사용하는 배열 예제

```
01    #include <stdio.h>
02    #define MAX 5
03
04    void main()
05    {
06        int Scores[MAX];
07        double total, aver;
08        int i;
09
10        printf("5개의 점수를 입력해주세요.\n");
11
12        for(i = 0; i < MAX; i++) {
13            printf("점수 --> ");
14            scanf("%d", &Scores[i]);
15        }
```

```
16
17    total = 0;
18
19    for(i = 0; i < MAX; i++) {
20      total += Scores[i];
21    }
22
23    aver = total / MAX;
24    printf(" 총점 : %f 평균 : %.2f\n", total, aver);
25  }
```

코드 2-2 실행 결과

```
5개의 점수를 입력해주세요.
점수 --> 100
점수 --> 90
점수 --> 80
점수 --> 70
점수 --> 60
총점 : 400.000000 평균 : 80.00
```

먼저 int 자료형을 갖는 배열 Scores를 살펴보자. 배열의 크기는 5이므로 5개의 정숫값을 저장할 수 있으며 이 배열에 차례대로 값을 입력받는다.

사용자가 직접 배열에 값을 저장할 때는 변수에 값을 저장하는 방식과 동일하게 scanf() 함수를 사용한다. 12행~15행처럼 char 자료형과 마찬가지로 인덱스를 의미하는 변수 i를 사용해 차례대로 저장한다.

SECTION 03 배열의 응용

코드 2-1, 2-2를 잘 살펴보았다면 배열의 기본은 쉽게 이해했을 것이다. 그러나 초보 프로그래머가 알고리즘 문제에서 배열이 어렵다고 느끼게 되는 것은 배열을 함수의 매개변수로 사용하는 경우다. 이번에는 앞에서 배운 배열의 기본 개념을 좀 더 응용해볼 차례다. 배열과 함수를 함께 사용할 때는 어떤 점을 주의해야 하는지, 또 매개변수로 배열을 사용할 때는 어떤 점을 고려해야 하는지 살펴보도록 하자.

함수와 일차원 배열의 사용

실제로 프로그래밍하다 보면 함수의 매개변수로 배열을 사용하는 경우가 종종 있다. 이런 경우 어떤 프로그래머는 아예 배열을 함수의 매개변수로 사용하지 않으려고 배열 자체를 전역 변수로 선언해서 사용하기도 한다. 그러나 이는 불필요하게 메모리를 많이 사용하게 되므로 피하는 것이 좋다. 사실 함수의 매개변수로 배열을 사용하는 방법만 정확하게 알고 있다면 여러모로 유용하다.

자, 그렇다면 예제를 통해 함수의 매개변수로 배열을 사용하는 방법을 알아보도록 하자. 코드 2-3은 사용자가 정숫값을 입력하면 배열에 저장해두었다가 사용자가 0을 입력하면 입력된 순서와 반대로 값을 출력한다.

코드 2-3 함수의 매개변수로 배열을 사용한 예

```
01  #include <stdio.h>
02  #define MAX_ELEMENT 100
03  #define Sentinel 0
04  #define TRUE 1
05  #define FALSE 0
06
07  int GetIntegerArray(int array[], int max, int sentinel);
08  int GetInteger(void);
09  void PrintIntegerArray(int array[], int n);
```

```c
10   void ReverseIntegerArray(int array[], int n);
11   void SwapIntegerElements(int array[], int p1, int p2);
12
13   int GetIntegerArray(int array[], int max, int sentinel)
14   {
15     int n, value;
16     n = 0;
17
18     while(TRUE) {
19       printf("==> ");
20       value = GetInteger();
21
22       if(value == sentinel)
23         break;
24
25       if(n == max)
26         printf("총 개수를 초과했습니다.\n");
27
28       array[n] = value;
29       n++;
30     }
31
32     return n;
33   }
34
35   int GetInteger(void)
36   {
37     int n;
38     scanf("%d", &n);
39
40     return n;
41   }
42
43   void PrintIntegerArray(int array[], int n)
44   {
45     int i;
46
47     for(i = 0; i < n; i++)
48       printf("%d\n", array[i]);
49   }
50
51   void ReverseIntegerArray(int array[], int n)
52   {
53     int i;
```

```
54
55    for(i = 0; i < n / 2; i++)
56        SwapIntegerElements(array, i, n - i - 1);
57  }
58
59  void SwapIntegerElements(int array[], int p1, int p2)
60  {
61     int tmp;
62     tmp = array[p1];
63
64     array[p1] = array[p2];
65     array[p2] = tmp;
66  }
67
68  void main()
69  {
70     int list[MAX_ELEMENT], n;
71
72     printf("임의의 정숫값을 입력하세요.\n");
73     printf("0을 입력하면 입력을 종료합니다.\n");
74
75     n = GetIntegerArray(list, MAX_ELEMENT, Sentinel);
76     ReverseIntegerArray(list, n);
77     PrintIntegerArray(list, n);
78  }
```

코드 2-3 실행 결과

```
임의의 정숫값을 입력하세요.
0을 입력하면 입력을 종료합니다.
==> 98
==> 34
==> 21
==> 55
==> 25
==> 0
25
55
21
34
98
```

실행 결과를 보면 쉽게 알 수 있듯이 사용자가 임의의 정숫값을 입력하면 해당 값을 배열에 저장해둔다. 이러한 과정은 사용자가 0을 입력할 때까지 반복된다. 사용자가 0을 입력하면 사용자로부터 값을 입력받는 과정을 중단하고 현재의 배열에 저장되어 있는 값들의 순서를 바꾸게된다. 그리고 배열의 값들을 화면에 출력한다.

실제 배열을 선언한 부분은 70행이다. list라는 이름의 int 자료형 배열을 선언하고 2행에서 정의한 MAX_ELEMENT라는 매크로 상수를 이용해 최대 100개까지 값을 가질 수 있도록 선언해준다. 이러한 배열 선언이 main() 함수 내부에 있으므로 배열 list는 전역 변수가 아니라 main() 함수 내의 지역 변수다.

또한 13행의 GetIntegerArray() 함수의 매개변수 부분을 보면 'int array[]'와 같이 배열을 사용했다. 형태는 배열처럼 보이지만 사실은 int *array와 같은 형식이며 동일하게 동작한다. 코드를 작성하는 개발자의 입장에서는 C에서 배열을 함수의 인수로 전달할 때 배열 형태로 매개변수를 사용하더라도 실제 동작하는 방식은 포인터라고 생각해야 한다.

이제 기능별로 나눠서 함수들을 살펴보자.

사용자로부터 정숫값을 입력받는 GetIngegerArray() 함수

GetIngegerArray() 함수는 사실 이전에 배운 배열의 기능을 충실하게 이용해서 매개변수로 받은 배열에 사용자가 0이 아닌 값을 입력하면 저장하는 역할을 한다. 사용자가 0을 입력하면 사용자로부터 값을 입력받는 과정을 중단하고 지금까지 입력받은 정숫값의 개수를 반환한다.

```
13   int GetIntegerArray(int array[], int max, int sentinel)
14   {
15     int n, value;
16     n = 0;
17
18     while(TRUE) {
19       printf("==> ");
20       value = GetInteger();
21
22       if(value == sentinel)
23         break;
24
25       if(n == max)
26         printf("총 개수를 초과했습니다.\n");
```

```
27
28      array[n] = value;
29      n++;
30   }
31
32   return n;
33 }
```

main() 함수 안의 배열 list와 array는 그림 2-4처럼 이름만 다를 뿐 같은 메모리 공간을 갖는다는 점도 기억해두자.

그림 2-4 같은 메모리 공간을 가리키는 2개의 배열

18행~30행까지는 while문을 통해 사용자로부터 입력을 받은 값을 배열 array[]에 저장한다. 앞서 설명한 것처럼 배열 array에 저장한 값은 list에서도 같은 값을 읽을 수가 있다. 또한 while문은 22행에서처럼 변수 sentinel에 저장된 값과 사용자가 입력한 값이 같지 않으면 계속 반복해서 사용자로부터 값을 입력받는다. 변수 sentinel은 최종적으로는 0이 된다.

이렇게 함수 내부의 코드를 분석해보면 알고리즘을 이해하는 일이 생각보다 그리 어렵지 않다.

배열의 값을 반대 순서로 바꾸는 ReverseIntegerArray() 함수

ReverseIntegerArray() 함수는 배열에 저장되어 있는 값들을 반대 순서로 바꾸는 핵심 부분이다. 다음 코드를 살펴보자. 의외로 간단하다.

```
51 void ReverseIntegerArray(int array[], int n)
52 {
53   int i;
54
55   for(i = 0; i < n / 2; i++)
56     SwapIntegerElements(array, i, n - i - 1);
57 }
```

ReverseIntegerArray() 함수도 GetIntegerArray() 함수와 마찬가지로 배열을 함수의 매개변수로 사용한다. 두 번째 매개변수 n은 현재 배열에 저장된 값의 수를 의미한다.

눈여겨봐야 할 부분은 55행~56행의 for문이다. 55행을 자세히 보면 제어 변수 i가 0부터 시작해서 n의 절반인 n / 2까지만 실행한다. 그 이유는 무엇일까? 그림 2-5를 보자.

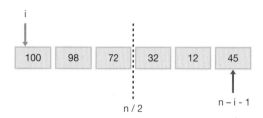

그림 2-5 배열의 반만 사용해 서로 값을 바꾼다

그림 2-5에서 n은 6이다. 따라서 55행의 i는 0부터 2까지 총 3번을 반복 실행하며, 한 번 실행할 때마다 SwapIntegerElements() 함수를 실행한다. SwapIntegerElements() 함수는 2개의 값을 서로 바꾸는 기능을 한다. 그림 2-5를 보면 100이라는 값과 45라는 값을 바꾸고, 그 다음에 98과 12를 바꾼다. 마지막으로 72와 32를 서로 바꾼다. 결국 6개의 값을 갖는 배열을 반대 순서로 만들기 위해서는 SwapIntegerElements() 함수가 총 3번만 실행되면 충분하다. 따라서 for문에서 n / 2까지만 실행하도록 조건을 설정한 것이다.

여기서 꼭 알아두어야 할 점은 배열에 저장되어 있는 값들을 서로 교환할 때 바꾸려는 두 값이 저장된 배열의 인덱스를 사용한다는 것이다.

2개의 값을 서로 바꾸는 SwapIntegerArray() 함수

마지막으로 2개의 값을 서로 바꾸는 함수인 SwapIntegerArray() 함수를 살펴보자. 코드는 다음과 같다.

```
59  void SwapIntegerElements(int array[], int p1, int p2)
60  {
61    int tmp;
62    tmp = array[p1];
63
```

```
64    array[p1] = array[p2];
65    array[p2] = tmp;
66  }
```

변경하려는 두 값 이외에 값을 임시로 저장할 공간으로 tmp 변수를 사용한다. 실제 값의 이동 순서는 그림 2-6과 같다.

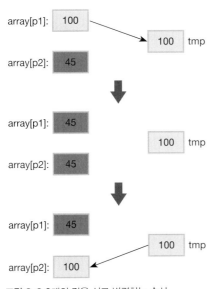

그림 2-6 2개의 값을 서로 변경하는 순서

먼저 array[p1]의 값을 임시 변수 temp에 저장하고 array[p2]의 값을 array[p1]으로 옮긴다. 그리고 tmp에 저장되어 있는 값을 array[p2]에 다시 저장하는 단순한 구조다.

다차원 배열

앞에서 배운 배열은 1차원 배열, 즉 배열에서 동시에 다루는 인덱스가 하나라는 뜻이다. 그러나 실제 알고리즘을 개발하다 보면 1차원뿐만 아니라 2차원, 3차원 등 여러 가지 차원을 갖는 배열이 필요하다. 예를 들어 학생 5명의 영어와 수학 점수를 저장해두는 프로그램이 있다고 가정해보자. 아마도 다음과 같은 구조가 될 것이다.

표 2-1 학생 5명의 영어와 수학 점수

번호	영어	수학
1	100	100
2	100	90
3	95	92
4	76	42
5	88	92

이와 같은 표 형태로 정리할 수 있는 것이 바로 2차원 배열이다. 다음과 같은 형태로 사용한다.

```
int Grade[5][2];
```

이때 2차원 배열인 Grade에는 각 과목의 점수들만 들어 있게 된다.

10개의 과목이면 어떻게 사용할까? 이럴 경우에는 과목 수만 변경해주면 되므로 다음과 같이 수정하면 된다.

```
int Grade[5][10];
```

과목 수에 학년별 구분까지 하려면 어떻게 해야 할까? 학년은 1학년부터 3학년까지 있다고 가정하면 한 학생당 '학년/학생번호/과목'과 같이 3개 항목이 필요하다. 이때는 2차원 배열이 아니라 다음과 같이 3차원 배열을 사용하면 된다.

```
int Grade[3][5][2];  // 학년 : 1~3학년, 학번 : 1번~5번, 과목 수 : 영어, 수학
```

이렇게 다차원 배열을 사용하게 되면 좀 더 복잡한 데이터들을 저장할 수 있게 된다.

이제 2차원 배열을 이용해 학생 5명의 영어와 수학 점수를 입력받아서 영어 평균과 수학 평균을 구하는 프로그램을 살펴보도록 하자.

코드 2-4 2차원 배열

```
01  #include <stdio.h>
02
03  void DisplayTable(void);
```

```
04
05    int Grade[5][2];
06
07    void main(void)
08    {
09      int i;
10
11      printf("각 학생의 영어 점수와 수학 점수를 입력하세요.\n");
12
13      for(i = 0; i < 5; i++) {
14        printf("%d번 학생의 영어 점수 : ", i + 1);
15        scanf("%d", &Grade[i][0]);
16
17        printf("%d번 학생의 수학 점수 : ", i + 1);
18        scanf("%d", &Grade[i][1]);
19      }
20
21      printf("입력을 종료합니다.\n\n");
22      DisplayTable();
23    }
24
25    void DisplayTable(void)
26    {
27      int i;
28      int Total[2] = { 0, 0 };
29
30      printf("학생 번호\t영어 점수\t수학 점수\n");
31
32      // 각 학생별로 영어 점수와 수학 점수를 출력한다
33      for(i = 0; i < 5; i++) {
34        printf("\t%d\t\t%d\t\t%d\n",i + 1, Grade[i][0], Grade[i][1]);
35        Total[0] += Grade[i][0];  // 영어 총점을 계산한다
36        Total[1] += Grade[i][1];  // 수학 총점을 계산한다
37      }
38
39      printf("=====================================================\n");
40      printf("총 점\t\t\t%d\t\t%d\n", Total[0], Total[1]);  // 총점 출력
41      printf("평 균\t\t\t%d\t\t%d\n", Total[0] / 5, Total[1] / 5);  // 평균 출력
42    }
```

프로그램을 실행한 후 표 2-1에서 소개한 각 학생의 영어 점수와 수학 점수를 입력하면 다음과 같은 실행 결과를 얻을 수 있다.

코드 2-4 실행 결과

```
각 학생의 영어 점수와 수학 점수를 입력하세요.
1번 학생의 영어 점수 : 55
1번 학생의 수학 점수 : 80
2번 학생의 영어 점수 : 92
2번 학생의 수학 점수 : 77
3번 학생의 영어 점수 : 69
3번 학생의 수학 점수 : 75
4번 학생의 영어 점수 : 88
4번 학생의 수학 점수 : 92
5번 학생의 영어 점수 : 30
5번 학생의 수학 점수 : 72
입력을 종료한다.


학생 번호        영어 점수  수학 점수
    1             55        80
    2             92        77
    3             69        75
    4             88        92
    5             30        72
================================
총 점            334       396
평 균             66        79
```

실행 화면에서는 1번부터 5번까지 학생의 영어 점수와 수학 점수를 차례대로 입력한다. 이를 구현한 코드가 13행~19행 코드다. 학생 1명당 영어 점수와 수학 점수라는 2개의 항목이 필요하고 학생 수는 5명이다. 따라서 반복문을 사용하지 않고 일일이 입력을 받으면 5(학생 수) × 2(과목 수) = 10, 즉 10개 행의 코드가 필요하게 된다. 그러나 반복문을 사용하면 코드의 길이를 줄일 수 있다. 만약 학생 수가 5명이 아니라 100명 정도 된다면 100(학생 수) × 2(과목 수) = 200, 즉 200개 행의 코드가 필요하지만 반복문을 사용하면 for(i = 0; i < 5; i++)의 코드를 for(i = 0; i < 100; i++)로 바꾸기만 하면 된다.

코드 2-4에서 중요한 부분은 배열의 초기화다. 28행을 보면 총점을 저장하는 배열 Total을 선언하고 나서 바로 초기화했다. 이처럼 배열은 선언과 동시에 초기화할 수 있다.

```
int Total[2] = { 0, 0 };
```

배열을 초기화할 때는 '{'와 '}'를 사용한다. 그리고 이차원 배열의 경우에는 다음처럼 초기화한다.

```
int Grade[3][2] = { {100, 100}, {92, 88}, { 72, 88} };
```

고등학교 때 배운 집합과 비슷하다. 이제 다차원 배열의 개념은 어느 정도 이해했을 것이다.

SECTION 04 포인터

포인터는 C나 C++로 알고리즘을 개발할 때의 핵심 중 핵심이다. 가장 강력한 기능이면서도 가장 이해하기 어려운 기능이기도 하다. 반드시 넘어야 할 산이므로 차근차근 읽어보면서 정복해보자.

포인터는 왜 사용할까?

C에서 메모리를 설명하면서 포인터Pointer를 빠뜨릴 수 없다. C를 시작한 초보 프로그래머들을 추풍낙엽처럼 쓰러지게 만드는 것이 바로 지금부터 다루게 될 포인터다. 그러나 포인터는 사실 C 프로그램을 좀 더 쉽게 작성할 수 있도록 해주는 개념이다.

포인터는 앞에서 설명한 메모리와 메모리 주소를 이해했다면 그리 어려운 개념이 아니다. 이미 포인터를 90% 이상 이해했다고 해도 될 정도다. 기억이 나지 않는 분들은 다시 1절의 아파트 예를 읽어보자. 25층 아파트의 2501호를 가기 위해서는 엘리베이터의 25층 버튼을 누르고 2501호를 찾아간다고 설명했다. 포인터는 메모리의 주소를 의미하는 2501호라는 값을 저장하는 변수를 말한다. 즉, 포인터는 메모리 주소를 저장하는 공간이므로 실제 메모리 안의 값이 아닌 메모리 주소가 저장된다.

포인터의 사용 형식

C에서 포인터는 어떻게 만들까? 다음과 같은 형식으로 만든다.

    자료형 *포인터변수이름;

변수 이름 앞에 에스터리스크(*) 표시를 붙이는 것을 제외하고는 일반 변수를 정의하는 것과 다를 게 없다. 다음은 다양한 자료형으로 선언한 포인터들이다.

```
char *ptr1;      // char 자료형 포인터
int *ptr2;       // int 자료형 포인터
short *ptr3;     // short 자료형 포인터
double *ptr4;    // double 자료형 포인터
float *ptr5;     // float 자료형 포인터
```

이와 같이 C에서는 모든 자료형이 포인터를 생성할 수 있다. 그렇다면 자료형마다 포인터를 따로 만드는 이유는 무엇일까? 그림 2-7을 살펴보자.

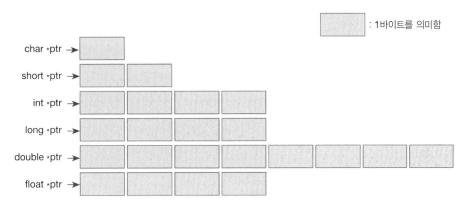

그림 2-7 서로 다른 크기의 자료형을 가리키는 포인터

쉽게 말해 자료형은 서로 다른 바이트로 구성되므로 자료형마다 해당 메모리 영역을 가리키는 포인터 정보도 달라야 한다.

그런데 오해하면 안 되는 부분이 있다. 자료형의 크기에 따라 포인터의 크기가 달라지는 것은 아니다. 예를 들어 5층짜리 아파트의 1층은 10평이고 층마다 10평씩 넓어진다고 가정해보자. 상식적으로 아파트 엘리베이터 버튼의 크기도 층마다 달라질까? 그렇지 않다. 아파트의 평수가 다르더라도 버튼의 크기는 같다. 마찬가지로 포인터가 가리키는 자료형의 크기는 자료형의 종류마다 1바이트 혹은 4바이트, 어떤 경우에는 8바이트지만 포인터의 크기는 32비트 기준에서는 동일하게 4바이트다.

그럼 포인터의 사용 방법을 알아보자. 포인터가 어떤 일반 변수의 메모리 주소를 가리키게 할 때는 다음과 같은 형식을 사용한다. 이때 앰퍼샌드(&)를 & 연산자(주소 연산자)라고 한다.

```
포인터변수 = &일반변수;
```

지금까지 배운 모든 개념을 종합해 포인터 변수에 일반 변수의 메모리 주소를 넣는 방법을 알아보자. 다음과 같다.

```
// ①
int data = 10;    // int 자료형 변수 data 선언과 초기화

// ②
int *ptr;         // int 자료형 포인터 변수 ptr 선언

// ③
ptr = &data;      // 변수 data의 주소를 포인터 변수 ptr에 저장
```

물론 일반 변수처럼 포인터 변수를 선언하면서 동시에 값을 초기화할 수도 있다.

```
int data = 0      // 일반 변수를 선언하는 동시에 값을 초기화
int *ptr = &data  // 포인터 변수를 선언하는 동시에 초기화
```

위의 ①, ②, ③을 그림으로 표현하면 다음과 같다.

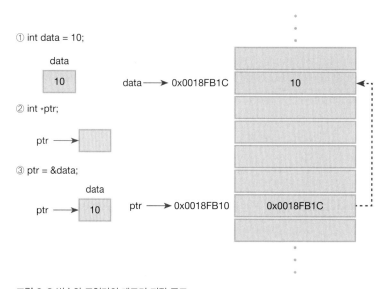

그림 2-8 변수와 포인터의 메모리 저장 구조

왼쪽 부분부터 흐름을 살펴보자. int data = 10;과 int *ptr;을 실행하면 함수 호출 시 생성되는 지역 변수와 매개변수가 저장되는 메모리의 스택^{Stack} 영역에 각각 10이라는 값을 저장하고, 포인터 변수 ptr을 위한 공간을 마련하게 된다. 마지막으로 ptr = &data;를 실행하면 포인터 변수 ptr 안에 int 자료형 변수 data의 메모리 주소 값을 저장한다. 따라서 결과가 오른쪽과 같이 0x0018FB1C이 된다.

변수 data의 메모리 주소가 0x0018FB1C(이 주소는 필자가 임의로 정한 주소다. 실제 메모리 주소는 이와 비슷하지만 반드시 이 값을 갖는 것은 아니다)이라고 가정하고, 포인터 변수 ptr의 메모리 주소가 0x0018FB10이라고 가정하면 변수 data에 저장된 값은 10이지만 포인터 ptr에 저장되어 있는 값은 data의 값이 아닌 주소에 해당하는 0x0018FB1C이 저장되어 있다. 이와 같이 포인터는 다른 변수의 메모리 주소를 저장하는 기능을 한다.

지금까지 설명한 개념을 기억해두고 이제 간단한 포인터의 사용 예를 살펴보자.

코드 2-5 간단한 포인터의 사용 예

```
01   #include <stdio.h>
02
03   void main(void)
04   {
05       int data = 10;      // int 자료형 변수 data의 선언과 초기화
06       int *ptr;           // int 자료형 포인터 변수 ptr 선언
07
08       // 변수 data의 메모리 주소 값과 실제 값 출력
09       printf("data의 주소 : 0x%p, data의 값 : %d \n", &data, data);
10       ptr = &data;
11
12       // 포인터 변수 ptr의 메모리 주소 값과 실제 값 출력
13       printf("ptr의 주소 : 0x%p, ptr의 값 : 0x%p \n", &ptr, ptr);
14   }
```

코드 2-5는 그림 2-8을 구현한 예다. 그렇다면 실제로 그림 2-8과 같은 결과가 나타나는지 실행 결과를 보자.

코드 2-5 실행 결과

```
data의 주소 : 0x0018FB1C, data의 값 : 10
ptr의 주소 : 0x0018FB10, ptr의 값 : 0x0018FB1C
```

실행 결과에서 변수 data의 메모리 주소 값은 0x0018FB1C로 되어 있다. data의 실제 값은 초기화한 대로 10으로 되어 있다. 또한 ptr = &data;를 실행한 후에 ptr의 메모리 주소 값과 실제 값을 출력해보면 포인터 변수 ptr의 메모리 주소 값은 0x0018FB10이며, 포인터 변수 ptr의 실제 값은 변수 data의 메모리 주소 값인 0x0018FB1C로 되어 있다. 실제로 메모리 주소 값은 같은 코드를 작성하더라도 실행할 때마다 매번 다르다. 메모리의 어떤 위치에 변수가 할당되는가는 운영체제가 실행할 때마다 알아서 결정해주기 때문이다.

그리고 앞에서 & 연산자가 주소를 얻는 연산자라고 설명했다. 그렇다면 포인터가 가리키는 메모리 주소 안에 저장되어 있는 실제 값은 어떻게 구할 수 있을까? 다음은 포인터의 & 연산자와 * 연산자를 사용한 예다.

코드 2-6 좀 더 다양한 포인터 사용 예

```
01   #include <stdio.h>
02
03   void main(void)
04   {
05      int data = 10;      // int 자료형 변수 data의 선언과 초기화
06      int *ptr;           // int 자료형 포인터 변수 ptr 선언
07
08      // 변수 data의 메모리 주소 값과 실제 값 출력
09      printf("data의 주소 : 0x%p, data의 값 : %d \n", &data, data);
10      ptr = &data;
11
12      // 포인터 변수 ptr의 메모리 주소 값과 실제 값 출력
13      printf("ptr의 주소 : 0x%p, ptr의 값 : 0x%p \n", &ptr, ptr);
14
15      // 포인터 ptr이 가리키는 곳의 실제 값과 data의 실제 값 출력
16      printf("ptr이 가리키는 곳의 값 : %d, data의 값 : %d\n", *ptr, data);
17
18      // 포인터 ptr의 메모리 주소 값, 실제 값, 가리키는 값 출력
19      printf("ptr의 주소 : 0x%p, ptr의 값 : 0x%p, ptr이 가리키는 값 : %d\n", &ptr, ptr, *ptr);
20   }
```

코드 2-6 실행 결과

```
data의 주소 : 0x0012FF7C, data의 값 : 10
ptr의 주소 : 0x0012FF78, ptr의 값 : 0x0012FF7C
```

```
ptr이 가리키는 곳의 값 : 10, data의 값 : 10
ptr의 주소 : 0x0012FF78, ptr의 값 : 0x0012FF7C, ptr이 가리키는 값 : 10
```

위의 실행 결과 화면만 봐서는 도무지 무슨 말인지 이해가 되지 않을 수도 있다. 코드 2-6과 그림 2-9를 함께 살펴보면서 확실하게 이해해보자.

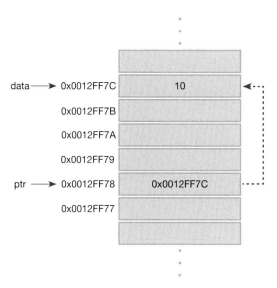

그림 2-9 메모리 주소 안에 저장되어 있는 실제 값

먼저 5행 int data = 10;은 int 자료형 변수 data에 10이 저장된다는 뜻이다. 5행이 실행되면 메모리의 0x0012FF7C라는 메모리의 위치에 10이라는 값을 저장한다. 옆에 있는 0x0012FF7C는 메모리의 실제 주소 값이다. 이 주소 값은 각 메모리 블록을 0부터 시작하는 번호를 매겨 16진수로 표현한 것으로, 결국 0x0012FF7C라는 것은 메모리 블록의 번호에 해당된다. 이를 우리는 메모리 주소Address 값이라고 한다.

6행 int *ptr;은 포인터 변수 ptr을 선언한 것이다. 6행이 실행되면 그림 2-9의 0x0012FF78이라는 메모리 주소에 해당하는 공간을 포인터 변수 ptr이 사용하는 공간으로 지정하게 된다.

10행 ptr = &data;는 포인터 변수 ptr에 변수 data의 메모리 주소 값을 저장하는 부분이다. 10행을 통해서 포인터 변수 ptr의 0x0012FF78의 메모리 영역 안에 변수 data의 메모리 주소 값이 저장되는 것이다. 따라서 포인터 변수 ptr의 값은 0x0012FF7C가 된다.

지금까지 설명한 6행과 10행을 종합해 확인할 수 있는 것이 19행이다. &ptr은 ptr의 메모리 주소 값인 0x0012FF78을 출력했다. 또한 ptr 변수의 값인 0x0012FF7C을 출력해서 data 변수의 메모리 주소 값을 저장한 것임을 확인했다. 마지막 *ptr은 ptr 변수의 값이 가리키는 메모리 주소의 실제 값을 출력하므로 10이다.

코드 2-6은 비교적 여러분이 이해하기 쉽도록 변수 이름을 명확하게 구분했다. 이번에는 ptr이라는 포인터 변수의 값을 조정하면서 & 연산자와 * 연산자의 사용 예를 살펴보자.

코드 2-7 포인터의 & 연산자와 * 연산자의 사용 예

```
01   #include <stdio.h>
02
03   void main()
04   {
05     int data = 10;
06     int *ptr;
07
08     printf("ptr : 0x%p, *ptr : %d\n", ptr, *ptr);
09     ptr = &data;
10
11     printf("ptr : 0x%p, *ptr : %d\n", ptr, *ptr);
12     *ptr = data;
13
14     printf("ptr : 0x%p, *ptr : %d\n", ptr, *ptr);
15   }
```

코드 2-7 실행 결과

```
ptr : 0x0018FB48 , *ptr : 1108551648
ptr : 0x0018FB40 , *ptr : 10
ptr : 0x0018FB40 , *ptr : 10
```

단 위 결과는 리눅스에서 실행한 것으로, 앞서 설명한 대로 윈도우에서 코드 2-7을 정상적으로 실행시키려면 8행의 printf() 함수를 주석 처리해야 한다. 코드 2-7이 윈도우 환경에서 제대로 실행되지 않는 이유는 8행에서 사용하는 포인터 ptr이 6행에서 선언만 되었을 뿐 값은 들어 있지 않기 때문이다. Visual Studio의 기본 컴파일러 설정에서는 '선언 후 정의하지 않고 참조'할 경우 경고하도록 되어 있다. 즉, ptr 변수라는 실체 없는 이름만 있고 값을 출력할 수 없어서 에러가 발생하는 것이다.

포인터가 실제 영향력을 발휘하기 위해서는 최소한 9행처럼 포인터 변수에 무엇인가를 가리키는 값이 있어야 한다.

참고로 유닉스나 리눅스와 같은 운영체제에서는 실제로 사용하지 않는 포인터라고 하더라도 별다른 제약 없이 사용할 수 있도록 해주지만 윈도우는 좀 다르다. 결국 윈도우에서 코드 2-7을 실행하려면 8행을 주석 처리하고 실행해야 한다.

아무튼 포인터 변수 ptr은 9행에서 변수 data의 주소를 가리키도록 지정하는 순간 제 기능을 발휘할 수 있게 된다. 포인터는 & 연산자를 만났을 때 비로소 제 역할을 할 수가 있다. 아무리 좋은 총이 있어도 총알이 없으면 그저 막대기에 불과하다. 마찬가지로 포인터, 포인터 말은 많지만 선언만 해놓은 포인터는 총알 없는 총과 다름이 없다.

11행은 실제 포인터의 주소와 그 주소가 가리키는 값을 출력하게 되는 것이다. 그렇다면 12행은 무엇일까? 12행은 현재 포인터 ptr이 가리키는 위치의 값을 변수 data의 값으로 바꾸라는 명령어다. 여기서 한 가지 혼동할 만한 것이 있다.

6행에서 포인터 변수 ptr을 선언할 때도 * 기호를 사용했는데 12행에서 포인터가 가리키는 곳의 값을 바꿀 때도 * 연산자를 사용했다. 그러나 6행에서 사용한 * 기호와 12행에서 사용한 * 연산자는 전혀 다른 기능을 한다. 6행에서 사용한 * 기호는 "이 변수는 포인터다"라는 의미로 사용하는 것이고, 12행에서 사용한 * 연산자는 역참조Dereferencing 연산자다. 역참조 연산자는 포인터가 가리키는 곳의 값을 의미한다.

물론 코드 2-7과 그 실행 결과를 보고 의문점을 가질 수도 있다. 사실 11행과 14행의 printf( ) 문의 실행 결과는 같다. 포인터 변수 ptr이 가리키는 주소도 같고, 그 안에 저장되어 있는 값도 같다. 그렇다면 포인터를 선언하고 바로 역참조 연산자인 * 연산자를 사용하여 그 포인터에 값을 직접 저장하면 어떨까? 코드 2-8을 보자.

코드 2-8 포인터의 잘못된 사용 예

```
01  #include <stdio.h>
02
03  void main()
04  {
05      int data = 10;
06      int *ptr;
07      *ptr = data;
```

```
08
09    printf("ptr : 0x%p, *ptr : %d\n", ptr, *ptr);
10  }
```

얼핏 보면 별다른 문제가 없어 보인다. 6행에서 포인터를 선언하고 7행에서 그 포인터를 사용하는 아주 간단한 프로그램일 뿐이다. 그러나 코드 2-8은 실제로는 윈도우에서 실행되지 않고 문제가 발생한다. 6행에서 포인터 변수 ptr을 선언하는 것은 문제가 없지만 7행에서 문제가 있기 때문이다.

6행의 포인터가 가리키는 곳의 값을 변수 data의 값으로 대입하는 것이 무슨 문제일까? 6행의 코드 자체가 아니라 6행이 실행되는 시점에서 아직 포인터가 가리키는 대상이 정의되지 않았다는 것이 문제다. 즉, 앞에서도 언급했던 포인터라는 총만 만들어두고 총알도 없이 총을 쏘려는 상황이 된 것이다. 다시 한번 강조하지만 총이 총으로서의 역할을 하려면 총알이 있어야 하듯이 포인터가 포인터로서 역할을 할 수 있으려면 포인터가 가리키는 곳이 명확하게 정의되어야 한다.

코드 2-8이 문제 없이 실행되려면 6행 다음에 ptr = &data;라는 구문을 작성해 실행하면 된다. 포인터가 제 역할을 할 수 있게 하는 구문이다.

SECTION 05 배열과 포인터의 사용

실제로 프로그래밍하다 보면 포인터와 배열을 조합해서 사용하는 경우가 많은데, 이는 배열의 단점을 포인터를 사용해서 메꿀 수가 있기 때문이다. 이번에는 포인터와 배열을 함께 사용할 때 어떤 점이 편리한지 또 포인터와 배열을 문제 없이 사용할 수 있는 방법은 무엇인지 살펴보도록 하자.

배열과 포인터의 기본적인 조합 방법

초보 프로그래머들은 배열은 배열대로, 포인터는 포인터대로 사용해야 한다고 오해하는 경우가 많다. 물론 배열 따로 포인터 따로 사용할 수도 있지만 프로그래밍할 때 대부분은 이 두 가지를 조합해서 사용하는 경우가 많다. 사실 배열과 포인터의 기본 개념은 메모리 주소를 다룬다는 점에서 출발한다. 따라서 배열과 포인터는 조합해서 사용할 수 있을 뿐만 아니라 두 가지를 자유자재로 사용할 때 편리한 점이 많다.

그럼 먼저 배열과 포인터를 어떻게 사용하는지 기본 예제부터 살펴보자.

코드 2-9 배열과 포인터를 함께 사용한 예

```
01   #include <stdio.h>
02
03   void main()
04   {
05      int data[5] = {10, 20, 30, 40, 50};
06      int *ptr;
07      ptr = data;
08      printf("ptr : 0x%p, *ptr : %d\n", ptr, *ptr);
09
10      ptr = &data[0];
11      printf("ptr : 0x%p, *ptr : %d\n", ptr, *ptr);
12   }
```

코드 2-9 실행 결과

```
ptr : 0x0018F718, *ptr : 10
ptr : 0x0018F718, *ptr : 10
```

코드 2-9는 포인터를 선언하고 배열과 연결시키는 두 가지 방법을 알려준다. 첫 번째는 변수나 상수처럼 보이는 '배열 이름[1]'을 포인터에 할당하는 방법이고 두 번째는 이전에 배운 대로 주소 연산자인 &를 사용하는 방법이다.

첫 번째는 배열과 포인터를 함께 사용하는 방법 중 가장 간단한 것이다. 배열 이름은 포인터와 비슷한 속성을 갖고 있으므로 7행처럼 배열 이름인 data에 포인터 변수에 담긴 주소 값을 넣을 수 있다. 두 번째는 배열의 첫 번째 원소인 data[0]의 메모리 주소를 사용하는 방법이다. 배열 첫 번째 원소의 메모리 주소를 사용하므로 첫 번째 원소 data[0]에 주소 연산자(&)를 사용하는 것이다.

그럼 배열 이름과 포인터는 어떤 관계가 있을까?

코드 2-10 배열 이름과 포인터의 관계

```
01  #include <stdio.h>
02
03  void main()
04  {
05      int data[5] = {10, 20, 30, 40, 50};
06      int *ptr;
07      ptr = data;
08
09      printf("ptr : 0x%p, data : 0x%p, &data[0] : 0x%p\n", ptr, data, &data[0]);
10  }
```

코드 2-10 실행 결과

```
ptr : 0x0018F8F8, data : 0x0018F8F8, &data[0] : 0x0018F8F8
```

---

1 '배열 이름'은 배열 첫 번째 인덱스의 주소 값과 자료형을 갖는 포인터와 같은 존재다. 주소 값을 변경할 수 없는 상수 포인터이기도 하다.

실행 결과를 살펴보면 포인터 변수 ptr과 배열 이름 data, 배열 data 첫 번째 인덱스의 메모리 주소가 모두 같음을 알 수 있다. 그렇다면 배열 이름을 완전히 포인터와 동일하게 사용할 수 있을까? 만약 그렇다면 배열만 사용하면 되지 군이 포인터를 사용하는 이유는 무엇일까? 어떤 차이가 있는지 코드 2-11을 보자.

코드 2-11 배열 이름을 포인터처럼 사용하는 잘못된 예

```
01  #include <stdio.h>
02
03  void main()
04  {
05    int i;
06    int data[5] = {10, 20, 30, 40, 50};
07    int *ptr;
08    ptr = data;
09
10    for(i = 0; i < 5; i++) {
11      printf("ptr : 0x%p, *ptr : %d\n", ptr, *ptr);
12      ptr++;
13    }
14
15    for(i = 0; i < 5; i++) {
16      data++;
17      printf("data : 0x%p, *data : %d\n", data, *data);
18    }
19  }
```

코드 2-11은 컴파일 에러가 발생한다. 16행 data++가 원인이며 GCC 컴파일러는 "Wrong type argument to increment", Visual Studio 컴파일러는 "error C2105: '++'에 l-value가 필요합니다"라는 에러 메시지를 출력한다. 배열 이름 data에 증가 연산자를 사용할 수 없다는 의미다. 즉, 배열 이름은 포인터처럼 주소 값을 출력하는 형태로는 사용할 수 있지만 배열 이름 자체로는 어떠한 연산도 할 수 없다는 것을 꼭 기억해두자.

배열 이름을 포인터 변수처럼 사용하는 올바른 방법은 코드 2-12에서 살펴볼 수 있다.

코드 2-12 배열 이름을 포인터 변수처럼 사용하는 올바른 예

```
01  #include <stdio.h>
02
```

```
03   void main()
04   {
05     int i;
06     int data[5] = {10, 20, 30, 40, 50};
07     int *ptr;
08     ptr = data;
09
10     for(i = 0; i < 5; i++) {
11       printf("ptr : 0x%p, *ptr : %d\n", ptr, *ptr);
12       ptr++;
13     }
14
15     for(i = 0; i < 5; i++) {
16       printf("data : 0x%p, *data : %d\n", &data[i], data[i]);
17     }
18   }
```

코드 2-12 실행 결과

```
ptr : 0x0050FE2C, *ptr : 10
ptr : 0x0050FE30, *ptr : 20
ptr : 0x0050FE34, *ptr : 30
ptr : 0x0050FE38, *ptr : 40
ptr : 0x0050FE3C, *ptr : 50
data : 0x0050FE2C, *data : 10
data : 0x0050FE30, *data : 20
data : 0x0050FE34, *data : 30
data : 0x0050FE38, *data : 40
data : 0x0050FE3C, *data : 50
```

포인터 변수 ptr을 사용할 때와 배열 이름 data를 사용할 때의 결과가 같다. 메모리 주소 값도 똑같고 주소 안에 저장되어 있는 값도 같다.

배열과 포인터의 차이점

배열과 포인터는 메모리 주소 값을 사용할 수 있다는 공통점이 있다. 하지만 배열은 인덱스라는 개념 때문에 시작 메모리 주소가 고정된다는 특징이 있고, 포인터는 변수처럼 직접 연산 처리를 할 수 있으므로 포인터가 가리키는 시작 메모리 주소가 이동될 수 있다는 특징이 있다. 이를 염두에 두고 그림 2-10을 보자.

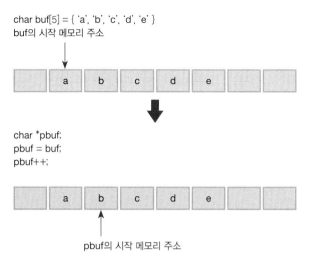

char buf[5] = { 'a', 'b', 'c', 'd', 'e' }
buf의 시작 메모리 주소

char *pbuf;
pbuf = buf;
pbuf++;

pbuf의 시작 메모리 주소

그림 2-10 배열과 포인터의 차이점

배열 buf의 시작 메모리 주소는 한번 설정되면 변경되지 않는다. 따라서 배열의 항목 값을 읽어오기 위해서는 인덱스를 이용해야 한다. 그러나 포인터 변수 pbuf는 처음에는 배열 buf의 시작 주소와 같았지만 pbuf++와 같은 연산을 실행한 후에는 시작 메모리 주소가 바뀌게 된다. 즉, 배열과 포인터는 거의 동일한 기능을 제공하지만 그림 2-10처럼 실제 프로그래밍할 때는 메모리 주소의 위치를 잘 파악해 적절하게 사용해야 한다는 것을 꼭 기억하자.

배열을 사용하는 포인터를 함수의 매개변수로 사용

배열과 포인터의 관계를 정확히 알았다면 포인터를 함수의 매개변수로 사용하는 건 몇 가지 내용만 주의한다면 별로 어렵지 않다. 먼저 코드 2-13을 살펴보자.

코드 2-13 함수의 매개변수로 사용하는 포인터

```
01   #include <stdio.h>
02
03   void PrintPointer(int (*)[2]);
04
05   void PrintPointer(int (*tptr)[2])
06   {
07      int i;
08      printf("함수 호출 후\n");
```

```
09
10    for(i = 0; i < 5; i++) {
11      printf("tptr : 0x%p, **tptr : %d\n", tptr, **tptr);
12      tptr++;
13    }
14  }
15
16  void main()
17  {
18    int i, j;
19    int data[][2] = {{10, 20}, {30, 40}, {50, 60}, {70, 80}, {90, 100}};
20    int (*ptr)[2];
21    ptr = data;
22    printf("함수 호출 전\n");
23
24    for(i = 0; i < 5; i++) {
25      printf("ptr : 0x%p, **ptr : %d\n", ptr, **ptr);
26      ptr++;
27    }
28
29    ptr = data;
30    PrintPointer(ptr);
31  }
```

가장 중요한 부분은 3행이다. 3행은 단순히 함수 원형이지만 아마 이러한 표현식을 처음 보는 독자들도 많을 것이다. 이는 2차원 배열의 포인터를 정의하기 위한 문법이다.

이런 정의가 필요한 이유는 무엇일까? 1차원 배열의 포인터는 단순히 하나의 행으로 이루어진 배열이므로 해당 배열의 주소 값만 실제 배열 값을 찾을 수 있다. 하지만 2차원 배열은 행과 열로 이루어진 배열이므로 배열 크기에 관한 정보가 있어야 올바른 값을 불러올 수 있다.

따라서 아래 코드와 같이 [2]라는 배열의 열 개수를 지정해서 배열 크기를 알 수 있게 해주는 것이다.

```
void PrintPoint(int (*)[2]);
```

3행이 이제 이해가 됐다면 나머지 부분은 그다지 어렵지 않다. 일단 24행~27행 for문에서 포인터 변수에 ++ 연산을 해서 2차원 배열 data의 시작 메모리 주소 부분을 가리키고 있지 않다. 따라서 29행에서 다시 배열 data의 원래 시작 메모리 주소 부분을 가리키도록 초기화했다.

PrintPointer() 함수를 사용하는 30행에서는 지금까지 배운 그대로 포인터 변수 prt을 함수의 매개변수로 넘겨서 실제 함수 내부에서 사용하고 있다.

코드 2-13 실행 결과

```
함수 호출 전
ptr : 0x0018FC60, **ptr : 10
ptr : 0x0018FC68, **ptr : 30
ptr : 0x0018FC70, **ptr : 50
ptr : 0x0018FC78, **ptr : 70
ptr : 0x0018FC80, **ptr : 90
함수 호출 후
tptr : 0x0018FC60, **tptr : 10
tptr : 0x0018FC68, **tptr : 30
tptr : 0x0018FC70, **tptr : 50
tptr : 0x0018FC78, **tptr : 70
tptr : 0x0018FC80, **tptr : 90
```

2차원 배열을 가리키던 원래 포인터 변수 ptr에 저장된 메모리 주소 값을 함수의 매개변수로 받아 함수 내부에서 사용하는 포인터 변수에 전달했으므로 tptr의 값은 완전히 같은 메모리 주소를 가리키게 됨을 알 수 있다.

이제 여러분은 1차원 배열과 2차원 배열을 사용하는 포인터의 개념을 모두 배웠다. 사실 2차원 배열을 사용하는 포인터의 개념을 완전히 이해했다면 3차원 이상 배열을 사용하는 포인터의 개념도 이미 알고 있는 것이나 마찬가지다. 더군다나 알고리즘 문제를 풀 때는 3차원 이상의 배열을 사용하는 포인터를 볼 일은 거의 없다.

SECTION 06 포인터 배열과 포인터 연산

이미 여러분은 포인터를 약 80% 이상 이해했다고 해도 과언이 아니다. 남은 20%까지 명확하게 이해하려면 앞에서 배운 2차원 배열을 사용하는 포인터 개념과 함께 항상 혼동하는 개념인 포인터 배열과 포인터 연산을 살펴볼 필요가 있다. 이번에는 포인터 배열과 포인터 연산이 무엇이며 앞에서 배운 배열을 사용하는 포인터와는 어떻게 다른지 알아보도록 하자.

포인터 배열이란?

포인터 배열이란 말 그대로 포인터를 요소로 갖는 배열을 의미한다. 즉, 배열의 개념에서 포인터가 어떤 역할을 하는지 이해해야 한다. 다음 코드를 살펴보자.

코드 2-14 배열을 사용하는 포인터와 포인터 배열의 차이점

```
01   #include <stdio.h>
02
03   void main()
04   {
05     int i, j;
06     int data[][2] = {{10, 20}, {30, 40}, {50, 60}, {70, 80}, {90, 100}};
07     int (*ptr)[2];
08     int *tptr[5];
09     ptr = data;
10
11     tptr[0] = &data[0][0];
12     tptr[1] = &data[1][0];
13     tptr[2] = &data[2][0];
14     tptr[3] = &data[3][0];
15     tptr[4] = &data[4][0];
16
17     for(i = 0; i < 5; i++) {
18       printf("ptr : 0x%p, **ptr : %d, *(*ptr + 1) : %d\n", ptr, **ptr, *(*ptr + 1));
19       ptr++;
20     }
```

```
21
22    for(i = 0; i < 5; i++) {
23      printf("tptr[%d] : 0x%p, *tptr[%d] : %d, *(tptr[%d] + 1) : %d\n", i, tptr[i], i,
24        *tptr[i], i, *(tptr[i] + 1));
25    }
26  }
```

코드 2-14 실행 결과

```
ptr : 0x0018F874, **ptr : 10, *(*ptr + 1) : 20
ptr : 0x0018F87C, **ptr : 30, *(*ptr + 1) : 40
ptr : 0x0018F884, **ptr : 50, *(*ptr + 1) : 60
ptr : 0x0018F88C, **ptr : 70, *(*ptr + 1) : 80
ptr : 0x0018F894, **ptr : 90, *(*ptr + 1) : 100
tptr[0] : 0x0018F874, *tptr[0] : 10, *(tptr[0] + 1) : 20
tptr[1] : 0x0018F87C, *tptr[1] : 30, *(tptr[1] + 1) : 40
tptr[2] : 0x0018F884, *tptr[2] : 50, *(tptr[2] + 1) : 60
tptr[3] : 0x0018F88C, *tptr[3] : 70, *(tptr[3] + 1) : 80
tptr[4] : 0x0018F894, *tptr[4] : 90, *(tptr[4] + 1) : 100
```

17행~20행 for문은 이미 코드 2-11~2-13에서 다뤘으며 2차원 배열을 포인터 변수 ptr만
사용해 접근할 수 있음을 보여준다.

22행~25행 for문은 배열 tptr을 사용하는데, 8행을 보면 알 수 있듯이 포인터 배열로 선언했
다. 따라서 배열에 저장하는 각 요소의 값이 일반적인 자료형이 아니라 포인터라는 것이 다르
다. 다음 그림을 보면서 이해해보자.

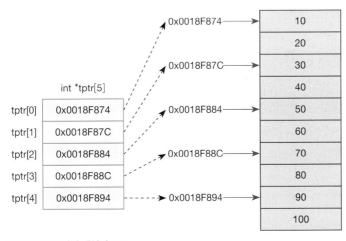

그림 2-11 포인터 배열의 구조

포인터 배열 tptr[5]의 각 요소 안에는 11행~15행을 통해 생성된 2차원 배열의 첫 번째 열 요소 전체의 메모리 주소 값이 차례로 저장되어 있다. 따라서 포인터 배열 tptr을 사용해 첫 번째 열의 요소 값을 출력하려면 *tptr[i]를 사용한다. 마찬가지로 두 번째 열의 요소 값을 출력하려면 *(tptr[i] + 1)을 사용한다.

포인터 연산의 이해

앞에서 포인터가 배열과 다른 점 중 하나로 연산이 가능하다는 것이 있다고 말했다. 예를 들면 그림 2-12처럼 메모리의 연속된 공간을 포인터 연산만으로 접근할 수 있다.

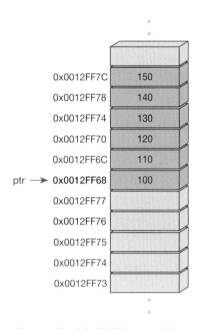

그림 2-12 메모리의 연속된 공간과 포인터

포인터 ptr은 현재 0x0012FF68이라는 메모리 주소 값이 할당되어 있다. 그리고 해당 메모리 주소의 저장 공간에는 100이라는 값이 저장되어 있다. 그런데 포인터 변수 ptr의 메모리 주소 값을 1 증가시키면 메모리 주소 값은 0x0012FF68에서 0x0012FF6C가 된다. 왜 0x0012FF68 + 1의 연산 결과는 0x0012FF6C가 될까? ptr + 1의 개념이 무조건 실제 int 자료형 값 1을 더하는 게 아니라 포인터 변수의 자료형이 차지하는 메모리 공간 크기의 기준 단위만큼을 더하라는 의미이기 때문이다. 다시 말해 ptr + 1은 'ptr + int 자료형의 메모리 크기'

가 된다. 즉, int 자료형의 크기가 4바이트니까 0x0012FF68 + 4 = 0x0012FF6C가 된다. 따라서 포인터 변수 ptr이 char 자료형이면 크기가 1바이트이므로 ptr+ 1 = 0x0012FF69가 되고, double 자료형이면 크기가 8바이트이므로 ptr + 1 = 0x0012FF70이 된다.

연산자의 경우 증가 연산자인 ++를 사용해 ptr++라고 하면 ptr + 1과 같은 의미가 된다. 물론 대입 연산자인 +=를 사용해 ptr += 2와 같이 사용할 수도 있다.

코드 2-15는 포인터 변수와 연산자를 이용한 예제 프로그램이다. 포인터 각각의 메모리 주소와 포인터가 가리키는 값들이 어떻게 변하는지 꼼꼼히 살펴보자.

코드 2-15 포인터 연산의 예

```
01   #include <stdio.h>
02
03   void main()
04   {
05     char buf[6] = {'a', 'b', 'c', 'd', 'e', 'f'};
06     char *ptr = buf;
07     int i = 0;
08     printf("ptr을 1씩 증가시켜보자.\n");
09
10     for(i = 0; i < 6; i++) {
11       printf("ptr : 0x%p, *ptr : %c\n", ptr, *ptr);
12       ptr++;
13     }
14
15     printf("\n 다시 ptr이 buf를 가리키게 하자.\n");
16     ptr = buf;
17
18     printf("*ptr++의 결과\n");
19     printf("ptr : 0x%p, *ptr : %c\n", ptr, *ptr++);
20
21     printf("*(ptr++)의 결과\n");
22     printf("ptr : 0x%p, *ptr : %c\n", ptr, *(ptr++));
23
24     printf("--ptr을 한 후 *(ptr++)의 결과\n");
25     --ptr;
26     printf("ptr : 0x%p, *ptr : %c\n", ptr, *(ptr++));
27
28     printf("(*ptr)++의 결과\n");
29     (*ptr)++;
```

```
30      printf("ptr : 0x%p, *ptr : %c\n", ptr, *ptr);
31
32      printf("ptr += 1을 한 후 *ptr의 결과\n");
33      ptr += 1;
34      printf("ptr : 0x%p, *ptr : %c\n", ptr, *ptr);
35
36      printf("ptr -= 2를 한 후 *ptr의 결과\n");
37      ptr -= 2;
38      printf("ptr : 0x%p, *ptr : %c\n", ptr, *ptr);
39  }
```

여러 가지 포인터 연산을 하므로 좀 복잡하게 보이지만 꼼꼼히 살펴보면 그다지 복잡하지는 않다.

6행에서 포인터 변수 ptr을 선언하고 배열 buf를 가리키도록 한다. 그리고 나서 10행~13행의 for문을 실행한다. 반복문이 실행될 때마다 12행에서 포인터 변수 ptr에 ++ 연산을 실행시키다 보면 배열 buf의 첫 번째부터 마지막 값까지 출력하게 된다. 16행은 다시 포인터 변수 ptr이 배열 buf의 첫 항목을 가리키도록 한다. 이 과정이 필요한 이유는 10행에서 13행까지의 반복문을 실행했기 때문에 현재 포인터 변수 ptr은 배열 buf의 마지막 항목을 가리키고 있을 것이기 때문이다.

다음은 18행~38행까지 각 행마다 포인터 변수 ptr이 가리키는 값을 표로 만든 것이다. 각 행의 연산에 따라서 값이 어떻게 바뀌는지 눈여겨보자.

표 2-2 연산에 따른 포인터 변숫값의 변화

	포인터 변수 ptr의 연산	*ptr	배열 buf
16행 실행 후	ptr = buf;	a	a, b, c, d, e, f
19행 실행 후	*ptr++	b	a, b, c, d, e, f
22행 실행 후	*(ptr++)	c	a, b, c, d, e, f
25행 실행 후	--ptr	b	a, b, c, d, e, f
26행 실행 후	*(ptr++)	c	a, b, c, d, e, f
29행 실행 후	(*ptr)++	d	a, b, d, d, e, f
33행 실행 후	ptr += 1	d	a, b, d, d, e, f
37행 실행 후	ptr -= 2	b	a, b, d, d, e, f

```
ptr을 1씩 증가시켜보자.
ptr : 0x0018FC20, *ptr : a
ptr : 0x0018FC21, *ptr : b
ptr : 0x0018FC22, *ptr : c
ptr : 0x0018FC23, *ptr : d
ptr : 0x0018FC24, *ptr : e
ptr : 0x0018FC25, *ptr : f

다시 ptr이 buf를 가리키게 하자.
*ptr++의 결과
ptr : 0x0018FC21, *ptr : a
*(ptr++)의 결과
ptr : 0x0018FC22, *ptr : b
--ptr을 한 후 *(ptr++)의 결과
ptr : 0x0018FC22, *ptr : b
(*ptr)++의 결과
ptr : 0x0018FC22, *ptr : d
ptr += 1을 한 후 *ptr의 결과
ptr : 0x0018FC23, *ptr : d
ptr -= 2를 한 후 *ptr의 결과
ptr : 0x0018FC21, *ptr : b
```

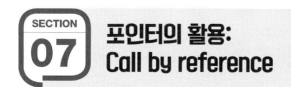

SECTION 07 포인터의 활용: Call by reference

포인터의 장점은 메모리 주소를 사용할 수 있다는 점이다. 따라서 함수를 호출할 때 포인터를 매개변수로 사용하면 매개변수를 마치 반환 값의 용도로도 사용할 수 있다.

코드 2-16을 보면서 포인터의 활용법을 다시 한번 이해해보도록 하자.

코드 2-16 Call by reference를 사용한 포인터 활용 예

```
01   #include <stdio.h>
02
03   void Square(int, int *); // 제곱근과 세제곱근을 구하는 함수
04
05   void Square(int lv, int *ret)
06   {
07     if(lv == 2)
08       *ret = *ret * *ret;
09
10     else if(lv == 3)
11       *ret = *ret * *ret * *ret;
12   }
13
14   void main()
15   {
16     int number, level;
17     printf("C 프로그래밍에서의 포인터 사용 예 - 두 번째 \n");
18
19     level = 2;
20     number = 3;
21     Square(level, &number); // 3의 2승
22     printf("Level : %d Return Value : %d\n", level, number);
23
24     printf("\n");
25
26     level = 3;
27     number = 4;
28     Square(level, &number); // 4의 3승
```

```
29
30    printf("Level : %d Return Value : %d\n", level, number);
31  }
```

코드 2-16 실행 결과

```
C 프로그래밍에서의 포인터 사용 예 - 두 번째
Level : 2 Return Value : 9

Level : 3 Return Value : 64
```

이 프로그램은 주어진 숫자에 따라 매개변수로 넘겨진 level 변수의 값만큼 곱셈을 실행해 반환하는 프로그램이다. 예를 들어 level이 2이고, number가 3이라면 3을 2번 곱한 3 × 3의 결과인 9를 반환하게 된다. level이 3이고, number가 4라면 4를 3번 곱한 4 × 4 × 4의 결과인 64를 반환하게 된다.

눈여겨보아야 할 부분은 바로 5행부터 12행까지의 Square( ) 함수다. Square( ) 함수는 2개의 매개변수를 사용하는데, 첫 번째는 일반적인 매개변수 형태인 int lv인데, 이 매개변수는 level 변숫값을 넘겨받게 된다. 두 번째 매개변수는 int의 포인터로 선언된 int *ret이다. 이 매개변수는 포인터를 넘겨받는 매개변수가 된다.

level의 값이 2인 경우에 해당하는 8행을 보면 포인터 변수 ret의 값을 2번 곱셈해 다시 포인터 ret의 값에 저장하게 된다. 마찬가지로 level의 값이 3인 경우에는 포인터 ret의 값을 3번 곱셈해 다시 포인터 ret의 값에 저장하게 된다. 매개변수 ret는 int 자료형의 포인터이므로 메모리 주소를 갖고 있다. 따라서 8행의 *ret = *ret * *ret;을 실행하게 되면 결국 매개변수 ret가 가리키는 메모리의 값은 3에서 9로 변경된다.

이렇게 매개변수를 일반 변수 대신 포인터로 사용하는 것을 Call-by-reference라고 부른다.

 **정리**

이 장에서는 알고리즘 문제를 풀 때나 일반적으로 C/C++를 사용해 프로그래밍할 때 가장 많이 사용하는 개념인 배열과 포인터를 간략하게나마 정리해봤다. 이미 배열과 포인터를 잘 아는 독자라면 건너뛰어도 상관없지만 확실하게 이해하지 못하는 독자라면 이 두 개념을 완전히 이해하도록 노력하자. 그래야 뒷부분에 나오는 알고리즘 문제들을 풀 수 있다.

CHAPTER 03

기본적인 자료구조

앞 장에서는 알고리즘의 개념과 어떤 알고리즘이 좋은 알고리즘인지 평가하고 최적화하는 데 필요한 방법을 배웠다. 이제는 알고리즘에 대해 본격적으로 살펴볼 것이다. 사실 알고리즘이라는 것은 자료구조와 뗄레야 뗄 수 없는 관계가 있는 개념이다. 이 장에서는 알고리즘에서 자주 사용하는 자료구조와 해당 자료구조를 사용하는 알고리즘을 자세히 살펴보도록 하자.

링크드 리스트란?

링크드 리스트Linked List는 대부분의 알고리즘에서 사용하는 자료구조다. 프로그램 실행 중에도 동적으로 새로운 노드를 삽입하거나 삭제하기가 간편하며 링크라는 개념을 통해 물리 메모리를 연속적으로 사용하지 않아도 되므로 관리하기가 훨씬 쉽다. 또한 데이터를 구조체로 묶어서 포인터로 연결할 수 있다는 장점은 C 프로그래밍에서 특히 그 빛을 발한다.

링크드 리스트에 대한 자료구조와 알고리즘을 살펴보기 전에 먼저 간단한 용어부터 알아보자. 링크드 리스트에는 기본적으로 노드Node와 링크Link라는 용어를 사용한다. 다음 그림을 보자.

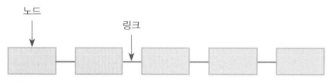

그림 3-1 노드와 링크의 관계

그림을 살펴보면 마치 열차와 같은 구조다. 열차의 객차처럼 생긴 사각형 각각이 하나의 노드고 객차와 객차를 연결해주는 쇠사슬이 링크라고 생각하면 링크드 리스트의 노드와 링크의 관계를 이해하기 쉽다.

그러나 객차가 서로 연결되어 있는 것만으로는 아직 어떤 의미가 있는 것은 아니다. 예를 들어 객차의 번호가 있어야 승객이 자신의 자리를 찾아갈 수 있는 것처럼 연결된 객차들에 의미를 부여해주어야 한다. 이 역할을 하려고 일반 노드의 맨 앞에는 헤드 노드가 있다. 기관차의 위치를 기준으로 객차의 번호를 확인할 수 있는 것과 같은 개념이다.

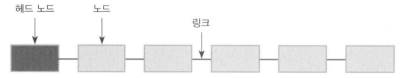

그림 3-2 헤드 노드를 포함하는 링크드 리스트

승객이 기관차에는 타지 않는 것처럼 링크드 리스트의 헤드 노드에는 데이터를 저장하지 않는다. 단지 링크드 리스트의 시작 부분임을 나타낼 뿐이다. 헤드 노드를 사용하면 링크드 리스트를 관리할 때 편리한 점이 있는데, 이는 곧 살펴볼 링크드 리스트 예제 코드를 통해 자세히 알아보도록 하자.

링크드 리스트의 마지막 부분을 나타내는 노드도 있다. 엔드 노드End Node 혹은 테일 노드Tail Node라고 부르는데, 이 역시 데이터를 저장하지 않는 노드다. 사실 좀 더 정확하게 얘기하면 헤드 노드와 엔드 노드에는 데이터를 저장할 수 없다는 것이 아니라 묵시적으로 데이터를 저장하지 않는다는 표현이 더 맞다.

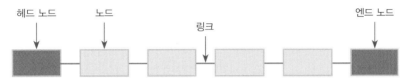

그림 3-3 엔드 노드를 포함하는 링크드 리스트

결국 실제 데이터가 저장되는 노드들은 링크드 리스트의 처음과 끝을 가리키는 노드 사이에 있게 된다. 최종적으로 링크드 리스트의 구조를 그림으로 표현하면 그림 3-4와 같다.

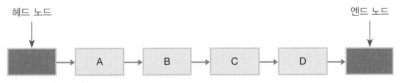

그림 3-4 링크드 리스트의 기본 구조

그림 3-3과 비교해보면 차이점이 있다. 링크에 화살표가 표시되어 방향을 가리키고 있음을 알수 있다. 즉, 헤드 노드에서 시작해 연결된 다음 노드들을 계속 가리키다 보면 노드 D는 엔드노드를 가리키고, 엔드 노드는 아무것도 가리키지 않는 상태가 된다. 이와 같이 자신의 노드에서 다음 노드만을 가리킬 수 있는 형태가 전형적인 단일 링크드 리스트의 형태다.

그림 3-4처럼 알파벳 문자를 저장할 수 있는 링크드 리스트를 C로 구현하면 다음과 같다.

```
typedef struct _Node {
  char Data;
  struct _Node *Next;
} Node;
```

즉, C에서 링크드 리스트를 사용하려면 구조체를 만든 후 노드와 링크를 구현해야 한다.

SECTION 02 단일 링크드 리스트의 삽입과 삭제

앞 절에서는 링크드 리스트의 개념과 구조를 살펴봤다. 이번에는 단일 링크드 리스트에 새로운 노드를 삽입하는 방법과 하나의 노드를 삭제하는 방법을 알아보자.

단일 링크드 리스트의 특징

단일 링크드 리스트에서 사용하는 알고리즘을 살펴보려면 링크드 리스트가 왜 자주 언급되는지를 먼저 아는 것이 좋다. 사실 링크드 리스트는 자료를 저장하는 자료구조의 하나에 불과하다. 하나 이상의 데이터를 저장한다는 면에서 기본 개념은 배열하고 거의 같다. 그런데 왜 배열을 사용하지 않고 단일 링크드 리스트를 사용할까?

단일 링크드 리스트의 장점은 곧 배열의 단점이다. 배열은 같은 자료형을 갖는 데이터의 집합으로, 특성은 연속적인 데이터를 저장한다는 데 있다. 그런데 배열은 생성할 때 데이터를 저장하는 데 필요한 모든 메모리를 한 번에 확보해 사용할 수 있게 해주므로 프로그램이 실행되는 중간에 배열의 크기를 바꿀 수가 없다. 따라서 배열 안에 저장되어 있는 값들을 정렬할 때도 메모리에 저장되어 있는 각각의 값을 바꿔주어야 한다.

단일 링크드 리스트는 이와 같은 배열의 단점을 해결해준다. 그림 3-5를 보면 배열과 단일 링크드 리스트의 차이점을 분명하게 알 수 있다.

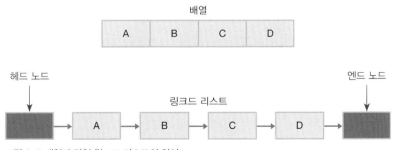

그림 3-5 배열과 단일 링크드 리스트의 차이

배열은 연속된 메모리를 사용하지만 단일 링크드 리스트는 반드시 연속적이라고는 볼 수 없다. 오히려 단일 링크드 리스트는 연속적이지 않는 데이터들을 링크로 서로 연결하는 개념이라고 볼 수 있다.

그럼 본격적으로 단일 링크드 리스트에서 자주 사용하는 노드 삽입 알고리즘Insert Algorithm과 노드 삭제 알고리즘Delete Algorithm을 알아보도록 하자.

단일 링크드 리스트의 삽입 알고리즘

단일 링크드 리스트는 노드 각각이 링크를 통해 연결되어 있다. 따라서 단일 링크드 리스트의 중간에 새로운 노드를 만들어서 어떤 값을 연결시키는 것은 간단하다. 그림 3-6을 살펴보자.

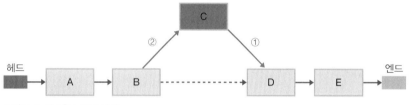

그림 3-6 새로운 노드를 삽입

예를 들어 A, B, D, E 총 4개의 노드가 있다고 가정해보자. 노드 B와 노드 D 사이에 노드 C를 삽입하려면 새로 삽입되는 노드 C가 노드 D를 가리키도록 하고(①), 원래 노드 D를 가리키던 노드 B가 노드 C를 가리키도록 해야 한다(②). 이 때 주의할 점은 링크의 순서를 바꾸면 절대! 안 된다. ①과 ②의 순서를 바꾸게 되면 단일 링크드 리스트의 전체 연결이 끊어져버리는 황당한 일이 발생한다.

왜 이런 결과가 나타날까? 그림 3-7처럼 ②를 먼저 실행하면 노드 B는 노드 C를 가리키게 된다.

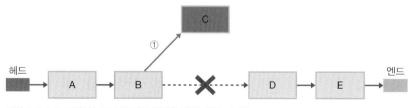

그림 3-7 노드 B에서 노드 C로 바로 연결할 때 발생하는 문제

문제는 노드 B가 노드 C를 가리키게 되면 노드 D를 가리키는 링크가 없어져 버린다는 점이다. 즉, 노드 C에서 노드 D를 연결하면 아직 노드 B에서 노드 D로 연결되는 링크는 살아있지만 노드 B에서 노드 C를 바로 연결하면 결국 노드 D까지 갈 방법이 없게 된다. 이러한 문제를 방지하려고 노드 C에서 노드 D를 먼저 가리키도록 하는 것이다.

그러나 단일 링크드 리스트가 아니라 배열이라면 B 데이터와 D 데이터 사이에 C 데이터를 삽입하기 위해서는 그림 3-8처럼 D와 E 데이터가 한 칸씩 뒤로 이동해야 한다.

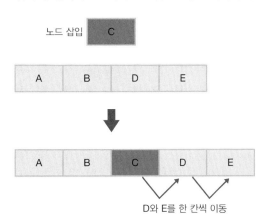

그림 3-8 배열에서의 데이터 삽입

그럼 실제 코드를 살펴보자. 우선 그림 3-8의 배열을 사용한 데이터 삽입을 코드로 작성하면 다음과 같다.

코드 3-1 배열에 데이터 삽입

```
01  #include <stdio.h>
02
03  char Data[5] = {'A', 'B', 'D', 'E'};
04  char c;
05
06  void main()
07  {
08    int i, temp, temp2;
09    c = 'C';
10
11    for(i = 0; i < 5; i++)
```

```
12        printf("%2c", Data[i]);
13
14    printf("\n");
15
16    for(i = 0; i < 5; i++) {
17      if(Data[i] > c)
18      break;
19    }
20
21    temp = Data[i];
22    Data[i] = c;
23    i++;
24
25    for(; i < 5; i++) {
26      temp2 = Data[i];
27      Data[i] = temp;
28      temp = temp2;
29    }
30
31    for(i = 0; i < 5; i++)
32      printf("%2c", Data[i]);
33  }
```

코드 3-1 실행 결과

```
A B D E
A B C D E
```

16행~19행은 새로운 데이터 C를 넣을 위치를 찾는 코드고, 25행~29행은 데이터 C를 넣은 이후 뒤에 이어지는 기존 데이터들을 한 칸씩 이동하는 코드다. 이번 코드는 총 5개의 데이터만 다루지만 1,000개의 데이터가 있고 새로운 데이터가 두 번째 위치에 삽입된다고 하면 무려 999번의 데이터 이동이 필요하다. 즉, 전체 데이터의 수가 증가하면 증가할수록 비효율적이다.

이번에는 배열의 삽입 알고리즘의 문제점을 해결하는 단일 링크드 리스트의 삽입 알고리즘을 살펴보자.

```c
01  #include <stdio.h>
02  #include <stdlib.h>
03
04  typedef struct _NODE {
05    char Data;
06    struct _NODE *Next;
07  } NODE;
08
09  NODE *head, *end, *temp;
10  NODE *temp1, *temp2, *temp3, *temp4;
11
12  void Initialize(void);
13  void InsertNode(NODE *);
14
15  void Initialize(void)
16  {
17    NODE *ptr;
18    head = (NODE *)malloc(sizeof(NODE));
19    end = (NODE *)malloc(sizeof(NODE));
20
21    temp1 = (NODE *)malloc(sizeof(NODE));
22    temp1->Data = 'A';
23    head->Next = temp1;
24    temp1->Next = end;
25    end->Next = end;
26    ptr = temp1;
27
28    temp2 = (NODE *)malloc(sizeof(NODE));
29    temp2->Data = 'B';
30    ptr->Next = temp2;
31    temp2->Next = end;
32    ptr = temp2;
33
34    temp3 = (NODE *)malloc(sizeof(NODE));
35    temp3->Data = 'D';
36    ptr->Next = temp3;
37    temp3->Next = end;
38    ptr = temp3;
39
40    temp4 = (NODE *)malloc(sizeof(NODE));
41    temp4->Data = 'E';
42    ptr->Next = temp4;
```

```
43    temp4->Next = end;
44    ptr = temp4;
45  }
46
47  void InsertNode(NODE *ptr)
48  {
49    NODE *indexptr;
50
51    for(indexptr = head; indexptr != end; indexptr = indexptr->Next) {
52      if(indexptr->Next->Data > ptr->Data)
53        break;
54    }
55
56    ptr->Next = indexptr->Next;
57    indexptr->Next = ptr;
58  }
59
60  void main()
61  {
62    NODE *ptr;
63    int i = 0;
64    Initialize();
65
66    // 링크드 리스트의 노드에 저장한 데이터 출력
67    ptr = head->Next;
68
69    for(i = 0; i < 4; i++) {
70      printf("%2c", ptr->Data);
71      ptr = ptr->Next;
72    }
73
74    // 새로운 노드 생성
75    printf("\n");
76    temp = (NODE *)malloc(sizeof(NODE));
77    temp->Data = 'C';
78
79    // 새로 생성한 노드 삽입
80    InsertNode(temp);
81
82    // 링크드 리스트의 노드에 저장한 데이터 출력
83    ptr = head->Next;
84
85    for(i = 0; i < 5; i++) {
86      printf("%2c", ptr->Data);
```

```
87        ptr = ptr->Next;
88    }
89  }
```

코드를 설명하기 전에 먼저 실행 결과를 확인해보자. 이전 배열로 데이터를 삽입한 결과와 차이점이 없다.

코드 3-2 실행 결과

```
A B D E
A B C D E
```

삽입 알고리즘의 핵심 코드는 노드를 삽입하는 InsertNode() 함수다.

```
47  void InsertNode(NODE *ptr)
48  {
49    NODE *indexptr;
50
51    for(indexptr = head; indexptr != end; indexptr = indexptr->Next) {
52      if(indexptr->Next->Data > ptr->Data)
53        break;
54    }
55
56    ptr->Next = indexptr->Next;
57    indexptr->Next = ptr;
58  }
```

매개변수로 구조체 NODE의 포인터형 변수를 받는다. 다음으로 49행과 같이 NODE의 포인터형 변수인 indexptr을 선언한다. indexptr 변수는 단일 링크드 리스트의 처음부터 각 노드들의 Data 값(indexptr->Next->Data)과 매개변수로 받은 NODE 포인터형 변수 ptr이 가리키는 노드의 Data 값(ptr->Data)을 비교한다.

51행의 for문은 제어 변수로 indexptr을 사용하며 헤드 노드로 초기화한다. 이 for문은 indexptr의 값이 엔드 노드의 값과 같지 않을 때까지 계속 다음 노드로 이동하며 실행된다. for문을 처음 시작할 때의 상황은 그림 3-9와 같다.

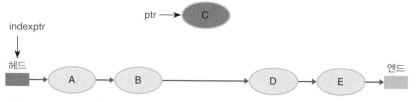

그림 3-9 InsertNode() 함수의 for문을 처음 시작할 때의 단일 링크드 리스트 상태

그림 3-9를 머릿속에 잘 새겨두면서 52행을 보자. if문은 indexptr 값이 가리키는 노드의 Data 값과 현재 매개변수로 받은 ptr 값이 가리키는 노드의 Data 값을 비교한다.

그런데 if문의 조건은 indexptr->Next->Data 〉 ptr->Data다. 즉, 현재 indexptr 값이 가리키는 노드에서 다음으로 가리키는 노드의 Data 값은 ptr 값이 가리키는 노드의 Data 값보다 커야 한다는 의미다.

한편으로 if(indexptr->Data 〉 ptr->Data)라고 조건을 설정하면 안 되냐는 의문이 있을 수도 있다. if(indexptr->Data 〉 ptr->Data)가 참이 되는 경우인 그림 3-10을 살펴보자.

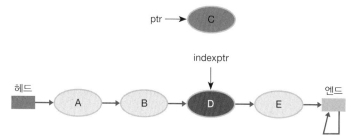

그림 3-10 indexptr->Data라는 조건을 사용하는 경우

indexptr 값이 노드 D를 가리키면 52행에서 if(indexptr->Data 〉 ptr-〉 Data)라는 조건식은 참이 된다. 그런데 문제는 노드 C를 노드 B와 노드 D 사이에 삽입해야 하는데 현재 indexptr이 가리키는 노드가 노드 D이므로 노드 D 앞에 노드 C를 삽입할 수가 없게 된다. 우리가 지금 다루는 링크드 리스트는 뒤에서 설명할 여러 가지 링크드 리스트 중 하나인 단일 링크드 리스트다(참고로 다른 종류의 링크드 리스트는 단일 링크드 리스트를 완벽하게 이해했다면 쉽게 알 수 있다). 단일 링크드 리스트는 개념을 이해하기 쉽고 프로그래밍 언어로 구현하기에 간단하다는 장점이 있지만 링크드 리스트가 한 방향으로만 구성되어 있으므로 앞

서 소개한 것처럼 링크가 끊어지는 단점이 발생한다. 이 점 때문에 indexptr->Data가 아닌 indexptr->Next->Data를 사용하는 것이다.

indexptr->Next->Data라는 조건을 사용하면 그림 3-11과 같이 노드 B와 노드 D의 정보를 모두 알 수 있으므로 노드 C를 삽입할 수 있게 된다.

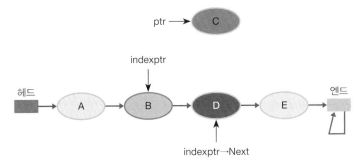

그림 3-11 indexptr->Next->Data라는 조건을 사용하는 경우

indexptr 값이 가리키는 노드는 노드 A고, 노드 A의 Data 값은 'A'다. 또한 indexptr 값이 가리키는 노드의 Next 노드는 노드 B이며 노드 B의 Data 값은 'B'다. 즉, 현재 매개변수인 ptr이 가리키는 노드의 Data 값이 'C'이므로 52행 if문의 값은 거짓이 되어 51행 for문을 다시 실행하게 된다. 따라서 for문의 제어 연산문 마지막의 indexptr = indexptr->Next를 실행하고 나면 indexptr 값은 노드 A가 아닌 노드 B를 가리키게 된다. 결국 for문을 두 번째로 실행할 때 52행의 if문이 참이 된다. 그리고 if문이 참이면 53행의 break문에 의해서 for문은 종료된다.

새로운 노드를 삽입할 위치를 찾는 for문과 if문을 실행했다면 이제 노드를 삽입하는 코드를 실행해야 한다. 56행~57행은 단일 링크드 리스트에 매개변수로 받은 노드 C를 삽입해준다.

```
56    ptr->Next = indexptr->Next;
57    indexptr->Next = ptr;
```

56행의 ptr->Next에는 현재 indexptr의 Next 값을 저장한다. indexptr 값은 노드 B를 가리키고 indexptr->Next 값은 노드 D를 가리키므로 ptr->Next 값은 결국 노드 D를 가리키게 된다. 실행 결과는 그림 3-12와 같다.

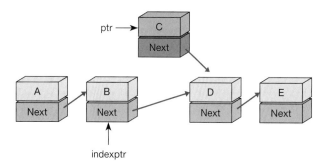

그림 3-12 노드 C 삽입

위의 그림을 보면 56행의 코드가 쉽게 이해된다. 그 다음 57행의 코드는 indexptr 포인터가 가리키는 노드 B의 Next 값으로 ptr 값을 넣으라는 의미다. 현재 indexptr이 가리키는 노드 B의 Next 값은 노드 D를 가리키고 있다. 노드 D를 가리키는 곳에 ptr 값을 넣으면 노드 D를 가리키는 정보가 없어지면서 새로운 노드인 노드 C를 가리키도록 하는 것이다. 결국 57행이 실행되면 그림 3-13처럼 새로운 노드 C가 단일 링크드 리스트 전체에 삽입된 결과가 된다.

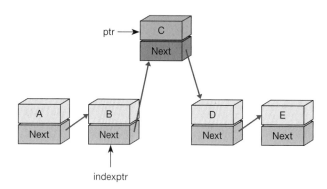

그림 3-13 새로운 노드 C 삽입

이제 배열에서 데이터를 삽입하는 코드와 단일 링크드 리스트에서 노드를 삽입하는 코드의 핵심 부분을 비교해보자.

```
01  for(; i < 5; i++) {
02    temp2 = Data[i];
03    Data[i] = temp;
04    temp = temp2;
05  }
```

코드 3-4 단일 링크드 리스트에서 노드를 삽입하는 코드

```
01  ptr->Next = indexptr->Next;
02  indexptr->Next = ptr;
```

배열의 경우는 노드의 수가 많으면 많을수록 이동하는 데이터도 증가되며 따라서 for문의 반복 횟수도 계속 증가한다. 최악의 경우 앞서 잠깐 언급했던 것처럼 전체 데이터 수 N을 기준으로 N−1개의 데이터를 이동하는 경우도 생길 수 있다. 그러나 단일 링크드 리스트의 경우는 노드의 수와는 상관없이 언제나 두 행의 코드만이 실행된다.

NOTE | **단일 링크드 리스트에서 1개의 노드를 삽입하는 과정**

단일 링크드 리스트에서 노드 하나를 삽입하는 과정은 다음의 순서를 따른다.

① 새로운 노드를 생성한다.

```
NODE *ptrNode = (NODE *)malloc(sizeof(NODE));
```

② 새로운 노드가 삽입될 위치를 검색한다.

```
for(indexptr = head; indexptr != end; indexptr = indexptr->Next) {
  if(indexptr->Next->Data > ptr->Data)
    break;
}
```

③ 새로운 노드의 Next를 새로운 노드가 삽입될 다음 노드로 연결한다.

```
ptr->Next = indexptr->Next;
```

④ 새로운 노드가 삽입될 위치의 이전 노드의 Next가 새로운 노드를 가리키도록 한다.

```
indexptr->Next = ptr;
```

이 네 가지 순서만큼은 꼭 기억하자.

단일 링크드 리스트의 삭제 알고리즘

이제 단일 링크드 리스트의 삭제 알고리즘을 살펴보자. 삽입 알고리즘을 이해했다면 삭제 알고리즘은 그다지 어렵지 않다. 삽입 알고리즘의 변형이라고 보면 된다. 먼저 코드 3-2에서 삭제 알고리즘 함수를 추가한 코드 3-5를 살펴보자.

코드 3-5 단일 링크드 리스트의 삭제 알고리즘

```
001  #include <stdio.h>
002  #include <stdlib.h>
003
004  typedef struct _NODE {
005    char Data;
006    struct _NODE *Next;
007  } NODE;
008
009  NODE *head, *end, *temp;
010  NODE *temp1, *temp2, *temp3, *temp4;
011
012  void Initialize(void);
013  void InsertNode(NODE *);
014  void DeleteNode(NODE *);
015
016  void Initialize(void)
017  {
018    NODE *ptr;
019    head = (NODE *)malloc(sizeof(NODE));
020    end = (NODE *)malloc(sizeof(NODE));
021
022    temp1 = (NODE *)malloc(sizeof(NODE));
023    temp1->Data = 'A';
024    head->Next = temp1;
025    temp1->Next = end;
026    end->Next = end;
027    ptr = temp1;
028
029    temp2 = (NODE *)malloc(sizeof(NODE));
030    temp2->Data = 'B';
031    ptr->Next = temp2;
032    temp2->Next = end;
033    ptr = temp2;
034
```

```
035    temp3 = (NODE *)malloc(sizeof(NODE));
036    temp3->Data = 'D';
037    ptr->Next = temp3;
038    temp3->Next = end;
039    ptr = temp3;
040
041    temp4 = (NODE *)malloc(sizeof(NODE));
042    temp4->Data = 'E';
043    ptr->Next = temp4;
044    temp4->Next = end;
045    ptr = temp4;
046  }
047
048  void InsertNode(NODE *ptr)
049  {
050    NODE *indexptr;
051
052    for(indexptr = head->Next; indexptr != end; indexptr = indexptr->Next) {
053      if(indexptr->Data < ptr->Data && indexptr->Next->Data > ptr->Data)
054        break;
055    }
056
057    ptr->Next = indexptr->Next;
058    indexptr->Next = ptr;
059  }
060
061  void DeleteNode(NODE *ptr)
062  {
063    NODE *indexptr;
064    NODE *deleteptr;
065
066    for(indexptr = head; indexptr != end; indexptr = indexptr->Next) {
067      if(indexptr->Next->Data == ptr->Data) {
068        deleteptr = indexptr->Next;
069        break;
070      }
071    }
072
073    indexptr->Next = indexptr->Next->Next;
074    free(deleteptr);
075  }
076
077  void main()
```

```
078  {
079    NODE *ptr;
080    int i = 0;
081    Initialize();
082
083    // 링크드 리스트의 노드에 저장된 데이터 출력
084    printf("노드 C의 삽입 전\n");
085    ptr = head->Next;
086
087    for(i = 0; i < 4; i++) {
088      printf("%2c", ptr->Data);
089      ptr = ptr->Next;
090    }
091
092    // 삽입할 새로운 노드의 생성
093    temp = (NODE *)malloc(sizeof(NODE));
094    temp->Data = 'C';
095
096    // 노드의 삽입
097    InsertNode(temp);
098    printf("\n노드 C의 삽입 후\n");
099    ptr = head->Next;
100
101    for(i = 0; i < 5; i++) {
102      printf("%2c", ptr->Data);
103      ptr = ptr->Next;
104    }
105
106    // 노드의 삭제
107    DeleteNode(temp);
108
109    // 링크드 리스트의 노드에 저장된 데이터 출력
110    printf("\n노드 C의 삭제 후\n");
111    ptr = head->Next;
112
113    for(i = 0; i < 4; i++) {
114      printf("%2c", ptr->Data);
115      ptr = ptr->Next;
116    }
117  }
```

```
노드 C의 삽입 전
A B D E
노드 C의 삽입 후
A B C D E
노드 C의 삭제 후
A B D E
```

이전 삽입 알고리즘의 코드와 비교하면 노드를 초기화하거나 노드를 삽입하는 부분은 같다. 단지 66행~71행까지 노드를 삭제하는 DeleteNode() 함수만 새로 추가됐다.

삭제 알고리즘도 삽입 알고리즘과 같이 크게 2개의 부분으로 나눌 수 있다. 삭제할 노드를 검색하는 부분과 노드를 실제로 삭제하는 부분이다. 먼저 삭제할 노드를 검색하는 부분의 코드부터 보자.

```
066    for(indexptr = head; indexptr != end; indexptr = indexptr->Next) {
067      if(indexptr->Next->Data == ptr->Data) {
068        deleteptr = indexptr->Next;
069        break;
070      }
071    }
```

삽입 알고리즘에서 삽입할 위치를 찾는 코드와 거의 같다. 차이가 있는 부분은 67행의 if문이다. if문은 현재 indexptr 값이 가리키는 노드의 다음 노드가 삭제할 ptr 값이 가리키는 노드의 Data 값과 같은지를 비교한다. 만약 삭제할 노드라면 deleteptr 포인터 변수의 값이 indexptr 노드의 Next 노드를 가리키도록 하고 for문을 빠져나온다. 그림 3-14와 같다.

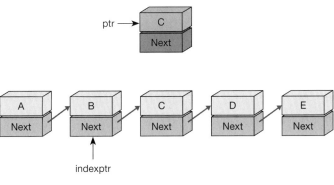

그림 3-14 삭제할 노드의 위치 찾기

indexptr 값이 노드 B를 가리키면 if문에서 indexptr->Next->Data는 'C'가 되므로 ptr 값이 가리키는 'C'와 같다. if문의 조건은 참이 되고 따라서 69행의 break문에 의해 for문이 종료되는 것이다.

다음은 삭제할 노드를 검색한 후 노드를 실제로 삭제하는 부분이다.

```
073    indexptr->Next = indexptr->Next->Next;
074    free(deleteptr);
```

73행은 indexptr->Next 값에 indexptr->Next->Next 값을 넣으라는 의미가 된다. 73행이 실행되면 단일 링크드 리스트의 구조는 그림 3-15처럼 바뀐다.

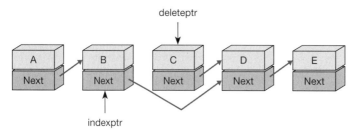

그림 3-15 노드 C 삭제로 구조 변경

노드 C를 삭제한 후에 노드 B는 노드 C가 아니라 노드 D를 가리키게 된다. 따라서 단일 링크드 리스트의 연결 상태는 A → B → D → E가 된다.

그렇다면 74행의 역할은 무엇일까? 삽입 알고리즘에서 하나의 노드를 생성할 때 동적으로 메모리를 할당하는 malloc( ) 함수를 사용했다. 삭제 알고리즘에서도 하나의 노드가 삭제되면 해당 노드가 차지하는 메모리 공간을 삭제해주어야 한다. 그래서 malloc( ) 함수와 함께 한 쌍으로 사용되었고 메모리를 해제하는 free( ) 함수를 사용했다(malloc( ) 함수를 사용했다면 반드시 free( ) 함수를 사용해서 실제 메모리를 삭제해주어야 한다는 점에 주의하자). 만약 free( ) 함수를 사용하지 않으면 그림 3-15와 같이 단일 링크드 리스트는 A → B → D → E로 구성되겠지만 노드 C가 계속 존재하므로 불필요한 메모리 공간을 차지하게 된다.

단일 링크드 리스트에서 노드 하나를 삭제하는 과정은 다음 순서를 따른다.

① 이전 노드를 가리킬 포인터와 삭제할 노드를 가리킬 포인터를 선언한다.

```
NODE *indexptr;
NODE *deleteptr;
```

② 삭제할 노드를 검색한다.

```
for(indexptr = head; indexptr != end; indexptr = indexptr->Next) {
  if(indexptr->Next->Data == ptr->Data) {
    deleteptr = indexptr->Next;
    break;
  }
}
```

③ 이전 노드가 삭제할 노드를 건너뛰고 다음 노드를 가리키도록 링크를 새로 설정한다.

```
indexptr->Next = indexptr->Next->Next;
```

④ free() 함수로 삭제할 노드를 실제 메모리에서 삭제한다.

```
free(deleteptr);
```

이 네 가지 순서만큼은 꼭 기억하자.

이중 링크드 리스트

지금까지 살펴본 링크드 리스트는 링크를 하나만 갖는 단일 링크드 리스트다. 그런데 링크드 리스트에는 2개의 링크를 갖는 이중 링크드 리스트와 링크드 리스트가 원형으로 구성된 원형 링크드 리스트가 있다. 이번에는 이중 링크드 리스트 기준으로 다른 구조의 링크드 리스트를 살펴보도록 하자.

이중 링크드 리스트

지금까지 배운 단일 링크드 리스트는 무조건 한 방향으로만 링크를 따라 가야 하므로 다소 불편한 점이 있다. 마치 자동차를 위한 고속도로가 오직 하행선이나 상행선 하나로만 되어 있는 경우와 비슷하다. 아무리 고속도로가 잘 만들어져 있다고 하더라도 한쪽 방향으로만 자동차들이 움직이도록 되어 있다면 이용하려는 사람이 줄어들 것이다.

이러한 문제를 해결하려는 개념이 바로 이중/원형 링크드 리스트다. 구조는 그림 3-16과 같다.

이중 링크드 리스트

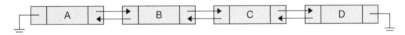

원형 링크드 리스트

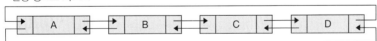

그림 3-16 이중/원형 링크드 리스트의 구조

이중 링크드 리스트는 노드 각각이 양방향으로 연결되어 있고 원형 링크드 리스트는 각 노드의 끝이 서로 연결된 형태로 되어 있다.

그렇다면 이중 링크드 리스트와 원형 링크드 리스트의 노드를 선언하는 프로그램 코드는 어떻게 바뀔까?

코드 3-6 이중 링크드 리스트의 구조체 정의

```
01  typedef struct _NODE {
02    char Data;
03    struct _Node *Next;
04    struct _Node *Prev;
05  } NODE;
```

truct _Node *Prev라는 이름의 링크가 하나 더 추가되었다는 점만 차이가 있다.

이중 링크드 리스트의 삽입과 삭제 알고리즘

이중 링크드 리스트는 링크가 하나 더 추가된 형태다. 먼저 그림 3-17을 살펴보자. 이중 링크드 리스트에서 새로운 노드를 추가할 때의 순서를 나타낸 것이다.

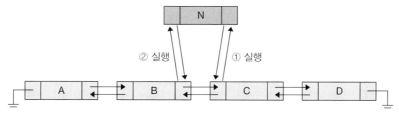

그림 3-17 이중 링크드 리스트에 새로운 노드 추가

삽입의 순서 자체는 단일 링크드 리스트와 동일하다. 먼저 이중 링크드 리스트의 삽입 알고리즘부터 보자.

코드 3-7 이중 링크드 리스트의 삽입 알고리즘

```
001  #include <stdio.h>
002  #include <stdlib.h>
003
004  typedef struct _NODE {
005    char Data;
006    struct _NODE *Next;
```

```
007    struct _NODE *Prev;
008  } NODE;
009
010  NODE *head, *end, *temp;
011  NODE *temp1, *temp2, *temp3, *temp4;
012
013  void Initialize(void);
014  void InsertNode(NODE *);
015  void DeleteNode(NODE *);
016
017  void Initialize(void)
018  {
019    NODE *ptr;
020    head = (NODE *)malloc(sizeof(NODE));
021    end = (NODE *)malloc(sizeof(NODE));
022
023    temp1 = (NODE *)malloc(sizeof(NODE));
024    temp1->Data = 'A';
025    head->Next = temp1;
026    temp1->Next = end;
027    temp1->Prev = head;
028    end->Next = end;
029    ptr = temp1;
030
031    temp2 = (NODE *)malloc(sizeof(NODE));
032    temp2->Data = 'B';
033    ptr->Next = temp2;
034    temp2->Next = end;
035    temp2->Prev = ptr;
036    ptr = temp2;
037
038    temp3 = (NODE *)malloc(sizeof(NODE));
039    temp3->Data = 'D';
040    ptr->Next = temp3;
041    temp3->Next = end;
042    temp3->Prev = ptr;
043    ptr = temp3;
044
045    temp4 = (NODE *)malloc(sizeof(NODE));
046    temp4->Data = 'E';
047    ptr->Next = temp4;
048    temp4->Next = end;
049    temp4->Prev = ptr;
050    ptr = temp4;
```

```
051  }
052
053  void InsertNode(NODE *ptr)
054  {
055    NODE *indexptr;
056    for(indexptr = head->Next; indexptr != end; indexptr = indexptr->Next) {
057      if(indexptr->Data < ptr->Data && indexptr->Next->Data > ptr->Data)
058        break;
059    }
060
061    ptr->Next = indexptr->Next;
062    indexptr->Next->Prev = ptr;
063    indexptr->Next = ptr;
064    ptr->Prev = indexptr;
065  }
066
067  void DeleteNode(NODE *ptr)
068  {
069    NODE *indexptr;
070    NODE *deleteptr;
071    for(indexptr = head; indexptr != end; indexptr = indexptr->Next) {
072      if(indexptr->Next->Data == ptr->Data) {
073        deleteptr = indexptr->Next;
074        break;
075      }
076    }
077
078    indexptr->Next = indexptr->Next->Next;
079    indexptr->Next->Next->Prev = indexptr;
080    free(deleteptr);
081  }
082
083  void main()
084  {
085    NODE *ptr;
086    int i = 0;
087    Initialize();
088
089    // 링크드 리스트의 노드에 저장된 데이터 출력
090    printf("노드 C의 삽입 전\n");
091    ptr = head->Next;
092
093    for(i = 0; i < 4; i++) {
094      printf("%2c", ptr->Data);
```

```
095      ptr = ptr->Next;
096    }
097
098    // 삽입할 새로운 노드 생성
099    temp = (NODE *)malloc(sizeof(NODE));
100    temp->Data = 'C';
101
102    // 노드의 삽입
103    InsertNode(temp);
104
105    // 링크드 리스트의 노드에 저장된 데이터 출력
106    printf("\n노드 C의 삽입 후\n");
107    ptr = head->Next;
108
109    for(i = 0; i < 5; i++) {
110      printf("%2c", ptr->Data);
111      ptr = ptr->Next;
112    }
113
114    // 노드의 삭제
115    DeleteNode(temp);
116
117    // 링크드 리스트의 노드에 저장된 데이터 출력
118    printf("\n노드 C의 삭제 후\n");
119    ptr = head->Next;
120
121    for(i = 0; i < 4; i++) {
122      printf("%2c", ptr->Data);
123      ptr = ptr->Next;
124    }
125  }
```

코드 3-7 실행 결과

```
노드 C의 삽입 전
A B D E
노드 C의 삽입 후
A B C D E
노드 C의 삭제 후
A B D E
```

삽입 알고리즘의 핵심 부분은 InsertNode() 함수다. 단일 링크드 리스트의 삽입 알고리즘과 거의 비슷하며 다른 부분은 62행과 64행이다.

```
053   void InsertNode(NODE *ptr)
054   {
055     NODE *indexptr;
056     for(indexptr = head->Next; indexptr != end; indexptr = indexptr->Next) {
057       if(indexptr->Data < ptr->Data && indexptr->Next->Data > ptr->Data)
058         break;
059     }
060
061     ptr->Next = indexptr->Next;
062     indexptr->Next->Prev = ptr;
063     indexptr->Next = ptr;
064     ptr->Prev = indexptr;
065   }
```

56행~59행은 삽입될 노드의 위치를 검색하는 부분으로, 이전의 단일 링크드 리스트의 부분과 같다. 따라서 56행~59행 코드가 실행되면 그림 3-18과 같은 상태가 된다.

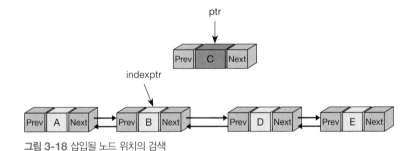

그림 3-18 삽입될 노드 위치의 검색

일단 삽입될 위치를 찾고 나면 변수 indexptr 값은 노드 B를 가리키게 된다. 현재 이 프로그램에서 새로 삽입하려는 노드 C는 노드 B보다 뒤에 와야 하는 노드다. 이 경우 61행~62행이 실행되고 나면 어떤 구조로 바뀌게 될지를 생각해봐야 한다. 그림 3-19를 보자.

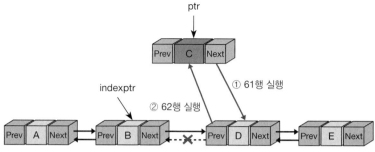

그림 3-19 노드 C를 삽입

먼저 61행을 실행하면 새로 추가될 노드 C의 Next 값이 노드 D를 가리키도록 한다. 노드 D는 indexptr->Next 값을 통해 가리키게 되므로 ptr->Next 값에 indexptr->Next 값을 넣으면 노드 C는 노드 D를 가리키게 된다. 그리고 나서 62행을 실행하면 노드 B를 가리키던 노드 D의 Prev 값을 통해 새로 추가되는 노드 C를 가리키도록 한다. 그렇게 되면 원래 노드 B를 가리키던 링크는 삭제되고 노드 C를 가리키게 된다.

이중 링크드 리스트라면 마지막으로 노드 B가 새로 추가되는 노드 C를 가리키도록 해주어야 한다. 이를 위한 코드가 63행~64행이다. 그림 3-20을 보자.

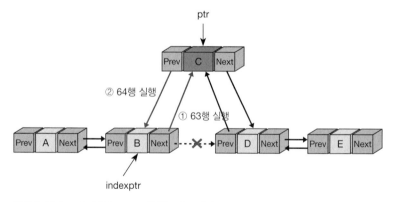

그림 3-20 노드 C에서 노드 B로 향하는 링크 연결

노드 B와 새로 삽입되는 노드 C의 연결도 이전과 같다. 먼저 63행을 실행하면 현재 indexptr이 가리키는 노드 B의 Next 값에 새로운 노드 C를 가리키는 포인터 ptr 값을 넣는다. 그리고 나서 64행의 ptr->Prev 값에 indexptr 값을 넣으면 그림 3-21처럼 이중 링크드 리스트에서의 삽입 과정이 완성된다.

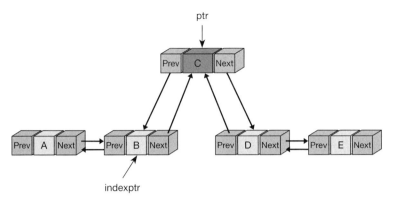

그림 3-21 이중 링크드 리스트에서의 삽입 과정 완성

즉, 이중 링크드 리스트의 경우 Prev 링크에 한두 가지 사항을 추가해주면 된다고 정리할 수 있다.

이번에는 삭제 알고리즘 함수인 DeleteNode() 함수를 살펴보자. 역시 단일 링크드 리스트 알고리즘의 경우와 비슷하다.

```
067   void DeleteNode(NODE *ptr)
068   {
069     NODE *indexptr;
070     NODE *deleteptr;
071     for(indexptr = head; indexptr != end; indexptr = indexptr->Next) {
072       if(indexptr->Next->Data == ptr->Data) {
073         deleteptr = indexptr->Next;
074         break;
075       }
076     }
077
078     indexptr->Next = indexptr->Next->Next;
079     indexptr->Next->Next->Prev = indexptr;
080     free(deleteptr);
081   }
```

삽입 알고리즘과 마찬가지로 71행~76행까지는 삭제할 노드를 검색하는 부분이다. 검색이 완료되면 삭제할 노드는 deleteptr 값이 가리키게 된다. 그리고 79행을 통해서 이전 노드를 가리키도록 한다. 링크 연결과 관련된 알고리즘 구조는 삽입 알고리즘 부분에서 설명했으므로 단일 링크드 리스트의 삭제 알고리즘과 이중 링크드 리스트의 삽입 알고리즘 그림을 보면 충분히 이해할 수 있을 것으로 믿는다.

> **NOTE | 원형 링크드 리스트의 개념**
>
> 원형 링크드 리스트는 단일 링크드 리스트와 이중 링크드 리스트의 개념과 기능을 모두 이해했다면 충분히 이해할 수 있다. 헤드 노드와 엔드 노드 없이 마지막 노드가 처음 노드를 서로 가리키도록 링크를 연결해준다는 것만 다를 뿐이다.

스택의 개념과 알고리즘

스택^{Stack}과 큐^{Queue}는 프로그래밍을 시작할 때부터 사용된 가장 고전적인 자료구조이며, 그중에서도 스택은 거의 모든 애플리케이션을 만들 때 사용되는 기본 자료구조다. 따라서 스택과 연관된 알고리즘을 제대로 이해하느냐 못하느냐에 따라서 기본 알고리즘을 설계할 수 있느냐 없느냐가 결정되기도 한다.

스택의 개념

스택의 기본 개념을 프로그래밍 시각에서 설명하면 '입력과 출력을 한 방향으로 제한한 자료구조'라고 말할 수 있다. 배열과 링크드 리스트와 비교해보면 좀 더 간단한 구조다. 예를 들어 배열과 링크드 리스트는 일단 데이터를 넣거나 빼는 작업 자체가 좀 복잡하다. 링크드 리스트의 경우 새로운 노드를 삽입하려면 기존의 링크드 리스트에서 새로운 노드가 삽입될 위치를 검색해야 하고 링크도 연결시켜야 하므로 그다지 간단하지만은 않다.

하지만 스택의 구조는 간단하다. 스택이란 바닥부터 데이터를 차곡 차곡 쌓는다는 개념으로 이해하면 된다. 예를 들어 설거지를 하려고 약 100개 정도의 접시를 닦아서 쌓는다고 가정하자. 첫 번째 접시를 닦아서 찬장에 놓아 두고 나면 두 번째 이후로 닦은 접시는 이전 접시 위에 올려놓을 것이다. 이러한 과정을 거쳐서 100번째로 닦은 접시가 가장 위에 올려질 것이다. 이와 같은 과정을 스택에서는 푸시^{Push}라고 한다.

계속 접시 이야기를 해보자. 찬장에서 접시를 하나 빼서 사용할 때는 어떻게 할까? 특별한 이유가 없다면 당연히 가장 위에 놓여 있는 접시부터 사용할 것이다. 이 과정을 스택에서는 팝^{Pop}이라고 한다.

즉, 스택 알고리즘에서는 딱 두 가지만 기억해두자.

- 푸시: 접시를 닦아서 찬장에 쌓아놓는다. 즉, 데이터에 순서를 적용해 차례로 저장한다.
- 팝: 접시를 사용하려고 찬장에서 가장 위에 있는 접시를 갖고 온다. 즉, 가장 최신 데이터부터 차례로 가져온다.

참고로 이와 같은 방식을 LIFO^{Last In First Out}라고 한다. 마지막으로 들어간 것이 제일 처음 나온다는 의미다.

이러한 스택과 관련된 알고리즘은 설거지 알고리즘이라고 기억해두자. 그럼 어떻게 코드로 구현할까? 의외로 스택 알고리즘의 구현은 상당히 간단하다.

스택의 구현

스택을 구현하려면 접시를 쌓아두는 찬장에 해당하는 메모리 공간과 그에 맞는 하위 자료구조를 정해야 한다. 그리고 하위 자료구조는 배열이나 링크드 리스트 둘 중에 어느 것을 사용해도 사실 상관없다. 이번에는 앞에서 링크드 리스트의 장점을 배웠으므로 링크드 리스트로 스택을 구현해보도록 하자.

먼저 링크드 리스트부터 구현해보자. 찬장을 링크드 리스트로 구현하리라 마음을 먹었으므로 접시에 해당하는 자료형은 당연히 구조체를 사용한 노드가 되어야 한다.

코드 3-8 링크드 리스트를 사용하는 스택의 구조체 정의

```
01   typedef struct _NODE {
02     int Data;
03     struct _NODE *Next;
04   } NODE;
```

위 코드는 이전 장의 링크드 리스트에서 숱하게 봤던 코드다. 이제는 위의 구조체를 보면 한눈에 "아! 이것은 링크드 리스트의 노드를 정의하는 코드구나. 링크가 Next 하나밖에 없는 걸 보니 단일 링크드 리스트를 사용하는군"이라고 생각할 수 있기를 바란다.

구조체(접시)를 만들었으니 이제 구조체를 저장할 링크드 리스트(찬장)가 필요하다. 다음 코드처럼 링크드 리스트의 헤드 노드와 엔드 노드를 생성하고 현재 비어 있는 링크드 리스트를 생성해주면 된다.

코드 3-9 스택 초기화 코드

```
01   void InitializeStack(void)
02   {
03     head = (NODE *)malloc(sizeof(NODE));
```

```
04    end = (NODE *)malloc(sizeof(NODE));
05    head->Next = end;
06    end->Next = end;
07  }
```

이것으로 스택 알고리즘을 사용하기 위한 준비는 끝났다. 다음은 스택의 두 가지 연산인 푸시와 팝을 이해할 차례다.

푸시와 팝

스택에서 필요한 함수는 스택에 데이터를 넣는 Push() 함수와 스택에서 데이터를 가져오는 Pop() 함수다(사실 그 외에도 스택이 비었는지 확인하는 함수 등도 필요한데, 스택의 본질적인 기능과는 무관한 함수이므로 여기서는 설명하지 않겠다).

그림 3-22는 스택의 기본 구조 및 Push()와 Pop() 함수의 기능을 설명한다.

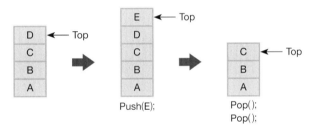

그림 3-22 Push()와 Pop() 함수의 기능

A, B, C, D 총 4개의 데이터가 스택에 있는 경우 Push(E) 함수를 사용해 스택에 E 데이터를 삽입하면 스택의 가장 선두에 해당하는 Top은 E를 가리키게 된다. 또한 Pop() 함수를 2번 호출하면 가장 위에 있는 데이터 E를 먼저 가져오고 그 다음에 D를 가져오게 된다. 따라서 Top은 E, D 데이터를 가져간 이후 스택의 맨 처음이 되는 C 데이터를 가리키게 된다.

이제 위 스택의 구조에 따르는 Push() 함수와 Pop() 함수를 만들어보도록 하자. 스택과 스택에 저장될 데이터는 조금 전에 소개한 구조체를 사용하면 되고 일단 Initialize() 함수로 스택을 초기화하게 하자. 그러면 스택의 기본 구조는 완성된 것이다. 현재는 스택이 비워 있으므로 head->next 값은 end 변수를 가리키고, end->Next 값은 end 변수를 가리키도록 되어 있다. Push()와 Pop() 함수는 이 구조체의 노드와 링크드 리스트를 사용하면 된다.

이제 Push() 함수와 Pop() 함수를 만들어볼 차례다. 먼저 Push() 함수부터 살펴보도록 하자.

코드 3-10 Push() 함수

```
01   void Push(int num)
02   {
03     ptrNode = (NODE *)malloc(sizeof(NODE));
04     ptrNode->Data = num;
05     ptrNode->Next = head->Next;
06     head->Next = ptrNode;
07   }
```

매개변수로 int 자료형 데이터를 받는다. 이는 스택에 저장될 데이터가 된다. 일단 스택이 링크드 리스트 구조로 되어 있으므로 malloc() 함수를 사용해 새로운 노드를 생성한다. 새로 생성한 노드는 전역 변수인 ptrNode로 가리키도록 하고, ptrNode->Data 값에 매개변수로 받은 int 자료형 데이터를 저장한다. 그리고 새로 생성한 노드의 Next 값이 헤드 노드의 Next 값이 가리키는 노드가 되도록 한다. 헤드 노드의 Next 값은 ptrNode 값으로 한다.

이 부분이 중요하다. 그림 3-23을 보면서 좀 더 자세히 이해해보자.

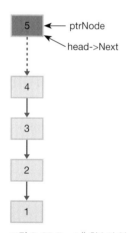

그림 3-23 Push() 함수의 연산 구조

ptrNode->Next = head->Next;를 실행하면 head->Next가 스택의 가장 윗부분에 있는 노드를 가리키므로 새로운 노드가 추가되면 해당 노드의 Next 값에 head->Next 값에 저장된 주소를 넣는다. 그러면 새로 추가된 노드의 Next 값은 이전에 추가된 노드를 가리키게 된다. 이 연산이 끝나면 head->Next 값을 현재 새로 추가한 노드로 만들어준다. 그러면 head->Next 값은 다시 가장 윗부분에 있는 노드를 가리키게 된다.

링크드 리스트와 마찬가지로 Push() 함수에서도 새로운 데이터를 스택에 저장할 때의 순서가 중요하다. 예를 들어 ptrNode->Next = head->Next;와 head->Next = ptrNode; 두 행의 순서를 서로 바꾸면 스택이 제대로 동작하지 않게 된다. 따라서 이 순서를 잘 기억해두어야 한다.

이번에는 Pop() 함수를 살펴보자.

코드 3-11 Pop() 함수

```
01   int Pop(void)
02   {
03     int ret;
04     ptrNode = head->Next;
05     head->Next = head->Next->Next;
06     ret = ptrNode->Data;
07     free(ptrNode);
08
09     return ret;
10   }
```

별도의 매개변수가 없는 대신 반환 값이 있다. 이 반환 값이 현재 스택에 저장되어 있는 최상위의 값이 된다.

Pop() 함수에서는 다음 두 줄의 코드가 가장 중요한 부분이다.

```
04   ptrNode = head->Next;
05   head->Next = head->Next->Next;
```

첫 번째는 현재 head->Next 값을 ptrNode 변수도 가리키도록 한다. 이 노드가 스택의 가장 최상위 노드가 된다. 두 번째는 head->Next 값을 head->Next->Next 값이 되도록 한다. 이 연산을 실행하면 ptrNode 값이 가리키는 최상위 노드만 떨어져나오게 된다. 이 과정을 설명하는 것이 그림 3-24다.

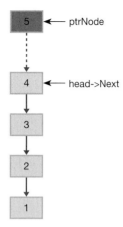

그림 3-24 Pop() 함수의 연산 구조

ptrNode = head->Next가 되면 ptrNode는 head->Next가 가리키는 노드를 가리키게 된다. 이 노드는 팝해야 할 노드다. 두 번째 행에서 head->Next에 head->Next->Next 값을 넣으면 head->Next는 위에서 두 번째에 위치해 있는 노드를 가리키게 된다.

여기까지가 링크드 리스트를 이용한 스택의 구현에 관한 개념이다. 그렇다면 실제 스택 구조를 구현한 전체 소스 코드를 살펴보자.

코드 3-12 링크드 리스트를 사용한 스택 알고리즘

```
01  #include <stdio.h>
02  #include <stdlib.h>
03
04  // 스택의 하위 자료구조용 노드 선언
05  typedef struct _NODE {
06    int Data;
07    struct _NODE *Next;
08  } NODE;
09
10  NODE *head, *end;
11  NODE *ptrNode;
12
13  void InitializeStack(void);  // 스택 초기화 함수
14  void Push(int);  // 데이터 삽입
15  int Pop(void);    // 데이터 삭제
16  void DisplayStack(void);      // 스택을 보여줌
```

```
17
18  // 스택 초기화 함수
19  void InitializeStack(void)
20  {
21    head = (NODE *)malloc(sizeof(NODE));
22    end = (NODE *)malloc(sizeof(NODE));
23    head->Next = end;
24    end->Next = end;
25  }
26
27  void Push(int num)
28  {
29    ptrNode = (NODE *)malloc(sizeof(NODE));
30    ptrNode->Data = num;
31    ptrNode->Next = head->Next;
32    head->Next = ptrNode;
33  }
34
35  int Pop(void)
36  {
37    int ret;
38    ptrNode = head->Next;
39    head->Next = head->Next->Next;
40    ret = ptrNode->Data;
41    free(ptrNode);
42
43    return ret;
44  }
45
46  void DisplayStack(void)
47  {
48    NODE *indexNode;
49    printf("head -> ");
50
51    for(indexNode = head->Next; indexNode != end; indexNode = indexNode->Next)
52      printf("%d -> ", indexNode->Data);
53
54    printf("end");
55  }
56
57  void main()
58  {
59    int ret;
60    InitializeStack();
```

```
61
62      Push(1);
63      Push(3);
64      Push(10);
65      Push(20);
66      Push(12);
67
68      printf("다섯 번의 Push() 함수 호출 후 실행 결과\n");
69      DisplayStack();
70
71      ret = Pop();
72      ret = Pop();
73      ret = Pop();
74
75      printf("\n세 번의 Pop() 함수 호출 후 실행 결과\n");
76      DisplayStack();
77  }
```

스택을 초기화하는 함수, 스택에 데이터를 저장하는 Push() 함수, 스택에서 데이터를 가져오는 Pop() 함수는 지금까지 설명한 함수들이다.

코드 3-12 실행 결과

```
다섯 번의 Push() 함수 호출 후 실행 결과
head -> 12 -> 20 -> 10 -> 3 -> 1 -> end
세 번의 Pop() 함수 호출 후 실행 결과
head -> 3 -> 1 -> end
```

5번의 Push() 함수를 호출한 후 스택의 가장 위에 있는 데이터는 12가 되고 가장 아래에 있는 데이터는 1이 된다. 그 후에 Pop() 함수를 세 번 호출하고 나면 위에 있는 12, 20, 10은 스택에서 사라지고 3과 1만 남게 된다.

> **NOTE** | **DisplayStack() 함수**
>
> main() 함수 앞에 위치한 DisplayStack() 함수는 스택에 저장되어 있는 항목들을 보여주는 기능으로, 지금까지 Push() 함수와 Pop() 함수의 내부 코드를 잘 살펴보았다면 코드를 이해하는 데는 무리가 없으리라 생각한다.

큐의 개념과 알고리즘

스택과 마찬가지로 큐^{Queue}도 많은 프로그램에서 자주 사용되는 자료구조다. 특히 큐를 사용하는 대표적인 소프트웨어는 윈도우나 리눅스와 같은 운영체제다. 어째서 이 거대한 소프트웨어에서 큐를 사용하는지 자세히 알아보도록 하자.

큐의 개념

큐는 코드 구현이나 사용 방식이 앞에서 배운 스택과 상당히 비슷하다. 그러나 스택이 LIFO^{Last In First Out} 방식이라면 큐는 FIFO^{First In First Out} 방식을 사용한다. FIFO 방식은 처음으로 저장한 데이터를 처음 사용한다는 방식으로, 배열과는 사뭇 다르다.

큐의 개념은 극장 매표소 앞에서 줄을 서는 것과 비슷하다. 극장 매표소 앞에 줄을 선다는 것은 앞 사람이 나보다 먼저 극장에 도착했다는 의미가 된다. 또한 나보다 늦게 도착한 사람은 내 뒤에 서야 한다. 먼저 도착한 사람이 먼저 극장표를 사는 건 당연하다.

큐에서도 스택과 마찬가지로 딱 두 가지의 동작만 존재한다. 표를 사기 위해 줄을 서는 경우에 해당하는 Put과 순서대로 매표소에서 표를 구입하는 경우에 해당하는 Get이다. 따라서 매표소 알고리즘인 큐에서도 딱 두 가지만 기억하고 있으면 된다.

- Put: 매표소 앞에서 줄을 선다. 즉, 도착하는 차례대로 데이터를 저장한다.
- Get: 줄을 선 순서대로 앞에서부터 표를 산다. 즉, 처음 저장된 데이터부터 차례로 사용한다.

큐의 구조는 그림 3-25와 같다.

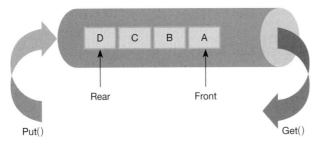

그림 3-25 큐의 구조

큐 알고리즘도 스택 알고리즘과 마찬가지로 3개의 함수가 필요하다. 큐를 초기화하는 InitializeQueue() 함수, 큐에서 데이터를 저장하는 Put() 함수, 큐에서 데이터를 가져오는 Get() 함수다. 또한 큐의 입구를 나타내는 변수인 Rear 변수와 큐의 출구를 나타내는 변수인 Front를 선언할 필요가 있다.

스택을 이해한 독자들이라면 큐도 쉽게 이해할 수 있다. 또한 큐의 개념은 매표소 알고리즘이라고 기억해두면 절대 잊어버릴 일은 없을 것이다. 그렇다면 큐를 어떻게 코드로 구현하는지 살펴보도록 하자.

배열을 사용한 큐의 구현

먼저 큐를 구성하기 위한 하위 자료구조가 필요하다. 큐 역시 배열이든 링크드 리스트이든 어떤 것으로 만들어도 상관없지만 스택과는 달리 큐는 배열을 사용하는 것이 좀 더 편리하다. 따라서 다음 코드처럼 배열 하나를 정의하면 큐를 위한 자료구조는 준비된 것이다.

```
int Queue[MAX];
```

큐 역시 데이터를 저장하는 함수와 데이터를 꺼내오는 함수가 있다. 매표소 앞에 줄을 서는 개념에 해당하는 데이터 저장 함수 Put()과 줄을 선 순서대로 표를 구입하는 개념에 해당하는 데이터 꺼내기 함수 Get()이다.

코드 3-13은 배열을 사용한 큐 자료구조를 이용하는 알고리즘의 전체 코드다.

```
01  #include <stdio.h>
02
03  #define MAX 100
04
05  // 큐 선언
06  int Queue[MAX];
07  int Front, Rear;
08
09  void InitializeQueue(void);  // 큐 초기화 함수
10  void Put(int);  // 데이터 삽입
11  int Get(void);  // 데이터 삭제
12  void DisplayQueue(void);  // 큐를 보여줌
13
14  // 큐 초기화 함수
15  void InitializeQueue(void)
16  {
17    Front = Rear = 0;
18  }
19
20  void Put(int num)
21  {
22    Queue[Rear++] = num;
23
24    if(Rear >= MAX)
25      Rear = 0;
26  }
27
28  int Get(void)
29  {
30    int ret;
31    ret = Queue[Front++];
32
33    if(Front >= MAX)
34      Front = 0;
35
36    return ret;
37  }
38
39  void DisplayQueue(void)
40  {
41    int i;
42    printf("Front -> ");
```

```
43
44    for(i = Front; i < Rear; i++)
45      printf("%2d -> ", Queue[i]);
46
47    printf("Rear");
48  }
49
50  void main()
51  {
52    int ret;
53    InitializeQueue();
54
55    Put(1);
56    Put(3);
57    Put(10);
58    Put(20);
59    Put(12);
60
61    printf("다섯 번의 Put() 함수 호출 후 결과\n");
62    DisplayQueue();
63
64    ret = Get();
65    ret = Get();
66    ret = Get();
67
68    printf("\n세 번의 Get() 함수 호출 후 결과\n");
69    DisplayQueue();
70
71    printf("\n두 번의 Get() 함수 호출 후 결과\n");
72
73    ret = Get();
74    ret = Get();
75    DisplayQueue();
76  }
```

코드 3-13 실행 결과

```
다섯 번의 Put() 함수 호출 후 결과
Front -> 1 -> 3 -> 10 -> 20 -> 12 -> Rear
세 번의 Get() 함수 호출 후 결과
Front -> 20 -> 12 -> Rear
두 번의 Get() 함수 호출 후 결과
Front -> end
```

아마 링크드 리스트를 사용한 스택보다 코드가 훨씬 간단하다고 느낄 수도 있을 것이다. 실제로도 배열이 아닌 링크드 리스트로 큐 알고리즘을 만들면 훨씬 복잡하다. 링크드 리스트를 사용한 큐 알고리즘은 조금 후에 다룰 것이니 안심해도 좋다.

우선 초기화 함수인 InitializeQueue()부터 살펴보자.

```
15   void InitializeQueue(void)
16   {
17     Front = Rear = 0;
18   }
```

코드를 보면 알겠지만 간단하다. 큐의 앞과 뒤를 가리키는 Front 변수와 Rear 변숫값을 모두 0으로 초기화하는 역할을 한다. InitializeQueue() 함수가 호출되면 그림 3-26처럼 100개의 항목을 갖는 배열 Queue에서 Front 변수와 Rear 변수는 첫 번째 인덱스를 가리키게 된다.

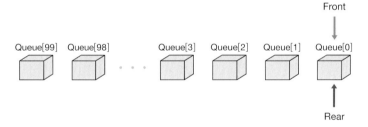

그림 3-26 큐 초기화

그런데 지금까지 보던 배열 관련 그림과는 순서가 다르다. Queue라는 배열의 첫 번째인 Queue[0]이 가장 오른쪽에 있고, 배열 Queue의 가장 마지막 항목인 Queue[99]가 가장 왼쪽에 있다. 그림 3-26은 매표소에서 줄을 서서 표를 구입하는 것처럼 큐가 순서대로 쌓인다는 것을 보여주려고 임의로 그린 그림이므로 순서에 상관하지 말고 변수 Front와 변수 Rear의 움직임만 주의 깊게 보기 바란다.

초기화가 끝났으면 큐에 데이터를 저장하는 Put() 함수를 살펴볼 차례다.

```
20   void Put(int num)
21   {
22     Queue[Rear++] = num;
```

```
23
24    if(Rear >= MAX)
25      Rear = 0;
26  }
```

현재 Queue 값에 넣으려는 데이터를 변수 Rear 값이 가리키는 곳에 저장하고 Rear 변숫값을 하나 증가시킨다. 그러면 그림 3-27처럼 Rear 변숫값은 다음 배열 공간을 가리키게 된다. 즉, Put(1) 함수가 실행되면 값 1이 Queue[0]에 저장되고 0을 가리키고 있는 변수 Rear는 1 증가한다.

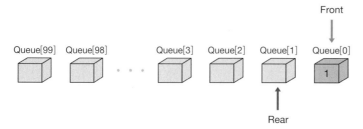

그림 3-27 Put() 함수를 이용한 데이터 저장

현재 배열 Queue의 크기는 100이다. 따라서 배열 Queue의 인덱스 범위는 Queue[0]부터 Queue[99]까지다. 그런데 변수 Rear가 MAX와 같거나 크면 Queue[100]이나 그 이상이 되므로 에러가 발생한다. 따라서 다시 배열 Queue의 인덱스가 0부터 시작하도록 해야 한다. 24행~25행의 if문은 변수 Rear가 MAX와 같거나 크면 Rear 변수를 0으로 만들어 이를 해결한다.

이제 큐에서 데이터를 가져오는 Get() 함수를 살펴보자.

```
28  int Get(void)
29  {
30    int ret;
31    ret = Queue[Front++];
32
33    if(Front >= MAX)
34      Front = 0;
35
36    return ret;
37  }
```

현재 배열 Queue에서 Front 값이 가리키는 곳의 데이터를 변수 ret에 저장하고 반환한다. 또한 Front 변수도 Put( ) 함수의 Rear 변수처럼 배열의 크기보다 크면 34행처럼 0으로 다시 초기화한다. 이러한 과정을 설명한 것이 그림 3-28이다.

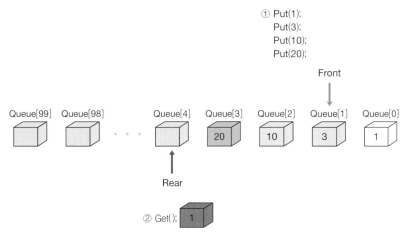

그림 3-28 Put( ) 함수를 이용한 데이터 가져오기

먼저 ①과 같이 Put( ) 함수를 4번 실행하면 1, 3, 10, 20이라는 데이터가 큐에 저장된다. 그리고 Put( ) 함수가 계속 호출되므로 큐에 데이터가 저장되면서 변수 Rear의 값이 바뀌게 된다. 그리고 ②의 Get( ) 함수를 한 번 호출하면 큐에 처음 들어 있던 데이터, 즉 변수 Front 값이 가리키던 데이터 1을 반환하고 변수 Front의 값이 하나 증가한다. 따라서 변수 Front의 값은 Queue[0]을 반환한 후 Queue[1]의 인덱스인 1이 되는 것이다. 이것이 Get( ) 함수의 역할이다.

결국 Put( ) 함수와 Get( ) 함수의 역할은 Put( ) 함수는 매개변수로 받은 int 자료형 데이터를 Rear 변숫값이 가리키는 큐에 저장하고 Rear 값을 하나 증가시키는 것이고, Get( ) 함수는 반대로 Front 값이 가리키는 큐 안의 데이터를 가져오는 것으로 정리할 수 있다.

링크드 리스트를 사용한 큐의 구현

큐는 사실 배열 형태로 가장 많이 사용된다. 링크드 리스트로 사용해도 되지만 배열로 사용하는 것이 구현하기도 간단하며 관리도 편리하기 때문이다. 또한 링크드 리스트를 사용할 때 장점으로 작용하는, 즉 링크만으로 데이터를 저장하거나 꺼내오는 것이 가능하다는 것이 스택과 큐에서는 그다지 통용되지 않는다. 스택과 큐는 이미 데이터가 저장될 위치와 데이터를 가져오는 위치가 결정되어 있기 때문이다.

그렇다고 링크드 리스트로 큐를 사용하지 못하는 것은 아니다. 이번에는 링크드 리스트를 사용하는 큐를 만들어보겠다.

먼저 링크드 리스트를 사용한 큐의 전체 코드를 보자.

코드 3-14 링크드 리스트를 이용한 큐 알고리즘

```
001  #include <stdio.h>
002  #include <stdlib.h>
003
004  typedef struct _NODE {
005    int Data;
006    struct _NODE *Next;
007  } NODE;
008
009  NODE *Front, *Rear;
010  NODE *ptrNode;
011
012  void InitializeQueue(void);
013  void Put(int);
014  int Get(void);
015  void DisplayQueue(void);
016
017  void InitializeQueue(void)
018  {
019    Front = (NODE *)malloc(sizeof(NODE));
020    Rear = (NODE *)malloc(sizeof(NODE));
021    Front->Next = Rear;
022    Rear->Next = Front;
023  }
024
025  void Put(int num)
026  {
027    ptrNode = (NODE *)malloc(sizeof(NODE));
028    ptrNode->Data = num;
029
030    if(Front->Next == Rear) {
031      Front->Next = ptrNode;
032      ptrNode->Next = Rear;
```

```
033        Rear->Next = ptrNode;
034    }
035
036    else {
037        Rear->Next->Next = ptrNode;
038        ptrNode->Next = Rear;
039        Rear->Next = ptrNode;
040    }
041  }
042
043  int Get(void)
044  {
045    int ret;
046    NODE *deleteNode;
047    printf("\n");
048
049    if(Front->Next == Rear)
050      printf("Queue Empty\n");
051
052    else {
053      deleteNode = Front->Next;
054      Front->Next = deleteNode->Next;
055      ret= deleteNode->Data;
056      printf("get() : %d", ret);
057
058      free(deleteNode);
059    }
060
061    return ret;
062  }
063
064  void DisplayQueue(void)
065  {
066    NODE *ptrTemp;
067
068    if(Front->Next != Rear) {
069      for(ptrTemp = Front->Next; ptrTemp->Next != Rear; ptrTemp = ptrTemp->Next) {
070        printf("%d -> ", ptrTemp->Data);
071      }
072
073      printf("%d\n", ptrTemp->Data);
074    }
075
076    else if(Front->Next == Rear)
```

```
077        printf("Queue Empty\n");
078    }
079
080    void main()
081    {
082      int ret;
083      InitializeQueue();
084      printf("Put() 함수를 호출해보자!\n");
085
086      Put(1);
087      Put(3);
088      Put(10);
089      Put(20);
090      Put(12);
091
092      printf("다섯 번의 Put() 함수 호출 후 결과 : ");
093      DisplayQueue();
094
095      ret = Get();
096      ret = Get();
097      ret = Get();
098
099      printf("\n세 번의 Get() 함수 호출 후 결과 : ");
100      DisplayQueue();
101
102      ret = Get();
103      ret = Get();
104
105      printf("\n두 번의 Get() 함수 호출 후 결과 : ");
106      DisplayQueue();
107    }
```

코드 3-14 실행 결과

```
Put() 함수를 호출해보자!
다섯 번의 Put() 함수 호출 후 결과 : 1 -> 3 -> 10 -> 20 -> 12
get() : 1
get() : 3
get() : 10
세 번의 Get() 함수 호출 후 결과 : 20 -> 12
get() : 20
get() : 12
두 번의 Get() 함수 호출 후 결과 : Queue Empty
```

링크드 리스트를 사용한 큐도 배열을 사용한 큐와 마찬가지로 크게 세 부분으로 나눌 수 있다. 하지만 코드 3-14는 큐 안에 저장되어 있는 데이터를 화면에 출력하는 기능까지 포함해서 네 가지 기능으로 구성되어 있다.

먼저 링크드 리스트를 사용해 큐를 만들 때는 다음과 같이 노드를 정의해주어야 한다.

```
004  typedef struct _NODE {
005    int Data;
006    struct _NODE *Next;
007  } NODE;
```

위 코드에서 링크가 하나, 저장할 데이터가 하나인 구조라는 것을 알아두자.

다음으로 큐의 초기화 함수인 InitializeQueue()를 살펴보자.

```
017  void InitializeQueue(void)
018  {
019    Front = (NODE *)malloc(sizeof(NODE));
020    Rear = (NODE *)malloc(sizeof(NODE));
021    Front->Next = Rear;
022    Rear->Next = Rear;
023  }
```

먼저 Front와 Rear 변수에 구조체 NODE 값를 할당하고 Front->Next 값을 Rear 값이 가리키도록 한 후 Rear->Next 값도 Rear 값이 가리키도록 한다. 이것은 링크드 리스트의 head와 end 변수의 경우와 같다. 단지 큐에서는 head와 end 대신에 Front와 Rear 변수를 사용하는 것뿐이다.

Front와 Rear 변수에 메모리를 할당하고 링크를 서로 연결시키는 것만으로 큐의 초기화 과정은 끝난다.

이번에는 큐에 데이터를 저장하는 Put() 함수를 살펴보자. 기본적인 형태는 배열을 사용하는 Put() 함수와 같다.

```
025  void Put(int num)
026  {
027    ptrNode = (NODE *)malloc(sizeof(NODE));
```

```
028     ptrNode->Data = num;
029
030     if(Front->Next == Rear) {
031       Front->Next = ptrNode;
032       ptrNode->Next = Rear;
033       Rear->Next = ptrNode;
034     }
035
036     else {
037       Rear->Next->Next = ptrNode;
038       ptrNode->Next = Rear;
039       Rear->Next = ptrNode;
040     }
041   }
```

27행~28행은 새로 노드를 추가하려고 malloc() 함수로 노드를 생성하고 그 안에 저장할 데이터를 넣는 부분이다.

30행~34행은 현재 가리키는 큐가 비어있는 큐인 경우에 실행되는 코드다. 큐가 비어있다는 것은 초기화 함수에서 정의한 Front->Next 값과 Rear->Next 값이 Rear 값을 가리키게 하는 형태를 의미한다. 따라서 Front->Next 값이 Rear 값을 가리키는 경우에는 Front->Next 값이 새로 추가되는 노드인 ptrNode 값을 가리키도록 하고, ptrNode->Next 값은 Rear를 가리키도록 한다. 마지막으로 Rear->Next 값은 ptrNode 값을 가리키도록 한다.

그림 3-29는 이러한 과정을 구조화한 예다.

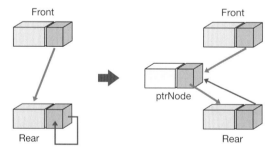

그림 3-29 Put() 함수를 실행했을 때의 큐 구조

그림 3-29는 새로운 노드를 삽입하고 링크를 연결하는 과정이다. 그렇다면 기존의 노드가 있는 경우는 어떻게 될까? 36행~40행의 else문에서 해결한다. 그림 3-30을 살펴보자.

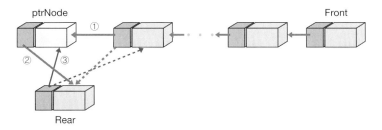

그림 3-30 기존의 노드가 있는 경우의 Put() 함수 처리

기본 노드가 있는 경우 점선으로 되어 있는 링크는 기존 링크이며 실선으로 되어 있는 링크가 새로 만들어진 링크다. 일단 점선 링크를 살펴보면 Rear->Next->Next 값이 ptrNode 바로 전 노드임을 알 수 있으며 해당 링크가 ptrNode를 가리키도록 한 것은 ①과 같은 경우가 된다. 따라서 37행의 Rear->Next->Next 값이 ptrNode를 가리키도록 하는 것이다.

38행은 ptrNode->Next 값으로 하여금 Rear 값을 가리키도록 한 것이므로 ②와 같다. 마지막 39행 Rear->Next 값은 새로운 노드인 ptrNode 값을 가리키도록 한 것이므로 ③과 같다.

이제 이번에는 큐에 있는 데이터를 가져오는 Get( ) 함수를 살펴보자.

```
043   int Get(void)
044   {
045     int ret;
046     NODE *deleteNode;
047     printf("\n");
048
049     if(Front->Next == Rear)
050       printf("Queue Empty\n");
051
052     else {
053       deleteNode = Front->Next;
054       Front->Next = deleteNode->Next;
055       ret= deleteNode->Data;
056       printf("get() : %d", ret);
057
058       free(deleteNode);
```

```
059     }
060
061     return ret;
062   }
```

Get() 함수는 Front 변수를 주로 사용하며 일단 49행처럼 큐가 비어있는 것은 아닌지를 먼저 체크한다. 그 후에 큐가 비어있지 않다면 53행~54행처럼 deleteNode 값이 Front->Next 값을 가리키도록 한 후 이어서 Front->Next 값이 deleteNode->Next 값을 가리키도록 한다. 그리고 나서 55행~56행처럼 현재 deleteNode 값이 가리키는 데이터를 화면에 출력하고 58행의 free() 함수를 사용하여 노드를 삭제한다. 이 과정은 그림 3-31과 같다.

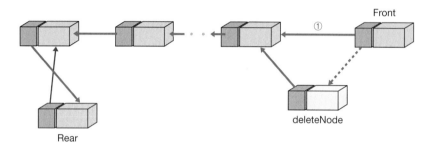

그림 3-31 Get() 함수를 실행했을 때의 큐 구조

Get() 함수가 실행되면 Front->Next 값이 가리키는 노드를 deleteNode 값이 가리키도록 한다. 그리고 나서 54행의 Front->Next 값을 deleteNode->Next 값이 가리키도록 하면 ①과 같이 Front->Next 값은 세 번째 노드를 가리키게 되는 것이다. 그리고 나서 ret 변숫값이 deleteNode->Data 값을 가리키도록 해서 이를 출력하고 free() 함수를 이용해 deleteNode 값을 삭제한다.

마지막은 큐 안에 저장되어 있는 데이터들을 보여주는 DisplayQueue() 함수다.

```
064   void DisplayQueue(void)
065   {
066     NODE *ptrTemp;
067
068     if(Front->Next != Rear) {
069       for(ptrTemp = Front->Next; ptrTemp->Next != Rear; ptrTemp = ptrTemp->Next) {
070         printf("%d -> ", ptrTemp->Data);
```

```
071         }
072
073      printf(" %d", ptrTemp->Data);
074    }
075
076    else if(Front->Next == Rear)
077      printf("Queue Empty\n");
078  }
```

이 함수는 Front->Next 값이 Rear 값을 가리킬 때까지 링크드 리스트를 따라 이동하면서 각 노드의 데이터를 화면에 출력한다. 자세한 내용은 이미 링크드 리스트 부분에서 설명했으므로 생략한다.

혹시라도 DisplayQueue( ) 함수 안의 코드를 이해하는 데 어려움이 있다면 2절의 '링크드 리스트의 삽입과 삭제'를 참고해 링크드 리스트의 개념과 동작을 다시 한번 살펴보기 바란다.

SECTION 06 정리

3장에서는 기본이 되는 자료구조인 링크드 리스트와 스택, 스택과 함께 양대 기본 자료구조로 꼽히는 큐를 살펴봤다. 다양한 알고리즘을 본격적으로 배우려면 이 장에서 다룬 기본적인 자료구조를 알아야 한다. 알고리즘은 대부분 기본 자료구조를 안다는 전제 아래 만들거나 분석, 최적화하기 때문이다.

CHAPTER

04

트리

이 장에서는 앞 장에서 배운 기본 자료구조의 개념들을 이용해 트리^{Tree}라는 구조를 살펴본다. 트리는 프로그래밍 언어와 상관없이 가장 많이 사용되는 자료구조다. 또한 트리 구조를 이용해 만드는 여러 가지 알고리즘들은 다른 알고리즘의 기본이 되는 알고리즘들이므로 이 장을 주의 깊게 살펴보기 바란다.

트리의 개념과 주요 용어

트리는 노드와 링크를 이용한 자료구조지만 링크드 리스트와는 사뭇 다르다. 또한 트리에는 여러 가지 특이한 용어들이 있다. 이번 절에서는 트리 구조의 개념과 특성, 트리 구조에서 자주 사용하는 용어들을 알아보도록 하자.

트리의 개념

트리는 우리나라 말로 '나무'라는 뜻이다. 아마 이 책을 읽는 독자라면 "당연한 이야기 아닌가?" 라고 말할 것이다. 자료구조가 하나의 뿌리에서 위로 뻗어나가는 형상처럼 생겨서 이런 명칭이 붙여졌는데, 단 트리 구조를 표현할 때는 나무의 형상과 반대 방향으로 표현한다는 것은 기억해두자.

트리 구조는 우리 주변 일상에서 쉽게 볼 수 있는 위아래 개념을 컴퓨터에서 표현한 구조다. 한 가족의 계보를 나타내는 족보나 회사의 조직도 등을 보면 보통 트리 구조 형태로 되어 있다. 족보의 경우 가장 선조가 되는 사람부터 시작해서 자식, 자식의 자식, 자식의 자식의 자식의 형태로 구성되어 있다. 회사의 조직도 역시 사장부터 시작해서 사장 밑에 여러 명의 임원들, 임원들 밑에 각 부서장 그리고 부서장 밑에 과장, 대리 순서로 내려오면 결국 사원까지 오게 된다. 따라서 필자는 트리 구조를 설명할 때 '족보 구조'라는 표현을 사용한다. 여러분도 트리에 대해 잘 생각나지 않을 때는 '족보 구조'라고 기억해두면 도움이 될 것이다.

트리 구조로 많은 알고리즘을 구현하는 이유는 다른 자료구조보다 자료를 저장하거나 검색하는 등의 방법이 간단하고 메모리를 효율적으로 사용할 수 있기 때문이다.

트리 관련 주요 용어

트리의 구체적인 알고리즘을 살펴보기 위해서는 꼭 용어와 개념을 알아야 한다. 이를 확실하게 이해하도록 하자.

그림 4-1은 전형적인 트리 구조의 예다.

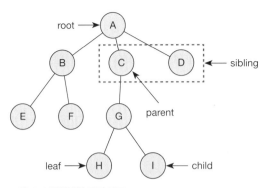

그림 4-1 일반적인 트리 구조

노드 A를 기준으로 각 노드들이 링크로 연결되어 있지만 앞 장에서 배운 링크드 리스트의 형태와는 다르다. 이와 연관지어 각 용어를 정리해보면 표 4-1과 같다.

표 4-1 노드의 주요 용어

용어	설명
루트 노드 (root node)	연결된 노드가 한 군데로 모이는 상위에 위치하는 노드를 루트 노드라고 한다. 그림 4-1에서는 노드 A가 루트 노드가 된다.
차수 (degree)	한 노드에 연결된 서브 트리의 개수를 차수라고 한다. 또한 차수가 2개 이하인 트리 구조를 특별히 이진 트리(Binary Tree)라고 한다. 이 책에서 본격적으로 다룰 트리 구조다. 그림 4-1에서 노드 A의 차수는 노드 A에 연결된 서브 트리가 모두 3개이므로 3이 되고, 노드 G의 차수는 노드 G에 연결된 노드가 2개이므로 2가 된다.
부모 노드 (parent node)	현재의 노드에 연결되어 있는 바로 상위 노드를 부모 노드라고 한다. 트리 구조에서는 루트 노드를 제외하고는 모든 노드가 하나의 부모 노드를 가져야 한다. 부모 노드가 2개 이상 존재하면 그 구조는 트리 구조가 될 수 없다. 그림 4-1에서 노드 G의 부모 노드는 노드 C가 된다.
자식 노드 (child node)	부모 노드의 반대 개념, 즉 자신보다 아래에 있는 노드를 자식 노드라고 한다. 트리 구조에 자식 노드는 몇 개라도 상관없지만 이진 트리의 경우는 반드시 자식 노드의 수가 2개 이하가 되어야 한다. 그림 4-1에서 노드 G의 자식 노드는 노드 H와 노드 I가 된다.
형제 노드 (sibling node)	같은 부모 노드를 갖는 노드 사이를 형제 노드라고 한다. 그림 4-1에서 노드 H의 형제 노드는 노드 I가 된다.
리프 노드 (leaf node)	트리 구조에서 최상위 노드를 루트 노드라고 하듯이 가장 끝에 있는 최하위 노드를 리프 노드라고 한다. 단말 혹은 터미널 노드(terminal node)라고도 한다. 잎 노드라는 용어로 사용할 수도 있으나 일반적으로는 리프 노드라고 통용되는 편이다. 그림 4-1에서 리프 노드는 노드 E, F, H, I, D가 된다.

용어	설명
레벨(level)	레벨은 루트 노드부터 해당 노드까지 경로를 찾는 데 방문한 총 노드의 수가 된다. 루트 노드를 레벨 1로 하여 한 단계씩 내려올 때마다 레벨이 1씩 증가된다. 그림 4-1에서 노드 A는 루트 노드이므로 레벨 1이 되고, 노드 G의 레벨은 3, 노드 I의 레벨은 4가 된다.
높이(height) 혹은 깊이(depth)	트리의 최대 레벨 수를 트리의 높이 혹은 트리의 깊이라고 한다. 그림 4-1에서 트리의 높이는 4가 된다.

또한 트리를 재귀적인 표현으로 정의하면 다음과 같다.

- 트리에는 루트 노드가 반드시 존재한다.
- 루트 노드를 제외한 나머지 노드들은 여러 개의 노드들의 그룹으로 나누어질 수 있으며 그 노드 그룹 역시 하나의 트리가 된다.

이진 트리

이제 우리가 본격적으로 다루게 될 것은 여러 가지 트리 중에서 자식 노드를 2개 이하만 갖는 트리다. 즉, 트리의 차수^{Degree}가 2 이하인 트리를 의미한다. 이 트리 구조의 이름은 이진 트리$^{Binary\ Tree}$ 혹은 자식 트리라고 한다. 자식 노드가 2개만 존재하므로 구현이 쉽다는 장점이 있다.

이진 트리의 형태는 그림 4-2와 같은 구조를 갖는다.

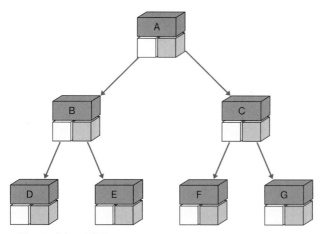

그림 4-2 이진 트리의 구조

이진 트리에서 하나의 노드를 C로 사용해 정의하면 다음과 같다.

코드 4-1 이진 트리의 노드 정의

```
01   typedef struct _Node {
02     char Data;
03     struct _Node *Left;
04     struct _Node *Right;
05   } Node;
```

3장에서 살펴본 이중 링크드 리스트와 비슷하다. 단지 Prev라는 링크의 이름이 Left로, Next 라는 링크의 이름이 Right로 바뀐 것 말고는 차이가 없다.

이진 트리는 형태에 따라 몇 가지 종류가 있는데, 그중에서는 그다지 많이 사용하지는 않지만 특이한 형태도 있다. 간단하게 그림으로 이진 트리의 종류를 알아보자.

왼쪽으로 기울어진 이진 트리

왼쪽으로 기울어진Skewed 이진 트리는 그림 4-3처럼 리프 노드를 제외하고 모든 노드가 왼쪽 자식 노드만 갖는 트리를 말한다.

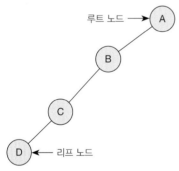

그림 4-3 왼쪽으로 기울어진 이진 트리

오른쪽으로 기울어진 이진 트리

오른쪽으로 기울어진 이진 트리는 왼쪽으로 기울어진 이진 트리와 반대 개념이다. 마지막 리프 노드를 제외하고 모든 노드가 오른쪽 자식 노드만을 갖는 트리를 말한다.

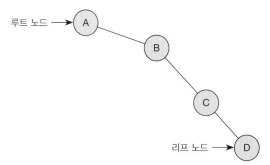

그림 4-4 오른쪽으로 기울어진 이진 트리

완전 이진 트리

완전 이진 트리Complete Binary Tree는 모든 노드에 자식 노드가 하나도 없거나 아니면 2개의 자식 노드를 갖는 이진 트리를 말한다. 다시 말해 모든 노드가 자식 노드를 하나만 갖는 경우가 없는 트리를 말한다. 그림 4-5를 살펴보자.

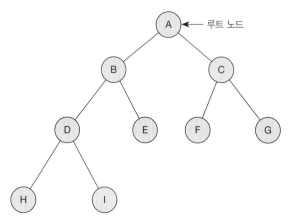

그림 4-5 완전 이진 트리

노드 H와 I를 비롯해 모든 노드는 자식 노드가 2개 있거나 아니면 아예 자식 노드가 없다. 이와 같은 노드를 완전 이진 트리라고 한다.

정 이진 트리

완전 이진 트리가 자식 노드가 아예 없거나 2개 있는 트리를 의미한다면 정 이진 트리^{Full Binary}
^{Tree}는 리프 노드들의 레벨이 같아야 하는 트리를 의미한다. 예를 들어 완전 이진 트리는 리프
노드 H와 I의 레벨이 4가 되지만 나머지 리프 노드인 노드 E, F, G는 레벨이 3이다. 이것이 완
전 이진 트리와 정 이진 트리의 가장 중요한 차이점인데, 많은 사람이 완전 이진 트리와 정 이
진 트리를 혼동하는 경우가 많으므로 주의하자.

정 이진 트리의 구조는 그림 4-6과 같다.

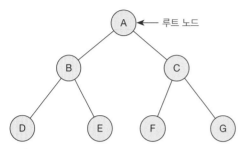

그림 4-6 정 이진 트리

트리의 순회 알고리즘

트리는 기본적으로 순회 알고리즘이라는 것을 구현해서 사용하게 된다. 순회^{Traverse}는 트리 구
조에서 각각의 노드를 방문하는 것으로, 크게 네 가지 방법이 있다.

- 전위 순회(Pre-Order Traverse)
- 중위 순회(In-Order Traverse)
- 후위 순회(Post-Order Traverse)
- 단계 순회(Level-Order Traverse)

그럼 네 가지 알고리즘의 구체적인 사용 방법과 차이점을 본격적으로 알아보도록 하자.

전위 순회 알고리즘

트리 구조를 순회하는 데 반드시 지켜야 할 기본 규칙은 '노드는 오직 한 번만 방문한다'는 것이다. 이 기준에서 전위 순회는 다음과 같은 규칙으로 순회한다.

1 루트 노드에서 계속 왼쪽으로 이동하면서 하나의 리프 노드가 나올 때까지 순서대로 방문한다.

2 1번 리프 노드의 부모 노드 아래에 있는 오른쪽 리프 노드를 방문한다. 예를 들어 노드 B의 경우라면 바로 전 부모 노드인 A의 오른쪽 리프 노드인 C를 방문하게 된다.

3 왼쪽 방향을 기준으로 다음에 위치한 2번 과정과 같은 레벨의 부모 노드(그림 4-7에서는 노드 C)를 방문한다.

4 왼쪽에 있는 리프 노드를 방문한다.

5 바로 전 부모 노드 아래에 있는 오른쪽 리프 노드를 방문한다.

2~5번 과정을 반복하면서 모든 노드를 순회하면 완료된다. 그림 4-7에서 전위 순회의 순서를 확인할 수 있다.

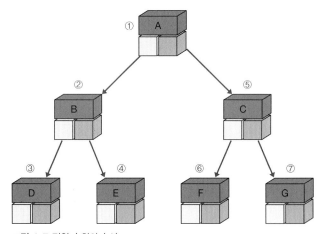

그림 4-7 전위 순회의 순서

위 그림을 보면 말로는 이해하기 어려운 전위 순회 방법을 쉽게 이해할 수 있을 것이다. 먼저 루트 노드인 노드 A를 방문하고 두 번째로 방문할 노드는 노드 B, 그 다음은 노드 D다(①).

그리고 방문할 노드는 노드 E가 된다(②). 그리고 왼쪽을 기준으로 노드 B와 동일한 레벨의 노드는 노드 C이므로 노드 C를 방문한다(③). 그리고 왼쪽에 있는 리프 노드인 노드 F를 방문한다(④). 마지막으로 바로 전 부모 노드 아래에 있는 오른쪽 리프 노드인 노드 G를 방문(⑤)하면 전위 순회가 완료되는 것이다. 그리고 방문 결과는 A→B→D→E→C→F→G가 된다.

이 결과로 구현하는 전위 순회 알고리즘의 함수는 다음과 같다.

코드 4-2 전위 순회 알고리즘 함수

```
01  void traverse(NODE *ptrNode)
02  {
03    Visit();
04
05    while(!isStackEmpty()) {
06      ptrNode = Pop();
07      Visit(ptrNode);
08
09      if(ptrNode->Right != EndNode)
10        Push(ptrNode->Right);
11
12      if(ptrNode->Left != EndNode)
13        Push(ptrNode->Left);
14    }
15  }
```

위 코드를 살펴보면 3장에서 배운 스택 알고리즘을 사용했다. 단, 이전 장에서 배운 스택 알고리즘을 약간 수정한 것이다.

코드 순서대로 보면 먼저 현재 가리키는 노드를 방문하는 Visit() 함수를 실행한다. 그리고 현재 스택이 비어있는지를 검사해 스택이 비어있지 않다면 스택에 저장되어 있는 노드 중에서 하나를 꺼내온다. 그리고 해당 노드를 방문한 후 해당 노드의 오른쪽 노드가 존재하면 오른쪽 노드를 스택에 저장하고, 다시 왼쪽 노드가 있는지를 검사해 왼쪽 노드가 존재하면 왼쪽 노드를 스택에 저장한다. 이 과정을 스택이 비워질 때까지 반복하게 된다.

그럼 전체 코드를 기준 단위로 나누어 살펴보면서 자세한 설명을 하기로 하자.

먼저 트리 구조에서 사용할 노드의 자료형을 만들어야 한다. 자료형은 헤더 파일인 node.h 파일을 별도로 만든다.

코드 4-3 트리에서 사용하는 노드 자료형 정의 파일 node.h

```
01  #ifndef __NODE_H
02  #define __NODE_H
03
04  #include <stdio.h>
05  #include <stdlib.h>
06
07  #define TRUE 1
08  #define FALSE 0
09
10  typedef struct _NODE {
11    char Data;
12    struct _NODE *Left;
13    struct _NODE *Right;
14  } NODE;
15  NODE *HeadNode, *EndNode;
16
17  #endif
```

node.h 헤더 파일은 새로운 자료형을 선언하거나 공통으로 사용할 변수 등을 정의하는 목적으로 사용한다.

다음은 이진 트리에서 사용할 스택 코드인 stack.c 파일이다.

코드 4-4 이진 트리에서 사용할 스택 정의 파일 stack.c

```
01  #include "node.h"
02  #define MAX 100
03
04  NODE *Stack[MAX];   // 스택을 배열로 선언
05  int Top;
06
07  void InitializeStack(void);
08  void Push(NODE *);
09  NODE *Pop(void);
10  int IsStackEmpty(void);
11
12  // 스택 초기화 함수
13  void InitializeStack(void)
14  {
15    Top = 0;
```

```
16   }
17
18   void Push(NODE *ptrNode)
19   {
20     Stack[Top] = ptrNode;
21     Top = (Top++) % MAX;
22   }
23
24   NODE *Pop(void)
25   {
26     NODE *ptrNode;
27
28     if(!IsStackEmpty()) {
29       ptrNode = Stack[--Top];
30
31       return ptrNode;
32     }
33
34     else
35       printf("Stack is Empty\n");
36
37     return NULL;
38   }
39
40   int IsStackEmpty(void)
41   {
42     if(Top == 0)
43       return TRUE;
44
45     else
46       return FALSE;
47   }
```

스택 관련 코드에는 표 4–2처럼 총 4개의 함수가 정의되어 있다.

표 4-2 스택 코드에서 정의한 함수

함수 이름	매개변수	반환 값	설명
InitialStack()	없음	없음	스택을 초기화
Push()	NODE *	없음	스택에 데이터를 삽입
Pop()	없음	NODE *	스택에서 데이터를 꺼냄
IsStackEmpty()	없음	int	스택에 데이터가 저장되어 있는지를 검사

좀 더 구체적으로 함수의 역할을 설명하면 다음과 같다.

- InitializeStack() 함수는 처음 스택을 초기화하는 역할이며 스택의 상위 데이터를 가리키는 인덱스 Top 값을 0으로 초기화한다.
- Push() 함수는 NODE 포인터를 매개변수로 받아 이 포인터가 가리키는 데이터를 스택에 삽입한다. 사실 노드 자료형인 구조체 NODE가 직접 스택에 삽입되는 것은 아니다. 단지 NODE의 포인터 값만 삽입된다.
- 스택에서 데이터를 가져오는 Pop() 함수는 Push() 함수와 마찬가지로 스택에 저장되어 있는 노드를 가리키는 주소 값을 반환한다.
- IsStackEmpty() 함수는 스택 안에 데이터가 있는지 없는지를 검사한다.

이제 준비는 끝났다. 스택을 사용해 실제 이진 트리의 전위 순회 알고리즘을 사용하는 전체 코드를 살펴보자.

코드 4-5 이진 트리의 전위 순회 알고리즘

```
001   #include "node.h"
002
003   // 외부 함수 정의
004   extern void InitializeStack(void);
005   extern void Push(NODE *);
006   extern NODE *Pop(void);
007   extern int IsStackEmpty(void);
008
009   // 내부 함수 정의
010   void InitializeTree(void);
011   void MakeTree(void);
012   void Traverse(NODE *);
013   void Visit(NODE *);
014
015   // 전역 변수 정의
016   NODE *Parent, *LeftChild, *RightChild;
017   NODE *HeadNode, *EndNode;
018
019   // 트리의 초기화
020   void InitializeTree(void)
021   {
022     HeadNode = (NODE *)malloc(sizeof(NODE));
023     EndNode = (NODE *)malloc(sizeof(NODE));
024
025     HeadNode->Left = EndNode;
026     HeadNode->Right = EndNode;
```

```
027
028    EndNode->Left = EndNode;
029    EndNode->Right = EndNode;
030  }
031
032  // 트리의 초기 구성
033  void MakeTree(void)
034  {
035    Parent = (NODE *)malloc(sizeof(NODE));
036    Parent->Data = 'A';
037
038    LeftChild = (NODE *)malloc(sizeof(NODE));
039    LeftChild->Data = 'B';
040
041    RightChild = (NODE *)malloc(sizeof(NODE));
042    RightChild->Data = 'C';
043
044    Parent->Left = LeftChild;
045    Parent->Right = RightChild;
046
047    HeadNode->Left = Parent;
048    HeadNode->Right = Parent;
049
050    Parent = Parent->Left;
051
052    LeftChild = (NODE *)malloc(sizeof(NODE));
053    LeftChild->Data = 'D';
054    LeftChild->Left = EndNode;
055    LeftChild->Right = EndNode;
056
057    RightChild = (NODE *)malloc(sizeof(NODE));
058    RightChild->Data = 'E';
059    RightChild->Left = EndNode;
060    RightChild->Right = EndNode;
061
062    Parent->Left = LeftChild;
063    Parent->Right = RightChild;
064    Parent = HeadNode->Right->Right;
065
066    LeftChild = (NODE *)malloc(sizeof(NODE));
067    LeftChild->Data = 'F';
068    LeftChild->Left = EndNode;
069    LeftChild->Right = EndNode;
070
```

```
071    RightChild = (NODE *)malloc(sizeof(NODE));
072    RightChild->Data = 'G';
073    RightChild->Left = EndNode;
074    RightChild->Right = EndNode;
075
076    Parent->Left = LeftChild;
077    Parent->Right = RightChild;
078  }
079
080  void Traverse(NODE *ptrNode)
081  {
082    Push(ptrNode);
083
084    while(!IsStackEmpty()) {
085      ptrNode = Pop();
086      Visit(ptrNode);
087
088      if(ptrNode->Right != EndNode)
089        Push(ptrNode->Right);
090
091      if(ptrNode->Left != EndNode)
092        Push(ptrNode->Left);
093    }
094  }
095
096  void Visit(NODE *ptrNode)
097  {
098    printf("%2c -> ", ptrNode->Data);
099  }
100
101  void main()
102  {
103    InitializeStack();  // 스택의 초기화
104    InitializeTree();  // 트리의 초기화
105    MakeTree();  // 트리의 구성
106    Traverse(HeadNode->Left);  // 트리의 순환
107  }
```

코드 4-5 실행 결과

```
A -> B -> D -> E -> C -> F -> G ->
```

앞 이진 트리의 순회 알고리즘은 크게 세 가지 기능으로 나누어져 있다. 첫 번째는 InitialzieTree() 함수로, 이제는 이름에서 짐작할 수 있겠지만 트리를 초기화하는 함수다. 이 함수에서는 HeadNode와 EndNode에 메모리를 할당하고 HeadNode와 EndNode의 포인터들을 초기화하는 역할을 한다. HeadNode와 EndNode는 실제 트리 안에서 데이터를 저장하는 목적으로는 사용되지 않는 노드지만 트리를 관리하거나 트리를 사용하려면 반드시 필요한 노드들이다.

두 번째 함수는 이진 트리를 구성하는 MakeTree() 함수로, 이 함수 내부에서 루트 노드와 루트 노드 아래 2개의 자식 노드를 생성하고 연결하는 코드는 다음 부분이다.

```
035    Parent = (NODE *)malloc(sizeof(NODE));
036    Parent->Data = 'A';
037
038    LeftChild = (NODE *)malloc(sizeof(NODE));
039    LeftChild->Data = 'B';
040
041    RightChild = (NODE *)malloc(sizeof(NODE));
042    RightChild->Data = 'C';
043
044    Parent->Left = LeftChild;
045    Parent->Right = RightChild;
046
047    HeadNode->Left = Parent;
048    HeadNode->Right = Parent;
```

Parent, LeftChild, RightChild는 구조체 NODE의 포인터형이다. 일단 malloc() 함수를 사용해 Parent 노드를 생성한 후 Parent->Data 값으로 'A'를 대입한다. 같은 방법으로 LeftChild와 RightChild 노드를 생성한 후 LeftChild->Data 값과 RightChild->Data 값으로 'B'와 'C'를 넣는다. 그리고 Parent->Left 값은 LeftChild를 가리키게 하고 Parent->Right 값은 RightChild를 가리키게 한다.

이와 같은 과정을 실행하고 나면 루트 노드 A와 왼쪽 자식 노드 B, 오른쪽 자식 노드 C가 생성된다. 그리고 트리의 초기화 과정에서 생성한 HeadNode 값은 루트 노드를 가리키게 된다. 그림으로 표현하면 그림 4-8과 같은 구조가 된다.

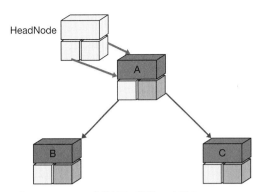

HeadNode

그림 4-8 MakeTree() 함수를 이용한 트리 구조

이제 이진 트리의 전위 순회 알고리즘 핵심인 Traverse() 함수를 살펴보자.

```
080   void Traverse(NODE *ptrNode)
081   {
082     Push(ptrNode);
083
084     while(!IsStackEmpty()) {
085       ptrNode = Pop();
086       Visit(ptrNode);
087
088       if(ptrNode->Right != EndNode)
089         Push(ptrNode->Right);
090
091       if(ptrNode->Left != EndNode)
092         Push(ptrNode->Left);
093     }
094   }
```

Traverse() 함수는 main() 함수 106행의 Traverse(HeadNode->Left);라고 한 번만 호출된다. 일단 Traverse() 함수가 호출되면 82행처럼 매개변수로 받은 NODE의 포인터를 스택에 푸시한다. 그리고 나서 84행~93행까지 while()문을 사용해 스택이 다 비워질 때까지 순회를 반복한다.

일단 84행에서 현재 스택이 비어있는지를 검사해 스택이 비어있지 않으면 85행의 현재 스택에 저장된 데이터 하나를 팝한다. 그리고 86행처럼 Visit() 함수를 사용해 해당 노드를 방문한다. 참고로 Visit() 함수는 해당 노드를 방문한 후 노드의 Data 값을 화면에 출력하는 단순한 역할을 한다.

88행의 if문은 현재 방문한 노드의 오른쪽 자식 노드가 있는지 없는지를 검사한다. 만약 오른쪽 자식 노드가 존재한다면 해당 노드를 스택에 푸시한다. 마찬가지로 91행의 if문은 왼쪽 자식 노드가 있는지 없는지를 검사해 왼쪽 자식 노드가 있으면 스택에 푸시한다. 이 모든 과정이 끝나면 다시 84행의 while문으로 돌아가서 스택을 검사하고 다시 팝한 후 방문하게 된다. 이와 같은 순회를 스택이 비워질 때까지 계속한다.

SECTION 03 중위 순회 알고리즘

중위 순회 알고리즘은 다음과 같은 규칙으로 순회한다.

1 맨 왼쪽에 있는 리프 노드로 이동해서 방문한다.

2 바로 전 부모 노드로 이동한다.

3 해당 부모 노드의 오른쪽 리프 노드로 이동해 방문한다.

4 다시 2번 과정 노드의 부모 노드로 이동한다.

5 4번 노드의 오른쪽 자식 노드 중 가장 왼쪽에 있는 리프 노드로 이동해 방문한다.

6 전체 트리의 맨 오른쪽 리프 노드에 도착할 때까지 2번~5번 과정을 반복한다.

그림 4-9는 중위 순회 알고리즘이 실행되는 순서를 나타낸다.

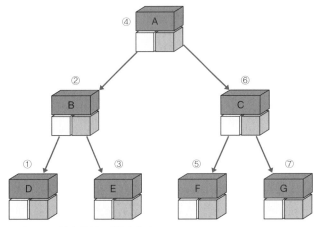

그림 4-9 중위 순회 알고리즘의 순서

따라서 그림 4-9의 중위 순회 알고리즘의 순서는 D → B → E → A → F → C → G가 된다.

개념을 이해했다면 전위 순회 알고리즘 때와 마찬가지로 소스 코드를 살펴보자. 중위 순회 알고리즘 역시 노드와 스택을 사용하므로 전위 순회 알고리즘에서 사용한 노드와 스택인 코드 4-3 node.h 헤더 파일과 코드 4-4 stack.c 파일은 그대로 사용해도 된다.

```
001  #include "node.h"
002
003  // 외부 함수 정의
004  extern void InitializeStack(void);
005  extern void Push(NODE *);
006  extern NODE *Pop(void);
007  extern int IsStackEmpty(void);
008
009  // 내부 함수 정의
010  void InitializeTree(void);
011  void MakeTree(void);
012  void Recursive_Traverse(NODE *);
013  void Stack_Traverse(NODE *);
014  void Visit(NODE *);
015
016  // 전역 변수 정의
017  NODE *Parent, *LeftChild, *RightChild;
018  NODE *HeadNode, *EndNode;
019
020  // 트리의 초기화
021  void InitializeTree(void)
022  {
023    HeadNode = (NODE *)malloc(sizeof(NODE));
024    EndNode = (NODE *)malloc(sizeof(NODE));
025
026    HeadNode->Left = EndNode;
027    HeadNode->Right = EndNode;
028
029    EndNode->Left = EndNode;
030    EndNode->Right = EndNode;
031  }
032
033  // 트리의 초기 구성
034  void MakeTree(void)
035  {
036    Parent = (NODE *)malloc(sizeof(NODE));
037    Parent->Data = 'A';
038
039    LeftChild = (NODE *)malloc(sizeof(NODE));
040    LeftChild->Data = 'B';
041
042    RightChild = (NODE *)malloc(sizeof(NODE));
```

```
043    RightChild->Data = 'C';
044
045    Parent->Left = LeftChild;
046    Parent->Right = RightChild;
047
048    HeadNode->Left = Parent;
049    HeadNode->Right = Parent;
050
051    Parent = Parent->Left;
052
053    LeftChild = (NODE *)malloc(sizeof(NODE));
054    LeftChild->Data = 'D';
055    LeftChild->Left = EndNode;
056    LeftChild->Right = EndNode;
057
058    RightChild = (NODE *)malloc(sizeof(NODE));
059    RightChild->Data = 'E';
060    RightChild->Left = EndNode;
061    RightChild->Right = EndNode;
062
063    Parent->Left = LeftChild;
064    Parent->Right = RightChild;
065    Parent = HeadNode->Right->Right;
066
067    LeftChild = (NODE *)malloc(sizeof(NODE));
068    LeftChild->Data = 'F';
069    LeftChild->Left = EndNode;
070    LeftChild->Right = EndNode;
071
072    RightChild = (NODE *)malloc(sizeof(NODE));
073    RightChild->Data = 'G';
074    RightChild->Left = EndNode;
075    RightChild->Right = EndNode;
076
077    Parent->Left = LeftChild;
078    Parent->Right = RightChild;
079  }
080
081  // 재귀 호출을 사용한 트리의 순회 알고리즘
082  void Recursive_Traverse(NODE *ptrNode)
083  {
084    if(ptrNode != EndNode) {
085      Recursive_Traverse(ptrNode->Left);
086      Visit(ptrNode);
```

```
087        Recursive_Traverse(ptrNode->Right);
088    }
089  }
090
091  // 스택을 사용한 트리의 순회 알고리즘
092  void Stack_Traverse(NODE *ptrNode)
093  {
094    int Finish = 0;
095    do {
096      while(ptrNode != EndNode) {
097        Push(ptrNode);
098        ptrNode = ptrNode->Left;
099      }
100
101      if(!IsStackEmpty()) {
102        ptrNode = Pop();
103        Visit(ptrNode);
104        ptrNode = ptrNode->Right;
105      }
106
107      else
108        Finish = 1;
109    } while(!Finish);
110  }
111
112  void Visit(NODE *ptrNode)
113  {
114    printf("%2c -> ", ptrNode->Data);
115  }
116
117  void main()
118  {
119    InitializeStack();  // 스택의 초기화
120    InitializeTree();  // 트리의 초기화
121    MakeTree();  // 트리의 구성
122    printf("재귀 호출을 사용한 중위 순회 : ");
123
124    Recursive_Traverse(HeadNode->Left);  // 재귀 호출로 트리 순환
125    printf("\n스택을 사용한 중위 순회 : ");
126
127    Stack_Traverse(HeadNode->Left);
128  }
```

```
재귀 호출을 사용한 중위 순회 : D -> B -> E -> A -> F -> C -> G ->
스택을 사용한 중위 순회 : D -> B -> E -> A -> F -> C -> G ->
```

중위 순회 알고리즘은 위 결과처럼 재귀 호출을 사용한 중위 순회 방식이나 스택을 이용한 중위 순회 방식을 주로 사용하며 결과는 같다. 그렇다면 이 두 가지 알고리즘을 비교해보도록 하자.

재귀 호출을 사용한 중위 순회

먼저 재귀 호출을 사용한 중위 순회 알고리즘인 Recursive_Traverse() 함수를 보자.

```
082   void Recursive_Traverse(NODE *ptrNode)
083   {
084     if(ptrNode != EndNode) {
085       Recursive_Traverse(ptrNode->Left);
086       Visit(ptrNode);
087       Recursive_Traverse(ptrNode->Right);
088     }
089   }
```

main() 함수에서 Recursive_Traverse() 함수가 호출되면 매개변수로 HeadNode-> LeftChild 값이 Recursive_Traverse() 함수의 ptrNode 값으로 저장된다. HeadNode는 LeftChild 값과 RightChild 값 모두 루트 노드를 가리키므로 LeftChild나 RightChild 중 어떤 노드를 보내도 상관은 없다. 하지만 순회 알고리즘에서는 보편적으로 왼쪽 노드부터 방문하므로 관례상 LeftChild를 보내는 것으로 하자.

이제 본격적으로 재귀 호출의 구조를 살펴보자. 그림 4-10을 참고하면 이해하기 쉬울 것이다.

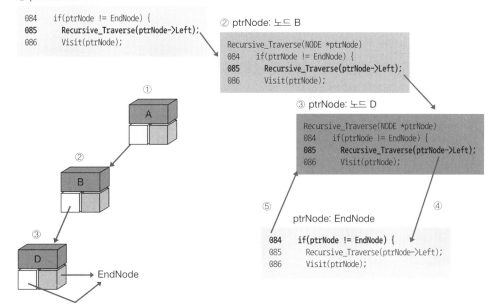

그림 4-10 재귀 호출을 사용한 중위 순회 알고리즘의 구조

main() 함수에서 Recursive_Traverse() 함수를 호출할 때 일단 Recursive_Traverse() 함수가 호출되면 ptrNode 값은 루트 노드를 가리키게 된다. 즉, 현재의 이진 트리에서 루트 노드는 노드 A다. 그리고 84행에서 현재의 ptrNode 값이 EndNode 값과 같은지를 검사한다. ptrNode 값이 EndNode 값과 같지 않으면 바로 다음 행인 85행을 실행한다.

그런데 85행에서는 현재 실행되는 함수인 Recursive_Traverse() 함수를 호출한다. 차이점은 현재 ptrNode의 왼쪽 자식 노드인 ptrNode→Left 노드를 매개변수로 넘긴다는 것뿐이다. 이 과정이 ①이고 노드 A에서 노드 B로 이동한다. 따라서 다시 Recursive_Traverse() 함수를 실행하는 ② 과정에서 ptrNode는 노드 B를 가리키며 84행의 if문은 참이므로 통과하고 85행에서 다시 Recursive_Traverse() 함수를 호출했을 때 ptrNode→Left를 통해 왼쪽 자식 노드로 이동한다. 따라서 노드 D를 가리키게 된다.

③ 과정이 시작되면 ptrNode는 노드 D를 가리키며 역시 85행에서 ptrNode→Left를 통해 현재 노드 D의 왼쪽 자식 노드를 매개변수로 Recursive_Traverse() 함수를 호출한다. 이를 통해 ④ 과정이 시작되면 노드 D는 엔드 노드이므로 84행의 if문은 거짓이 되므로 Recursive_Traverse() 함수의 실행이 종료된다.

그런데 ④ 과정에서 함수가 종료되었다고 끝이 아니다. 재귀 호출은 반복문처럼 기존의 실행을 종료하고 새롭게 82행부터 시작하는 것이 아니다. ④ 과정까지 함수를 계속 호출한 것일 뿐이다(그림 4-10에서 계속 옆으로 이동하는 것처럼 표현한 것도 이를 알려주고 싶어서다). 따라서 ④ 과정에서 함수가 종료되면 ③ 과정의 86행 Visit(ptrNode);으로 이동해서 연산을 계속 실행한다(참고로 Visit() 함수는 이전의 전위 순회 알고리즘에서 사용한 것과 마찬가지로 현재 ptrNode->Data 값을 화면에 출력한다). 이것이 ⑤ 과정이고 Visit() 함수가 실행되었을 때가 해당 노드를 순회한 상황이다.

그리고 ③ 과정의 87행은 Recursive_Traverse() 함수를 다시 호출하게 되어 있다. 대신 매개변수로 ptrNode->Right, 즉 ptrNode의 오른쪽 자식 노드를 사용해 호출한다. 그리고 ③ 과정에서 가리키는 노드 D는 왼쪽 자식 노드도 없고 오른쪽 자식 노드도 없다. 따라서 ④의 과정과 마찬가지로 ③ 과정의 84행 if문의 ptrNode 값은 EndNode 값과 같으므로 거짓이다. 따라서 Recursive_Traverse() 함수의 실행이 종료되고 이번에는 ② 과정의 86행으로 이동한다.

그리고 이제는 ② 과정의 87행을 실행하면 이번에는 오른쪽 노드인 노드 E가 있으므로 노드 E로 이동한다. 노드 E에서는 기존의 ④ 과정과 ⑤ 과정을 거쳐서 함수를 종료한다. 그리고 다시 ① 과정으로 이동하면 86행과 87행을 실행해 노드 C로 이동하고 다시 기존의 ②~⑤ 과정을 반복해 노드 F와 노드 G까지 결국 모두 순회하게 된다.

이와 같이 계속 자기 자신을 호출하는 과정을 재귀 호출이라고 하며 앞의 중위 순회 알고리즘은 결국 ① 과정의 Recursive_Traverse() 함수가 종료될 때까지 반복된다.

스택을 사용한 중위 순회

이번에는 스택을 사용한 중위 순회 함수인 Stack_Traverse()를 살펴보자.

```
092   void Stack_Traverse(NODE *ptrNode)
093   {
094     int Finish = 0;
095     do {
096       while(ptrNode != EndNode) {
097         Push(ptrNode);
098         ptrNode = ptrNode->Left;
```

```
099      }
100
101      if(!IsStackEmpty()) {
102        ptrNode = Pop();
103        Visit(ptrNode);
104        ptrNode = ptrNode->Right;
105      }
106
107      else
108        Finish = 1;
109    } while(!Finish);
110  }
```

먼저 94행의 Finish 변수는 지역 변수로, 중위 순회 알고리즘이 모두 종료되었음을 나타낸다. Finish 변수를 0으로 초기화한 후에 109행의 while문으로 95행 do문부터 109행 while문까지 반복 실행된다.

재귀 호출 때와 마찬가지로 그림 4-11~4-13을 통해 중위 순회 알고리즘을 살펴보자.

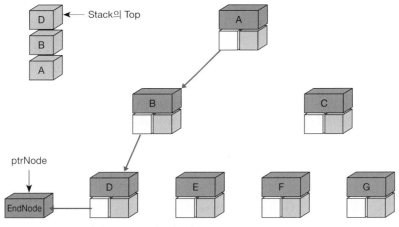

그림 4-11 스택을 이용한 중위 순회 알고리즘의 구조 1

그림 4-11은 96행~99행까지의 실행 결과다. 비록 루트 노드인 노드 A부터 B, D 순서로 ptrNode->Left를 통해 ptrNode의 왼쪽 노드를 따라가면서 ptrNode 값을 스택에 푸시한다. 단, 아직 노드들을 방문한 것은 아니다. 일단 현재의 ptrNode가 EndNode를 가리키게 되면 96행~99행의 while문을 빠져나오게 된다.

다음으로 101행의 if문에서는 IsStackEmpty( ) 함수의 실행 가능 여부로 현재 스택에 저장되어 있는 데이터가 있는지를 검사한다. 현재 스택에는 A, B, D를 푸시해 저장했으므로 IsStackEmpty( ) 함수는 실행되지 않으며 스택에 데이터가 있다고 판단을 내린다. 그러면 102행에서 Pop( ) 함수를 호출해 현재 스택에 있는 데이터 중에서 가장 위에 있는 노드 D를 가져와 ptrNode 값으로 저장한다.

103행은 현재 ptrNode가 가리키는 노드 D를 방문하고 104행에서는 ptrNode = ptrNode→Right를 통해 ptrNode 값으로 노드 D의 오른쪽 자식 노드를 가리키게 한다. 결국 스택에 저장되어 있던 노드 D가 팝되면서 순회하게 된다고 정리할 수 있다.

다음으로 그림 4-12를 살펴보자.

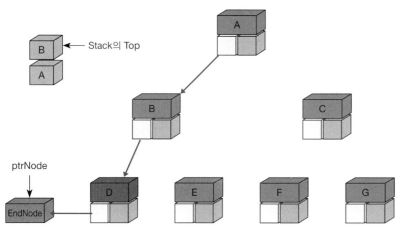

그림 4-12 스택을 이용한 중위 순회 알고리즘의 구조 2

105행까지 실행을 마치면 다시 96행의 while문으로 되돌아가게 된다. 그런데 while문의 조건은 ptrNode 값이 EndNode 값이 아닌 경우에 반복하게 되는 조건이므로 현재 ptrNode 값은 while문의 조건을 만족할 수 없다. 따라서 96행~99행 코드를 실행하지 않고 바로 101행 코드를 실행하게 된다.

101행의 if문에서는 위와 마찬가지로 현재 스택을 검사한다. 현재 스택 안에 데이터가 있으므로 102행에서 스택에 있는 데이터 하나를 팝한다. 현재 스택에서 가장 위에 있는 데이터는 노드 B이므로 102행에서 ptrNode 값은 노드 B를 가리키게 된다(그림 4-12 왼쪽 위).

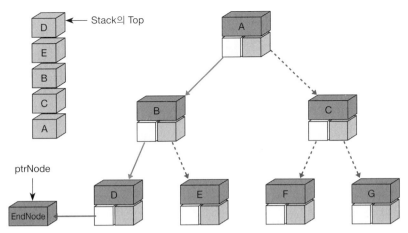

그림 4-13 스택을 이용한 중위 순회 알고리즘의 구조 3

102행에서 스택에 저장되어 있는 노드 B를 꺼내와서 방문한 후 ptrNode 값은 현재 노드 B의 오른쪽 자식 노드로 이동한다. 따라서 ptrNode 값은 노드 B의 오른쪽 자식 노드인 노드 E를 가리키게 된다. 이와 같이 IsStackEmpty( ) 함수를 사용해 스택이 비워질 때까지 95행~109행을 반복해서 실행한다.

SECTION 04

후위 순회 알고리즘

중위 순회 알고리즘은 한 문장으로 표현하면 "왼쪽 자식 노드를 방문하고 그 다음 부모 노드를 방문한 후 다시 오른쪽 자식 노드를 방문"하는 알고리즘이다. 그와는 달리 후위 순회 알고리즘은 다음과 같은 규칙으로 순회한다.

1 맨 왼쪽에 있는 리프 노드로 이동해 방문한다.

2 해당 부모 노드의 오른쪽 리프 노드로 이동해 방문한다.

3 2번 과정의 부모 노드로 다시 이동해 방문한다.

4 2번 과정 부모 노드와 레벨이 같은 오른쪽 노드로 이동한 후 자식 노드 중 가장 왼쪽에 있는 리프 노드로 이동해 방문한다.

5 4번 과정의 오른쪽 리프 노드로 이동해 방문한다.

6 2번~5번 과정을 루트 노드에 도달할 때까지 반복한다.

그림 4-14는 후위 순회 알고리즘이 실행되는 순서를 나타낸다.

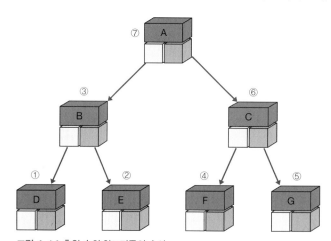

그림 4-14 후위 순회 알고리즘의 순서

따라서 그림 4-14의 후위 순회 알고리즘의 순서는 D → E → B → F → G → C → A가 된다.

후위 순회 알고리즘도 중위 순회 알고리즘과 마찬가지로 재귀적 호출 방법과 스택을 이용하는 두 가지 방법으로 구현할 수 있다. 아래 코드 4-7은 두 가지 방법 모두를 다룬다. 단, 재귀 호출을 이용한 후위 순회 알고리즘은 중위 순회 알고리즘과 별반 차이가 없지만 스택을 이용한 후위 순회 알고리즘은 중위 순회 알고리즘보다 좀 복잡하다.

일단 node.h 헤더 파일과 stack.c 파일은 전위 순회 알고리즘에서 사용한 코드 4-3과 코드 4-4와 같다. 따라서 이 코드를 참고하기로 하고 본론으로 들어가서 후위 순회 알고리즘의 전체 소스 코드를 살펴보자.

코드 4-7 이진 트리의 후위 순회 알고리즘

```
001  #include "node.h"
002
003  // 외부 함수 정의
004  extern void InitializeStack(void);
005  extern void Push(NODE *);
006  extern NODE *Pop(void);
007  extern int IsStackEmpty(void);
008
009  // 내부 함수 정의
010  void InitializeTree(void);
011  void MakeTree(void);
012  void Recursive_Traverse(NODE *);
013  void Stack_Traverse(NODE *);
014  void Visit(NODE *);
015
016  // 전역 변수 정의
017  NODE *Parent, *LeftChild, *RightChild, *HeadNode, *EndNode;
018
019  // 트리의 초기화
020  void InitializeTree(void)
021  {
022    HeadNode = (NODE *)malloc(sizeof(NODE));
023    EndNode = (NODE *)malloc(sizeof(NODE));
024
025    HeadNode->Left = EndNode;
026    HeadNode->Right = EndNode;
027
028    EndNode->Left = EndNode;
029    EndNode->Right = EndNode;
```

```
030  }
031
032  // 트리의 초기 구성
033  void MakeTree(void)
034  {
035    Parent = (NODE *)malloc(sizeof(NODE));
036    Parent->Data = 'A';
037
038    LeftChild = (NODE *)malloc(sizeof(NODE));
039    LeftChild->Data = 'B';
040
041    RightChild = (NODE *)malloc(sizeof(NODE));
042    RightChild->Data = 'C';
043
044    Parent->Left = LeftChild;
045    Parent->Right = RightChild;
046
047    HeadNode->Left = Parent;
048    HeadNode->Right = Parent;
049
050    Parent = Parent->Left;
051
052    LeftChild = (NODE *)malloc(sizeof(NODE));
053    LeftChild->Data = 'D';
054    LeftChild->Left = EndNode;
055    LeftChild->Right = EndNode;
056
057    RightChild = (NODE *)malloc(sizeof(NODE));
058    RightChild->Data = 'E';
059    RightChild->Left = EndNode;
060    RightChild->Right = EndNode;
061
062    Parent->Left = LeftChild;
063    Parent->Right = RightChild;
064    Parent = HeadNode->Right->Right;
065
066    LeftChild = (NODE *)malloc(sizeof(NODE));
067    LeftChild->Data = 'F';
068    LeftChild->Left = EndNode;
069    LeftChild->Right = EndNode;
070
071    RightChild = (NODE *)malloc(sizeof(NODE));
072    RightChild->Data = 'G';
073    RightChild->Left = EndNode;
```

```
074    RightChild->Right = EndNode;
075
076    Parent->Left = LeftChild;
077    Parent->Right = RightChild;
078  }
079
080  // 재귀 호출을 사용한 트리의 순회 알고리즘
081  void Recursive_Traverse(NODE *ptrNode)
082  {
083    if(ptrNode != EndNode) {
084      Recursive_Traverse(ptrNode->Left);
085      Recursive_Traverse(ptrNode->Right);
086      Visit(ptrNode);
087    }
088  }
089
090  // 스택을 사용한 트리의 순회 알고리즘
091  void Stack_Traverse(NODE *ptrNode)
092  {
093    int Finish = 0;
094    NODE *ptrVisited = EndNode;
095    NODE *ptrPushed = EndNode;
096
097    do{
098      while(ptrNode != EndNode && ptrNode != ptrVisited) {
099        if(ptrNode != ptrPushed)
100          Push(ptrNode);
101
102        if(ptrNode->Right != EndNode)
103          Push(ptrNode->Right);
104
105        if(ptrNode->Left != EndNode)
106          Push(ptrNode->Left);
107
108        ptrPushed = ptrNode->Left;
109        ptrNode = ptrNode->Left;
110      }
111
112      if(!IsStackEmpty()) {
113        ptrNode = Pop();
114
115        if(ptrNode->Left != EndNode && ptrNode->Right == EndNode &&
116            ptrNode->Left != ptrVisited) {
117          Push(ptrNode);
```

```
118           ptrNode = ptrNode->Left;
119        }
120
121        if(ptrNode->Right == EndNode || ptrNode->Right == ptrVisited) {
122          Visit(ptrNode);
123          ptrVisited = ptrNode;
124        }
125      }
126    else
127      Finish = 1;
128  } while(!Finish);
129 }
130
131 void Visit(NODE *ptrNode)
132 {
133   printf("%2c -> ", ptrNode->Data);
134 }
135
136 void main()
137 {
138   InitializeStack();  // 스택의 초기화
139   InitializeTree();  // 트리의 초기화
140   MakeTree();  // 트리의 구성
141   printf("재귀 호출을 사용한 후위 순회 : ");
142
143   Recursive_Traverse(HeadNode->Left);  // 재귀 호출로 트리의 순환
144   printf("\n스택을 사용한 후위 순회 : ");
145
146   Stack_Traverse(HeadNode->Left);
147 }
```

앞 절에서 다룬 중위 순회 알고리즘과 거의 같은 구조다. 재귀 호출과 스택을 사용한 순회 알고리즘을 별도로 만들어서 사용한다.

코드 4-7 실행 결과

```
재귀 호출을 사용한 후위 순회 : D -> E -> B -> F -> G -> C -> A
스택을 사용한 후위 순회 : D -> E -> B -> F -> G -> C -> A
```

재귀 호출을 사용한 후위 순회

재귀 호출을 사용한 후위 순회 알고리즘은 Recursive_Traverse() 함수로, 다음과 같다.

```
081  void Recursive_Traverse(NODE *ptrNode)
082  {
083    if(ptrNode != EndNode) {
084      Recursive_Traverse(ptrNode->Left);
085      Recursive_Traverse(ptrNode->Right);
086      Visit(ptrNode);
087    }
088  }
```

재귀 호출을 사용한 순회 알고리즘은 전위 순회, 중위 순회, 후위 순회 사이에 큰 차이점이 없다. 단지 현재의 노드를 방문하는 Visit() 함수를 언제 호출하느냐의 차이가 있다.

위 코드의 86행 Visit() 함수는 일단 후위 순회이므로 현재 트리의 왼쪽 트리와 오른쪽 트리를 순회한 후에 Visit() 함수를 호출하게 된다. 중위 순회 알고리즘에서 설명한 재귀 호출 코드와 원리는 같으므로 앞 절의 설명을 이해했다면 아마 쉽게 이해할 수 있을 것이다.

스택을 사용한 후위 순회

이제 이 절의 핵심이 되는 스택을 이용한 후위 순회 알고리즘 Stack_Traverse() 함수를 살펴보자.

```
091  void Stack_Traverse(NODE *ptrNode)
092  {
093    int Finish = 0;
094    NODE *ptrVisited = EndNode;
095    NODE *ptrPushed = EndNode;
096
097    do{
098      while(ptrNode != EndNode && ptrNode != ptrVisited) {
099        if(ptrNode != ptrPushed)
100          Push(ptrNode);
101
102        if(ptrNode->Right != EndNode)
103          Push(ptrNode->Right);
104
```

```
105        if(ptrNode->Left != EndNode)
106          Push(ptrNode->Left);
107
108        ptrPushed = ptrNode->Left;
109        ptrNode = ptrNode->Left;
110      }
111
112      if(!IsStackEmpty()) {
113        ptrNode = Pop();
114
115        if(ptrNode->Left != EndNode && ptrNode->Right == EndNode &&
116            ptrNode->Left != ptrVisited) {
117          Push(ptrNode);
118          ptrNode = ptrNode->Left;
119        }
120
121        if(ptrNode->Right == EndNode || ptrNode->Right == ptrVisited) {
122          Visit(ptrNode);
123          ptrVisited = ptrNode;
124        }
125      }
126      else
127        Finish = 1;
128    } while(!Finish);
129  }
```

코드를 살펴보면 바로 전에 스택에 삽입된 노드를 가리키는 ptrPushed 변수와 바로 전에 방
문했던 노드를 가리키는 ptrVisited라는 2개의 포인터가 있다. 일단 97행의 do문이 실행되면
현재의 노드를 푸시한 후 오른쪽 자식 노드를 푸시한다. 그리고 이어서 왼쪽 자식 노드를 푸시
한다. 푸시가 모두 끝나면 현재의 ptrNode 값과 ptrPushed 값을 ptrNode의 왼쪽 자식 노드
로 연결시켜 준다. 이와 같은 과정을 98행 while문의 조건이 참일 때는 계속 반복한다.

위 코드가 실행된 결과를 표현하면 그림 4-15와 같다.

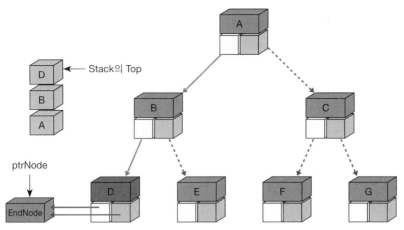

그림 4-15 스택을 사용한 후위 순회 구조 1

일단 98행의 while문을 실행하면서 현재 노드를 가리키는 ptrNode 값이 EndNode 값이 되지 않을 때까지 반복해 스택에 푸시한다. 스택에 푸시한 후에는 해당 노드의 왼쪽 자식 노드로 링크를 이동시킨다. 그런데 이 부분의 구현 방법이 중위 순회 알고리즘과는 약간 다르다. 중위 순회 알고리즘은 무조건 왼쪽 자식 노드로만 이동시키지만 후위 순회 알고리즘에서는 좀 더 개선된 다음과 같은 형태의 코드를 사용한다.

개선되기 전, 즉 중위 순회 알고리즘에서 사용한 코드는 다음과 같다.

```
while(ptrNode != EndNode) {
  Push(ptrNode);
  ptrNode = ptrNode->Left;
}
```

단순히 루트 노드부터 왼쪽 자식 노드가 없을 때까지 무조건 스택에 푸시하는 형태다. 그러나 이 경우는 이진 트리의 형태에 따라서 제대로 동작하지 못할 수도 있다. 그럼 이 알고리즘을 개선해보자. 무엇이 다를까? 우선 노드를 이동하면서 스택에 푸시하는 while문을 살펴보자.

```
098      while(ptrNode != EndNode && ptrNode != ptrVisited) {
099        if(ptrNode != ptrPushed)
100          Push(ptrNode);
101
102        if(ptrNode->Right != EndNode)
```

```
103              Push(ptrNode->Right);
104
105         if(ptrNode->Left != EndNode)
106              Push(ptrNode->Left);
107
108         ptrPushed = ptrNode->Left;
109         ptrNode = ptrNode->Left;
110     }
```

개선된 후의 알고리즘은 루트 노드부터 시작해서 왼쪽 자식 노드를 찾아가는 것은 같지만 105행~106행처럼 왼쪽 자식 노드만 스택에 저장하고 진행하는 것이 아니라 102행~103행처럼 오른쪽 자식 노드도 스택에 저장해둔다. 이렇게 오른쪽 자식 노드도 스택에 푸시해두면 나중에 쉽게 오른쪽 노드들을 방문할 수 있다. 또한 그림 4-16처럼 기울어지거나 균형이 맞지 않는 형태의 이진 트리가 있을 때 대처하기도 쉽다.

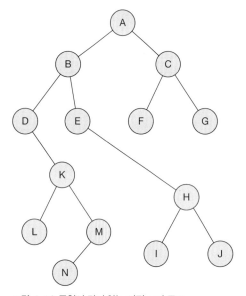

그림 4-16 균형이 맞지 않는 이진 트리 구조

그림 4-16과 같은 이진 트리의 노드 D를 보자. 개선되기 전의 알고리즘이라면 노드 D를 방문하고 나서 바로 노드 E를 방문하기 때문에 노드 D의 오른쪽 노드에 연결되어 있는 노드 K가 있는지 없는지를 알 수 없다. 그러나 개선된 후의 알고리즘을 적용하면 위와 같이 균형이 맞지 않는 이진 트리라도 노드 K를 찾아갈 수 있다.

while문의 실행이 끝나면 가장 먼저 방문해야 할 노드인 노드 D까지 이동하게 된다. 그리고 스택과 ptrNode 값이 바뀌게 된다. 이제 팝하는 데 필요한 if문을 실행할 차례다.

```
112        if(!IsStackEmpty()) {
113          ptrNode = Pop();
114
115          if(ptrNode->Left != EndNode && ptrNode->Right == EndNode &&
116             ptrNode->Left != ptrVisited) {
117            Push(ptrNode);
118            ptrNode = ptrNode->Left;
119          }
120
121          if(ptrNode->Right == EndNode || ptrNode->Right == ptrVisited) {
122            Visit(ptrNode);
123            ptrVisited = ptrNode;
124          }
125        }
126        else
127          Finish = 1;
128    } while(!Finish);
```

큰 관점에서 보면 스택이 비어있는지를 검사해 스택에 데이터가 존재하면 팝해서 ptrNode 포인터가 가리키도록 한다. 115행~116행에서 ptrNode의 왼쪽 자식 노드가 존재(ptrNode->Left != EndNode)하고 오른쪽 자식 노드는 존재하지 않으며(ptrNode->Right == EndNode) 왼쪽 자식 노드를 방문하지 않은 노드(ptrNode->Left != ptrVisited)라면 현재 노드를 스택에 푸시하고 링크를 왼쪽 자식 노드로 이동시킨다. 이와 같은 조건 설정 역시 균형이 맞지 않거나 한쪽으로 기울어진 서브 트리가 있는 경우를 대처하기 위한 것이다.

121행의 if문은 ptrNode 값이 가리키는 노드의 오른쪽 노드가 없거나 오른쪽 노드를 한 번 방문한 적이 있다면 현재 노드인 ptrNode 값으로 Visit() 함수를 실행하고 ptrVisited 변수에 실행된 결괏값을 저장해둔다. 따라서 현재 노드 D에서 위 코드를 실행하면 그림 4-17과 같은 결과가 나타난다.

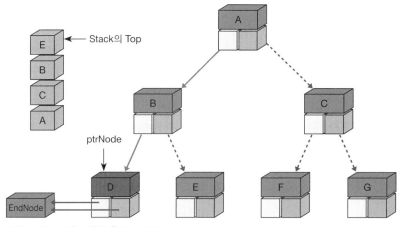

그림 4-17 스택을 사용한 후위 순회 구조 2

노드 D를 방문하면 다시 97행의 do문이 실행되며 스택이 전부 비워질 때까지 Stack_
Traverse() 함수를 계속 반복해 실행한다.

스택을 사용하는 순회 알고리즘의 비교

스택을 사용한 순회 알고리즘은 부모 노드와 자식 노드의 관계를 어떻게 처리하느냐가 중요
요소다. 즉, 부모 노드를 언제 방문하느냐가 전위, 중위, 후위 순회 알고리즘을 구분하는 기
준이 된다. 이진 트리는 특성상 왼쪽 자식 노드와 오른쪽 자식 노드가 있다면 항상 왼쪽 자식
노드가 오른쪽 자식 노드보다 우선시 된다. 사람으로 말하면 장남과 차남의 차이 정도에 비
유할 수 있다.

그림 4-18과 같은 하나의 부모 노드와 2개의 자식 노드가 있는 이진 트리를 살펴보자.

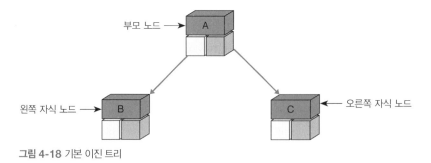

그림 4-18 기본 이진 트리

전위 순회 알고리즘은 먼저 부모 노드인 노드 A를 방문한 후에 왼쪽 자식 노드인 노드 B를 방문하고 그 다음에 오른쪽 자식 노드 C를 방문한다. 스택을 사용해 이를 구현한다면 당연히 먼저 부모 노드를 방문하고 오른쪽 자식 노드가 있으면 스택에 푸시해두고, 왼쪽 자식 노드를 검사해 왼쪽 자식 노드가 있으면 링크를 왼쪽 자식 노드로 이동하게 하면 된다. C로 구현하면 다음과 같다.

코드 4-8 스택을 사용한 전위 순회 알고리즘의 핵심 코드

```
01  Visit(ptrNode);  // 현재의 부모 노드 방문
02  if(ptrNode->Right != EndNode)
03    Push(ptrNode->Right);  // 오른쪽 자식 노드를 스택에 저장
04
05  if(ptrNode->Left != EndNode)
06    ptrNode = ptrNode->Left;  // 왼쪽 자식 노드로 이동
```

중위 순회 알고리즘은 왼쪽 자식 노드를 방문한 후 부모 노드 그리고 오른쪽 자식 노드를 방문하게 된다. 이 경우에는 스택에 굳이 오른쪽 자식 노드를 저장해둘 필요가 없다. 부모 노드만 스택에 저장하면 부모 노드를 방문한 후 부모 노드를 살펴보면 오른쪽 자식 노드의 존재 유무를 쉽게 알 수 있기 때문이다. C로 구현하면 다음과 같다.

코드 4-9 스택을 사용한 중위 순회 알고리즘의 핵심 코드

```
01  while(ptrNode->Left != EndNode) {
02    Push(ptrNode);  // 현재의 부모 노드를 스택에 저장
03  }
04
05  Visit(ptrNode);  // 가장 왼쪽의 노드 방문
06
07  if(!IsStackEmpty()) {  // 스택이 비워져 있지 않으면
08    ptrNode = Pop();
09    Visit(ptrNode);  // 현재 스택에 있는 노드(부모 노드) 방문
10
11    if(ptrNode->Right != EndNode) {
12      ptrNode = ptrNode->Right;
13      Push(ptrNode);
14    }
```

```
15      ......
16      Visit(ptrNode);   // 오른쪽 노드 방문
17   }
```

마지막 후위 순회 알고리즘은 맨 왼쪽 자식 노드를 방문한 다음 오른쪽 자식 노드를 방문한다. 따라서 중위 순회 알고리즘처럼 부모 노드만 스택에 저장하는 것이 아니라 부모 노드와 오른쪽 자식 노드 그리고 왼쪽 자식 노드까지 모두 스택에 저장한다. 후위 순회 알고리즘은 방금 소개한 본문의 전체 코드로 대신하도록 하자.

단계 순회 알고리즘

단계 순회 알고리즘은 루트 노드부터 레벨 순서대로 왼쪽 노드와 오른쪽 노드를 차례로 방문하는 순회 알고리즘이다. 그림 4-19와 같다.

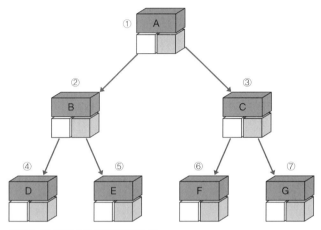

그림 4-19 단계 순회 알고리즘의 구조

그림만 봐도 알 수 있듯이 단계 순회 알고리즘은 위에서부터 왼쪽, 오른쪽 순서로 차례대로 방문하는 방식이다. 따라서 알파벳 순서 그대로인 A → B → C → D → E → F → G의 순서로 방문한다. 단계 순회 알고리즘의 경우는 재귀 호출이나 스택을 사용하기는 어려우므로 큐를 사용하는 것이 더 바람직하다.

코드 4-10은 단계 순회 알고리즘에서 큐를 만드는 코드인 queue.c 파일이다. 코드 4-4 stack.c 파일과 비교해보면 큐에서는 무엇이 달라지는지 확인해볼 수 있다.

코드 4-10 단계 순회 알고리즘의 큐를 생성하는 queue.c

```
01   #include "node.h"
02   #define MAX 100
03
04   NODE *Queue[MAX];  // 큐를 배열로 선언
```

```
05   int Front, Rear;
06
07   void InitializeQueue(void);
08   void Put(NODE *);
09   NODE *Get(void);
10   int IsQueueEmpty(void);
11
12   // 큐 초기화 함수
13   void InitializeQueue(void)
14   {
15     Front = Rear = 0;
16   }
17
18   void Put(NODE *ptrNode)
19   {
20     Queue[Rear] = ptrNode;
21     Rear = (Rear++) % MAX;
22   }
23
24   NODE *Get(void)
25   {
26     NODE *ptrNode;
27
28     if(!IsQueueEmpty()) {
29       ptrNode = Queue[Front];
30       Front = (Front++) % MAX;
31
32       return ptrNode;
33     }
34
35     else
36       printf("Queue is Empty\n");
37
38     return NULL;
39   }
40
41   int IsQueueEmpty(void)
42   {
43     if(Rear == Front)
44       return TRUE;
45
46     else
47       return FALSE;
48   }
```

이전 장에서 다룬 큐 알고리즘과 거의 같다. 차이가 있다면 큐에 저장할 항목이 int 자료형이 아니라 구조체 NODE형 포인터라는 점만 다르다는 것이다. 큐의 데이터를 NODE형 포인터로 사용하는 이유는 비록 큐를 배열로 선언했더라도 큐가 차지하는 메모리 공간을 줄일 수 있기 때문이다.

먼저 큐를 사용하려면 새로운 자료형인 NODE형이 선언된 node.h를 포함해야 한다(node.h 헤더 파일은 이전에 배운 순회 알고리즘에서 사용한 node.h와 같다). 다음으로 큐를 초기화하는 InitializeQueue() 함수를 살펴보면 큐는 스택과 달리 사용하는 인덱스가 Front와 Rear 변수 2개인 것을 확인할 수 있다. Front 변수의 역할은 Get() 함수가 호출되었을 경우 저장되어 있는 데이터를 빼낼 때 사용하는 인덱스고, Rear 변수의 역할은 Put() 함수로 데이터를 저장할 때 사용하는 함수다.

또한 단계 순회 알고리즘에서 사용하는 큐는 원형 큐로 설계되어 있다. 원형 큐의 특징은 일정한 공간을 빙빙 돌면서 데이터를 저장하거나 빼내도록 구성되어 있다는 것이다. 그럼 이 단계 순회 알고리즘에서 사용하는 큐가 어떻게 해서 원형 큐가 되는지 다음 2개의 함수를 살펴보자.

먼저 살펴볼 것은 큐에 데이터를 집어넣는 Put() 함수다.

```
18   void Put(NODE *ptrNode)
19   {
20     Queue[Rear] = ptrNode;
21     Rear = (Rear++) % MAX;
22   }
```

이 함수는 매개변수로 받은 ptrNode 값을 큐에 저장하는 기능을 한다. 20행은 배열로 선언된 Queue에 현재의 ptrNode 값을 저장한다. 하지만 20행만으로는 원형 큐라고 볼 수 없다. 원형 큐의 증거는 21행이며, 이는 나머지 연산자를 사용해 원형 큐를 구성하는 단적인 예다. 21행을 좀 더 풀어서 설명하자면 "현재의 Rear 변숫값을 1 증가시키고 큐 전체의 크기 값을 나타내는 MAX로 나누어서 나머지 값을 새로운 Rear 값으로 해라"라는 의미가 된다. 예를 들어 MAX의 값이 100이라고 하고 현재 Rear 값이 99라고 가정해보자. 배열 Queue는 Queue[MAX]로 선언되었으므로 0~99까지의 인덱스를 갖는다.

먼저 20행은 Queue[99] = ptrNode; 코드를 실행하는 것과 같다. 따라서 특별한 문제 없이 실행된다. 그 다음 21행에서 현재의 Rear 값인 99를 하나 증가시키면 100이 된다. 그런데

100은 이미 Queue 배열의 인덱스 범위를 벗어나는 값이다. 따라서 변수 Rear 값을 1 증가시켜서 일단 100을 만들고 그것을 전체 Queue 배열의 크기인 MAX 값으로 나누어 나머지를 구한다. 나머지는 0이 되며 바로 그 값을 변수 Rear 값으로 저장하면 새로운 인덱스가 되는 것이다.

20행~21행을 통해 변수 Rear 값은 0~99 값 안에서만 결정되므로 전체 배열의 인덱스 범위를 벗어나지 않게 된다. 따라서 Rear 값은 0부터 시작해서 99가 되면 다시 0으로 되돌아오게 되는 것이다. 이를 통해 Put() 함수를 실행하면 원형 큐가 된다.

이번에는 큐에서 데이터를 가져오는 함수인 Get() 함수도 살펴보자.

```
24  NODE *Get(void)
25  {
26    NODE *ptrNode;
27
28    if(!IsQueueEmpty()) {
29      ptrNode = Queue[Front];
30      Front = (Front++) % MAX;
31
32      return ptrNode;
33    }
34
35    else
36      printf("Queue is Empty\n");
37
38    return NULL;
39  }
```

Get() 함수는 큐에서 데이터를 가져오기 전에 현재 위치한 큐 안에 데이터가 있는지를 검사한다. 이전에 다룬 스택과 마찬가지로 큐에 데이터가 있는지를 검사하는 함수는 IsQueueEmpty() 함수를 사용한다. 이 함수는 조금 후에 살펴보도록 하자.

IsQueuEmpty() 함수를 실행해 현재 큐 안에 데이터가 존재한다는 것을 알게 되면 29행처럼 현재 Front 변수가 가리키는 큐에서 값을 가져온다. 그리고 Front 변수도 이전 Put() 함수의 Rear 변수와 마찬가지로 나머지 연산자를 사용해 새로운 인덱스 값을 설정해준다. 끝으로 가져온 ptrNode 값을 반환한다.

앞에서 큐를 살펴보았다면 이제는 단계 순회 알고리즘의 전체 코드를 살펴보자. 다른 순회 알고리즘과 마찬가지로 node.h 파일은 코드 4-3과 같으며, 코드 4-10 queue.c 파일도 함께 사용하자.

코드 4-11 이진 트리의 단계 순회 알고리즘

```
001  #include "node.h"
002
003  // 외부 함수 정의
004  extern void InitializeQueue(void);
005  extern void Put(NODE *);
006  extern NODE *Get(void);
007  extern int IsQueueEmpty(void);
008
009  // 내부 함수 정의
010  void InitializeTree(void);
011  void MakeTree(void);
012  void Level_Traverse(NODE *);
013  void Visit(NODE *);
014
015  // 전역 변수 정의
016  NODE *Parent, *LeftChild, *RightChild;
017  NODE *HeadNode, *EndNode;
018
019  // 트리의 초기화
020  void InitializeTree(void)
021  {
022     HeadNode = (NODE *)malloc(sizeof(NODE));
023     EndNode = (NODE *)malloc(sizeof(NODE));
024
025     HeadNode->Left = EndNode;
026     HeadNode->Right = EndNode;
027
028     EndNode->Left = EndNode;
029     EndNode->Right = EndNode;
030  }
031
032  // 트리의 초기 구성
033  void MakeTree(void)
034  {
035     Parent = (NODE *)malloc(sizeof(NODE));
036     Parent->Data = 'A';
037
```

```
038    LeftChild = (NODE *)malloc(sizeof(NODE));
039    LeftChild->Data = 'B';
040
041    RightChild = (NODE *)malloc(sizeof(NODE));
042    RightChild->Data = 'C';
043
044    Parent->Left = LeftChild;
045    Parent->Right = RightChild;
046
047    HeadNode->Left = Parent;
048    HeadNode->Right = Parent;
049
050    Parent = Parent->Left;
051
052    LeftChild = (NODE *)malloc(sizeof(NODE));
053    LeftChild->Data = 'D';
054    LeftChild->Left = EndNode;
055    LeftChild->Right = EndNode;
056
057    RightChild = (NODE *)malloc(sizeof(NODE));
058    RightChild->Data = 'E';
059    RightChild->Left = EndNode;
060    RightChild->Right = EndNode;
061
062    Parent->Left = LeftChild;
063    Parent->Right = RightChild;
064    Parent = HeadNode->Right->Right;
065
066    LeftChild = (NODE *)malloc(sizeof(NODE));
067    LeftChild->Data = 'F';
068    LeftChild->Left = EndNode;
069    LeftChild->Right = EndNode;
070
071    RightChild = (NODE *)malloc(sizeof(NODE));
072    RightChild->Data = 'G';
073    RightChild->Left = EndNode;
074    RightChild->Right = EndNode;
075
076    Parent->Left = LeftChild;
077    Parent->Right = RightChild;
078  }
079
080  // 큐를 이용한 트리의 순회 알고리즘
081  void Level_Traverse(NODE *ptrNode)
082  {
```

```
083    Put(ptrNode);
084    while(!IsQueueEmpty()) {
085      ptrNode = Get();
086      Visit(ptrNode);
087
088      if(ptrNode->Left != EndNode)
089        Put(ptrNode->Left);
090
091      if(ptrNode->Right != EndNode)
092        Put(ptrNode->Right);
093    }
094  }
095
096  void Visit(NODE *ptrNode)
097  {
098    printf("%2c -> ", ptrNode->Data);
099  }
100
101  void main()
102  {
103    InitializeQueue();  // 큐의 초기화
104    InitializeTree();   // 트리의 초기화
105
106    MakeTree();  // 트리의 구성
107    printf("큐를 사용한 단계 순회 : ");
108
109    Level_Traverse(HeadNode->Left);
110  }
```

코드 4-11 실행 결과

```
큐를 사용한 단계 순회 : A -> B -> C -> D -> E -> F -> G ->
```

81행~93행의 단계 순회 알고리즘의 핵심 코드를 제외하고는 이전의 전위, 중위, 후위 순회 알고리즘의 코드와 같다. 단지 스택이 아니라 큐를 사용했다는 점이 약간 다르다. 그럼 Level_Traverse() 함수를 중심으로 살펴보자.

main() 함수 내부 109행에서 Level_Traverse(HeadNode->Left);을 실행해 단계 순회 알고리즘을 시작한다. 일단 매개변수 ptrNode는 루트 노드인 노드 A를 가리키게 된다. 그리고 83행에서 현재 ptrNode 값을 큐에 넣는다.

84행의 while문에서는 현재 큐가 비어있는지를 검사해 큐 안에 데이터가 존재하면 85행처럼 큐에 저장된 데이터 하나를 얻어오고 86행에서 해당 노드를 방문한다. 현재 방문한 ptrNode의 왼쪽 자식 노드가 존재하면 Put() 함수를 실행해 큐에 데이터를 넣고 또 오른쪽 자식 노드도 존재하면 Put() 함수를 실행해 큐에 데이터를 넣는다. 여기까지가 큐를 한 번 순환한 경우다.

84행~93행의 while문은 큐 안에 데이터가 존재할 때까지 계속 반복된다.

SECTION 06 정리

이 장에서는 트리 구조와 트리에서 가장 많이 사용하는 순회^{Traverse} 알고리즘을 살펴봤다. 우선 트리 구조에서 자식 노드가 2개 이하인 노드를 이진 트리$^{Binary Tree}$라고 하며, 이는 알고리즘에서 가장 많이 사용되고 있는 개념이라는 것을 기억해두자.

이진 트리를 순회하는 알고리즘은 전위, 중위, 후위, 단계 순회 알고리즘의 네 가지가 있으며 각각의 알고리즘은 재귀 호출, 스택이나 큐를 사용해 구현할 수 있다. 재귀 호출을 사용하는 전위, 중위, 후위 순회 알고리즘은 몇 줄의 코드만으로 구현할 수 있지만 스택을 사용하는 경우는 이진 트리의 구성에 따라 고려해야 할 부분들이 꽤 있다.

이진 트리의 순회 알고리즘을 구현할 때 재귀 호출과 스택 중 무엇을 선택해서 순회 알고리즘을 사용할지 선택하는 건 여러분의 몫이다. 구현해야 할 알고리즘의 특징에 맞춰 재귀 호출, 스택, 큐 중에서 더 잘 맞는 구현 방식을 선택하기 바란다.

트리의 응용

이 장에서는 4장에서 배운 트리를 좀 더 확장시킨 여러 가지 트리를 살펴보고 이를 응용해서 사용하는 방법을 알아본다. 앞에서 배운 트리 중에서 가장 보편적이고 많이 사용되는 이진 트리는 사용 방법이나 트리를 구성하는 방법이 간단하다는 장점이 있지만 그에 못지않게 단점도 많다. 이 장에서는 이진 트리의 단점이 무엇인지 알아보고 단점들을 해결하기 위해 업그레이드된 AVL 트리와 2-3 트리를 살펴볼 것이다.

AVL 트리

앞에서 배운 이진 트리는 구조가 단순하며 노드의 검색, 삽입, 삭제와 같은 주요 연산 속도가 빠르다는 장점이 있다. 그런데 이진 트리의 장점을 하나도 발휘할 수 없는 최악의 상황이 있다. 먼저 이진 트리의 문제점이 무엇인지 알아보고 문제점을 해결하기 위한 방법 중 하나인 AVL 트리를 살펴보자.

이진 트리의 문제점

이진 트리의 문제점은 한쪽으로 치우친 형태로 트리 구조가 만들어질 수 있다는 것이다. 이렇게 되면 트리 구조가 아니라 일반적인 연결 리스트와 별 차이가 없는 구조가 되어 이진 트리의 장점을 전혀 발휘할 수가 없다.

그림 5-1은 이진 트리 중에서 최악의 경우에 해당되는 일명 쏠린 트리Skewed Tree를 보여주는 것이다.

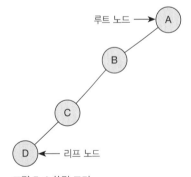

그림 5-1 쏠린 트리

위와 같이 이진 트리가 구성되면 실제 이진 트리의 장점인 노드 검색 시 성능이 O(logN)이 된다는 것을 보장할 수 없다. 예를 들어 그림 5-1과 같은 이진 트리에서 노드 D를 검색하는 경우를 생각해보자. 루트 노드가 노드 A이므로 노드 A부터 왼쪽 자식 노드를 하나씩 따라가면서

4번을 검색해야 겨우 노드 D를 찾을 수 있다. 원래 이진 트리의 검색 성능은 $O(logN)$이 되어야 하므로 그림 5-1과 같이 노드가 4개 있는 이진 트리라면 4번의 검색이 아니라 $O(\log_2 4) = 2$번의 검색만으로 검색이 가능해야 한다. 즉, 2번 검색이 가능하지 않으므로 이진 트리의 최대 장점을 살리지 못하게 된다.

이러한 이진 트리의 문제점을 해결하는 방법으로는 이 장에서 배우게 될 AVL 트리뿐만 아니라 레드-블랙 트리, 2-3 트리 등 여러 가지 트리 구조가 있다. 이 책에서는 지면 관계상 AVL 트리와 2-3 트리만 다루기로 하자.

AVL 트리

AVL 트리는 전체 트리의 구조가 균형이 맞도록 하는 트리다. 즉, 쏠린 트리처럼 트리 구조가 한쪽으로 쏠리는 것을 막자는 것이 가장 기본적인 개념이다. 1962년에 G.M. 아델슨 벨스키 Adelson-Velskii와 E.M. 랜디Landi 두 사람이 발표한 논문에서 유래되었고 발표한 사람의 이름 첫 글자를 모아서 AVL 트리라고 이름이 지어졌다.

AVL 트리는 다음과 같은 특징이 있다.

> **1** 균형도(Balance Factor)라는 개념이 있다.
> **2** 리프 노드의 균형도는 0이다.
> **3** 균형도는 '왼쪽 자식 트리의 높이 − 오른쪽 자식 트리의 높이'로 계산한다.
> **4** 왼쪽 자식 노드와 오른쪽 자식 노드의 균형도는 −1, 0, 1의 세 가지 값만 갖는다.

그럼 균형도라는 것은 무엇일까? 이는 각 노드의 왼쪽 노드와 오른쪽 노드의 차이를 말한다. 그림 5-2를 살펴보자.

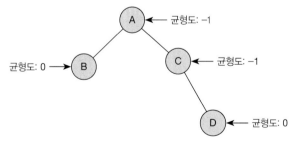

그림 5-2 불완전한 트리의 균형도

먼저 리프 노드의 균형도부터 보자. 리프 노드에 해당하는 노드 B나 노드 D의 균형도는 0이다. 그 이유는 자식 노드들이 하나도 없기 때문이다.

노드 D의 부모 노드에 해당하는 노드 C의 경우는 균형도가 −1이 된다. 그 이유는 왼쪽 자식 노드는 없지만 오른쪽 자식 노드로 노드 D가 있기 때문이다.

그렇다면 루트 노드에 해당하는 노드 A의 균형도는 얼마일까? 왼쪽 노드인 노드 B의 높이는 1이지만 오른쪽 자식 트리의 높이는 2가 되므로 '1 − 2 = −1', 결국 루트 노드인 노드 A의 균형도는 −1이 된다. 따라서 AVL 트리 구조가 되려면 균형도를 맞춰야 하는 대상이 된다.

이런 이유로 그림 5-2가 AVL 트리가 되려면 그림 5-3처럼 변경되어야 한다.

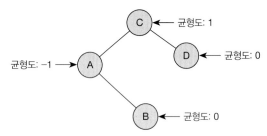

그림 5-3 균형도를 조정한 트리 구조

그렇다면 각 노드의 균형도를 −1, 0, 1로 맞추면 어떤 장점이 있을까? 트리의 노드들이 더욱 균등하게 분포되어 이진 트리의 성능인 O(logN)을 만족시킬 수 있다는 장점이 있다.

이처럼 AVL 트리는 균형도라는 개념을 사용해서 트리의 노드 각각이 최대한 균형감 있게 분포되도록 만드는 트리다. 그러므로 실제 이를 이용한 알고리즘을 구현할 때는 노드들을 삽입하거나 삭제할 때부터 균형도를 계산해 트리가 제대로 구성될 수 있도록 해주어야 한다. 구체적으로 설명하면 노드가 새로 삽입되거나 삭제될 때 각 노드들의 균형도를 계산해서 균형도의 값이 −1, 0, 1 이외의 값이 되면 그 즉시 트리의 구조를 변경해 AVL 트리가 되도록 만드는 것이다.

AVL 트리의 구성

AVL 트리를 구성하려면 새로운 노드가 삽입되거나 기존의 노드가 삭제될 때 균형도를 계산해 균형도가 AVL 트리의 조건에 맞지 않게 되면 즉시 트리의 구조를 변경해주어야 한다. 이러한 변경 작업의 핵심은 회전Rotation이라는 방법이다. 회전은 네 가지며, 각각 RR, LL, LR, RL 회전이라고 부른다(R은 오른쪽, L은 왼쪽을 의미한다).

이제 본격적으로 네 가지 회전 방법으로 어떻게 AVL 트리가 구성되는지 알아보도록 하자. 먼저 코드 5-1처럼 AVL 트리에서 사용할 노드를 정의해주어야 한다. 4장에서 배운 노드 정의와 다른 점은 노드 안에 Balance라는 변수가 추가되었다는 것이다.

코드 5-1 AVL 트리의 노드 정의

```
01   typedef struct _NODE {
02     int Data;
03     int Balance;
04     struct _NODE *Left;
05     struct _NODE *Right;
06   } NODE;
```

따라서 코드 4-3에서 소개한 node.h 파일의 노드 정의에 10행처럼 int balance;라는 변수를 추가해야 한다.

코드 5-2 node.h 헤더 파일

```
01   #ifndef __NODE_H
02   #define __NODE_H
03   #include <stdio.h>
04
05   #define TRUE 1
06   #define FALSE 0
07
08   typedef struct _NODE {
09     char Data;
10     int Balance;
11     struct _NODE *Left;
12     struct _NODE *Right;
13   } NODE;
14
15   NODE *HeadNode, *EndNode;
16
17   #endif
```

노드 정의를 살펴봤다면 이제 네 가지 회전 방법을 하나씩 살펴보자.

RR 회전

RR 회전은 Right-Right 회전이라는 의미다. 그렇다면 언제 RR 회전이 필요할까? 그림 5-4
를 보자.

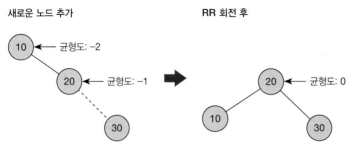

그림 5-4 RR 회전의 구조

먼저 노드 10과 노드 20으로 구성된 AVL 트리에서 새로운 노드인 노드 30이 삽입되었다. 새
로운 노드 30이 삽입되면 노드 20보다 크기 때문에 당연히 노드 20의 오른쪽 자식 노드가 되
며 노드 20의 균형도는 −1이다. 그런데 노드 20의 부모 노드인 노드 10의 균형도는 −2가 되
어 버린다.

이 경우에 노드 10의 균형도 −2는 AVL 트리의 규칙에 위배되므로 전체 트리의 조정이 필요하
다. 따라서 그림 5-4의 오른쪽처럼 노드 20을 부모 노드로 하고 노드 10을 노드 20의 왼쪽 자
식 노드로 조정하면 노드 20은 균형도가 0인 AVL 트리가 된다. 즉, 오른쪽 자식 노드를 2번
회전시키는 형태가 되므로 Right-Right 회전이라고 부르는 것이다.

구조를 이해했다면 RR 회전을 실제 구현한 코드를 살펴보자. 먼저 AVL 알고리즘 코드를 컴파
일하고 실행하려면 큐를 실행하는 코드 5-3의 queue.c 파일이 필요하다.

코드 5-3 큐를 정의하는 queue.c

```
01   #include "node.h"
02   #define MAX 100
03
04   NODE *Queue[MAX]; // 큐를 배열로 선언
05   int Front, Rear;
06
07   void InitializeQueue(void);
08   void Put(NODE *);
```

```
09   NODE *Get(void);
10   int IsQueueEmpty(void);
11
12   // 큐 초기화 함수
13   void InitializeQueue(void)
14   {
15     Front = Rear = 0;
16   }
17
18   void Put(NODE *ptrNode)
19   {
20     Queue[Rear] = ptrNode;
21     Rear = (Rear++) % MAX;
22
23   }
24
25   NODE *Get(void)
26   {
27     NODE *ptrNode;
28
29     if(!IsQueueEmpty()) {
30       ptrNode = Queue[Front];
31       Front = (Front++) % MAX;
32       return ptrNode;
33     }
34
35     else
36       printf("Queue is Empty\n");
37
38     return NULL;
39   }
40
41   int IsQueueEmpty(void)
42   {
43     if(Rear == Front)
44       return TRUE;
45
46     else
47       return FALSE;
48   }
```

다음은 RR 회전의 알고리즘 코드다.

```
001  #include <stdio.h>
002  #include <stdlib.h>
003  #include "node.h"
004  #define TRUE 1
005  #define FALSE 0
006
007  NODE *HeadNode;
008  NODE *ParentNode;
009  NODE *GrandNode;
010  NODE *ChildNode;
011  NODE *BigNode;
012
013  void InitializeTree(void);
014  void InsertNode(int);
015  int IsBalance(void);
016  void RR_Rotate(void);
017  void Level_Traverse(NODE *);
018  void Visit(NODE *);
019
020  // 외부 함수 정의
021  extern void InitializeQueue(void);
022  extern void Put(NODE *);
023  extern NODE *Get(void);
024  extern int IsQueueEmpty(void);
025
026  // 트리 초기화
027  void InitializeTree(void)
028  {
029    HeadNode = (NODE *)malloc(sizeof(NODE));
030    HeadNode->Left = HeadNode;
031    HeadNode->Right = HeadNode;
032    BigNode = HeadNode;
033  }
034
035  // 새로운 노드 삽입
036  void InsertNode(int Data)
037  {
038    NODE *tmpNode;
039    NODE *ptrNode = (NODE *)malloc(sizeof(NODE));
040    ptrNode->Data = Data;
041    ptrNode->Balance = 0;
042    ptrNode->Left = HeadNode;
```

```
043    ptrNode->Right = HeadNode;

044

045    if(HeadNode->Right == HeadNode) {   // 첫 번째 노드인 경우
046      HeadNode->Right = ptrNode;
047      HeadNode->Left = ptrNode;
048    }

049

050    else {
051      GrandNode = HeadNode;
052      ParentNode = HeadNode;
053      ChildNode = HeadNode->Right;
054      tmpNode = HeadNode->Right;

055

056      while(tmpNode != HeadNode) {
057        ChildNode = tmpNode;

058

059        if(ChildNode->Data > ptrNode->Data) {
060          BigNode = GrandNode;
061          GrandNode = ParentNode;
062          ParentNode = ChildNode;
063          tmpNode = tmpNode->Left;
064        }

065

066        else {
067          BigNode = GrandNode;
068          GrandNode = ParentNode;
069          ParentNode = ChildNode;
070          tmpNode = tmpNode->Right;
071        }
072      }

073

074      ChildNode = ptrNode;

075

076      // 새로운 노드 삽입
077      if(ParentNode->Data > ChildNode->Data) {
078        ParentNode->Left = ChildNode;
079        ParentNode->Balance++;

080

081        if(GrandNode != HeadNode)
082          GrandNode->Balance++;
083      }

084

085      else {
086        ParentNode->Right = ChildNode;
```

```
087          ParentNode->Balance--;
088
089       if(GrandNode != HeadNode)
090          GrandNode->Balance--;
091     }
092
093     if(IsBalance() == FALSE)
094       RR_Rotate();
095   }
096 }
097
098 // 회전 필요 여부 확인
099 int IsBalance(void)
100 {
101   int ret = TRUE;
102   NODE *ptrNode;
103   ptrNode = HeadNode->Right;
104
105   InitializeQueue();
106   Put(ptrNode);
107
108   while(!IsQueueEmpty()) {
109     ptrNode = Get();
110
111     if(ptrNode->Balance > 1 || ptrNode->Balance < -1) {
112       ret = FALSE;
113       break;
114     }
115
116     if(ptrNode->Left != HeadNode)
117       Put(ptrNode->Left);
118
119     if(ptrNode->Right != HeadNode)
120       Put(ptrNode->Right);
121   }
122
123   return ret;
124 }
125
126 // RR 회전
127 void RR_Rotate(void)
128 {
129   ParentNode = GrandNode->Right;
130   ChildNode = ParentNode->Right;
```

```
131
132    if(GrandNode->Balance == -2) {
133      BigNode->Right = ParentNode;
134      ParentNode->Left = GrandNode;
135      GrandNode->Left = HeadNode;
136      GrandNode->Right = HeadNode;
137    }
138
139    BigNode->Balance++;
140    ParentNode->Balance = 0;
141    GrandNode->Balance = 0;
142    ChildNode->Balance = 0;
143  }
144
145  // 큐를 이용한 트리 순회 알고리즘
146  void Level_Traverse(NODE *ptrNode)
147  {
148    InitializeQueue();
149    Put(ptrNode);
150
151    while(!IsQueueEmpty()) {
152      ptrNode = Get();
153      printf(" -> ");
154      Visit(ptrNode);
155
156      if(ptrNode->Left != HeadNode)
157        Put(ptrNode->Left);
158
159      if(ptrNode->Right != HeadNode)
160        Put(ptrNode->Right);
161    }
162  }
163
164  void Visit(NODE *ptrNode)
165  {
166    printf("%2d ", ptrNode->Data);
167  }
168
169  void main(void)
170  {
171    InitializeTree();
172    printf("노드 10과 20 삽입\n");
173
174    InsertNode(10);
```

```
175        InsertNode(20);
176        Level_Traverse(HeadNode->Right);
177        printf("\n===========================\n");
178        printf("노드 30 삽입 \n");
179
180        InsertNode(30);
181        Level_Traverse(HeadNode->Right);
182    }
```

코드 5-4 실행 결과

```
노드 10과 20 삽입
-> 10 -> 20
===========================
노드 30 삽입
-> 20 -> 10 -> 30
```

코드 5-4는 트리의 순회 알고리즘 중에서 단계 순회 알고리즘을 사용했다. 따라서 RR 회전은 앞에서 다룬 큐와 단계 순회 알고리즘을 확실하게 이해했다면 거의 반 이상은 아는 것이나 다름 없다. 그리고 많은 순회 알고리즘 중에서 단계 순회를 선택한 이유는 AVL 트리의 특징이 한쪽으로 쏠리지 않고 균등하게 구성되어 있기 때문이다. 즉, 이런 경우에는 단계 순회 알고리즘처럼 루트 노드부터 하나하나 내려가는 것이 더 바람직하다는 의미다.

RR 회전이 실행되는 부분은 새로운 노드를 삽입하는 InsertNode() 함수의 내부다. InsertNode() 함수 내부에서 새로운 노드가 삽입되면 해당 노드가 삽입될 위치가 결정되어야 한다. 이를 구현한 부분이 38행~72행이다. 삽입될 위치가 결정되면 링크를 조정해 새로운 노드를 삽입한다. 이를 구현한 부분은 74행~91행이다. 79행과 87행에서는 새로운 노드가 추가되었으므로 각 노드의 균형도 역시 조정해준다. 왼쪽 자식 노드의 경우는 증가 연산자(++)를 사용해 균형도를 1씩 증가시켜 주고, 오른쪽 자식 노드의 경우는 감소 연산자(--)를 사용해 균형도를 1씩 감소시켜 준다.

큰 틀에서 코드 5-4를 이해할 수 있게 되었다면 이제는 가장 중요한 부분인 균형도를 조사하고 RR 회전 부분을 살펴보자. RR 회전을 살펴보기 전에 먼저 균형도를 조사해야 한다. 균형도를 조사하는 함수는 IsBalance() 함수로, 단계 순회 알고리즘과 코드 구조가 거의 비슷하다.

```
099  int IsBalance(void)
100  {
101    int ret = TRUE;
102    NODE *ptrNode;
103    ptrNode = HeadNode->Right;
104
105    InitializeQueue();
106    Put(ptrNode);
107
108    while(!IsQueueEmpty()) {
109      ptrNode = Get();
110
111      if(ptrNode->Balance > 1 || ptrNode->Balance < -1) {
112        ret = FALSE;
113        break;
114      }
115
116      if(ptrNode->Left != HeadNode)
117        Put(ptrNode->Left);
118
119      if(ptrNode->Right != HeadNode)
120        Put(ptrNode->Right);
121    }
122
123    return ret;
124  }
```

일단 단계 순회 알고리즘처럼 루트 노드부터 트리 검색을 진행하다가 111행의 if문처럼 현재 노드의 균형도를 검사해 AVL 트리의 규칙에 위배되는지 확인한다. 만약 규칙에 위배된다면 진행 중이던 while문을 빠져나와 123행처럼 현재 균형도 상태를 저장한 ret 값을 반환한다.

이제 마지막 부분인 RR 회전 알고리즘을 구현한 RR_Rotate() 함수를 보자.

```
127  void RR_Rotate(void)
128  {
129    ParentNode = GrandNode->Right;
130    ChildNode = ParentNode->Right;
131
132    if(GrandNode->Balance == -2) {
133      BigNode->Right = ParentNode;
134      ParentNode->Left = GrandNode;
```

```
135     GrandNode->Left = HeadNode;
136     GrandNode->Right = HeadNode;
137   }
138
139   BigNode->Balance++;
140   ParentNode->Balance = 0;
141   GrandNode->Balance = 0;
142   ChildNode->Balance = 0;
143  }
```

RR 회전의 경우는 현재 할아버지 노드(GrandNode)의 균형도가 −2가 되면 증조 할아버지의 오른쪽 자식 노드를 기존의 할아버지 노드에서 아버지 노드(ParentNode)로 바꾸고 아버지 노드의 왼쪽 자식 노드로 할아버지 노드를 링크시켜 버린다. 결국 사람의 족보로 따지면 할아버지가 내 아버지의 자식이 되어 나와 형제지간이 되어버리는 것과 같다. 그림 5−5를 살펴보면 확실하게 이해할 수 있다.

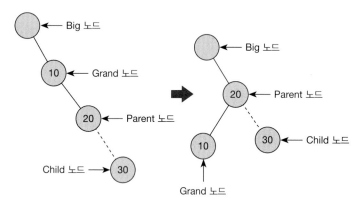

그림 5-5 RR_Rotate() 함수의 알고리즘 구조

결국 RR 회전은 트리의 높이^{Height}를 줄여 그만큼 트리 자체의 균형을 맞추는 회전이라고 정리할 수 있다.

LL 회전

LL 회전 역시 기본 개념은 RR 회전과 비슷하다. RR 회전이 AVL 조건을 깨뜨리는 경우에 Right−Right로 노드를 삽입해 균형도를 맞추는 회전이라면 LL 회전은 Left−Left로 노드를 삽입해 균형도를 맞추는 회전이다. 그림 5−6은 LL 회전을 실행한 결과다.

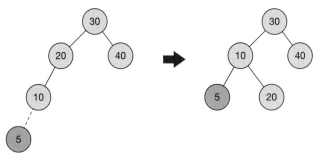

그림 5-6 LL 회전 실행 후 트리 구조의 변화

기존 노드인 30, 20, 40, 10의 경우를 살펴보면 AVL 트리의 규칙에 부합한다. 그런데 노드 5가 삽입되면 노드 20과 노드 30의 균형도는 2가 되어 AVL 트리의 규칙에 맞지 않게 된다. 즉, 노드 20에서 왼쪽 자식 노드로만 2번 노드가 연결되어서 LL이라는 이름이 붙여진 것이다. 해결 방법은 노드 20을 자식 노드인 노드 10의 오른쪽 자식 노드로 만들고, 노드 10을 노드 20의 부모 노드였던 노드 30의 왼쪽 자식 노드로 만드는 것이다. 그럼 그림 5-6의 오른쪽처럼 균형도가 1을 벗어나지 않는 AVL 트리를 만족하게 된다.

LL 회전을 구현한 코드가 아래 코드 5-5다. 기존의 RR 회전도 함께 포함되어 있으며 새로운 노드를 삽입하는 InsertNode() 함수, 균형도 검사에 필요한 IsBalance() 함수 부분을 변경하고 새로운 LL_Rotate() 함수를 추가했다.

코드 5-5 LL 회전

```
001  #include <stdio.h>
002  #include <stdlib.h>
003  #include "node.h"
004  #define TRUE 1
005  #define FALSE 0
006  #define RR 1
007  #define LL 2
008
009  NODE *HeadNode;
010  NODE *ParentNode;
011  NODE *GrandNode;
012  NODE *ChildNode;
013  NODE *BigNode;
014
```

```
015  void InitializeTree(void);
016  void InsertNode(int);
017  int IsBalance(void);
018  void RR_Rotate(void);
019  void LL_Rotate(void);
020  void Level_Traverse(NODE *);
021  void Visit(NODE *);
022
023  // 외부 함수 정의
024  extern void InitializeQueue(void);
025  extern void Put(NODE *);
026  extern NODE *Get(void);
027  extern int IsQueueEmpty(void);
028
029  // 트리의 초기화
030  void InitializeTree(void)
031  {
032    HeadNode = (NODE *)malloc(sizeof(NODE));
033    HeadNode->Left = HeadNode;
034    HeadNode->Right = HeadNode;
035    BigNode = HeadNode;
036  }
037
038  // 새로운 노드 삽입
039  void InsertNode(int Data)
040  {
041    NODE *tmpNode;
042    NODE *ptrNode = (NODE *)malloc(sizeof(NODE));
043
044    ptrNode->Data = Data;
045    ptrNode->Balance = 0;
046    ptrNode->Left = HeadNode;
047    ptrNode->Right = HeadNode;
048
049    if(HeadNode->Right == HeadNode) {   // 첫 번째 노드인 경우
050      HeadNode->Right = ptrNode;
051      HeadNode->Left = ptrNode;
052    }
053
054    else {
055      GrandNode = HeadNode;
056      ParentNode = HeadNode;
057      ChildNode = HeadNode->Right;
058      tmpNode = HeadNode->Right;
```

```
059
060    while(tmpNode != HeadNode) {
061      ChildNode = tmpNode;
062
063      if(ChildNode->Data > ptrNode->Data) {
064        BigNode = GrandNode;
065
066        GrandNode = ParentNode;
067        ParentNode = ChildNode;
068        tmpNode = tmpNode->Left;
069      }
070
071      else {
072        BigNode = GrandNode;
073        GrandNode = ParentNode;
074        ParentNode = ChildNode;
075        tmpNode = tmpNode->Right;
076      }
077    }
078
079    ChildNode = ptrNode;
080
081    // 새로운 노드 삽입
082    if(ParentNode->Data > ChildNode->Data) {
083      ParentNode->Left = ChildNode;
084      ParentNode->Balance++;
085
086      if(GrandNode != HeadNode)
087        GrandNode->Balance++;
088
089      if(BigNode != HeadNode)
090        BigNode->Balance++;
091    }
092
093    else {
094      ParentNode->Right = ChildNode;
095      ParentNode->Balance--;
096
097      if(GrandNode != HeadNode)
098        GrandNode->Balance--;
099
100      if(BigNode != HeadNode)
101        BigNode->Balance--;
102    }
```

```
103
104        switch(IsBalance()) {
105          case RR :
106            RR_Rotate();
107            break;
108
109          case LL :
110            LL_Rotate();
111            break;
112
113          default :
114            break;
115        }
116    }
117  }
118
119  // 회전의 필요 여부 확인
120  int IsBalance(void)
121  {
122    int ret = 0;
123    int LeftCnt = 0;
124    int RightCnt = 0;
125
126    NODE *ptrNode;
127    ptrNode = HeadNode->Right;
128
129    InitializeQueue();
130    Put(ptrNode);
131
132    while(!IsQueueEmpty()) {
133      ptrNode = Get();
134
135      if(ptrNode->Balance > 1) {
136        ret = LL;
137        break;
138      }
139
140      else if(ptrNode->Balance < -1) {
141        ret = RR;
142        break;
143      }
144
145      if(ptrNode->Left != HeadNode) {
146        Put(ptrNode->Left);
```

```
147        LeftCnt++;
148        RightCnt = 0;
149      }
150
151      if(ptrNode->Right != HeadNode) {
152        Put(ptrNode->Right);
153        RightCnt++;
154        LeftCnt = 0;
155      }
156    }
157
158    return ret;
159  }
160
161  // RR 회전
162  void RR_Rotate(void)
163  {
164    ParentNode = GrandNode->Right;
165    ChildNode = ParentNode->Right;
166
167    if(GrandNode->Balance == -2) {
168      BigNode->Right = ParentNode;
169      ParentNode->Left = GrandNode;
170      GrandNode->Left = HeadNode;
171      GrandNode->Right = HeadNode;
172    }
173
174    BigNode->Balance++;
175
176    ParentNode->Balance = 0;
177    GrandNode->Balance = 0;
178    ChildNode->Balance = 0;
179  }
180
181  // LL 회전
182  void LL_Rotate(void)
183  {
184    ParentNode = GrandNode->Left;
185    ChildNode = ParentNode->Left;
186
187    if(GrandNode->Balance == 2) {
188      BigNode->Left = ParentNode;
189      ParentNode->Right = GrandNode;
190      GrandNode->Left = HeadNode;
```

```
191        GrandNode->Right = HeadNode;
192     }
193
194     BigNode->Balance--;
195
196     ParentNode->Balance = 0;
197     GrandNode->Balance = 0;
198     ChildNode->Balance = 0;
199  }
200
201  // 큐를 이용한 트리 순회 알고리즘
202  void Level_Traverse(NODE *ptrNode)
203  {
204     InitializeQueue();
205     Put(ptrNode);
206
207     while(!IsQueueEmpty()) {
208        ptrNode = Get();
209        printf(" -> ");
210        Visit(ptrNode);
211
212        if(ptrNode->Left != HeadNode)
213           Put(ptrNode->Left);
214
215        if(ptrNode->Right != HeadNode)
216           Put(ptrNode->Right);
217     }
218  }
219
220  void Visit(NODE *ptrNode)
221  {
222     printf("%2d ", ptrNode->Data);
223  }
224
225  void main(void)
226  {
227     InitializeTree();
228     printf("노드 30, 20, 40, 10 삽입\n");
229     InsertNode(30);
230     InsertNode(20);
231     InsertNode(40);
232     InsertNode(10);
233     Level_Traverse(HeadNode->Right);
234     printf("\n=========================\n");
```

```
235    printf("노드 5 삽입\n");
236    InsertNode(5);
237    Level_Traverse(HeadNode->Right);
238  }
```

코드 5-5 실행 결과

```
노드 30, 20, 40, 10 삽입
-> 30 -> 20 -> 40 -> 10
============================
노드 5 삽입
-> 30 -> 10 -> 40 -> 5 -> 20
```

기본 골격은 RR 회전과 거의 같다. 몇 가지 다른 점이 있다면 IsBalance( ) 함수 안에서 어떤 회전을 할지 혹은 회전을 안 해도 되는지의 여부를 판단한다는 점이다. 그럼 IsBalance( ) 함수를 살펴보자.

```
120   int IsBalance(void)
121   {
122     int ret = 0;
123     int LeftCnt = 0;
124     int RightCnt = 0;
125
126     NODE *ptrNode;
127     ptrNode = HeadNode->Right;
128
129     InitializeQueue();
130     Put(ptrNode);
131
132     while(!IsQueueEmpty()) {
133       ptrNode = Get();
134
135       if(ptrNode->Balance > 1) {
136         ret = LL;
137         break;
138       }
139
140       else if(ptrNode->Balance < -1) {
141         ret = RR;
142         break;
```

```
143        }
144
145      if(ptrNode->Left != HeadNode) {
146        Put(ptrNode->Left);
147        LeftCnt++;
148        RightCnt = 0;
149      }
150
151      if(ptrNode->Right != HeadNode) {
152        Put(ptrNode->Right);
153        RightCnt++;
154        LeftCnt = 0;
155      }
156    }
157
158    return ret;
159  }
```

135행의 if문에서는 현재 노드인 ptrNode의 균형도인 Balance 값을 검사한다. Balance의 값이 1보다 크면 결국 왼쪽 자식 노드로 쏠려 있다는 의미이므로 LL 회전을 해야 하고 반대로 Balance의 값이 −1보다 작으면 오른쪽 자식 노드로 쏠려 있다는 의미이므로 RR 회전을 해야 한다.

이번에는 LL 회전을 구현한 LL_Rotate() 함수를 살펴보자.

```
182  void LL_Rotate(void)
183  {
184    ParentNode = GrandNode->Left;
185    ChildNode = ParentNode->Left;
186
187    if(GrandNode->Balance == 2) {
188      BigNode->Left = ParentNode;
189      ParentNode->Right = GrandNode;
190      GrandNode->Left = HeadNode;
191      GrandNode->Right = HeadNode;
192    }
193
194    BigNode->Balance--;
195
196    ParentNode->Balance = 0;
197    GrandNode->Balance = 0;
```

```
198    ChildNode->Balance = 0;
199  }
```

LL 회전을 하면 결국은 RR 회전과 비슷한 작업을 하게 된다. 일단 현재 GrandNode의 균형도가 2이므로 LL 회전의 조건에 맞다. 따라서 GrandNode를 GrandNode의 자식 노드인 ParentNode의 오른쪽 자식 노드로 만들고(189행), GrandNode의 왼쪽 자식 노드와 오른쪽 자식 노드를 HeadNode를 가리키게 해서(190행, 191행) 자식 노드가 없게 만들어버린다. 그리고 194행~198행을 실행해 각 노드의 Balance 값을 다시 재조정한다.

이를 표현하면 그림 5-7과 같다.

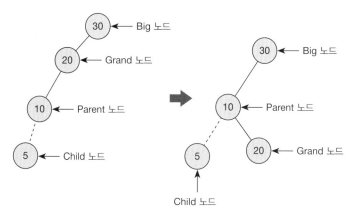

그림 5-7 LL 회전을 실행했을 때 노드의 변화

LR 회전

LR 회전과 RL 회전은 RR 회전과 LL 회전과 비교하면 좀 더 복잡하다. 하지만 원리는 같으므로 RR 회전과 LL 회전을 완전히 이해한 독자라면 쉽게 이해할 수 있을 것이다. 먼저 LR 회전의 원리를 나타낸 그림 5-8을 살펴보자.

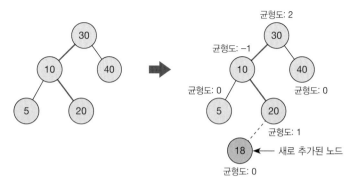

그림 5-8 AVL 트리에 새로 노드를 추가했을 때의 문제점 1

그림의 왼쪽은 AVL 트리인데 새로 노드 18이 추가되면 오른쪽의 그림처럼 변한다. 그런데 오른쪽 노드는 AVL 트리의 조건을 만족하지 못한다. 노드 30의 균형도는 2가 되기 때문이다. 노드 30의 균형도가 2가 되는 이유는 노드 30의 왼쪽 자식 트리와 오른쪽 자식 노드의 균형이 맞지 않기 때문이다.

그런데 이러한 구조의 균형은 기존의 RR 회전이나 LL 회전으로는 맞출 수 없다. 먼저 노드 30의 왼쪽 자식 노드인 노드 10과 노드 10의 자식 노드들로 구성된 트리는 AVL 트리 조건을 만족한다. 결국 균형도가 안 맞는 것은 더 위의 부모 노드인 노드 30과 왼쪽 자식 트리의 문제이며 구체적으로 설명하면 노드 10과 노드 10의 오른쪽 자식 노드의 관계가 문제의 핵심이다. 이는 노드 30의 입장에서 보면 Left-Right의 순서가 문제가 되므로 이러한 문제를 해결하기 위한 회전을 LR 회전이라고 하는 것이다. 그림 5-9를 살펴보자.

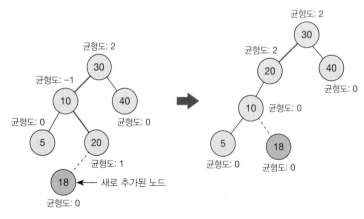

그림 5-9 LR 회전을 실행했을 때의 트리 구조 1

일단 노드 10과 그 자식 노드들을 오른쪽으로 회전시킨다. 여기서 오른쪽으로 회전시키라고 말하는 이유는 오른쪽 노드인 20 때문에 회전을 하기 때문이다. 오른쪽으로 회전시키면 그림 5-9의 오른쪽처럼 노드 20이 노드 30의 왼쪽 자식 노드가 되고 나머지 노드들은 노드 20의 왼쪽 자식 트리가 된다.

그러나 아직도 AVL 트리의 조건에는 맞지 않다. 아직 노드 30의 균형도가 2이기 때문이다. 따라서 그림 5-10처럼 왼쪽으로 회전시켜야 한다.

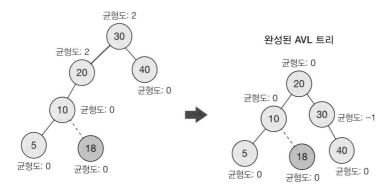

그림 5-10 LR 회전을 실행했을 때의 트리 구조 2

왼쪽으로 회전시키면 노드 30의 왼쪽 자식 노드였던 노드 20이 부모 노드가 되고, 부모 노드였던 노드 30은 노드 20의 오른쪽 자식 노드가 된다. 최종적으로 이와 같이 링크가 조정되면 그림 5-10의 오른쪽 그림처럼 균형도가 AVL 트리를 만족하게 된다.

LR 회전은 코드 5-6 LR_Rotate( ) 함수의 원리를 바탕으로 구현하게 된다.

코드 5-6 LR 회전 함수 LR_Rotate()

```
01  void LR_Rotate(void)
02  {
03    ParentNode = GrandNode->Left;
04    ChildNode = ParentNode->Left;
05
06    if(GrandNode->Balance == -2) {
07      BigNode->Right = ParentNode;
08      ParentNode->Left = GrandNode;
09      GrandNode->Left = HeadNode;
10      GrandNode->Right = HeadNode;
```

```
11    }
12
13    BigNode->Balance++;
14
15    ParentNode->Balance = 0;
16    GrandNode->Balance = 0;
17    ChildNode->Balance = 0;
18  }
```

현재 GrandNode의 균형도가 2이므로 LR 회전의 조건에 맞는다. 따라서 GrandNode를
GrandNode의 자식 노드인 ParentNode의 왼쪽 자식 노드로 만들고(8행), GrandNode의
왼쪽 자식 노드와 오른쪽 자식 노드를 HeadNode를 가리키게 해서(9행, 10행) 자식 노드가
없게 만든다. 그리고 13행~17행을 실행해 각 노드의 Balance 값을 재조정한다.

RL 회전

RL 회전은 LR 회전과 비교했을 때 회전의 방향이 서로 반대라는 점만 다르다. RL 회전 역시 그
림을 보면서 이해하면 훨씬 이해하기 쉽다. 그림 5-11을 살펴보자.

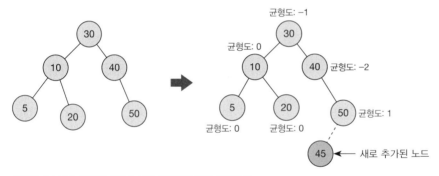

그림 5-11 AVL 트리에 새로 노드를 추가했을 때의 문제점 2

그림 5-11의 왼쪽 트리에서 새로운 노드 45가 추가되면 노드 50의 왼쪽 자식 노드가 된다. 이
경우에 균형도는 오른쪽 그림과 같으며 노드 40의 균형도가 -2가 되므로 AVL 트리의 조건
에 맞지 않는다. 노드 40은 노드 40의 오른쪽 자식 노드와 해당 노드의 왼쪽 자식 노드 때문에
AVL 트리 조건이 깨진 것이다. 이를 다시 AVL 트리 조건에 맞게 회전시킨 것이 RL 회전이다.
RL 회전을 실행하면 그림 5-12와 같은 구조가 된다.

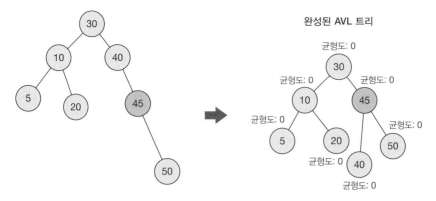

그림 5-12 RL 회전을 실행했을 때의 트리 구조

일단 노드 45를 노드 40의 오른쪽 자식 노드로 만든 다음 노드 50을 노드 45의 오른쪽 자식 노드로 만들어준다. 그리고 그림 5-12의 오른쪽처럼 노드 45를 다시 부모 노드인 노드 40과 바꾸어서 노드 45를 노드 30의 오른쪽 자식 노드, 노드 40은 노드 45의 왼쪽 자식 노드, 노드 50은 노드 45의 오른쪽 자식 노드로 링크를 연결해준다. 결과적으로 균형도가 전부 0이 되고 완전한 AVL 트리가 된다.

RL 회전은 코드 5-7 RL_Rotate() 함수의 원리를 바탕으로 구현하게 된다.

코드 5-7 RL 회전 함수 RL_Rotate()

```
01   void RL_Rotate(void)
02   {
03     ParentNode = GrandNode->Right;
04     ChildNode = ParentNode->Right;
05
06     if(GrandNode->Balance == 2) {
07       BigNode->Left = ParentNode;
08       ParentNode->Right = GrandNode;
09       GrandNode->Left = HeadNode;
10       GrandNode->Right = HeadNode;
11     }
12
13     BigNode->Balance--;
14
15     ParentNode->Balance = 0;
```

```
16    GrandNode->Balance = 0;
17    ChildNode->Balance = 0;
18  }
```

현재 GrandNode의 균형도가 2이므로 RL 회전의 조건에 맞는다. 따라서 GrandNode를
GrandNode의 자식 노드인 ParentNode의 오른쪽 자식 노드로 만들고(8행), GrandNode
의 왼쪽 자식 노드와 오른쪽 자식 노드를 HeadNode를 가리키게 해서(9행, 10행) 자식 노드
가 없게 만든다. 그리고 13행~17행을 실행해 각 노드의 Balance 값을 재조정한다.

2-3 트리

AVL 트리는 모든 노드가 균형도 2를 넘지 않도록 유지하는 것으로 이진 트리의 문제점을 해결하기 위해 고안된 트리 구조로, N개의 노드가 존재한다면 항상 O(logN)을 유지할 수 있다는 것이 장점이다. 그러나 LL, RR, RL, LR 회전처럼 새로운 노드의 삽입과 삭제는 오히려 성능을 떨어뜨리는 단점이 있다. 이번에는 AVL 트리의 장점을 유지하면서 성능을 떨어뜨리지 않는 2-3 트리 구조를 알아보도록 하자.

AVL 트리의 문제점을 해결하는 2-3 트리

AVL 트리는 이진 트리의 최대 단점인 쏠림 현상을 막을 수는 있지만 이진 트리 못지않은 문제점을 갖고 있다. 데이터를 삽입하거나 삭제할 때마다 트리의 균형도를 계산하거나 최악의 경우 전체 트리를 재조정하는 일에 많은 연산 시간이 소요되므로 성능이 떨어진다는 것이다. 그리고 데이터의 삽입과 삭제 시 트리 구조가 변경되는 것은 효율성 측면에서 보면 문제이기도 하다.

2-3 트리는 AVL 트리의 이러한 문제점을 해결하기 위해 고안된 것이다. AVL의 장점인 이진 트리의 쏠림 현상을 해결하면서 AVL 트리의 단점인 삽입과 삭제 시의 전체 트리를 재구성하는 부분을 최대한 줄이는 것이 핵심이다.

우선 2-3 트리의 기본 구조를 살펴보자. 그림 5-13은 AVL 트리와 2-3 트리를 비교한 예다.

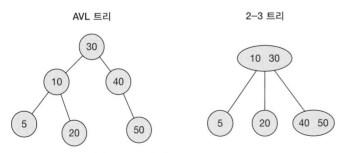

그림 5-13 AVL 트리와 2-3 트리의 비교

왼쪽은 이전에 배운 AVL 트리고 오른쪽은 2-3 트리다. 2-3 트리는 노드 하나에 항목이 2개의 값이 있으며 링크는 3개가 있을 수 있다. 따라서 왼쪽 AVL 트리가 총 6개의 항목을 나타내는 데 2(평균 높이는 $\log_2 6 \approx 2$)라는 높이로 구성되는 반면에 2-3 트리는 항목이 6개일 때 높이가 1(평균 높이는 $\log_3 6 \approx 1$)이 된다. 따라서 이진 트리와 AVL 트리의 성능을 빅오 표기법으로 나타내면 O(logN)이 되지만 2-3 트리는 O($\log_3$N)이 되어 성능이 월등히 높다.

이제 2-3 트리의 특징을 정의해보자. 그림 5-14와 같은 2-3 트리의 노드가 있다고 가정하자.

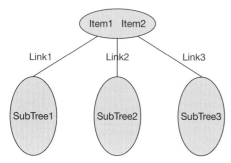

그림 5-14 2-3 트리의 특징

1 각 노드는 2개 이하의 항목과 3개 이하의 링크를 갖고 있다.

2 노드 안의 각 항목은 'Item1 〈 Item2' 크기로 정렬되어 저장된다.

3 각 링크는 'SubTree1 〈 Item1 〈 SubTree2 〈 Item3 〈 SubTree3'와 같은 순서로 링크된다.

2-3 트리에는 노드 안에 항목의 수가 2개 있을 수 있고 각 항목은 크기대로 순서를 갖는다. 또한 해당 노드가 가리키는 3개의 링크도 왼쪽부터 순서대로 링크되어 있다. 실제 그림 5-14를 자세히 보면 Item1보다 작은 값을 갖는 노드들이 SubTree1에 존재하게 되며, Item1보다 크고 Item2보다 작은 값을 갖는 노드는 SubTree2에, 마지막으로 Item2보다 큰 값을 갖는 노드는 SubTree3에 저장된다.

그렇다면 그림 5-14와 같은 2-3 트리에서 하나의 노드를 정의하는 부분을 코드로 구현하면 어떻게 될까? 코드 5-8은 2-3 트리에서 사용하는 노드를 정의하는 헤더 파일이다.

코드 5-8 2-3 트리의 노드를 정의하는 node.h 헤더 파일

```
01   #ifndef __NODE_H
02   #define __NODE_H
03   #include <stdio.h>
04
05   #define TRUE 1
06   #define FALSE 0
07
08   typedef struct _NODE {
09     char LeftData;
10     char RightData;
11     struct _NODE *Left;
12     struct _NODE *Mid;
13     struct _NODE *Right;
14   } NODE;
15
16   NODE *HeadNode, *EndNode;
17
18   #endif
```

2-3 트리의 구현

이제 2-3 트리를 구현하는 방법을 알아보도록 하자. 핵심은 노드를 삽입하는 방법이며, 노드의 구조가 이진 트리나 AVL 트리와는 좀 다르므로 2-3 트리의 노드가 삽입되는 알고리즘 자체도 다르다.

다음은 2-3 트리를 구현한 코드다(queue.c 파일은 코드 5-3을 그대로 사용한다).

코드 5-9 2-3 트리

```
001   #include <stdio.h>
002   #include <stdlib.h>
003   #include "node.h"
004   #define TRUE 1
005   #define FALSE 0
006   #define RR 1
007   #define LL 2
008
009   NODE *HeadNode;
```

```
010   NODE *ParentNode;
011
012   void InitializeTree(void);
013   void InsertNode(int);
014   NODE *SplitNode(NODE *, NODE *);
015   void Level_Traverse(NODE *);
016   void Visit(NODE *);
017
018   // 외부 함수 정의
019   extern void InitializeQueue(void);
020   extern void Put(NODE *);
021   extern NODE *Get(void);
022   extern int IsQueueEmpty(void);
023
024   // 트리의 초기화
025   void InitializeTree(void)
026   {
027     HeadNode = (NODE *)malloc(sizeof(NODE));
028     HeadNode->Left = HeadNode;
029     HeadNode->Mid = HeadNode;
030     HeadNode->Right = HeadNode;
031   }
032
033   // 새로운 노드 삽입
034   void InsertNode(int Data)
035   {
036     int FlagSplit = 0;
037     NODE *tmpNode;
038
039     if(HeadNode->Right == HeadNode) {  // 첫 번째 노드인 경우
040       NODE *ptrNode = (NODE *)malloc(sizeof(NODE));
041
042       ptrNode->LeftData = Data;
043       ptrNode->RightData = -1;
044       ptrNode->Left = HeadNode;
045       ptrNode->Mid = HeadNode;
046       ptrNode->Right = HeadNode;
047
048       HeadNode->Right = ptrNode;
049       HeadNode->Mid = ptrNode;
050       HeadNode->Left = ptrNode;
051     }
052
053     else {
```

```
054        tmpNode = HeadNode->Left;
055        ParentNode = HeadNode;
056
057        while(1) {
058          if(tmpNode->LeftData < Data) {
059            if(tmpNode->RightData == -1)
060              break;
061
062          else {
063              if(tmpNode->Left == HeadNode) {
064                FlagSplit = 1;
065                break;
066              }
067
068            else {
069                if(tmpNode->RightData < Data) {
070                  if(tmpNode->Mid == HeadNode)
071                    break;
072
073                  else {
074                    ParentNode = tmpNode;
075                    tmpNode = tmpNode->Mid;
076                  }
077                }
078
079              else {
080                  if(tmpNode->Mid == HeadNode)
081                    break;
082
083                  else {
084                    ParentNode = tmpNode;
085                    tmpNode = tmpNode->Mid;
086                  }
087                }
088              }
089            }
090          }
091
092          else {
093            if(tmpNode->Left == HeadNode) {
094              if(tmpNode->RightData == -1)
095                FlagSplit = 0;
096
097              else
```

```
098            FlagSplit = 1;
099
100          break;
101        }
102        else {
103          ParentNode = tmpNode;
104          tmpNode = tmpNode->Left;
105        }
106      }
107    }
108
109    if(tmpNode->RightData == -1 && FlagSplit == 0) {
110      if(tmpNode->LeftData < Data)
111        tmpNode->RightData = Data;
112
113      else {
114        tmpNode->RightData = tmpNode->LeftData;
115        tmpNode->LeftData = Data;
116      }
117    }
118
119    else if(FlagSplit > 0) {
120      NODE *ptrNode = (NODE *)malloc(sizeof(NODE));
121
122      ptrNode->LeftData = Data;
123      ptrNode->RightData = -1;
124      ptrNode->Left = HeadNode;
125      ptrNode->Mid = HeadNode;
126      ptrNode->Right = HeadNode;
127
128      if(FlagSplit == 1) {
129        ParentNode->Left = SplitNode(tmpNode, ptrNode);
130        tmpNode = ParentNode->Left;
131
132        if(ParentNode->RightData == -1) {
133          ParentNode->RightData = ParentNode->LeftData;
134          ParentNode->LeftData = tmpNode->LeftData;
135          ParentNode->Right = ParentNode->Mid;
136          ParentNode->Mid = tmpNode->Mid;
137          ParentNode->Left = tmpNode->Left;
138        }
139      }
140    }
141  }
```

```
142  }
143
144  // 큐를 이용한 트리 순회 알고리즘
145  void Level_Traverse(NODE *ptrNode)
146  {
147    InitializeQueue();
148    Put(ptrNode);
149
150    while(!IsQueueEmpty()) {
151      ptrNode = Get();
152      printf(" -> ");
153      Visit(ptrNode);
154
155      if(ptrNode->Left != HeadNode)
156        Put(ptrNode->Left);
157
158      if(ptrNode->Mid != HeadNode)
159        Put(ptrNode->Mid);
160
161      if(ptrNode->Right != HeadNode)
162        Put(ptrNode->Right);
163    }
164  }
165
166  void Visit(NODE *ptrNode)
167  {
168    printf("%2d ", ptrNode->LeftData);
169
170    if(ptrNode->RightData != -1)
171      printf("%2d ", ptrNode->RightData);
172  }
173
174  // 노드 분할
175  NODE *SplitNode(NODE *tmpNode , NODE *ptrNode)
176  {
177    NODE *NewNode = (NODE *)malloc(sizeof(NODE));
178    NewNode->RightData = -1;
179    NewNode->Left = HeadNode;
180    NewNode->Mid = HeadNode;
181    NewNode->Right = HeadNode;
182
183    if(tmpNode->LeftData < ptrNode->LeftData) {
184      if(ptrNode->LeftData < tmpNode->RightData) {
185        NewNode->LeftData = tmpNode->RightData;
```

```
186        tmpNode->RightData = -1;
187      }
188
189    else {
190        NewNode->LeftData = ptrNode->LeftData;
191        ptrNode->LeftData = tmpNode->RightData;
192        tmpNode->RightData = -1;
193      }
194    }
195
196    else {
197      NewNode->LeftData = tmpNode->RightData;
198      tmpNode->RightData = ptrNode->LeftData;
199      ptrNode->LeftData = tmpNode->LeftData;
200      tmpNode->LeftData = tmpNode->RightData;
201      tmpNode->RightData = -1;
202    }
203
204    ptrNode->Left = tmpNode;
205    ptrNode->Mid = NewNode;
206
207    return ptrNode;
208  }
209
210  void main(void)
211  {
212    InitializeTree();
213
214    // printf("노드 10, 20, 15, 13, 5, 12 삽입 \n");
215    InsertNode(10);
216    InsertNode(20);
217    Level_Traverse(HeadNode->Left);
218    printf("\n==========================\n");
219
220    InsertNode(15);
221    Level_Traverse(HeadNode->Left);
222    printf("\n==========================\n");
223
224    InsertNode(13);
225    Level_Traverse(HeadNode->Left);
226    printf("\n==========================\n");
227
228    InsertNode(5);
229    Level_Traverse(HeadNode->Left);
```

```
230    printf("\n===========================\n");
231
232    InsertNode(12);
233    Level_Traverse(HeadNode->Left);
234    printf("\n===========================\n");
235  }
```

코드 5-9 실행 결과

```
-> 10 20
===========================
-> 15 -> 10 -> 20
===========================
-> 15 -> 10 13 -> 20
===========================
-> 10 15 -> 5 -> 13 -> 20
===========================
-> 10 15 -> 5 -> 12 13 -> 20
===========================
```

실행 결과에서 '->' 기호로 연결된 것은 서로 별개의 노드임을 의미한다. 또한 2-3 트리 역시 단계 순회 방식을 사용하므로 위에서 아래 방향 순서로 각 노드가 나열된다.

먼저 실행 결과를 중심으로 살펴보자. 10이 들어가고 20이 그 후에 들어오면 그림 5-15처럼 현재 노드에 오른쪽 데이터가 비어있으므로 비어있는 쪽으로 들어가게 된다. 만약 20이 아니라 10보다 작은 값을 추가하는 경우라면 현재의 10이 오른쪽으로 이동하고 원래 10이 있던 왼쪽에 10보다 작은 값이 저장된다.

그림 5-15 2-3 트리의 데이터 저장 방식

그런데 세 번째 데이터를 추가하는 경우에는 문제가 있다. 세 번째 데이터로 15를 추가한다고 가정해보자. 현재 노드에는 데이터 10과 20이 저장되어 있으므로 15를 저장할 공간이 없다. 따라서 새로 추가되는 데이터인 15와 현재 노드에 저장되어 있는 2개의 데이터 10과 20의 값을 비교해 중간값을 부모 노드로 만들고 그 외 2개의 노드를 왼쪽 자식 노드와 오른쪽 자식 노드로 만든다. 그림 5-16과 같다.

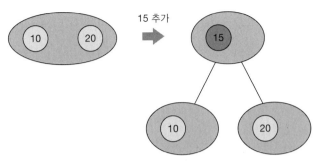

그림 5-16 새로운 데이터 15를 추가했을 때의 2-3 트리 구조

하나의 노드 안에 이미 2개의 데이터가 꽉 차있을 때 새로운 데이터를 추가하면 노드를 쪼개는 작업이 필요하다. 이렇게 노드를 쪼개는 작업을 분할Split Method이라고 부른다. 2-3 트리의 핵심이 되는 기능이므로 반드시 기억해두자. 이전의 AVL 트리에서 노드의 링크를 이동하는 회전Rotation이라는 방법을 사용했던 것과 비교하면 새로운 노드를 임의로 만들지 않았다는 점에서 약간 다르다. 또한 무조건 분할하는 것이 아니라 데이터의 크기에 따라서 나눈다는 것도 차이점이라고 할 수 있다.

이번에는 그림 5-17을 살펴보자.

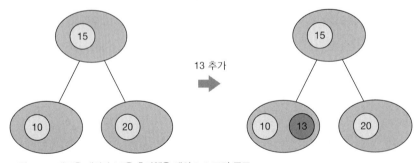

그림 5-17 새로운 데이터 13을 추가했을 때의 2-3 트리 구조

데이터 13이 추가되면 먼저 루트 노드의 데이터와 비교해야 한다. 현재 루트 노드에는 데이터 15만이 저장되어 있는데, 새로 추가되는 데이터 13과 루트 노드의 데이터 15를 비교하면 새로 추가되는 데이터 13이 더 작다. 따라서 루트 노드의 왼쪽 자식 노드로 이동하게 된다. 그럼 데이터 5가 추가되는 경우를 살펴보자.

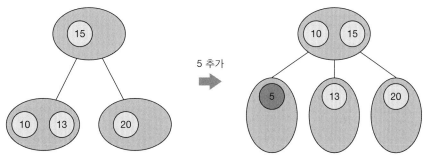

그림 5-18 새로운 데이터 5를 추가했을 때의 2-3 트리 구조

데이터 5가 추가되면 일단 루트 노드의 데이터 15와 비교한다. 15보다 작으므로 루트 노드의 왼쪽 자식 노드로 이동해 왼쪽 자식 노드의 데이터 10과 비교한다. 역시 데이터 5는 10보다는 작다. 그런데 현재의 왼쪽 자식 노드는 데이터 10과 데이터 13이라는 2개의 데이터로 꽉 차있어서 분할하는 작업이 필요하다.

그런데 분할할 때 함부로 분할해서는 안 된다(무조건 꽉 찼다고 분할하면 알고리즘이라고 볼수 없다). 현재 노드인 왼쪽 자식 노드를 분할하기 전에 상위인 부모 노드를 먼저 검사한다. 부모 노드가 다 차지 않았으므로 자식 노드의 2개 데이터와 새로 노드에 추가되는 데이터 5 중에서 중간값인 데이터 10을 부모 노드로 올려 보낸다. 그리고 남은 2개의 데이터인 5와 13을 각각 별도의 노드로 만들어서 저장한다. 이 과정이 노드를 분할할 때 주의할 사항이다.

2-3 트리에서 탐색과 관련된 코드는 다음과 같다.

```
145  void Level_Traverse(NODE *ptrNode)
146  {
147    InitializeQueue();
148    Put(ptrNode);
149
150    while(!IsQueueEmpty()) {
151      ptrNode = Get();
152      printf(" -> ");
153      Visit(ptrNode);
154
155      if(ptrNode->Left != HeadNode)
156        Put(ptrNode->Left);
157
158      if(ptrNode->Mid != HeadNode)
```

```
159        Put(ptrNode->Mid);
160
161    if(ptrNode->Right != HeadNode)
162        Put(ptrNode->Right);
163    }
164 }
```

2-3 트리의 탐색이 기존 이진 트리의 탐색과 다른 점은 중간값을 갖는다는 것이다. 155행의 if 문에서 현재 가리키는 노드의 왼쪽 노드가 헤드 노드가 아니라면 가리키는 노드의 왼쪽 노드를 큐에 넣는다. 그리고 158행의 if문에서는 현재 가리키는 노드의 중간 노드가 헤드 노드가 아니라면 중간 노드 역시 큐에 넣는다.

이처럼 2-3 트리는 왼쪽 노드와 오른쪽 노드만 존재하는 이진 트리와는 달리 중간 노드에 대한 처리도 해야 한다.

2-3 트리의 변형

2-3 트리의 핵심은 하나의 노드 안에 2개의 데이터를 저장해서 성능을 향상시킬 수 있다는 점이다. 단, 그렇다고 해서 2-3 트리가 여러 가지 트리 중 최고의 트리라고는 볼 수 없다.

2-3 트리의 단점은 노드를 분할하는 부분에 있다. AVL 트리가 삽입과 삭제 시에 각 노드들의 회전Rotation 작업 때문에 불필요한 오버헤드Overhead가 생겼듯이 2-3 트리도 하나의 노드 안에 2개의 데이터가 모두 존재한다면 해당 노드를 특정 규칙으로 분할하는 작업이 만만치 않을 때가 꽤 있다. 그래서 2-3 트리의 변종으로, 분할 작업을 좀 더 간단하게 만든 2-3-4 트리를 사용할 때도 있다.

2-3-4 트리의 기본 구조는 2-3 트리와 같지만 노드 안에 저장되는 데이터를 2개가 아닌 3개까지 허용한다. 자식 노드에 연결되는 링크 역시 3개가 아니라 4개까지 허용한다. 그래서 트리 이름이 2-3-4 트리가 된 것이다.

2-3-4 트리는 2-3 트리를 제대로 이해했다면 쉽게 알 수 있는 내용이므로 자세한 코드나 설명은 생략하기로 한다. 궁금하면 인터넷 등에서 관련 자료를 찾아보기 바란다. 참고로 2-3-4 트리는 좀 더 복잡한 트리 중 하나인 B 트리와 비슷한 트리 구조라는 점을 기억해두면 좋겠다.

정리

이 장에서는 이진 트리의 단점을 해결하는 AVL 트리와 2-3 트리를 살펴봤다. AVL 트리는 회전이라는 방법을 사용해 이진 트리의 최대 단점인 쏠림을 방지한다. 따라서 이진 트리의 본래 성능인 O(log₂N)을 유지하게 해준다.

그러나 AVL 트리는 전체 트리의 균형을 맞추려고 사용하는 회전 방식 때문에 문제가 발생할 때도 있다. 계속되는 회전 작업이 오히려 전체 성능을 떨어뜨리는 것이다. 최악의 경우 데이터의 삽입과 삭제 시 전체 트리를 전부 재조정해주어야 하는 일도 생길 수 있다.

이와 비교했을 때 2-3 트리는 AVL 트리의 이러한 문제를 해결해준다. AVL 트리가 이진 트리의 구조를 유지하면서 전체 트리를 효율적으로 관리하는 방법이라면, 2-3 트리는 트리의 가장 기본이 되는 노드 구조를 좀 더 효율적으로 개선해 전체 트리 알고리즘의 성능을 끌어올리는 방법이다.

2-3 트리를 사용하면 평균 성능이 O(log₂N)이 아니라 O(log₃N)이 되므로 전체 성능을 더 향상시킬 수 있다. 단, 2-3 트리의 분할Split Method에도 성능이 저하될 가능성이 있으므로 이를 좀 더 개선하기 위해 상황에 따라 2-3 트리 대신 2-3-4 트리를 사용하는 경우가 있다.

CHAPTER

06

기본 정렬 알고리즘

정렬^{sort}은 프로그래밍 분야에서 상당히 고전에 속하는 알고리즘이다. 정렬 알고리즘의 기본 개념은 무작위로 나열되어 있는 데이터를 주어진 조건에 맞게 재배열하는 것이다. 이미 우리의 실생활에서도 자주 사용되는 것이 정렬 알고리즘인 만큼, 6장에서는 주요 개념 및 여러 가지 정렬 알고리즘이 어떻게 만들어졌는지 자세히 살펴본다.

SECTION 01 다양한 정렬 알고리즘

정렬 알고리즘은 많이 익숙한 개념이다. 여러분이 회사원이라고 가정해보자. 업무적으로 만나게 되는 사람들과 명함을 주고받을 것이고, 받은 명함을 어딘가에 보관해둘 것이다. 명함철을 이용해 받은 명함을 꽂아두는 경우도 있고, 명함에서 이름/회사명/전화번호/이메일을 별도로 정리해서 컴퓨터에 저장해두는 경우도 있을 것이다.

그럼 명함철에 명함을 보관하는 경우를 생각해보자. 아마 "어떤 순서로 명함을 정리할까?"라던가, "과연 명함을 이름 순서대로 저장하는 것이 옳은 방법일까?"라는 의문을 가질 수 있을 것이다. 예를 들어 약 1만 장의 명함이 있으며 명함이 '가나다' 순으로 정리되어 있는데, 어느 날 '김아무개'라는 사람에게서 명함을 받았다면 1만 장이나 되는 명함 중간에 순서를 맞춰서 김아무개의 명함을 꽂아주어야 한다. 그래야 이름으로 정렬이 된다.

그런데 (명함철의 구조에 따라 다를 수 있지만) 새로운 명함 하나를 꽂으면 새로운 명함보다 이름 순서가 뒤인 명함들을 한 칸씩 뒤로 밀어야 하는 번거로움이 발생할 수 있다. 사람 이름에 따라 밀리는 명함은 한두 장이 될 수도 있고, 수천 장이 될 수도 있다. 이런 상황이라면 명함을 정리하기 싫어질 수도 있다. 즉, '가나다'라는 이름 순으로 명함을 정리해두는 것이 머릿속에서는 편리하다고 생각되더라도 실제 관리하기에는 여간 불편한 것이 아니다.

정렬 알고리즘이 여러 가지인 이유는 이 명함철 정리에 비유할 수 있다. 즉, 그중에서 어떤 정렬 방법이 제일 좋다고 말할 수 없다.

일반적으로 쉽게 사용하는 정렬 알고리즘은 이 장에서 다루게 될 선택 정렬, 삽입 정렬, 버블 정렬, 셸 정렬이 있다. 정렬 알고리즘 각각은 간단하고 이해하기도 쉽다는 장점이 있는 반면에 정렬 속도 면에서는 그다지 빠르다고 볼 수 없다. 하지만 7장에서 다룰 향상된 정렬 알고리즘은 코드가 복잡하고 다양하게 적용하기 어렵지만 기본 정렬 알고리즘보다 정렬 속도가 빠르다.

또한 속도에 따라 정렬 알고리즘들을 분류하는 방법 외에도 다른 분류 방법이 있다. 간단하게 소개하면 다음과 같다.

- 내부 정렬 알고리즘(Internal Sort Algorithm): 메모리에 있는 데이터를 정렬한다.
- 외부 정렬 알고리즘(External Sort Algorithm): 파일이나 외부의 특정한 저장 공간에 있는 데이터를 정렬한다.
- 직접 정렬 알고리즘(Direct Sort Algorithm): 실제 데이터를 직접 재배치하며 정렬한다.
- 간접 정렬 알고리즘(Indirect Sort Algorithm): 데이터가 저장된 주소 값만을 바꾸며 정렬한다.

방금 소개한 분류의 정렬 알고리즘은 어떤 한 가지로 분류할 수 있는 것이 아니다. 예를 들어 퀵 정렬의 경우에는 내부 정렬 알고리즘이면서 직접 정렬 알고리즘이 될 수도 있고 또 파일을 정렬하는 경우에는 퀵 정렬이더라도 외부 정렬 알고리즘과 간접 정렬 알고리즘으로 분류할 수도 있다.

따라서 정렬 알고리즘에서 중요한 점은 다음 두 가지다.

1 어떤 데이터를 사용하는가?
2 어떤 정렬 조건을 사용하는가?

자! 이제 본격적으로 정렬 알고리즘을 한 단계씩 살펴보자.

SECTION 02 선택 정렬 알고리즘

선택 정렬 알고리즘Selection Sort Algorithm은 주변에서 손쉽게 접할 수 있는 정렬 알고리즘 중의 하나다.

선택 정렬 알고리즘의 개념

선택 정렬 알고리즘의 기본 개념은 데이터의 처음부터 끝까지 죽 훑어가면서 가장 작은 값을 찾아 그 값을 첫 번째 데이터와 자리를 바꾸고, 두 번째로 작은 데이터를 찾아 두 번째의 데이터와 자리를 바꾸는 방법으로 구현하는 정렬 알고리즘이다.

백문이 불여일견이다. 간단한 선택 정렬 알고리즘의 코드를 살펴보자.

코드 6-1 선택 정렬 알고리즘

```
01  #include <stdio.h>
02  #include <stdlib.h>
03  #define MAX 100
04  #define TRUE 1
05  #define FALSE 0
06
07  // 함수 원형
08  void MakeRandomNumber(void);
09  void SelectionSort(void);
10  void DisplayBuffer(void);
11  int IsNumberExit(int, int);
12  int Buf[MAX];
13
14  // 정렬할 데이터의 초기화
15  void MakeRandomNumber(void)
16  {
17    int i, Num;
18    i = 1;
19    srand((unsigned)time(NULL));
20    Buf[0] = 100;
```

```
21
22   while(i < MAX) {
23     Num = rand() % MAX;
24     if(!IsNumberExit(Num, i)) {
25       Buf[i] = Num;
26       i++;
27     }
28   }
29 }
30
31 void SelectionSort(void)
32 {
33   int i, j, min, dummy;
34
35   for(i = 0; i < MAX; i++) {
36     min = i;
37
38     for(j = i + 1; j < MAX; j++)
39       if(Buf[j] < Buf[min])
40         min = j;
41
42     dummy = Buf[min];
43     Buf[min] = Buf[i];
44     Buf[i] = dummy;
45   }
46 }
47
48 // 배열 Buf에 저장된 데이터 출력
49 void DisplayBuffer(void)
50 {
51   int i;
52
53   for(i = 0; i < MAX; i++) {
54     if((i % 10) == 0)
55       printf("\n");
56
57     printf("%4d ",Buf[i]);
58   }
59
60   printf("\n");
61 }
62
63 // 이미 생성된 값이 아닌지를 검사
64 int IsNumberExit(int number, int index)
```

```
65   {
66       int i;
67
68       for(i = 0; i < index; i++) {
69           if(Buf[i] == number || number == 0)
70               return TRUE;
71       }
72
73       return FALSE;
74   }
75
76   void main()
77   {
78       printf("정렬할 데이터 초기화\n");
79
80       MakeRandomNumber();
81       DisplayBuffer();
82       printf("정렬 후 데이터\n");
83
84       SelectionSort();
85       DisplayBuffer();
86       printf("\n");
87   }
```

코드 6-1 실행 결과

```
정렬할 데이터 초기화
100 41 67 34 69 24 78 58 62 64
5 45 81 27 61 91 95 42 36 4
2 53 92 82 21 16 18 47 26 71
38 12 99 35 94 3 11 22 33 73
68 44 57 37 59 23 29 90 88 6
40 48 46 70 50 1 93 84 54 56
66 76 31 8 39 15 30 77 86 72
97 55 74 52 7 87 83 9 13 10
20 96 28 17 14 51 49 19 98 89
85 43 80 79 75 32 25 60 63 65
정렬 후 데이터
1 2 3 4 5 6 7 8 9 10
11 12 13 14 15 16 17 18 19 20
21 22 23 24 25 26 27 28 29 30
31 32 33 34 35 36 37 38 39 40
41 42 43 44 45 46 47 48 49 50
```

```
51 52 53 54 55 56 57 58 59 60
61 62 63 64 65 66 67 68 69 70
71 72 73 74 75 76 77 78 79 80
81 82 83 84 85 86 87 88 89 90
91 92 93 94 95 96 97 98 99 100
```

코드 6-1의 핵심 부분은 31행~46행의 선택 정렬 알고리즘 함수인 SelectionSort()다. 하지만 이를 살펴보기 전에 임의로 숫자를 추출하는 MakeRandomNumber() 함수부터 살펴보자.

```
15    void MakeRandomNumber(void)
16    {
17      int i, Num;
18      i = 1;
19      srand((unsigned)time(NULL));
20      Buf[0] = 100;
21
22      while(i < MAX) {
23        Num = rand() % MAX;
24        if(!IsNumberExit(Num, i)) {
25          Buf[i] = Num;
26          i++;
27        }
28      }
29    }
```

MakeRandomNumber() 함수는 이름에서도 알 수 있듯이 임의로 1~100의 숫자를 선택한다. 보통 사람이라면 임의로 숫자 하나를 선택하는 것이 간단한 문제겠지만 컴퓨터라면 어려운 일의 하나다. 컴퓨터가 내리는 판단이나 처리는 주어진 조건에 맞추는 것인데 1~100의 숫자 중에서 임의로 하나를 추출한다는 것은 주어진 조건이나 판단이 없는 연산이므로 여간 어려운 일이 아니다.

다행히도 대부분의 프로그래밍 언어는 임의로 숫자를 추출하는 별도의 함수를 제공하니 안심해도 된다. 그 역할을 하는 함수가 23행의 rand() 함수다. 그런데 실제 23행을 살펴보면 rand() 함수로 생성한 임의의 숫자를 나머지 연산자(%)를 사용해 배열의 총 크기에 해당하는 MAX 값으로 나누어 나머지를 구하는 방식을 사용한다. MAX 값으로 나눈 이유는 rand() 함수가 주어진 범위에 상관없이 '임의'라는 말 그대로 숫자를 추출하기 때문이다. 즉, 임의로 생성된 숫자가 1부터 MAX 사이의 값을 갖게 하고 MAX 값을 100으로 정의해두면 rand() 함수의 결과는 1~100 사이의 값만 갖게 할 수 있다.

20행은 최댓값인 100을 Buf[0]에 저장해두는 것이고, 24행은 23행에서 얻어온 Num 값이 기존에 이미 생성된 값과 중복되지 않게 하려는 목적으로 IsNumberExit() 함수를 사용한다. IsNumberExit() 함수의 반환 값이 TRUE면 이미 rand() 함수를 사용하여 얻은 값이 존재한다는 의미이므로 23행을 다시 실행하고 반환 값이 FALSE면 존재하지 않는 값이므로 배열 Buf에 저장한다. 이 과정을 배열의 전체 크기만큼 반복 실행한다.

그렇다면 이제 IsNumberExit() 함수를 살펴보자.

```
64    int IsNumberExit(int number, int index)
65    {
66      int i;
67
68      for(i = 0; i < index; i++) {
69        if(Buf[i] == number || number == 0)
70          return TRUE;
71      }
72
73      return FALSE;
74    }
```

IsNumberExit() 함수는 rand() 함수로 생성한 변수 number와 배열의 인덱스인 변수 index를 매개변수로 받는다. 그리고 68행~71행 for문으로 0부터 변수 index − 1까지 반복 실행하면서 배열 Buf에 매개변수 number와 같은 값이 있는지를 검사한다. 만약 같은 값이 존재하거나 number 값이 0이면 즉시 TRUE를 반환하고, for문 실행이 끝났는데도 같은 값을 발견하지 못하면 FALSE를 반환한다.

이제 선택 정렬 알고리즘의 핵심인 SelectionSort() 함수를 보자.

```
31    void SelectionSort(void)
32    {
33      int i, j, min, dummy;
34
35      for(i = 0; i < MAX; i++) {
36        min = i;
37
```

```
38        for(j = i + 1; j < MAX; j++)
39          if(Buf[j] < Buf[min])
40            min = j;
41
42        dummy = Buf[min];
43        Buf[min] = Buf[i];
44        Buf[i] = dummy;
45      }
46  }
```

함수 내부는 2개의 for문으로 구성되어 있다. 첫 번째 for문은 35행~45행으로, 0~MAX −1 값의 범위를 반복 실행한다. 일단 35행의 for문이 실행되면 변수 min에 현재 제어 변수 i의 값을 저장해둔다. 이는 현재 i 값이 배열 Buf 최솟값의 인덱스라고 가정하는 것이다. 일단은 그렇게 기억한 후 두 번째 for문인 38행~40행을 실행한다. 두 번째 for문의 제어 변수 j는 i보다 1 더 큰 인덱스부터 시작해 MAX − 1 값의 범위까지 반복 실행하게 된다. 만약 Buf[j]가 Buf[min] 보다 더 작은 값을 갖는다면 j 값을 min 값으로 저장한다.

제어 변수 i가 0인 경우에 35행~45행을 한 번 실행하면 그림 6-1과 같은 결과가 나온다.

① min이 0인 경우

② 40행에 의해 min이 3이 된 경우

③ 42행~44행에 의해 Buf[0]과 Buf[3]의 값이 바뀜

그림 6-1 SelectionSort() 함수를 한 번 실행한 결과

①의 경우는 36행 때문에 변수 min의 값이 0이다. 그런데 38행~40행의 for문을 반복 실행하다 보면 변수 j가 3이 되었을 때 39행 if(Buf[j] < Buf[min])의 조건문은 참이 된다. 따라서 40행이 실행되고 ②의 경우처럼 변수 min의 값은 3이 된다.

42행~44행은 Buf[0]과 Buf[3]의 값을 바꾸는 코드다. Buf[0]과 Buf[3]을 바꾸는 이유는 임의로 정한 가장 작은 데이터를 실제로 가장 작은 데이터와 바꾸기 위해서다. 임의로 Buf[0]이 제일 작은 값이라고 간주하고 선택 정렬 알고리즘을 실행한다는 것을 기억하자. 처음에는 데이터 맨 앞에 있는 데이터를 임의로 가장 작은 값이라고 생각했지만 일단 선택 정렬 알고리즘을 한 번 실행하면 실제로 가장 작은 데이터를 찾을 수 있다. 바로 그 데이터가 Buf[3] 안에 저장되어 있는 '1'이 된다. 이처럼 2개의 값을 서로 바꾸는 것을 스왑swap이라고 말한다.

그림 6-1은 35행의 for문을 한 번만 실행한 경우며 데이터 개수가 100개이므로 35행의 for문은 100번 반복하게 된다. for문을 한 번 반복 실행할 때마다 그림 6-2처럼 가장 작은 데이터가 왼쪽으로 옮겨지게 된다.

① 1회 반복 후의 결과

② 2회 반복 후의 결과

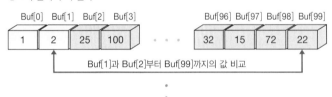

③ 100회 반복 후의 결과

그림 6-2 SelectionSort() 함수를 계속 실행

for문을 100회 반복 실행하면 Buf[0]부터 차례대로 작은 값부터 큰 값의 순서대로 정렬된다.

선택 정렬 알고리즘의 성능을 표현할 때는 1장에서 설명한 빅오 표기법을 사용한다(내용이 잘 기억나지 않는다면 1장을 다시 참고하자). 선택 정렬 알고리즘의 경우는 $O(N^2)$으로 표현할 수 있다.

그 이유는 다음과 같이 정리할 수 있다. 우선 함수가 실행되는 것을 글로 표현하면 다음과 같다.

- 35행~45행의 for문을 처음으로 실행하면 38행~40행의 for문이 99번 실행된다.
- 35행~45행의 for문을 두 번째로 실행하면 38행~40행 for문은 98번 실행된다.

결국 전체 반복 횟수를 더하면 다음과 같은 공식으로 나타낼 수 있다.

$$T(100) = 99 + 98 + ... + 1$$

따라서 데이터가 100개가 아니라 N개인 경우 빅오 표기법으로 표현하면 다음과 같은 공식으로 나타낼 수 있다.

$$T(N) = O(N^2)$$

선택 정렬 알고리즘의 분석

이번에는 선택 정렬 알고리즘의 특성과 장단점을 이야기해보자. 우선 선택 정렬 알고리즘을 좀 더 컴퓨터 입장에서 설명한 글을 읽어보자.

> "N개의 데이터가 있는 선택 정렬 알고리즘은 2개의 반복문을 사용해 '$N^2 / 2$'회의 비교를 한다. 그런데 데이터가 정렬되지 않은 부분에서 정렬된 쪽으로 이동하는 횟수는 N번이다. 왜냐하면 일단 정렬되지 않은 부분에서 가장 작은 값을 갖는 데이터를 찾은 후에 데이터를 교환하기 때문이다."

이 글에 맞춰 알파벳 정렬의 예를 살펴보자. N은 26이 된다. 따라서 비교 횟수는 'N * N / 2'가 되므로 '(26 * 26) / 2 = 338'회가 된다. 그리고 비교 횟수와 정렬하는 데이터를 교환하는 데이터의 이동 횟수는 N이므로 26회가 된다.

그럼 다시 선택 정렬 알고리즘의 핵심인 SelectionSort() 함수로 돌아가보자. 38행~40행을 보면 아직 정렬되지 않은 부분(제어 변수 j)부터 데이터의 끝까지 for문을 반복 실행하면서 현재 정렬되지 않은 데이터 중에서 가장 작은 값을 '선택'한다. 다시 말하면 정렬될 조건에 맞는 데이터 하나를 선택한다고 말할 수 있다. 바로 이 '선택Select'이 알고리즘의 이름을 결정하게 된 이유다.

또한 38행~40행은 가장 작은 값을 찾기 위해 비교하는 부분이고 42행~44행은 일단 찾은 데이터를 교환하는 부분이다. 그런데 42행~44행은 35행에서 시작하는 for문 안에 있으므로 데이터의 개수, 즉 N개 만큼의 교환 횟수를 갖는다. 이 부분은 꼭 기억해두자.

선택 정렬 알고리즘의 장점은 실제 정렬에 사용되는 데이터의 수가 많은 경우에 유용하다. 비교 횟수는 '$N^2 / 2$'회나 되므로 큰 편이지만 데이터 교환 횟수는 N번이면 충분하다. 즉, 교환 횟수가 상대적으로 적으므로 정렬할 데이터의 수가 많은 경우라면 다른 정렬 알고리즘과 비교했을 때 선택 정렬 알고리즘이 많이 유용하다고 볼 수 있다.

삽입 정렬 알고리즘

삽입 정렬 알고리즘^{Insert Sort Algorithm}은 선택 정렬 알고리즘과 비슷하다. 따라서 앞에서 배운 선택 정렬 알고리즘과 어떤 차이점이 있는지를 중심으로 살펴보도록 하자.

삽입 정렬 알고리즘의 개념

선택 정렬 알고리즘이 정렬되지 않은 데이터 중에 가장 작은 값을 찾아서 정렬하는 방식이라면 삽입 정렬 알고리즘은 데이터를 순차적으로 정렬하면서 현재 값을 정렬되어 있는 값들과 비교해 적합한 위치로 삽입하는 방식이다.

그럼 삽입 정렬 알고리즘의 전체 코드를 살펴보자.

코드 6-2 삽입 정렬 알고리즘

```
01   #include <stdio.h>
02   #include <stdlib.h>
03   #include <time.h>
04   #define MAX 100
05   #define TRUE 1
06   #define FALSE 0
07
08   void MakeRandomNumber(void);
09   void InsertionSort(void);
10   void DisplayBuffer(void);
11   int IsNumberExit(int, int);
12   int Buf[MAX];
13
14   // 정렬할 데이터 초기화
15   void MakeRandomNumber(void)
16   {
17     int i, Num;
18     i = 1;
19     srand((unsigned)time(NULL));
```

```
20    Buf[0] = 100;
21
22    while(i < MAX) {
23      Num = rand() % MAX;
24
25      if(!IsNumberExit(Num, i)) {
26        Buf[i] = Num;
27        i++;
28      }
29    }
30  }
31
32  void InsertionSort(void)
33  {
34    int i, j, dummy;
35    for(i = 0; i < MAX; i++) {
36      dummy = Buf[i];
37      j = i;
38
39      while(Buf[j - 1] > dummy && j > 0) {
40        Buf[j] = Buf[j - 1];
41        j--;
42      }
43
44      Buf[j] = dummy;
45    }
46  }
47
48  void DisplayBuffer(void)
49  {
50    int i;
51    for(i = 0; i < MAX; i++) {
52      if((i % 10) == 0)
53        printf("\n");
54
55      printf("%4d", Buf[i]);
56    }
57
58    printf("\n");
59  }
60
61  int IsNumberExit(int number, int index)
62  {
63    int i;
```

```
64
65    for(i = 0; i < index; i++) {
66      if(Buf[i] == number || number == 0)
67        return TRUE;
68    }
69
70    return FALSE;
71  }
72
73  void main()
74  {
75    printf("정렬할 데이터 초기화\n");
76
77    MakeRandomNumber();
78    DisplayBuffer();
79    printf("정렬 후 데이터\n");
80
81    InsertionSort();
82    DisplayBuffer();
83    printf("\n");
84  }
```

코드 6-2 실행 결과

```
정렬할 데이터 초기화
100 66 74 79 68 9 97 8 21 96
95 23 98 72 42 7 30 40 26 18
13 20 78 86 32 35 99 54 52 17
48 19 93 94 25 55 77 22 16 89
34 81 69 82 37 60 91 85 3 75
29 28 73 62 11 83 4 15 43 92
36 41 5 64 49 61 10 70 6 38
44 2 90 65 33 76 31 57 59 58
51 12 53 27 67 87 80 14 45 71
50 24 56 63 46 39 47 1 84 88
정렬 후 데이터
1 2 3 4 5 6 7 8 9 10
11 12 13 14 15 16 17 18 19 20
21 22 23 24 25 26 27 28 29 30
31 32 33 34 35 36 37 38 39 40
41 42 43 44 45 46 47 48 49 50
51 52 53 54 55 56 57 58 59 60
61 62 63 64 65 66 67 68 69 70
```

```
71 72 73 74 75 76 77 78 79 80
81 82 83 84 85 86 87 88 89 90
91 92 93 94 95 96 97 98 99 100
```

앞에서 배운 선택 정렬 알고리즘과 비교하면 정렬할 데이터를 초기화할 때의 차이만 있을 뿐 정렬 후 데이터는 같다. 참고로 임의의 수를 생성하는 함수나 생성한 값이 이미 존재하는 값인지를 검사하는 함수 등은 선택 정렬 알고리즘과 같다.

그럼 본격적으로 삽입 정렬 알고리즘의 핵심인 InsertionSort() 함수를 살펴보자.

```
32   void InsertionSort(void)
33   {
34     int i, j, dummy;
35     for(i = 0; i < MAX; i++) {
36       dummy = Buf[i];
37       j = i;
38
39       while(Buf[j - 1] > dummy && j > 0) {
40         Buf[j] = Buf[j - 1];
41         j--;
42       }
43
44       Buf[j] = dummy;
45     }
46   }
```

삽입 정렬 알고리즘은 선택 정렬 알고리즘과 구조는 비슷하지만 약간 다른 부분이 있다. 35행~45행에서 for문을 사용해 첫 번째 데이터부터 마지막 데이터까지 반복문을 실행하면서 정렬 작업을 하는 것은 선택 정렬과 삽입 정렬 모두 같다. 하지만 반복문의 시작을 배열의 첫 번째가 아닌 두 번째부터 시작하는 것은 다른 점이다.

for문 실행을 시작하면 36행에서 정렬할 데이터가 저장되어 있는 배열 Buf의 i번째 데이터를 가져와서 변수 dummy에 저장하고 현재의 i값을 변수 j에 저장한다.

39행~42행의 while문이 중요하다. 39행 while문의 조건을 보면 현재 Buf[j − 1]과 dummy 값을 비교해 배열 Buf에 있는 값이 현재 dummy 값보다 크면 현재의 Buf 값을 한 칸 뒤로 이동시킨다. 그럼 35행의 for문을 한 번 실행한 후의 결과인 그림 6-3을 보자.

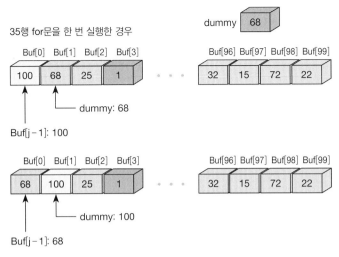

그림 6-3 for문을 한 번 실행한 후의 결과

처음 for문이 시작되면 제어 변수 i는 1이 되므로 Buf[i]는 68이 된다. 먼저 36행처럼 Buf[i]의 값을 변수 dummy에 저장해둔다. 이 부분이 그림 6-3의 첫 번째 부분이다.

37행은 변수 j에 현재의 제어 변수 i의 값을 저장하는 부분이다.

그리고 Buf[j − 1]이 dummy 값보다 큰지 검사하려고 39행의 while문을 실행한다. 현재 j 값은 i 값과 같으므로 Buf[j − 1]은 100을 가리키게 된다. 따라서 while문은 100과 dummy 변수에 저장되어 있는 68을 비교하게 되고 당연히 100보다 68이 크므로 while문 안으로 진입하게 된다. 그리고 40행에서 Buf[j −1]의 값을 Buf[j]에 저장한다. 41행에서는 현재 변수인 j 값을 하나 감소시킨다. 이 과정이 완료되면 다시 39행의 while문으로 돌아간다. 현재 변수인 j의 값이 0이므로 while문은 거짓이 되고 44행에서 현재의 dummy 값을 Buf[j]에 저장한다. 즉, while문의 실행이 끝나면 그림 6−3의 두 번째 부분처럼 되면서 68과 100이 서로 자리를 바꾸게 된다.

정리하면 for문은 정렬할 데이터를 처음부터 끝까지 반복해서 찾는 부분이며 for문 안에 있는 while문은 이미 정렬되어 있는 데이터 중에서 변수 dummy에 저장한 값이 들어갈 위치를 찾는 부분이다. 만약 dummy 값이 정렬할 데이터 중 가장 작은 값이라면 whlie문은 정렬된 데이터의 가장 첫부분부터 모두 비교하게 된다. 중요한 부분이니 꼭 기억하자.

삽입 정렬 알고리즘의 분석

삽입 정렬 알고리즘의 성능을 빅오 표기법으로 표시하면 $O(N^2)$이 된다. 선택 정렬 알고리즘의 경우에도 방식이 같으므로 두 알고리즘의 성능은 그다지 차이가 없다고 볼 수 있다.

그런데 삽입 정렬 알고리즘의 경우에는 순서대로 데이터를 뽑아서 정렬할 데이터가 들어갈 위치를 검색해 삽입하므로 데이터의 정렬 상태가 최선인 경우와 최악인 경우에 따라 성능이 좋거나 나빠진다. 이미 정렬된 데이터를 다루는 최선의 경우에는 데이터를 뽑아서 삽입하는 과정 자체가 필요 없으므로 선택 정렬 알고리즘과 비교했을 때 월등히 좋은 성능을 보여준다. 이유는 데이터의 비교 횟수가 입력 데이터의 양에 비례하기 때문이다. 즉, 최선의 경우일 때 데이터의 비교 횟수를 보면 처리할 데이터의 수와 비교 횟수가 같다는 것을 알 수 있다.

그런데 선택 정렬 알고리즘은 이미 데이터가 정렬이 되어 있더라도 정렬되어 있는 값들을 비교해 가장 작은 값이라는 것을 확신할 때까지 검색 작업을 반복하므로 아무리 데이터가 정렬되어 있다고 하더라도 데이터의 비교 횟수는 'N * N / 2'이다. 이 경우에는 정렬할 데이터의 수가 많으면 많을수록 선택 정렬 알고리즘보다 삽입 정렬 알고리즘의 성능이 좋아진다.

최악의 경우인, 데이터가 정렬되지 않은 상황이라면 선택 정렬 알고리즘보다 삽입 정렬 알고리즘의 성능이 좋지 않다는 것을 알 수 있다. 삽입 정렬 알고리즘의 경우는 최악의 경우라도 비교 횟수가 'N * (N − 1) / 2'로 일정하고, 데이터의 이동 횟수도 'N * (N − 1) / 2'로 일정하다. 이는 선택 정렬 알고리즘의 비교 횟수가 'N * N / 2'이고, 데이터의 이동 횟수가 N인 것과 비교하면 성능을 감소시키는 요인이 된다.

결론적으로 선택 정렬 알고리즘이 비교 횟수가 많고 데이터의 이동 횟수는 적은 반면에 삽입 정렬 알고리즘은 비교 횟수가 적고 상대적으로 데이터의 이동 횟수는 많은 편에 속한다. 그러므로 일반적인 상황에서 성능을 비교하면 선택 정렬 알고리즘이 삽입 정렬 알고리즘보다 성능이 좋다. 그렇다고 해서 모든 경우에 삽입 정렬 알고리즘이 더 좋은 것은 아니다. 삽입 정렬 알고리즘의 정렬 속도는 선택 정렬 알고리즘보다 좀 더 빠를지는 모르지만 정렬할 데이터의 양에 따라서 성능이 나빠지는 경우가 많다. 오히려 이런 점에서는 선택 정렬 알고리즘이 더 낫다고 볼 수도 있다.

데이터를 정렬할 때 무조건 하나의 정렬 알고리즘을 사용하는 것은 바람직하지 않다. 데이터를 정렬할 여러 가지 조건(데이터의 개수, 사용할 수 있는 메모리의 양 등)을 분석해서 가장 합당한 정렬 알고리즘을 선택하는 지혜가 필요하다.

버블 정렬 알고리즘

버블 정렬 알고리즘Bubble Sort Algorithm은 정렬 알고리즘을 소개하는 대부분의 책에서 매번 등장하는 알고리즘이다. 하지만 성능이 그리 좋은 편이 아니므로 실제로는 자주 사용하지 않는다. 그럼 버블 정렬 알고리즘이 무엇이며 알고리즘의 성능은 어느 정도인지 알아보도록 하자.

버블 정렬 알고리즘의 개념

버블 정렬 알고리즘은 정렬하는 모양이 버블과 비슷하다고 해서 붙여진 이름이다. 구조를 살펴보면 순차적으로 바로 옆에 있는 데이터와 비교해서 옆의 데이터가 크면 자신과 위치를 바꾼다. 즉, 첫 번째 데이터가 가장 크다면 계속 옆에 있는 데이터와 자리를 바꾸면서 해당 데이터는 결국 맨 끝으로 이동하게 된다. 그리고 두 번째 위치에 있는 데이터를 또다시 옆에 있는 데이터와 비교한다. 이와 같은 과정을 마지막 데이터의 바로 전 데이터까지 반복해서 실행한다. 눈치가 빠른 사람이라면 이 형태가 마치 버블이 부글부글 올라가는 것과 비슷하다고 느꼈을 것이다.

그럼 버블 정렬 알고리즘의 전체 코드를 살펴보자.

코드 6-3 버블 정렬 알고리즘

```
01  #include <stdio.h>
02  #include <stdlib.h>
03  #include <time.h>
04
05  #define MAX 100
06  #define TRUE 1
07  #define FALSE 0
08
09  void MakeRandomNumber(void);
10  void BubbleSort(void);
11  void DisplayBuffer(void);
12  int IsNumberExit(int, int);
13
```

```
14  int Buf[MAX];

15

16  // 정렬할 데이터 초기화
17  void MakeRandomNumber(void)
18  {
19    int i, Num;
20    i = 1;
21    srand((unsigned)time(NULL));
22    Buf[0] = 100;

23

24    while(i < MAX) {
25      Num = rand() % MAX;

26

27      if(!IsNumberExit(Num, i)) {
28        Buf[i] = Num;
29        i++;
30      }
31    }
32  }

33

34  void BubbleSort(void)
35  {
36    int i, j, dummy;

37

38    for(i = MAX - 1; i >= 0; i--) {
39      for(j = 1; j <= i; j++) {
40        if(Buf[j - 1] > Buf[j]) {
41          dummy = Buf[j - 1];
42          Buf[j - 1] = Buf[j];
43          Buf[j] = dummy;
44        }
45      }
46    }
47  }

48

49  void DisplayBuffer(void)
50  {
51    int i;

52

53    for(i = 0; i < MAX; i++) {
54      if( (i % 10) == 0)
55        printf("\n");

56

57      printf("%4d ", Buf[i]);
```

```
58       }
59
60     printf("\n");
61   }
62
63   int IsNumberExit(int number, int index)
64   {
65       int i;
66
67       for(i = 0; i < index; i++) {
68           if(Buf[i] == number || number == 0)
69               return TRUE;
70       }
71
72       return FALSE;
73   }
74
75   void main()
76   {
77       printf("정렬할 데이터 초기화\n");
78
79       MakeRandomNumber();
80       DisplayBuffer();
81       printf("정렬 후 데이터\n");
82
83       BubbleSort();
84       DisplayBuffer();
85       printf("\n");
86   }
```

코드 6-3 실행 결과

```
정렬할 데이터 초기화
100 87 62 58 6 41 39 47 98 51
1 36 40 34 8 37 44 75 3 88
79 77 24 12 72 57 50 45 10 78
19 96 13 69 15 9 93 90 59 84
20 7 29 95 21 56 2 4 43 83
14 33 63 53 99 89 23 71 17 42
11 86 27 73 85 76 65 31 26 46
22 97 82 64 92 54 68 49 81 32
60 94 18 67 16 52 35 30 66 91
74 25 80 61 5 70 55 38 48 28
```

```
정렬 후 데이터
1 2 3 4 5 6 7 8 9 10
11 12 13 14 15 16 17 18 19 20
21 22 23 24 25 26 27 28 29 30
31 32 33 34 35 36 37 38 39 40
41 42 43 44 45 46 47 48 49 50
51 52 53 54 55 56 57 58 59 60
61 62 63 64 65 66 67 68 69 70
71 72 73 74 75 76 77 78 79 80
81 82 83 84 85 86 87 88 89 90
91 92 93 94 95 96 97 98 99 100
```

실행 결과는 역시 다른 정렬 알고리즘과 비슷하다. 그럼 버블 정렬 알고리즘의 핵심인 BubbleSort() 함수를 좀 더 자세히 살펴보자.

```
34   void BubbleSort(void)
35   {
36     int i, j, dummy;
37
38     for(i = MAX - 1; i >= 0; i--) {
39       for(j = 1; j <= i; j++) {
40         if(Buf[j - 1] > Buf[j]) {
41           dummy = Buf[j - 1];
42           Buf[j - 1] = Buf[j];
43           Buf[j] = dummy;
44         }
45       }
46     }
47   }
```

버블 정렬 알고리즘도 기존 정렬 알고리즘처럼 38행~46행의 첫 번째 for문과 39행~45행의 두 번째 for문을 중첩해서 구성되어 있다. 첫 번째 for문에서 제어 변수 i는 MAX − 1을 가리킨다. MAX − 1은 정렬할 데이터가 저장된 배열 Buf의 가장 마지막 위치를 말한다. 즉, 38행의 for문은 가장 마지막 위치에서부터 한 칸씩 줄어들면서 반복 실행된다.

두 번째 for문의 제어 변수인 변수 j는 1로 초기화되어 있으므로 38행 for문의 제어 변수인 변수 i 값하고 같거나 작을 때까지 하나씩 증가하면서 40행~44행을 반복 실행한다. 40행의 if문은 Buf[j − 1] 값이 Buf[j] 값과 같은지 비교해 Buf[j − 1] 값이 Buf[j] 값보다 크면 두 값을 바꾼다.

그럼 이를 좀 더 이해하기 쉽게 설명해주는 그림 6-4를 보자.

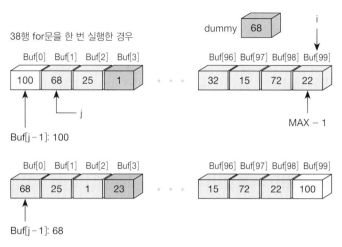

그림 6-4 버블 정렬 알고리즘을 실행한 후의 결과

첫 번째 그림을 보면 100이라는 데이터는 가장 큰 수임에도 Buf의 첫 번째인 Buf[0]에 저장되어 있다. 변수 j 값은 Buf[1]을 가리키며 Buf[j − 1] 값은 100이므로 40행의 if문이 실행되면서 Buf[j − 1]과 Buf[j]는 서로 값을 바꾸게 된다. 39행의 for문은 이러한 연산을 제어 변수 j가 1부터 i가 될 때까지 반복한다.

100이 가장 끝으로 이동하면 38행 for문의 변수 i 값은 1만큼 감소하게 되고 39행 for문은 Buf[0]부터 100 바로 앞에 있는 Buf[98]까지 반복한다.

버블 정렬 알고리즘의 분석

버블 정렬 알고리즘의 성능 역시 빅오 표기법으로 표시하면 $O(N^2)$이다. 다른 정렬 알고리즘과 성능이 같아 보이지만 버블 정렬 알고리즘의 성능은 최선의 경우와 최악의 경우 각각에 따라 달라진다. 최선의 경우에는 이미 데이터가 정렬된 상황이므로 이동 횟수는 0이지만 비교 횟수는 'N * N / 2'가 된다. 최악의 경우에는 비교 횟수와 이동 횟수 모두 'N * N / 2'가 된다. 따라서 버블 정렬 알고리즘은 최악의 경우를 가정했을 때의 알고리즘 성능이 다른 정렬 알고리즘보다 많이 나쁘다.

원인은 무엇일까? 버블 정렬 알고리즘은 배열끼리 비교와 복사를 반복 실행하기 때문이다. 이 부분은 앞에서 소개한 BubbleSort() 함수에서는 39행~45행의 for문으로, 최악의 경우라면 전체 데이터들이 이동한다는 뜻이다. 따라서 실제 정렬 알고리즘의 성능도 다른 알고리즘과 비교해 나빠지는 것이다.

셀 정렬 알고리즘

셀 정렬 알고리즘Shell Sort Algorithm은 삽입 정렬 알고리즘의 단점을 극복하기 위해 일부를 개선한 정렬 알고리즘이다. 이번 절에서는 셀 정렬 알고리즘의 구조와 성능을 살펴보도록 하자.

셀 정렬 알고리즘의 개념

셀 정렬 알고리즘의 기본 구조는 성능 면에서 삽입 정렬 알고리즘과 비교가 되지 않을 정도로 우수하다. 정렬할 데이터를 일정한 구간별로 쪼개고 해당 구간 안에서 먼저 데이터를 정렬한 후 쪼갠 구간을 합해서 정렬하기 때문이다. 즉, 일정 그룹으로 나누고 그룹 안의 정렬이 완료된 후 전체를 정렬하므로 비교 횟수나 데이터의 이동 횟수가 훨씬 줄어든다.

코드 6-4는 셀 정렬 알고리즘의 전체 소스 코드다.

코드 6-4 셀 정렬 알고리즘

```
01  #include <stdio.h>
02  #include <stdlib.h>
03  #include <time.h>
04
05  #define MAX 100
06  #define TRUE 1
07  #define FALSE 0
08
09  void MakeRandomNumber(void);
10  void ShellSort(void);
11  void DisplayBuffer(void);
12  int IsNumberExit(int, int);
13
14  int Buf[MAX];
15
16  // 정렬할 데이터 초기화
17  void MakeRandomNumber(void)
18  {
19    int i, Num;
20
```

```
21    i = 1;
22    srand((unsigned)time(NULL));
23
24    Buf[0] = 100;
25
26    while(i < MAX) {
27      Num = rand() % MAX;
28      if(!IsNumberExit(Num, i)) {
29        Buf[i] = Num;
30        i++;
31      }
32    }
33  }
34
35  void ShellSort(void)
36  {
37    int i, j, h, v;
38    for(h = 0; h < MAX; h = 3 * h + 1);
39    for(; h > 0; h /= 3) {
40      for(i = h; i < MAX; i++) {
41        v = Buf[i];
42        j = i;
43
44        while(j >= h && Buf[j - h] > v) {
45          Buf[j] = Buf[j - h];
46          j -= h;
47        }
48
49        Buf[j] = v;
50      }
51    }
52
53  }
54
55  void DisplayBuffer(void)
56  {
57    int i;
58
59    for(i = 0; i < MAX; i++) {
60      if((i % 10) == 0)
61        printf("\n");
62
63      printf("%4d ", Buf[i]);
64    }
65
```

```
66    printf("\n");
67  }
68
69  int IsNumberExit(int number, int index)
70  {
71    int i;
72
73    for(i = 0; i < index; i++) {
74      if(Buf[i] == number || number == 0)
75        return TRUE;
76    }
77
78    return FALSE;
79  }
80
81  void main()
82  {
83    printf("정렬할 데이터 초기화\n");
84
85    MakeRandomNumber();
86    DisplayBuffer();
87    printf("정렬 후 데이터\n");
88
89    ShellSort();
90    DisplayBuffer();
91    printf("\n");
92  }
```

코드 6-4 실행 결과

```
정렬할 데이터 초기화
100 45 71 15 47 54 60 18 72 84
53 22 23 86 76 82 73 11 48 96
6 68 33 75 12 14 51 90 3 36
19 65 83 31 79 30 57 8 99 10
62 29 50 88 56 55 20 28 26 97
17 95 27 35 93 92 44 67 4 66
21 25 13 61 43 63 52 49 37 77
38 5 85 7 34 16 89 1 41 69
39 59 42 40 2 46 74 81 9 91
58 98 94 70 87 78 32 64 24 80
정렬 후 데이터
1 2 3 4 5 6 7 8 9 10
11 12 13 14 15 16 17 18 19 20
```

```
21 22 23 24 25 26 27 28 29 30
31 32 33 34 35 36 37 38 39 40
41 42 43 44 45 46 47 48 49 50
51 52 53 54 55 56 57 58 59 60
61 62 63 64 65 66 67 68 69 70
71 72 73 74 75 76 77 78 79 80
81 82 83 84 85 86 87 88 89 90
91 92 93 94 95 96 97 98 99 100
```

이제는 벌써 짐작했겠지만 실행 결과는 다른 알고리즘과 같다. 그럼 셸 정렬 알고리즘의 핵심인 ShellSort() 함수를 보자.

```
35   void ShellSort(void)
36   {
37     int i, j, h, v;
38     for(h = 0; h < MAX; h = 3 * h + 1);
39     for(; h > 0; h /= 3) {
40       for(i = h; i < MAX; i++) {
41         v = Buf[i];
42         j = i;
43
44         while(j >= h && Buf[j - h] > v) {
45           Buf[j] = Buf[j - h];
46           j -= h;
47         }
48
49         Buf[j] = v;
50       }
51     }
52
53   }
```

38행은 0부터 MAX − 1 값까지 변수 h를 3배로 만든 후 1을 더한 값으로 증가시키면서 MAX 보다 작은 값이 될 때까지 반복 실행한다. MAX 값이 100이므로 조건식을 만족하는 첫 h 값은 121이다.

이제 39행~51행의 for문을 반복 실행한다. 먼저 39행 for문의 조건은 초깃값은 없고 제어 조건이 h가 0보다 큰 경우다. 그리고 39행 for문 안에서 변수 h 값은 121이다. 그런데 40행 for문은 제어 변수 i가 h 값으로 초기화된 후에 MAX 값보다 작을 경우에만 반복 실행된다. 현재

h 값은 121이므로 당연히 변수 i의 값도 121이고, 40행 for문은 실행할 수 없게 된다. 따라서 변수 h 값을 3으로 나누고 몫을 다시 변수 h 값으로 저장하는 h /= 3이라는 조건이 필요하다. h 값이 121이므로 h /= 3을 실행한 후 h 값은 40이 된다.

40행 for문은 변수 i를 h 값으로 초기화한 후 MAX − 1 값까지 반복 실행하면서 값은 1씩 증가하게 된다. 현재 h 값이 40이므로 변수 i도 40으로 초기화된다. 41행은 Buf[i] 값을 가져와서 임시 변수 v에 저장해두고 42행에서는 현재 제어 변수 i를 변수 j에 저장한다.

44행~47행의 while문은 변수 j 값이 h보다 같거나 크며 Buf[j − h] 값이 임시 변수 v 값보다 큰 경우에 반복 실행한다. Buf[j − h] 값이 변수 v보다 크고 변수 j 값이 변수 h 값보다 같거나 큰 경우에는 Buf[j − h] 값을 Buf[j] 값에 넣는다. 이때 변수 h, i, j 값은 모두 40이므로 Buf[j − h]는 Buf[0]이 되고 Buf[0] 값이 변수 v 값보다 크면 Buf[0] 값을 Buf[40]에 넣는다. 그리고 46행 j −= h를 실행하면 변수 j 값에서 변수 h 값만큼을 빼서 다시 j 값으로 저장하므로 j 값은 0이 된다.

49행 Buf[j] = v;를 실행하면 Buf[0]에 v 값을 저장하므로 Buf[0] = Buf[40]이 된다.

이 모든 과정이 끝나면 44행 while문을 다시 실행한다. 이때는 변수 j 값이 h 값보다 작으므로 while문을 빠져나오고 다시 40행 for문을 실행한다. 40행 for문의 제어 변수 i는 값이 1 증가하며 이는 제어 변수 j 값을 1 증가시키는 것과 같다. 따라서 40행의 for문을 실행할 때 h 값은 계속 40이지만 변수 i와 j는 41이 된다.

셸 정렬 알고리즘의 분석

위 ShellSort( ) 함수를 통해 셸 정렬 알고리즘을 좀 더 간단하게 설명하면 다음과 같다. 예를 들어 100개의 데이터가 있다고 가정해보자. h 값이 10이라면 10, 20, 30, ..., 100의 위치에 있는 데이터들만 뽑아서 정렬하고, 다시 1씩 더해 1, 11, 21, 31, ……, 91의 위치에 있는 데이터들만 뽑아서 정렬하는 구조다. 이와 같은 방식으로 9, 19, 29, ..., 99까지 정렬한 후에 h 값을 줄이게 된다.

이 h 값을 얼마나 줄이느냐가 핵심이다. ShellSort( ) 함수에서는 값을 3으로 나눴으므로 h는 3이 되고 0, 3, 6, 9, ..., 99까지 다시 정렬하고 또 1 증가해서 1, 4, 7, 10, ...의 방식으로 정렬한다. 1 증가한 값이 3보다 작을 때까지 반복하면 다시 h 값을 3으로 나누어 1이 되면 0, 1, 2, ……, 99로 정렬하는데, 이미 h 값이 1인 경우라면 값 대부분이 정렬된 상태가 된다.

이처럼 셸 정렬 알고리즘은 데이터가 많은 경우 해당 데이터를 특정한 조건으로 나누어 분할해서 정렬시키는 방식이다. 따라서 앞에서 배운 선택, 삽입, 버블 정렬 알고리즘과 비교하면 월등히 좋은 성능을 보여준다. 다른 정렬 알고리즘들은 데이터 하나를 다른 데이터들과 비교한 후 필요에 따라 이동하는 방식을 사용해서 $O(N^2)$의 성능에서 벗어나기 어렵다. 반면에 셸 정렬 알고리즘은 데이터의 비교 이동을 그룹 단위로 나눈 후 몇 개의 단계로 나누어서 진행하므로 $O(N(logN)^2)$이라는 성능을 보여주기 때문이다. 정리하면 데이터의 비교 횟수와 이동 횟수가 현저하게 줄어든다는 점이 셸 정렬 알고리즘의 속도를 빠르게 만드는 이유가 된다.

셸 정렬 알고리즘은 앞서 설명한 것처럼 데이터가 정렬된 형태에 따른 성능 차이는 거의 없지만 데이터의 수가 많은 경우에는 어느 정도의 성능 차이가 나타난다. 그러나 다른 알고리즘들과 비교했을 때 데이터 초기 정렬 형태에 그다지 의존적이지 않다는 점에서는 장점을 갖는다.

또 한 가지 특이한 점은 최악의 경우보다 일반적인 경우에 성능이 더 안 좋을 때가 있다는 것이다. 셸 정렬 알고리즘에서 최악의 경우는 데이터가 역순으로 정렬되어 있는 상태다. 그런데 역순 정렬의 경우도 사실 정렬 패턴이 있는 셈이다. 이는 무작위로 정렬할 데이터를 생성하는 일반적인 경우보다 정렬 성능이 좋게 나타나는 결과로 이어진다.

 **정리**

6장에서는 선택, 삽입, 버블, 셸 정렬 알고리즘을 살펴봤다. 이 네 가지 정렬 알고리즘은 기본 정렬 알고리즘이며, 셸 정렬 알고리즘을 제외한 나머지 알고리즘은 $O(N^2)$의 성능으로 나타낼 수 있다.

네 가지 정렬 알고리즘 중에서는 셸 정렬 알고리즘이 가장 효율적이긴 하지만 무조건 효율적이라고 볼 수는 없다. 데이터 정렬 조건 각각에 따라 사용해야 할 정렬 알고리즘을 선택해야 한다는 점을 꼭 기억하자.

CHAPTER 07

향상된 정렬 알고리즘

6장에서 배운 일반적인 정렬 알고리즘은 알고리즘의 기본이다. 그러나 실제로 발생할 수 있는 다양한 문제에서 정렬 알고리즘을 사용해야 할 때는 이 장에서 배우게 될 알고리즘들을 주로 다루게 된다. 보통 접하는 다양한 문제에서 주어지는 조건은 정렬해야 할 데이터의 양이 큰 경우가 많으므로 처리 속도가 빠르고 메모리도 덜 소비하는 방법이 효율적이다.

또한 이 장에서 배우게 될 향상된 알고리즘의 코드에는 앞으로 다룰 다양한 알고리즘의 초석이 될 만한 기법들이 많이 소개되므로 이 장의 알고리즘 코드를 제대로 이해한다면 2부에서 다룰 다양한 알고리즘 문제를 좀 더 쉽게 해결할 수 있을 것이다.

SECTION 01 퀵 정렬 알고리즘

퀵 정렬 알고리즘Quick Sort Algorithm은 이름에서도 알 수 있듯이 현재 사용되고 있는 정렬 알고리즘 중에서 가장 빠르다고 알려진 것이다. 어떤 이유 때문에 퀵 정렬 알고리즘이 다른 알고리즘보다 속도 면에서 월등하게 우수한지 이번 절을 통해 꼼꼼히 살펴보도록 하자.

퀵 정렬 알고리즘의 개념

퀵 정렬 알고리즘은 1960년에 찰스 앤터니 리처드 호어C.A.R hoare가 처음으로 소개한 이후 많은 사람에 의해 수정, 보완되어 만들어진 알고리즘이다. 탄생에서부터 지금까지 무려 반세기가 넘었음에도 현존하는 가장 빠른 정렬 알고리즘으로 손색이 없다. 또한 빠른 속도는 물론 구현하기도 단순하며 메모리 사용량도 적어 정렬 알고리즘을 사용한다고 하면 보통 퀵 정렬 알고리즘을 사용한다고 봐도 무방할 정도다.

그렇다면 퀵 정렬 알고리즘이 최고의 정렬 알고리즘일까? 그렇지는 않다. 아무리 좋은 효율을 갖는 알고리즘이더라도 한두 가지 약점은 있다. 따라서 이번 절에서는 퀵 정렬 알고리즘의 장점과 함께 잘 알려지지는 않았지만 나름대로의 약점은 무엇인지 살펴볼 것이다.

앞에서 배운 네 가지 정렬 알고리즘의 기본 개념은 정렬 조건과 데이터의 양에 따라 성능의 차이는 있지만 최소 2번의 반복 실행을 통해 데이터를 정렬한다는 점이다. 하지만 퀵 정렬 알고리즘은 반복 실행을 한 번만 사용한다는 점이 큰 차이다. 그럼 어떻게 한 번의 반복 실행만으로 데이터를 정렬할 수 있을까? 정렬할 기준이 되는 '데이터 하나'를 선택하기 때문이다.

그림 7-1은 지금부터 우리가 정렬하려는 총 9개의 데이터다.

그림 7-1 정렬이 필요한 9개의 데이터 순서

퀵 정렬의 기본 개념은 이 중에 데이터 하나를 선택한 후 선택한 데이터를 기준으로 양쪽으로 편을 가르는 것이다. 문제는 데이터 하나를 어떻게 선택하느냐다. 데이터를 선택하는 방법이 퀵 정렬 알고리즘의 전체 성능을 좌우하기 때문이다. 여기서는 편의상 가운데 있는 데이터인 6을 기준이 되는 데이터로 선택한다.

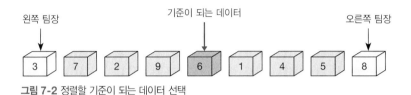

그림 7-2 정렬할 기준이 되는 데이터 선택

그리고 정가운데에 있는 6을 기준으로 왼쪽 데이터 부분을 왼쪽 팀Left Team, 오른쪽 데이터 부분을 오른쪽 팀Right Team으로 설정한다(참고로 팀이란 표현은 필자가 임의로 붙인 이름이다).

지금부터가 퀵 정렬 알고리즘의 백미다. 왼쪽 팀의 가장 처음에 있는 데이터를 왼쪽 팀장으로, 오른쪽 팀의 가장 마지막 데이터를 오른쪽 팀장으로 선택한 후 왼쪽 팀과 오른쪽 팀의 데이터를 기준이 되는 가운데 데이터와 비교한다. 그리고 기준이 되는 데이터보다 작으면 왼쪽 팀으로 이동하고 기준이 되는 데이터보다 크면 오른쪽 팀으로 이동한다. 그 과정을 모두 끝내면 그림 7-3과 같은 결과가 된다.

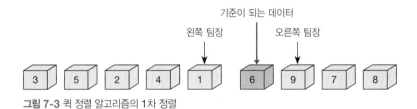

그림 7-3 퀵 정렬 알고리즘의 1차 정렬

기준이 되는 데이터의 왼쪽에는 기준 데이터보다 작은 데이터들이 모이게 되고, 오른쪽에는 기준 데이터보다 큰 데이터들이 모이게 된다. 이 작업이 끝나면 그림 7-4처럼 왼쪽 팀과 오른쪽 팀의 가운데 있는 데이터를 기준이 되는 데이터로 선택한다.

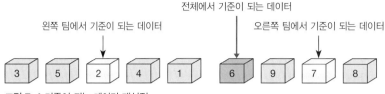

그림 7-4 기준이 되는 데이터 재설정

이후 작업은 그림 7-2~그림 7-4의 과정과 같다. 왼쪽 팀에서 기준이 되는 데이터는 '2'다. '2'의 왼쪽과 오른쪽 데이터들을 '2'와 비교해 '2'보다 작은 데이터는 왼쪽으로, '2'보다 큰 데이터는 '2'의 오른쪽으로 이동시킨다. 오른쪽 팀도 마찬가지다. '7'과 비교해서 '7'보다 큰 데이터는 '7'의 오른쪽으로 '7'보다 작은 데이터는 '7'의 왼쪽으로 이동시킨다.

이 과정이 모두 끝나면 그림 7-5처럼 완전히 정렬된 형태가 된다.

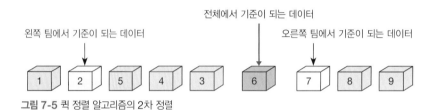

그림 7-5 퀵 정렬 알고리즘의 2차 정렬

그런데 이 과정을 모두 끝냈음에도 왼쪽의 데이터들은 정렬되지 않은 상태다. 그렇다면 다음엔 어떻게 해야 할까? 다시 왼쪽 팀의 가운데 데이터를 기준으로 정렬 작업을 실행하면 된다. 실행 작업을 모두 끝내면 완전히 정렬된 데이터들을 얻을 수 있다.

실제 소스 코드를 보면서 이와 같이 실제로 동작하는지 살펴보도록 하자. 코드 7-1은 퀵 정렬 알고리즘의 전체 소스 코드다.

코드 7-1 퀵 정렬 알고리즘

```
01  #include <stdio.h>
02  #include <stdlib.h>
03  #include <time.h>
04  #define MAX 100
05  #define TRUE 1
06  #define FALSE 0
07
```

```
08  void MakeRandomNumber(void);
09  void QuickSort(int data[], int, int);
10  void DisplayBuffer(void);
11  int IsNumberExit(int, int);
12  int Buf[MAX];
13
14  // 정렬할 데이터 초기화
15  void MakeRandomNumber(void)
16  {
17    int i, Num;
18    i = 1;
19    srand((unsigned)time(NULL));
20    Buf[0] = 100;
21
22    while(i < MAX) {
23      Num = rand() % MAX;
24
25      if(!IsNumberExit(Num, i)) {
26        Buf[i] = Num;
27        i++;
28      }
29    }
30  }
31
32  void QuickSort(int data[], int left, int right)
33  {
34    int num, i, j, temp;
35    if(right > left) {
36      num = data[right];
37      i = left - 1;
38      j = right;
39
40      for(; ;) {
41        while(data[++i] < num);
42          while(data[--j] > num);
43            if(i >= j)
44              break;
45
46        temp = data[i];
47        data[i] = data[j];
48        data[j] = temp;
49      }
50      temp = data[i];
51
```

```
52      data[i] = data[right];
53      data[right] = temp;
54
55      QuickSort(data, left, i - 1);
56      QuickSort(data, i + 1, right);
57    }
58  }
59
60  void DisplayBuffer(void)
61  {
62    int i;
63
64    for(i = 0; i < MAX; i++) {
65      if((i % 10) == 0)
66        printf("\n");
67
68      printf("%4d ", Buf[i]);
69    }
70
71    printf("\n");
72  }
73
74  int IsNumberExit(int number, int index)
75  {
76    int i;
77
78    for(i = 0; i < index; i++) {
79      if(Buf[i] == number || number == 0)
80        return TRUE;
81    }
82
83    return FALSE;
84  }
85
86  void main()
87  {
88    printf("정렬할 데이터 초기화\n");
89
90    MakeRandomNumber();
91    DisplayBuffer();
92    printf("정렬 후 데이터\n");
93
94    QuickSort(Buf, 0, MAX - 1);
```

```
95    DisplayBuffer();
96    printf("\n");
97  }
```

코드 7-1 실행 결과

```
정렬할 데이터 초기화
100 35 58 17 39 45 20 5 16 74
93 29 27 31 36 70 90 44 24 53
66 9 38 75 48 61 76 12 4 73
84 14 54 62 28 10 13 67 43 80
37 86 49 94 46 88 72 95 52 55
91 41 71 1 63 85 40 82 99 8
15 83 96 56 23 69 21 26 65 78
50 11 19 92 97 6 30 25 7 2
59 79 34 98 51 22 77 64 89 32
47 68 57 81 87 18 33 60 42 3
정렬 후 데이터
1 2 3 4 5 6 7 8 9 10
11 12 13 14 15 16 17 18 19 20
21 22 23 24 25 26 27 28 29 30
31 32 33 34 35 36 37 38 39 40
41 42 43 44 45 46 47 48 49 50
51 52 53 54 55 56 57 58 59 60
61 62 63 64 65 66 67 68 69 70
71 72 73 74 75 76 77 78 79 80
81 82 83 84 85 86 87 88 89 90
91 92 93 94 95 96 97 98 99 100
```

예상대로 정렬 결과는 훌륭하다.

코드 7-1의 2/3 정도는 6장에서 배운 4개의 정렬 알고리즘에서 사용한 함수와 같다. 따라서 주의 깊게 살펴봐야 할 함수는 퀵 정렬 알고리즘을 구현한 함수인 QuickSort()다. 이제 본격적으로 QuickSort() 함수를 분석해보도록 하자.

```
32  void QuickSort(int data[], int left, int right)
33  {
34    int num, i, j, temp;
35    if(right > left) {
36      num = data[right];
```

```
37      i = left - 1;
38      j = right;
39
40      for(; ;) {
41        while(data[++i] < num);
42          while(data[--j] > num);
43            if(i >= j)
44              break;
45
46        temp = data[i];
47        data[i] = data[j];
48        data[j] = temp;
49      }
50      temp = data[i];
51
52      data[i] = data[right];
53      data[right] = temp;
54
55      QuickSort(data, left, i - 1);
56      QuickSort(data, i + 1, right);
57    }
58  }
```

눈여겨볼 부분은 55행~56행이다. 기존의 다른 정렬 함수와는 달리 재귀 호출을 사용한다(재귀 호출의 개념이 잘 기억나지 않는다면 4장 3절을 참고하자). 물론 재귀 호출을 사용하지 않고도 QuickSort( ) 함수를 구현할 수는 있지만 앞에서 설명한 것처럼 데이터 하나를 고른 후 이를 기준으로 양쪽으로 나누어 데이터를 정렬하는 것이 퀵 정렬 알고리즘의 개념임을 곰곰이 생각해보면 재귀 호출을 사용하는 게 이해하기 더 쉽다.

QuickSort( ) 함수는 3개의 매개변수를 사용한다. 첫 번째는 정렬할 데이터들이 저장되어 있는 int data[ ], 두 번째는 왼쪽 인덱스를 가리키는 left, 마지막은 오른쪽 인덱스를 가리키는 right다. QuickSort( ) 함수가 실행되면 35행의 if문에서 변수 right가 변수 left보다 큰지 검사한다. 이 부분은 QuickSort( ) 함수가 재귀 호출될 때 재귀 호출을 끝내는 조건이 된다.

36행에서는 배열 data의 가장 오른쪽 데이터를 변수 num에 저장한다. 이 부분은 기준이 되는 데이터를 선택하는 부분으로, 그림 7-6과 같다.

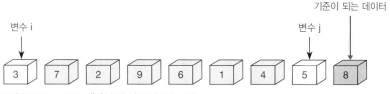
그림 7-6 QuickSort() 함수의 기준 데이터 선택

40행의 for문은 사실 무한 반복이다. 여기서 무한 반복을 사용한 이유는 기준이 되는 데이터와 전체 데이터의 맨 왼쪽 데이터와 맨 오른쪽 데이터를 서로 비교하면서 위치를 바꾸기 위해서다. 무한 반복이지만 왼쪽을 나타내는 변수 i가 오른쪽을 나타내는 변수 j보다 커지면 40행의 for문을 빠져나올 수 있다.

41행은 기준이 되는 데이터 num이 왼쪽 데이터보다 클 경우 왼쪽 데이터를 가리키는 인덱스 변수 i를 계속 증가시키고 마찬가지로 42행은 기준 데이터 num이 오른쪽 데이터보다 작을 경우 오른쪽 데이터를 가리키는 인덱스 변수 j를 계속 감소시키게 된다.

43행은 for문을 빠져나올 조건(i >= j)인데 이는 모든 원소의 비교를 마쳤다는 의미다. 46행~48행은 값을 서로 바꾸는 부분이다. 먼저 그림 7-7을 살펴보자.

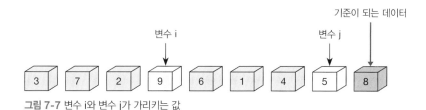
그림 7-7 변수 i와 변수 j가 가리키는 값

변수 i는 기준이 되는 '8'보다 큰 값인 '9'를 만날 때까지 계속 하나씩 증가시켜야 하고, 변수 j는 기준이 되는 '8'보다 작은 값인 '5'를 만날 때까지 하나씩 감소시켜야 한다. 이때 46행~48행을 실행하면 '9'와 '5'를 서로 교환한다.

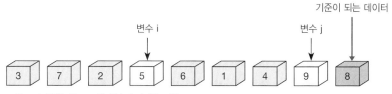
그림 7-8 값을 서로 교환해서 데이터를 이동

그럼 그림 7-8과 같은 구조가 되면 for문의 실행이 종료될까? 그렇지 않다. 아직 if문의 변수 i가 변수 j보다 큰 조건을 만족시키지 못하므로 다시 41행을 실행한다. 그런데 그림 7-8을 다시 보면 '9'와 '5'를 교환했으므로 기준이 되는 8 옆에는 이제 더 큰 수가 존재하지 않는다. 42행의 while문을 실행하면 변수 i가 9가 되고 변수 j가 4가 되므로 if문의 조건에 의해 40행의 for문을 빠져나온다. 이때의 상황은 그림 7-9와 같다.

그림 7-9 for문 실행을 종료했을 때의 상황

이제 50행~53행을 실행하면 변수 i가 가리키는 '9'와 기준 데이터인 '8'을 서로 바꾸게 된다. 그림 7-6~그림 7-9까지가 QuickSort( ) 함수가 한 번 실행되는 과정이다.

55행~56행은 재귀 호출로 다시 QuickSort( ) 함수를 호출하는 부분이다. 앞에서 설명한 것처럼 퀵 정렬 알고리즘을 한 번 실행한 후 다시 두 부분으로 나누어 서로 다른 퀵 정렬 함수가 실행되도록 한다. 조금 더 구체적으로 살펴보면 변수 i 값을 기준으로 두 부분으로 나눈다. 구조는 그림 7-10과 같다.

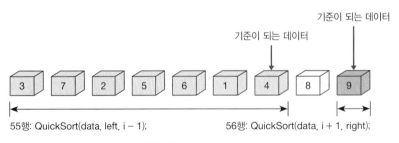

55행: QuickSort(data, left, i − 1);   56행: QuickSort(data, i + 1, right);

그림 7-10 QuickSort( ) 함수의 재귀 호출

오른쪽 QuickSort( ) 함수에서 사용하는 데이터가 '9' 하나이므로 별 효과는 없어 보이지만 재귀 호출을 통한 데이터의 이동은 정상적으로 진행된다. 참고로 이러한 경우는 극히 이례적인 경우라는 것만 기억하자.

정리하자면 퀵 정렬 알고리즘은 반복문 하나만 사용하는 대신 재귀 호출을 사용해 데이터를 두 그룹으로 분할해서 정렬하는 방법을 사용한다. 이러한 알고리즘을 분할 정복Divide and Conquer 알고리즘이라고 말하며 퀵 정렬 알고리즘과 뒤에서 설명할 병합 정렬 알고리즘이 이 분류에 속한다.

분할 정복 알고리즘은 알고리즘 기반의 문제 해결에서 자주 사용되는 기법이고 주로 재귀 호출을 사용하니 잘 기억해두자.

퀵 정렬 알고리즘의 분석

퀵 정렬 알고리즘의 특징은 앞에서도 누누히 이야기했지만 데이터를 나눈 후 각각을 정렬하는 방식이라는 점이다. 따라서 퀵 정렬 알고리즘의 성능을 빅오 표기법으로 나타내면 $O(NlogN)$이 된다. 실제로 그렇게 되는지 살펴보도록 하자.

N개의 데이터가 있다고 가정해보자. 그리고 데이터를 분할할 때 일반적으로 'N / 2' 정도로 분할된다고 하자. 이때 소요되는 시간을 $T(N)$이라고 하면 재귀 호출하는 퀵 정렬 함수에서 첫 번째 퀵 정렬 함수가 실행되었을 때의 성능은 다음 식으로 나타낼 수 있다.

T(N) ≥ cN + 2T(N / 2) (c는 상수)

위 식이 의미하는 것은 N개의 데이터를 정렬하는 데 걸리는 시간 $T(N)$은 cN이라는 상숫값, 즉 한 번 퀵 정렬 함수를 실행했을 때 소요되는 정렬 시간과 데이터들을 2개로 나누었을 때 걸리는 시간을 더한 값과 같거나 크다는 것이다.

퀵 정렬 함수가 두 번째 실행되면 위 식은 다음과 같이 변경된다.

T(N) ≥ cN + 2T(N / 2) (c는 상수) ≥ cN + 2(cN / 2 + 2T(N / 4)) = 2cN + 2^2T(N / 2^2)

....

....

결국 퀵 정렬 함수를 계속 실행하다 보면 결국 다음 식으로 나타낼 수 있다.

T(N) ≥ kcN + 2^kT(N / 2^k)

참고로 여기에서 N = 2^k라고 가정하면 k = logN이 된다. 따라서 다음 식으로 다시 변경할 수 있다.

$$T(N) \geq cN * \log_2 N + N * T(1)$$

결국 빅오 표기법으로 나타내면 $O(T(N)) = O(NlogN)$이 된다. 즉, 정렬할 데이터를 정렬할 때 반으로 나누어 정렬하는 방식이라고만 생각해두자.

퀵 정렬 알고리즘의 특징은 데이터가 적은 경우보다 데이터가 많은 경우에 알고리즘의 성능이 급격히 좋아진다는 것이다. 이는 일반적인 데이터의 집합이라면 전체 데이터의 절반을 기준으로 나눈다는 것을 의미한다. 단, 이미 데이터가 정렬되어 있는 최선의 경우나 데이터가 역으로 정렬되어 있는 최악의 경우는 오히려 성능이 많이 나빠지기도 한다. 실제로 퀵 정렬 알고리즘은 일반적인 경우에는 $O(NlogN)$의 성능을 보여주지만 최악의 경우에는 $O(N^2)$의 성능이 되므로 앞에서 배운 기본적인 네 가지 정렬 알고리즘과 별 차이가 없게 된다. 이처럼 '퀵'이라는 이름 덕분에 무조건 제일 빠른 정렬 알고리즘이라고 생각하기 쉽지만 반드시 모든 경우에 해당되는 것은 아니라는 사실을 기억하자.

기수 정렬 알고리즘

필자는 여러 가지 정렬 알고리즘 중에서 아이디어가 가장 돋보이는 정렬 알고리즘으로 이 기수 정렬 알고리즘Radix Sort Algorithm을 꼽고 싶다. 기수 정렬 알고리즘이란 정렬할 데이터의 자릿수를 이용해 데이터를 정렬하는 방법이다. 그럼 어떤 방식으로 이 알고리즘이 동작하는지 살펴보도록 하자.

기수 정렬 알고리즘의 개념

기수 정렬 알고리즘의 기본 개념은 자릿수로 데이터를 정렬한다는 것이다. 자릿수로 정렬한다고 하면 쉽게 이해하지 못하는 독자들이 많을 것이다. 예를 들어 그림 7-11처럼 10개의 데이터가 존재한다고 가정해보자.

그림 7-11 두 자릿수를 갖는 10개의 데이터

정렬되지 않은 데이터라는 느낌이 바로 들 것이다. 기수 정렬 알고리즘은 그림 7-11의 데이터를 그림 7-12처럼 정렬해준다.

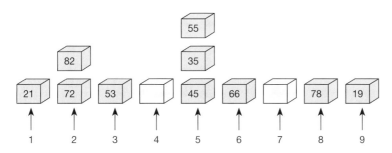

그림 7-12 기수 정렬 알고리즘을 적용한 예

10의 자릿수와 1의 자릿수 중에서 1의 자릿수를 기준으로 데이터를 정렬하고 있음을 알 수 있다. 예를 들어 '21'의 경우는 1의 자리가 '1'이 되므로 '1'의 자리로 정렬하고 '72'와 '82'는 '2'의 자리이므로 '2'의 자리에 정렬한다. 이와 같이 모든 데이터들을 가장 아래의 자릿수에 맞춰서 정렬한다. 그리고 1의 자릿수로 정렬한 데이터를 그림 7-13처럼 일렬로 배열한다.

그림 7-13 1의 자릿수로 정렬한 데이터

이제 그림 7-14처럼 위 데이터를 10의 자릿수를 기준으로 정렬해보자.

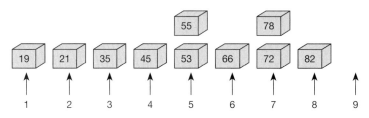

그림 7-14 10의 자릿수로 정렬한 데이터

그리고 위 데이터를 하나씩 꺼내어 일렬로 만들면 그림 7-15처럼 된다.

그림 7-15 완전히 정렬한 데이터

지금까지 그림으로 설명한 것이 기수 정렬^{Radix Sort}의 기본적인 개념이다. 그럼 본격적으로 코드 7-2를 살펴보면서 전체 코드를 분석해보자.

코드 7-2 기수 정렬 알고리즘

```
001   #include <stdio.h>
002   #include <stdlib.h>
003   #include <time.h>
004
005   #define MAX 10
006   #define TRUE 1
```

```
007  #define FALSE 0
008
009  typedef struct _NODE {
010    int Data;
011    struct _NODE *Next;
012  } NODE;
013
014  NODE *Front[10];
015  NODE *Rear[10];
016  NODE *ptrNode;
017  int Buf[MAX];
018
019  void MakeRandomNumber(void);
020  void RadixSort(void);
021  void DisplayBuffer(void);
022  int IsNumberExit(int, int);
023  void InitializeQueue(void);
024  void Put(int, int);
025  int Get(int);
026
027  // 정렬할 데이터 초기화
028  void MakeRandomNumber(void)
029  {
030    int i, Num;
031    i = 0;
032    srand((unsigned)time(NULL));
033
034    while(i < MAX) {
035      Num = rand() % 100;
036
037      if(!IsNumberExit(Num, i)) {
038        Buf[i] = Num;
039        i++;
040      }
041    }
042  }
043
044  void RadixSort(void)
045  {
046    int i, num, digit, j;
047    j = 0;
048
049    // 1의 자릿수로 정렬
050    for(i = 0; i < MAX; i++) {
```

```
051       num = Buf[i];
052       digit = num % MAX;
053       Put(digit, num);
054     }
055
056    printf("\n1의 자릿수로 정렬된 숫자 리스트\n");
057
058    for(i = 0; i < MAX; i++) {
059      printf("\n%d의 자리 : ", i);
060
061      while(1) {
062        num = Get(i);
063
064        if(num != -1) {
065          printf("%3d ", num);
066          Buf[j++] = num;
067        }
068
069        else
070          break;
071      }
072    }
073
074    printf("\n\n1차 정렬 후 Buf 안 데이터들\n");
075    DisplayBuffer();
076
077    // 10의 자릿수로 정렬
078    j = 0;
079
080    for(i = 0; i < MAX; i++) {
081      num = Buf[i];
082      digit = num / MAX;
083      Put(digit, num);
084    }
085
086    printf("\n10의 자릿수로 정렬된 숫자 리스트\n");
087
088    for(i = 0; i < MAX; i++) {
089      printf("\n%d의 자리 : ", i);
090      while(1) {
091        num = Get(i);
092
093        if(num != -1) {
094          printf("%3d ", num);
```

```
095        Buf[j++] = num;
096      }
097
098    else
099      break;
100    }
101  }
102
103  printf("\n\n2차 정렬 후 Buf 안 데이터들\n");
104  DisplayBuffer();
105 }
106
107 void DisplayBuffer(void)
108 {
109   int i;
110
111   for(i = 0; i < MAX; i++) {
112     if((i % 10) == 0)
113       printf("\n");
114
115     printf("%4d ", Buf[i]);
116   }
117
118   printf("\n");
119 }
120
121 int IsNumberExit(int number, int index)
122 {
123   int i;
124
125   for(i = 0; i < index; i++) {
126     if(Buf[i] == number || number == 0)
127       return TRUE;
128   }
129
130   return FALSE;
131 }
132
133 void InitializeQueue(void)
134 {
135   int i;
136
137   for(i = 0; i < MAX; i++) {
138     Front[i] = (NODE *)malloc(sizeof(NODE));
```

```
139      Rear[i] = (NODE *)malloc(sizeof(NODE));
140      Front[i]->Next = Rear[i];
141      Rear[i]->Next = Rear[i];
142    }
143  }
144
145  void Put(int index, int num)
146  {
147    ptrNode = (NODE *)malloc(sizeof(NODE));
148    ptrNode->Data = num;
149
150    if(Front[index]->Next == Rear[index]) {
151      Front[index]->Next = ptrNode;
152      ptrNode->Next = Rear[index];
153      Rear[index]->Next = ptrNode;
154    }
155
156    else {
157      Rear[index]->Next->Next = ptrNode;
158      ptrNode->Next = Rear[index];
159      Rear[index]->Next = ptrNode;
160    }
161  }
162
163  int Get(int index)
164  {
165    int ret;
166    NODE *deleteNode;
167
168    if(Front[index]->Next == Rear[index])
169      return -1;
170
171    else {
172      deleteNode = Front[index]->Next;
173      Front[index]->Next = deleteNode->Next;
174      ret = deleteNode->Data;
175
176      free(deleteNode);
177    }
178
179    return ret;
180  }
181
182  void main()
```

```
183  {
184    InitializeQueue();
185    printf("정렬할 데이터 초기화\n");
186
187    MakeRandomNumber();
188    DisplayBuffer();
189    RadixSort();
190
191    printf("\n\n");
192    printf("\n");
193  }
```

코드 7-2 실행 결과

```
정렬할 데이터 초기화
28 71 91 56 17 30 38 51 52 22
1의 자릿수로 정렬된 숫자 리스트

0의 자리 : 30
1의 자리 : 71 91 51
2의 자리 : 52 22
3의 자리 :
4의 자리 :
5의 자리 :
6의 자리 : 56
7의 자리 : 17
8의 자리 : 28 38
9의 자리 :

1차 정렬 후 Buf 안 데이터들
30 71 91 51 52 22 56 17 28 38

10의 자릿수로 정렬된 숫자 리스트

0의 자리 :
1의 자리 : 17
2의 자리 : 22 28
3의 자리 : 30 38
4의 자리 :
5의 자리 : 51 52 56
6의 자리 :
7의 자리 : 71
8의 자리 :
```

```
9의 자리 : 91

2차 정렬 후 Buf 안 데이터들
17 22 28 30 38 51 52 56 71 91
```

코드 7-2를 살펴보면 링크드 리스트를 사용한 큐 자료구조로 알고리즘을 구성했다. 따라서 이 부분이 잘 기억나지 않는다면 3장 5절에 있는 '링크드 리스트를 사용한 큐의 구현'을 참고하기 바란다. 여기에서는 핵심 함수인 RadixSort()를 살펴보자.

```
044    void RadixSort(void)
045    {
046      int i, num, digit, j;
047      j = 0;
048
049      // 1의 자릿수로 정렬
050      for(i = 0; i < MAX; i++) {
051        num = Buf[i];
052        digit = num % MAX;
053        Put(digit, num);
054      }
055
056      printf("\n1의 자릿수로 정렬된 숫자 리스트\n");
057
058      for(i = 0; i < MAX; i++) {
059        printf("\n%d의 자리 : ", i);
060
061        while(1) {
062          num = Get(i);
063
064          if(num != -1) {
065            printf("%3d ", num);
066            Buf[j++] = num;
067          }
068
069          else
070            break;
071        }
072      }
073
074      printf("\n\n1차 정렬 후 Buf 안 데이터들\n");
075      DisplayBuffer();
```

```
076
077    // 10의 자릿수로 정렬
078    j = 0;
079
080    for(i = 0; i < MAX; i++) {
081       num = Buf[i];
082       digit = num / MAX;
083       Put(digit, num);
084    }
085
086    printf("\n10의 자릿수로 정렬된 숫자 리스트\n");
087
088    for(i = 0; i < MAX; i++) {
089      printf("\n%d의 자리 : ", i);
090      while(1) {
091        num = Get(i);
092
093        if(num != -1) {
094           printf("%3d ", num);
095           Buf[j++] = num;
096        }
097
098        else
099           break;
100      }
101    }
102
103    printf("\n\n2차 정렬 후 Buf 안 데이터들\n");
104    DisplayBuffer();
105 }
```

자릿수를 기반으로 데이터들을 정렬하므로 데이터들을 비교하거나 이동하는 횟수가 거의 없다. 예를 들어 1의 자릿수 데이터를 정렬하려면 50행~54행의 for문처럼 주어진 데이터를 MAX로 나눈 나머지를 이용해 저장해야 한다. 10의 자릿수 데이터를 정렬하려면 80행~84행의 for문처럼 주어진 데이터를 MAX로 나눈 몫을 이용해 저장해야 한다. 1의 자릿수와 10의 자릿수를 처리하는 데 있어 다른 점은 데이터를 MAX로 나눈 나머지를 사용해 데이터를 저장하느냐 아니면 데이터를 MAX로 나눈 몫을 사용해 데이터를 저장하느냐 하는 점이다.

기수 정렬 알고리즘의 분석

기수 정렬 알고리즘의 성능은 정렬할 데이터의 자릿수 그리고 각 자릿수에 따른 큐의 수에 따라 결정된다. 따라서 기수 정렬의 경우는 데이터의 자릿수 D와 정렬할 데이터 수 N 그리고 그에 해당하는 큐의 수 Q가 있다고 가정할 때 다음과 같은 빅오 표기법으로 나타내는 알고리즘 성능을 갖게 된다.

$$O(RadixSort) = O(D(N + Q))$$

즉, 비교 횟수, 이동 횟수, 데이터 정렬 상태와 상관없이 데이터 수 + 큐 수와 데이터 자릿수에 영향을 받는다는 뜻이다. 예를 들어 100보다 작은 숫자를 정렬한다면 자릿수 D는 1의 자리, 10의 자리가 되어 총 2가 되지만 이진수라면 실제 다루는 자릿수가 급격히 증가한다. 이런 경우에는 알고리즘의 전체 성능이 나빠지기도 한다.

혹시 위 설명 때문에 "프로그래밍에서 이진수를 사용하는 일이 비효율적인 것 아닌가요?"라고 질문할 수도 있다. 하지만 프로그래밍에서 사용하는 이진수의 가치는 기수 정렬 알고리즘만으로는 설명할 수 없을 정도로 데이터 처리를 원활하게 해준다는 점을 기억하자.

병합 정렬 알고리즘

SECTION 03

병합 정렬 알고리즘Merge Sort Algorithm은 이미 정렬되어 있는 데이터들을 하나로 합해서 정렬하는 방법이다. 이러한 정렬 방법은 데이터들을 정렬하는 경우에도 사용되지만 파일에 정렬되어 있는 데이터들을 하나로 합쳐서 정렬하는 경우에도 종종 사용된다.

병합 정렬 알고리즘의 개념

필자가 초등학교 때 개봉했던 첩보 영화를 보면 과학 기지나 컴퓨터 센터 등에서 사용했던 테이프 드라이브라는 기계가 있었다. 근래의 영화에서는 잘 생긴 첩보원이 손바닥만한 USB 메모리 스틱을 사용해 적의 데이터를 훔치지만 그 당시 영화만해도 데이터를 훔치려면 소형 자동차 타이어만한 테이프 드라이브를 들고 나와야 했다.

병합 정렬 알고리즘을 이야기하면서 뜬금없이 첩보 영화 이야기를 해서 의아할 수도 있겠지만 우리가 지금부터 다룰 병합 정렬 알고리즘이 탄생하게 된 배경이 바로 이 테이프 드라이브에 있다. 하드디스크의 용량이 턱없이 부족하고 지금처럼 USB 메모리 스틱이나 클라우드 저장 공간 같은 대용량의 데이터 저장 장치가 없었던 시절에는 유일한 데이터 백업 장치가 바로 테이프 드라이브였기 때문이다.

테이프 드라이브의 특징은 데이터를 처음부터 순차적으로 읽어야 한다는 점이다. 그 당시의 어떤 저장 장치보다 많은 데이터를 저장할 수 있었지만 순차적인 방식으로만 사용이 가능하므로 이 테이프 드라이브 안에 저장된 데이터들을 정렬한다는 것은 보통 어려운 일이 아니다. 이러한 테이프 드라이브의 약점 때문에 지금부터 다룰 병합 정렬 알고리즘이 탄생한 것이다.

결국 병합 정렬 알고리즘의 특징은 이미 정렬되어 있는 데이터 그룹들 혹은 묶음들을 하나로 합할 때 사용할 수 있다는 것이다. 그림 7-16을 보면 더 쉽게 이해할 수 있을 것이다.

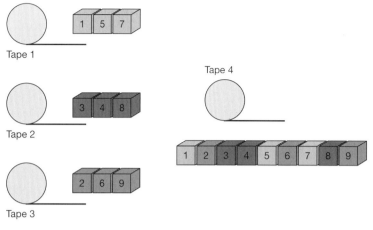

그림 7-16 그룹화되어 있는 데이터

그림 7-16은 3개의 테이프 드라이브가 있다는 가정 아래 그린 것이다. 그리고 첫 번째 테이프 드라이브인 Tape 1에는 1, 5, 7이라는 데이터가 저장되어 있고, 두 번째 테이프 드라이브인 Tape 2에는 3, 4, 8이라는 데이터가 저장되어 있다. 마지막 Tape 3에는 2, 6, 9라는 데이터가 저장되어 있다. 이렇게 서로 다른 테이프 드라이브 3개에 저장된 데이터들을 읽어서 하나의 테이프 드라이브로 합치는 Tape 4를 만드는 것, 병합 정렬 알고리즘은 바로 이러한 작업을 하는 알고리즘이다.

그림 7-16처럼 3개의 서로 다른 데이터 그룹을 하나로 합치는 병합 정렬 알고리즘을 3-way 병합 정렬 알고리즘이라고 하는데, 보통 자주 사용하는 것은 2개의 데이터 그룹을 하나로 합치는 2-way 병합 정렬 알고리즘이다. 사실상 데이터 그룹이 2개든 3개든 알고리즘이 크게 달라지는 것은 아니므로 이 책에서는 2-way 병합 정렬 알고리즘의 경우만 살펴본다.

그렇다면 병합 정렬 알고리즘은 기존의 정렬 알고리즘처럼 배열 하나에 저장된 데이터들을 정렬할 때 사용할 수 없는 걸까? 만약 이 말이 사실이라면 병합 정렬 알고리즘은 이 책에 고급 정렬 알고리즘이라는 이름으로 소개되지 못했을 것이다. 그렇다면 병합 정렬 알고리즘을 사용하는 경우 배열 하나에 저장된, 정렬되지 않은 데이터들을 어떤 방식으로 정렬하는지 알아보도록 하자.

그림 7-17처럼 정렬되지 않은 데이터들이 있다고 가정해보자.

그림 7-17 정렬되지 않은 데이터

병합 정렬 알고리즘은 이 정렬되어 있지 않은 데이터들을 정렬하기 위해 그룹으로 묶는다. 다시 말해 하나의 데이터 배열을 여러 개로 나누는 것이다. 이렇게 병합을 하기 위해 묶은 데이터 그룹을 런^{RUN}이라고 한다.

2-way 방식에서는 2개씩 그룹으로 묶는다.

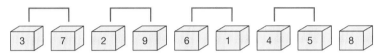

그림 7-18 2개씩 그룹으로 묶은 데이터

'3'과 '7', '2'와 '9' 같은 그룹이 하나의 런이 된다. 참고로 맨 마지막에 있는 '8'도 하나의 런이다.

일단 2개씩 데이터를 묶고 나면 그룹 안에서 정렬이 시작된다. 현재는 하나의 런 안에 데이터가 2개밖에 없으므로 2개의 값을 비교해서 크기 순으로 정렬하게 된다. 정렬한 결과의 예는 그림 7-19와 같다.

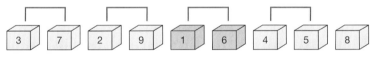

그림 7-19 정렬된 데이터

다른 데이터가 이미 크기 순으로 정렬되어 있으므로 데이터 '1'과 '6'만 정렬했다.

다음으로는 2개의 런을 묶어서 하나의 런으로 합하도록 정렬한다. 이 부분이 병합 정렬 알고리즘의 핵심이다. 2개의 런을 묶어서 정렬하면 그림 7-20처럼 된다.

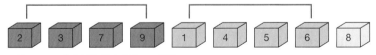

그림 7-20 2개의 런을 하나의 런으로 병합 1

그 다음으로는 모든 데이터가 하나의 런으로 합해질 때까지 병합 작업을 반복 실행한다. 예를 들어 그림 7-20에서 다시 2개의 런을 합하면 그림 7-21처럼 된다.

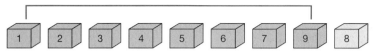

그림 7-21 2개의 런을 하나의 런으로 병합 2

'1'부터 '9'까지 정렬된 데이터가 하나의 런이고 마지막에 있는 '8'도 하나의 런이다. 이제 마지막으로 2개의 런을 합하면 완전히 정렬된 데이터가 된다.

그림 7-22 완전히 정렬된 데이터

결국 병합 정렬의 핵심은 1부터 하나의 런에 들어가는 데이터의 수를 2의 배수 기준으로 늘려서 병합하는 과정을 반복한다는 것이다. 이와 같이 반복해서 병합하게 되면 결국 전체 데이터를 모두 정렬하게 되는 결과를 얻을 수 있다.

개념을 이해했다면 이제 병합 정렬 알고리즘의 전체 코드인 코드 7-3을 살펴보자.

코드 7-3 병합 정렬 알고리즘

```
01  #include <stdio.h>
02  #include <stdlib.h>
03  #include <time.h>
04
05  #define MAX 100
06  #define TRUE 1
07  #define FALSE 0
08
09  void MakeRandomNumber(void);
10  void MergeSort(int [], int, int);
11  void DisplayBuffer(void);
12  int IsNumberExit(int, int);
13  int Buf[MAX];
14  int temp[MAX];
15
16  // 정렬할 데이터 초기화
17  void MakeRandomNumber(void)
18  {
19    int i, Num;
20    i = 1;
```

```
21    srand((unsigned)time(NULL));
22    Buf[0] = 100;
23
24    while(i < MAX) {
25      Num = rand() % MAX;
26
27      if(!IsNumberExit(Num, i)) {
28        Buf[i] = Num;
29        i++;
30      }
31    }
32  }
33
34  void MergeSort(int data[], int left, int right)
35  {
36    int i, j, k, middle;
37    if(right > left) {
38      middle = (left + right) / 2;
39
40      MergeSort(data, left, middle);
41      MergeSort(data, middle + 1, right);
42
43      for(i = middle + 1; i > left; i--)
44        temp[i - 1] = data[i - 1];
45
46      for(j = middle; j < right; j++)
47        temp[right + middle - j] = data[j + 1];
48
49      for(k = left; k <= right; k++)
50        data[k] = (temp[i] < temp[j]) ? temp[i++] : temp[j--];
51    }
52  }
53
54  void DisplayBuffer(void)
55  {
56    int i;
57
58    for(i = 0; i < MAX; i++) {
59      if((i % 10) == 0)
60        printf("\n");
61
62      printf("%4d ", Buf[i]);
63    }
64
```

```
65    printf("\n");
66  }
67
68  int IsNumberExit(int number, int index)
69  {
70    int i;
71
72    for(i = 0; i < index; i++) {
73      if(Buf[i] == number || number == 0)
74        return TRUE;
75    }
76
77    return FALSE;
78  }
79
80  void main()
81  {
82    printf("정렬할 데이터 초기화\n");
83
84    MakeRandomNumber();
85    DisplayBuffer();
86    printf("정렬 후 데이터\n");
87
88    MergeSort(Buf, 0, MAX -1);
89    DisplayBuffer();
90    printf("\n");
91  }
```

코드 7-3 실행 결과

```
정렬할 데이터 초기화
100 44 81 25 11 86 71 93 37 4
70 33 69 17 5 62 72 1 60 47
31 59 57 99 20 7 92 39 9 55
98 6 24 51 18 85 22 26 84 50
28 45 35 78 95 15 32 3 30 79
46 10 96 65 27 12 48 66 36 52
63 2 74 58 53 49 80 43 75 21
97 56 41 42 19 83 68 54 67 89
90 40 34 13 61 82 76 87 16 38
77 8 91 14 94 64 88 73 29 23
```

정렬 후 데이터
```
 1  2  3  4  5  6  7  8  9 10
11 12 13 14 15 16 17 18 19 20
21 22 23 24 25 26 27 28 29 30
31 32 33 34 35 36 37 38 39 40
41 42 43 44 45 46 47 48 49 50
51 52 53 54 55 56 57 58 59 60
61 62 63 64 65 66 67 68 69 70
71 72 73 74 75 76 77 78 79 80
81 82 83 84 85 86 87 88 89 90
91 92 93 94 95 96 97 98 99 100
```

임의의 수를 발생시키는 함수, 배열에 있는 데이터들을 화면에 보여주는 함수 등 약 2/3 정도 가 앞에서 배운 기본적인 정렬 알고리즘에서 사용한 함수들과 같다. 주의 깊게 살펴봐야 할 함 수는 34행~52행의 병합 정렬 함수인 MergeSort( )다.

```
34  void MergeSort(int data[], int left, int right)
35  {
36    int i, j, k, middle;
37    if(right > left) {
38      middle = (left + right) / 2;
39
40      MergeSort(data, left, middle);
41      MergeSort(data, middle + 1, right);
42
43      for(i = middle + 1; i > left; i--)
44        temp[i - 1] = data[i - 1];
45
46      for(j = middle; j < right; j++)
47        temp[right + middle - j] = data[j + 1];
48
49      for(k = left; k <= right; k++)
50        data[k] = (temp[i] < temp[j]) ? temp[i++] : temp[j--];
51    }
52  }
```

병합 정렬 알고리즘은 앞에서 다룬 퀵 정렬 알고리즘과 비슷하게 재귀 호출을 사용하면 간단 해진다. MergeSort( ) 함수에서 매개변수로 사용하는 data는 실제 데이터들이 저장되어 있는 배열을 의미하고 left 변수는 런의 가장 왼쪽 인덱스, right는 가장 오른쪽 인덱스를 가리킨다.

MergeSort() 함수 내부에서는 먼저 37행의 if문을 사용해 left 변수가 right 변수보다 큰지를 검사한다. 참이면 38행에서 left 변수와 right 변수 사이의 중간에 해당되는 값을 구해 middle 변숫값으로 저장한다.

40행~41행은 재귀 호출 부분이다. left 변수와 middle 변수를 사용해 MergeSort() 함수를 호출한 후 middle + 1과 right 변수로 다시 MergeSort() 함수를 호출한다. 이는 하나로 되어 있는 배열 data를 중간값으로 나누는 과정에 해당한다. 중간값을 기준으로 왼쪽 데이터와 오른쪽 데이터로 나누어 다시 MergeSort() 함수를 호출하므로 결국 최소한의 데이터를 갖는 런이 될 때까지 재귀 호출을 하는 셈이다.

재귀 호출이 실행된 후에는 43행의 for문을 실행하는데, 이 for문은 중간값을 갖는 middle 변숫값을 기준으로 left 변숫값이 될 때까지 인덱스 i 값을 1씩 감소시키면서 임시 데이터 저장 공간인 배열 temp에 저장한다. 46행의 for문은 반대다. 중간값을 갖는 middle 변숫값부터 right 변숫값이 될 때까지 인덱스 j 값을 1씩 증가시키면서 배열 temp에 저장한다. 그러면 49행의 for문에서는 임시 데이터 저장 공간 배열 temp의 왼쪽과 오른쪽에 저장된 데이터들을 병합한다.

이 모든 과정이 완료되면 2개의 런을 하나의 런으로 합하는 작업이 끝난 것이다.

병합 정렬 알고리즘의 분석

병합 정렬 알고리즘의 성능은 수치적으로만 보면 퀵 정렬 알고리즘과 비슷하다. 퀵 정렬 알고리즘이나 병합 정렬 알고리즘이나 데이터를 나눈 후에 재귀 호출을 사용하기 때문이다. 예를 들어 병합 정렬에서 정렬할 데이터가 N개라고 가정하면 알고리즘은 데이터가 1개인 경우부터 시작해서 2개, 4개, 8개, ...와 같은 크기로 증가한다. 결국 데이터를 나누는 데 걸리는 시간은 $\log_2 N$이다. 일단 나눈 후 2개의 데이터 그룹을 하나로 합치는 데는 O(N)의 시간이 소요된다.

결국 병합 정렬의 성능을 빅오 표기법으로 나타내면 O($N\log_2 N$)이 된다.

힙 정렬 알고리즘

여러 가지 정렬 알고리즘 중에서 일반 사용자들이 선호하지는 않지만 운영체제나 네트워크 등 시스템 내부에서 가장 많이 사용하는 정렬 알고리즘이 바로 지금부터 살펴볼 힙 정렬 알고리즘Heap Sort Algorithm이다. 힙 정렬 알고리즘은 알고리즘의 고난이도 문제에서 자주 출제되는 알고리즘 중의 하나로, 이번 절에는 어떤 이유 때문에 힙 정렬 알고리즘이 주목을 받는지 살펴보도록 하자.

힙 정렬 알고리즘의 개념

힙 정렬 알고리즘은 우선순위 큐Priority Queue를 이용해 우선순위를 설정한 후 이 순위에 따라 정렬하는 알고리즘이다. 큐는 지금까지 여러 가지 예제를 사용해서 설명했으므로 이미 잘 알 것으로 생각한다.

그러나 여기서 다루는 우선순위 큐는 앞에서 배운 큐와는 개념적으로 많은 차이가 있다. 물론 스택이나 큐처럼 특별한 형태를 갖는 자료구조 개념은 아니다. 먼저 그림 7-23을 살펴보도록 하자.

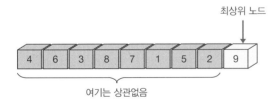

그림 7-23 우선순위 큐

우선순위 큐는 가장 앞에 있는 데이터가 가장 큰 값을 갖는 데이터가 되어야 한다. 그 외 다른 데이터들은 어떻게 정렬되던지 큰 상관이 없다. 자료구조를 배운 학생들이나 심지어 몇 년 동안 프로그램 개발을 직업으로 삼은 프로그래머들조차도 우선순위 큐라고 하면 큐의 일종이거나 그와 비슷한 무엇이라고 생각하기 쉬운데 결코 그렇지 않다.

그렇다면 우선순위 큐는 힙 정렬 알고리즘과 어떤 관계가 있을까? 힙 정렬 알고리즘은 트리 구조로 구성되며 루트 노드가 가장 큰 값을 갖는다. 그림 7-24는 정렬되지 않은 데이터들을 힙으로 구성해 정렬한 모습이다.

아직 정렬되지 않은 데이터들

힙으로 구성된 데이터

그림 7-24 정렬되지 않은 데이터를 힙으로 정렬

그렇다면 어떻게 그림 7-24처럼 정렬될 수 있을까? 일차원 배열로 주어진 데이터들을 힙으로 만드는 방법을 다음에 소개하는 그림들을 통해 살펴보자.

아직 정렬되지 않은 데이터들

힙으로 구성된 데이터

그림 7-25 첫 번째 데이터를 힙에 추가

그림 7-25는 첫 번째 데이터 '3'을 힙에 추가한 모습으로, 아직 힙이 구성되어 있지 않은 상태이므로 덜렁 '3' 하나만 존재한다.

다음은 두 번째 데이터인 '7'을 추가할 차례다. '7'을 추가하면 그림 7−26처럼 변한다.

아직 정렬되지 않은 데이터들

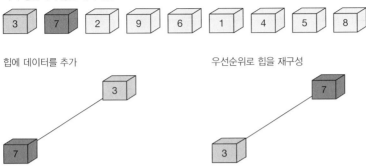

그림 7-26 두 번째 데이터를 힙에 추가

데이터 '7'을 추가하면 먼저 기존에 저장된 데이터 '3'의 자식 노드로 구성된다. 그런데 '7'이 '3' 보다 크므로 오른쪽처럼 '7'과 '3'의 위치가 바뀐다.

이제 세 번째 데이터 '2'를 추가해보자. 그러면 그림 7−27처럼 변한다.

아직 정렬되지 않은 데이터들

힙에 데이터를 추가(우선순위로 힙을 재구성할 필요 없음)

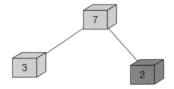

그림 7-27 세 번째 데이터를 힙에 추가

데이터 '2'를 추가하면 루트 노드인 '7'의 오른쪽 자식 노드로 구성된다. '2'가 '7'보다 작아 힙의 규칙에 적합하므로 재구성 작업은 필요 없다.

다음은 네 번째 데이터 '9'를 추가한다. 그러면 그림 7−28처럼 변한다.

아직 정렬되지 않은 데이터들

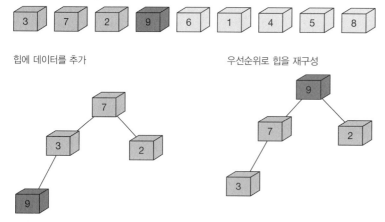

그림 7-28 네 번째 데이터를 힙에 추가

데이터 '9'를 추가하면 '3'의 왼쪽 자식 노드로 구성되는데 '9'는 자신의 부모 노드인 '3'보다 크므로 2개 데이터의 자리가 서로 바뀐다. 또한 부모 노드인 '7'보다 '9'가 더 크므로 다시 자리를 바꾸면 오른쪽과 같은 결과가 된다.

다섯 번째 데이터 '6'을 추가하면 그림 7-29처럼 변한다.

아직 정렬되지 않은 데이터들

힙에 데이터를 추가(우선순위로 힙을 재구성할 필요 없음)

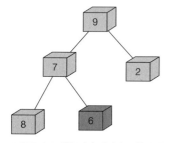

그림 7-29 다섯 번째 데이터를 힙에 추가

데이터 '6'을 추가하면 '7'의 오른쪽 자식 노드로 구성되는데 부모 노드인 '7'보다 새로 추가된 '6'의 크기가 작으므로 힙을 재구성할 필요가 없다.

여섯 번째 데이터 '1'을 추가하면 그림 7-30처럼 변한다.

아직 정렬되지 않은 데이터들

힙에 데이터를 추가(우선순위로 힙을 재구성할 필요 없음)

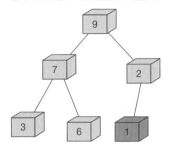

그림 7-30 여섯 번째 데이터를 힙에 추가

데이터 '1'의 경우도 '6'과 마찬가지로 '2'의 왼쪽 자식 노드로 구성되는데 부모 노드인 '2'보다 작으므로 힙을 재구성할 필요가 없다.

일곱 번째 데이터 '4'를 추가하면 그림 7-31처럼 변한다.

아직 정렬되지 않은 데이터들

힙에 데이터를 추가　　　　　　　　　　　　우선순위로 힙을 재구성

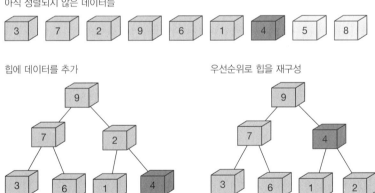

그림 7-31 일곱 번째 데이터를 힙에 추가

데이터 '4'를 추가하면 '2'의 오른쪽 자식 노드로 구성되는데 '4'가 부모 노드인 '2'보다 값이 크므로 서로 자리가 바뀐다.

여덟 번째 데이터 '5'를 추가하면 그림 7-32처럼 변한다.

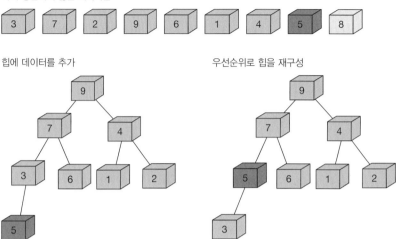

그림 7-32 여덟 번째 데이터를 힙에 추가

데이터 '5'를 추가하면 '3'의 왼쪽 자식 노드로 구성되는데 부모 노드인 '3'보다 '5'가 더 크므로 서로 자리가 바뀐다.

이제 마지막인 아홉 번째 데이터 '8'을 추가하면 그림 7-33처럼 변한다.

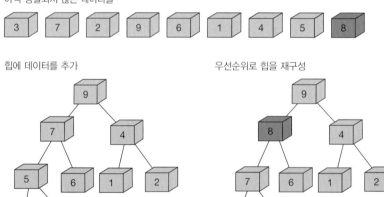

그림 7-33 마지막 아홉 번째 데이터를 힙에 추가

마지막 데이터인 '8'을 추가하면 '5'의 오른쪽 자식 노드로 구성되는데 '8'이 '5'보다 크므로 '5'와 자리가 바뀐다. 그리고 부모 노드인 '7'보다도 크므로 다시 '7'과 자리가 바뀌게 된다.

결론적으로 그림 7-34와 같은 형태가 최종 힙 구성이다.

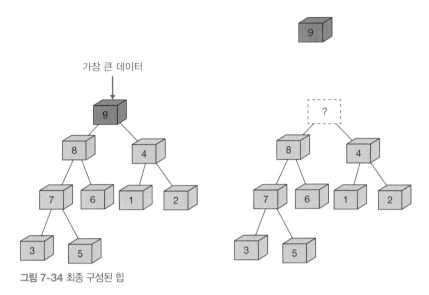

그림 7-34 최종 구성된 힙

지금까지 소개한 것이 힙 구성 단계의 예다.

새로운 데이터를 힙에 추가할 때는 힙의 가장 뒤에 넣는다. 그리고 전체 데이터의 위치를 재구성하는 작업을 한다. 이러한 힙의 재구성 작업을 업힙UPHEAP이라고 하는데, 이는 가장 아랫부분에 데이터를 추가한 후 이 데이터로 힙을 재구성할 때 데이터가 점점 위로 올라오는 형태가 되기 때문이다.

물론 업힙과 반대되는 개념으로 다운힙DOWNHEAP도 있다. 이름에서도 알 수 있듯이 루트 노드에서부터 점점 아래로 내려오는 작업이므로 다운힙이라고 하는 것이다. 업힙이 데이터를 추가할 때 필요한 작업이라면 다운힙은 힙에서 데이터를 꺼낼 때 필요한 작업이다.

그럼 다운힙은 어떤 과정을 거치는지 예를 들어보자. 그림 7-34에서 가장 큰 데이터는 당연히 루트 노드에 있는 '9'다. 그런데 가장 큰 데이터인 '9'를 삭제하면 어떻게 될까? 그림 7-35를 보자.

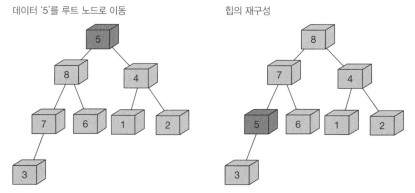

데이터 '5'를 루트 노드로 이동   힙의 재구성

그림 7-35 루트 노드의 데이터 '9'를 삭제했을 때 힙의 재구성

가장 큰 데이터 '9'를 삭제하면 트리 구조에서 루트 노드가 없어져버리는 형태가 된다. 기본적으로 생각할 수 있는 가장 효율적인 방안은 맨 아래에 있는 노드인 '5'를 비어있는 루트 노드 자리로 올려보내는 것이다. 이 작업을 실행하면 루트 노드가 된 '5'와 자식 노드인 '8'과 '4'를 비교한다. 루트 노드 '5'가 왼쪽 자식 노드 '8'보다 작으므로 서로 자리를 바꾸고 다시 해당 노드의 자식 노드들인 '7'과 '6'과 비교해 '7'과 자리를 바꾸게 된다. 이렇게 노드 '5'가 추가되고 힙이 재구성되는 과정이 다운힙이다.

정리해보면 주어진 데이터를 힙으로 만들 때는 업힙을 사용하고, 힙으로 구성된 데이터들을 차례대로 삭제할 때는 다운힙을 사용한다. 잘 기억해두자.

이제 힙 정렬 알고리즘의 전체 코드인 코드 7-4를 살펴보자.

코드 7-4 힙 정렬 알고리즘

```
001   #include <stdio.h>
002   #include <stdlib.h>
003   #include <time.h>
004   #define TRUE 1
005   #define FALSE 0
006   #define MAX_INT 65536
007   #define MAX 100
008
009   void MakeRandomNumber(void);
010   void HeapSort(int);
011   void DisplayBuffer(void);
```

```
012  int IsNumberExit(int, int);
013  void upheap(int);
014  void downheap(int);
015  void InsertData(int);
016  int RemoveData(void);
017
018  int Buf[MAX];
019  int Data[MAX];
020  int temp[MAX];
021  int NUM;
022
023  // 정렬할 데이터 초기화
024  void MakeRandomNumber(void)
025  {
026    int i, Num;
027    i = 1;
028    srand((unsigned)time(NULL));
029    Data[0] = 100;
030
031    while(i < MAX) {
032      Num = rand() % MAX;
033
034      if(!IsNumberExit(Num, i)) {
035        Data[i] = Num;
036        i++;
037      }
038    }
039  }
040
041  void HeapSort(int N)
042  {
043    int i;
044
045    for(i = 0; i < MAX; i++)
046      InsertData(Data[i]);
047      Data[0] = 1;
048
049    for(i = MAX - 1; i >= 0; i--)
050      Data[i] = RemoveData();
051  }
052
053  void DisplayBuffer(void)
054  {
055    int i;
```

```
056
057    for(i = 0; i < MAX; i++) {
058      if((i % 10) == 0)
059        printf("\n");
060
061      printf("%4d ", Data[i]);
062    }
063
064    printf("\n");
065  }
066
067  int IsNumberExit(int number, int index)
068  {
069    int i;
070
071    for(i = 0; i < index; i++) {
072      if(Data[i] == number || number == 0)
073        return TRUE;
074    }
075
076    return FALSE;
077  }
078
079  void upheap(int k)
080  {
081    int v;
082    v = Buf[k];
083    Buf[0] = MAX_INT;
084
085    while(Buf[k / 2] <= v) {
086      Buf[k] = Buf[k / 2];
087      k = k / 2;
088    }
089
090    Buf[k] = v;
091  }
092
093  void downheap(int k)
094  {
095    int i, v;
096    v = Buf[k];
097
098    while(k <= NUM / 2) {
099      i = 2 * k;
```

```
100
101        if(i < NUM && Buf[i] < Buf[i + 1])
102          i++;
103
104        if(v >= Buf[i])
105          break;
106
107        Buf[k] = Buf[i];
108        k = i;
109      }
110
111      Buf[k] = v;
112  }
113
114  void InsertData(int v)
115  {
116      Buf[++NUM] = v;
117      upheap(NUM);
118  }
119
120  int RemoveData(void)
121  {
122      int v = Buf[1];
123      Buf[1] = Buf[NUM--];
124      downheap(1);
125
126      return v;
127  }
128
129  void main()
130  {
131      NUM = MAX;
132
133      printf("정렬할 데이터 초기화\n");
134
135      MakeRandomNumber();
136      DisplayBuffer();
137      printf("정렬 후 데이터\n");
138
139      HeapSort(NUM);
140      DisplayBuffer();
141      printf("\n");
142  }
```

코드 7-4 실행 결과

```
정렬할 데이터 초기화
100 40 51 58 89 54 15 17 59 85
26 55 82 22 47 19 41 61 84 53
67 30 92 88 77 7 3 49 1 43
80 62 93 11 65 73 23 87 4 64
14 39 8 33 83 63 71 25 91 98
9 48 44 32 95 74 6 90 46 75
66 69 45 56 28 78 68 29 60 99
16 18 97 37 86 52 79 72 42 96
50 13 36 20 94 38 21 12 5 27
34 81 35 31 70 76 24 2 57 10
정렬 후 데이터
1 2 3 4 5 6 7 8 9 10
11 12 13 14 15 16 17 18 19 20
21 22 23 24 25 26 27 28 29 30
31 32 33 34 35 36 37 38 39 40
41 42 43 44 45 46 47 48 49 50
51 52 53 54 55 56 57 58 59 60
61 62 63 64 65 66 67 68 69 70
71 72 73 74 75 76 77 78 79 80
81 82 83 84 85 86 87 88 89 90
91 92 93 94 95 96 97 98 99 100
```

지금까지 그림으로 설명한 내용이 모두 들어가 있다. 특히 주의 깊게 봐야 할 부분은 upheap() 함수와 downheap() 함수다. 앞에서 설명한 그림과 비교하면서 보면 코드가 쉽게 이해될 것이다.

upheap() 함수와 downheap() 함수의 구조는 같다. 단, 데이터를 힙^{Heap}의 가장 윗부분에 추가하느냐 가장 아랫부분에 추가하느냐만 다르다.

다음은 upheap() 함수의 실행 과정이다.

1 85행의 while문에서 현재 노드의 부모 노드 데이터와 추가되는 v 값을 비교한다.

2 86행에서는 v 값이 더 클 경우 부모 노드를 현재의 노드에 복사한다.

3 87행에서는 배열 Buf의 인덱스를 부모 노드의 인덱스로 변경한다.

4 1번으로 되돌아간다.

다음은 downheap() 함수의 실행 과정이다. upheap() 함수와 구조는 비슷하나 실행 방식은 반대다.

1 99행에서는 주어진 k의 2배(자식 노드)의 인덱스를 변수 i에 저장한다.

2 101행~102행에서 현재 i 값이 최댓값 NUM보다 작으면 i를 증가시킨다.

3 현재의 k가 가리키는 Buf[k]의 값인 v와 Buf[i]의 값을 비교해 v 값이 크면 98행의 while문을 빠져나온다.

4 3번에서 v 값이 같거나 작으면 현재 Buf[i]의 값을 Buf[k]에 저장하고, 인덱스 i도 k에 저장한다.

5 이 과정을 k가 최댓값의 절반(NUM / 2, 즉 k가 리프 노드의 부모 노드라는 의미다)보다 같거나 작을 때까지 1부터 4를 반복 실행한다.

힙 정렬 알고리즘의 분석

힙 정렬 알고리즘은 트리 구조를 사용하므로 결국 앞에서 살펴본 이진 트리의 성능과 거의 같다. 구체적으로 살펴보면 다음과 같다. 힙에서 사용하는 트리의 깊이가 D라고 했을 때 힙에서 사용하는 데이터 N은 다음과 같은 식이 성립한다.

$$2^D - 1 \leq N < 2^{D+1} - 1$$

따라서 힙에서 사용하는 트리의 깊이인 D는 $\log_2 N + 1$이 된다.

힙 알고리즘의 성능은 업힙과 다운힙의 성능에 따라 좌우되는데 업힙 성능은 각 레벨에 따라 $O(N)$이 되므로 트리의 깊이만큼 진행하면 결국 $O(N\log_2 N)$이 된다. 다운힙도 마찬가지로 $O(N\log_2 N)$이 되므로 결국 힙 알고리즘의 성능은 $O(N\log_2 N)$으로 정리할 수 있다.

힙 알고리즘은 최선, 일반, 최악의 경우에 따른 성능 차이가 거의 없다. 이런 의미에서 안정된 정렬 알고리즘이라고 볼 수 있지만 정렬할 때마다 다운힙이 반복적으로 실행되면 실제 성능은 퀵 정렬 알고리즘과 비교했을 때 나쁘다고도 볼 수 있다.

참고로 힙 정렬 알고리즘 코드는 퀵 정렬 알고리즘이나 병합 정렬 알고리즘처럼 재귀 호출을 사용하는 것이 아니므로 트리 구조만 안다면 쉽게 이해할 수 있을 정도로 단순하다. 따라서 다른 알고리즘들과 비교했을 때 코드의 효율성은 좋다고 볼 수 있다.

정리

7장에서 배운 퀵 정렬 알고리즘은 알고리즘 이름에서도 알 수 있는 것처럼 가장 빠른 실행 속도를 보이는 알고리즘으로, 많은 프로그램에서 사용하는 정렬 알고리즘이다.

기수 정렬 알고리즘은 기존의 정렬 알고리즘들이 데이터가 정렬되어 있는 상태에 따라 성능이 좌우되는 데 반해 데이터 상태와는 상관없이 정렬된다는 특징이 있다.

병합 정렬 알고리즘은 역사가 오래된 알고리즘이지만 근래에도 꾸준히 사용되는 정렬 알고리즘이다. 힙 정렬 알고리즘은 운영체제나 네트워크와 같은 시스템에서 자주 사용되는 알고리즘이다.

이 장에서 배운 고급 정렬 알고리즘의 소스 코드를 모두 외울 필요는 없다. 그러나 알고리즘 각각의 특징과 성능, 정렬할 데이터의 개수나 정렬된 형태에 따라 성능이 어떻게 변하는지는 기억해야 한다. 또한 정렬 알고리즘 코드 각각의 특징과 알고리즘의 동작 방식은 정확하게 알아야 한다.

> **NOTE** | 필자의 경험으로 정리해본 정렬 알고리즘의 성능 비교
>
> 일반적으로 데이터를 무작위로 뽑아서 정렬하는 경우는 어떤 알고리즘이 가장 좋은 성능을 보일까? 필자의 경우 직접 프로그래밍해서 실행해보기 전까지는 최강의 정렬 알고리즘이라고 손꼽는 퀵 정렬 알고리즘이 아닐까 생각했다. 그런데 프로그래밍해본 결과 정렬할 데이터의 개수와 상관없는 일반적인 경우 가장 좋은 성능을 보여주는 것은 의외로 셸 정렬 알고리즘이었다. 참고로 퀵 정렬 알고리즘은 정렬할 데이터의 양이 적은 경우에는 성능이 좋지만 정렬할 데이터의 양이 많은 경우에는 의외로 상당히 좋지 않은 결과를 내는 걸 알 수 있다. 병합 정렬 알고리즘의 경우에는 정렬할 데이터의 양이 많아지면 많아질수록 급격히 성능이 나빠진다.
>
> 그렇다면 이미 데이터가 전부 정렬된 최선의 경우는 어떤 알고리즘의 성능이 가장 좋을까? 이 경우도 일반적인 경우와 그다지 차이는 없다. 역시 가장 빠른 알고리즘은 셸 정렬 알고리즘이다. 최악의 경우도 최선의 경우와 거의 비슷하다.
>
> 특이한 것은 힙 정렬 알고리즘이다. 정렬할 데이터의 수에 크게 좌우되지 않는다.

CHAPTER 08

이진 검색 알고리즘

여러 가지 알고리즘 중 앞에서 설명한 정렬 알고리즘과 함께 많이 사용하는 알고리즘으로 검색 알고리즘이 있다. 검색 알고리즘이란 여러 개의 데이터 중 목적에 맞는 데이터를 찾아내는 방법을 정의하는 알고리즘을 말한다. 검색 알고리즘은 여러 가지 종류가 있지만 찾고자 하는 값을 맨 앞에서부터 끝까지 차례로 찾아나가는 순차 검색 알고리즘이 많이 알려져 있다.

그런데 순차 검색 알고리즘은 데이터를 검색하는 방법이 간단하다는 장점이 있지만 데이터를 검색하는 시간이 O(N)이라는 단점도 있다. 이를 보완해 검색 시간을 좀 더 향상시키고자 만들어진 알고리즘이 이 장에서 배우게 될 이진 검색 알고리즘이다. 그럼 이진 검색 알고리즘은 어떤 방법으로 데이터를 검색하는 알고리즘인지 또 검색 시간은 얼마나 향상시킬 수 있는지 알아보도록 하자.

이진 검색 알고리즘

순차 검색 알고리즘을 빅오 표기법으로 나타낸 O(N)은 사실 성능 면에서 살펴보면 최악의 경우로 분류할 수 있다. 이를 보완해 순차 검색 알고리즘만큼 간단하지만 월등히 좋은 성능을 이끌어내기 위해 만든 알고리즘이 이번 절에서 살펴볼 이진 검색 알고리즘이다.

이진 검색 알고리즘의 개념

이진 검색 알고리즘을 실생활에서 사용하는 가장 간단한 예로는 학창 시절에 가끔 친구들과 즐겼던 숫자 놀이가 있다. 예를 들어 1부터 100까지의 숫자 중에서 임의로 한 숫자를 선택하고 나머지 사람들이 어떤 숫자를 말하면 임의로 정한 숫자보다 큰지 작은지를 밝히면서 정해진 숫자를 맞추는 것이다.

술래가 마음속으로 23이라는 숫자를 정했다고 가정해보자. 그러면 숫자 놀이는 다음과 같은 순서로 진행될 것이다.

- 첫 번째 사람이 1부터 100까지의 숫자 중 딱 절반에 해당하는 50이라는 숫자를 말하면 술래는 50보다 작다고 이야기할 것이다.
- 두 번째 사람이 1부터 50 중 절반에 해당하는 25라는 숫자를 말하면 사용자는 25보다도 작다고 이야기할 것이다.
- 세 번째 사람이 1부터 25 중 절반에 해당하는 13이라는 숫자를 말하면 술래는 그보다 크다고 이야기할 것이다.
- 네 번째 사람이 13부터 25까지의 숫자 중에서 절반에 해당하는 19라는 숫자를 말하면 술래는 그보다 크다고 말할 것이다.
- 다섯 번째 사람이 19와 25 중 절반에 해당하는 22라는 숫자를 말하면 그보다 크다고 말할 것이다.
- 여섯 번째 사람이 23이라고 말하면 술래는 맞추었다고 대답할 것이다.

물론 실제로 이러한 과정으로 숫자 놀이가 진행되지는 않겠지만 위 과정처럼 주어진 데이터에서 원하는 데이터를 찾는 방법은 중간값을 구해서 찾아가는 방법이 가장 합리적일 것이다.

그럼 이를 수식으로 표현하면 1부터 100까지의 숫자 중 임의로 하나의 숫자를 검색하는 것이므로 $\log_2 100$이라고 표현할 수 있다. 그리고 실제로 6명의 사람이 관여했으므로 $\log_2 100 \leq 7$이라는 조건식이 성립한다. 이를 이진 탐색 알고리즘에 적용할 경우 N개의 키가 저장되어 있을 때 최악의 경우를 가정하면 $\log_2 N + 1$의 비교 횟수가 필요하게 된다는 의미다.

그럼 앞의 예에서 순차 검색을 사용했다면 결과는 어떨까? 술래가 23이라는 숫자를 정했다면 23번째 사람에 이르러서야 정답을 찾을 수 있다. 이진 검색이 여섯 번째 사람에 이르러서 정답을 찾은 것과 비교하면 거의 4배가량 검색 속도가 느린 것이다.

이 정도면 이진 검색 알고리즘의 개념을 이해했다고 생각해도 좋다. 그럼 이진 검색 알고리즘의 전체 소스 코드인 코드 8-1을 보자.

코드 8-1 이진 검색 알고리즘

```
001    #include <stdio.h>
002    #include <stdlib.h>
003    #include <time.h>
004
005    #define MAX 100
006    #define TRUE 1
007    #define FALSE 0
008
009    void MakeRandomNumber(void);
010    void QuickSort(int [], int, int);
011    void DisplayBuffer(void);
012    int IsNumberExit(int, int);
013    int BinarySearch(int);
014    int Buf[MAX];
015    int CompareCount;
016
017    // 정렬할 데이터 초기화
018    void MakeRandomNumber(void)
019    {
020      int i, Num;
021      i = 0;
022      srand((unsigned)time(NULL));
023
024      while(i < MAX) {
025        Num = rand() % 200;
026
```

```
027        if(!IsNumberExit(Num, i)) {
028          Buf[i] = Num;
029          i++;
030        }
031    }
032  }
033
034  void QuickSort(int data[], int left, int right)
035  {
036    int num, i, j, temp;
037    if(right > left) {
038      num = data[right];
039      i = left - 1;
040      j = right;
041
042      for(; ;) {
043        while(data[++i] < num);
044          while(data[--j] > num);
045            if(i >= j)
046              break;
047
048        temp = data[i];
049        data[i] = data[j];
050        data[j] = temp;
051      }
052
053      temp = data[i];
054      data[i] = data[right];
055      data[right] = temp;
056
057      QuickSort(data, left, i - 1);
058      QuickSort(data, i + 1, right);
059    }
060  }
061
062  void DisplayBuffer(void)
063  {
064    int i;
065
066    for(i = 0; i < MAX; i++) {
067      if((i % 10) == 0)
068        printf("\n");
069
070      printf("%4d ", Buf[i]);
071    }
```

```
072
073    printf("\n");
074  }
075
076  int IsNumberExit(int number, int index)
077  {
078    int i;
079
080    for(i = 0; i < index; i++) {
081      if(Buf[i] == number || number == 0)
082        return TRUE;
083    }
084
085    return FALSE;
086  }
087
088  int BinarySearch(int num)
089  {
090    int left, right;
091    int min;
092    left = 0;
093    right = MAX;
094
095    while(right >= left) {
096      CompareCount++;
097      min = (left + right) / 2;
098
099      if(num < Buf[min])
100        right = min - 1;
101
102      else
103        left = min + 1;
104
105      if(num == Buf[min])
106        return min;
107    }
108
109    return -1;
110  }
111
112  void main()
113  {
114    int ret;
115    CompareCount = 0;
116
```

```
117    MakeRandomNumber();
118    QuickSort(Buf, 0, MAX - 1);
119    printf("정렬된 데이터\n");
120
121    DisplayBuffer();
122    ret = BinarySearch(23);  // 순차 검색
123
124    if(ret == -1)  // 찾고자 하는 데이터가 없는 경우
125       printf("\n23이라는 데이터가 없다.\n");
126
127    else  // 데이터가 존재하는 경우
128       printf("\n23이라는 데이터가 %d번째에 존재한다.\n", ret);
129
130    printf("총 비교 횟수는 %d회다.\n", CompareCount);
131  }
```

코드 8-1 실행 결과

```
정렬된 데이터
4 7 9 10 11 12 21 23 24 25
27 29 32 36 38 40 42 43 48 50
52 56 59 60 62 63 65 66 69 70
71 72 74 75 77 78 79 80 81 82
83 84 86 87 89 90 101 102 103 106
108 109 110 111 112 113 114 115 116 117
118 119 121 124 125 126 127 128 130 132
133 134 135 137 139 140 142 146 147 150
152 153 154 157 158 159 164 168 170 173
174 176 177 179 183 184 185 186 187 194
23이라는 데이터가 7번째에 존재한다.
총 비교 횟수는 7회다.
```

이진 검색 알고리즘에서는 100개의 데이터에서 주어진 숫자를 검색하는 데 최대 7회만 비교한다는 사실을 확인할 수 있다.

이진 검색 알고리즘의 핵심은 BinarySearch() 함수다. 좀 더 자세히 살펴보도록 하자.

```
088  int BinarySearch(int num)
089  {
090    int left, right;
091    int min;
```

```
092    left = 0;
093    right = MAX;
094
095    while(right >= left) {
096      CompareCount++;
097      min = (left + right) / 2;
098
099      if(num < Buf[min])
100        right = min - 1;
101
102      else
103        left = min + 1;
104
105      if(num == Buf[min])
106        return min;
107    }
108
109    return -1;
110  }
```

먼저 가장 왼쪽 데이터의 인덱스를 나타내는 left 변수와 가장 오른쪽 데이터를 나타내는 right 변수를 선언한다. BinarySearch() 함수가 실행되면 92행의 left 변숫값은 0, 93행의 right 변숫값은 5행에서 정의한 상수 MAX 값으로 저장된다.

95행의 while문에서는 right의 값이 left의 값보다 같거나 큰 경우에 반복 실행을 시작한다. while문에서 가장 중요한 부분은 left 변수와 right 변수의 중간값을 min 변수에 저장하는 97행이다. 99행~103행의 if-else문은 실제 주어진 숫자를 찾기 위해 비교하는 부분인데, 97행에서 찾은 이 중간값이 모든 판단의 기준이 되기 때문이다. 실제로 if-else문은 배열 Buf 안에 저장된 데이터와 BinarySearch() 함수의 매개변수로 주어진 num 값을 비교한 후 num 값이 중간값보다 작으면 right 변수를 min −1로 설정하고 중간값보다 크면 left 변수는 min + 1로 설정해 주어진 숫자와 다른지를 확인한다.

105행의 if문은 min 값과 Buf[min] 값이 같다는 조건이 주어졌는데, 이는 주어진 숫자를 찾은 상황이다. 따라서 현재 인덱스인 중간 변수 min 값을 반환하고 while문을 빠져나오게 된다.

지금까지 살펴본 것이 이진 검색 알고리즘의 기본이다. 그렇다면 이진 검색 알고리즘에서 데이터의 삽입과 삭제는 어떻게 구현될까?

SECTION 02 이진 검색 트리 알고리즘

방금 설명한 이진 검색 알고리즘의 특징을 곰곰이 살펴봤을 때 4장에서 살펴본 트리 구조와 같다고 느낀다면 굉장히 눈치 빠른 사람이라고 칭찬해주고 싶다. 실제로 이진 검색 알고리즘은 독자적으로 사용되는 경우가 거의 없으며 트리 구조와 결합한 이진 검색 트리Binary Search Tree, BST 로 활용된다. 이번 절에서는 이 이진 검색 트리를 좀 더 자세히 살펴보기로 하자.

이진 검색 트리 알고리즘의 특성

이진 검색 알고리즘의 구조는 트리 형태로 데이터가 구성되어 있을 때 데이터의 검색뿐만 아니라 삽입과 삭제 성능을 향상시킬 수 있다.

이진 검색 트리에서 다루는 것은 일반적인 이진 트리다. 또한 이진 검색 트리가 구성되려면 다음과 같은 특성을 만족해야 한다.

> **1** 이진 트리의 정의가 성립되어야 한다.
> **2** 이진 검색 트리의 임의 노드 값은 왼쪽 자식 노드의 값보다 크거나 같아야 한다.
> **3** 이진 검색 트리의 임의 노드 값은 오른쪽 자식 노드의 값보다 작거나 같아야 한다.

위 설명이 잘 이해되지 않는다면 4장 1절 전체를 다시 참고하기 바란다. 그럼 다음으로 이진 검색 트리의 데이터 삽입 방법을 살펴보도록 하자.

이진 검색 트리 알고리즘의 데이터 삽입

이진 검색 트리에서 데이터를 삽입하는 과정은 주어진 순서대로 노드를 생성한 후 데이터를 삽입하는 것으로 이루어지며, 장점은 데이터를 삽입한 후 한 칸씩 이동하는 오버헤드가 발생하지 않는다는 것이다.

코드 8-2는 이진 검색 트리에서 데이터를 삽입하는 알고리즘이다.

```
001  #include <stdio.h>
002  #include <stdlib.h>
003  #include <time.h>
004
005  #define MAX 10
006  #define TRUE 1
007  #define FALSE 0
008
009  typedef struct _NODE {
010    int key;
011    struct _NODE *Left;
012    struct _NODE *Right;
013  } NODE;
014
015  NODE *ptrNode;
016  NODE *head;
017  NODE *end;
018
019  void MakeRandomNumber(void);
020  void QuickSort(int [], int, int);
021  void DisplayBuffer(void);
022  int IsNumberExit(int, int);
023  void BSTInitialize(void);
024  void BSTInsert(int);
025  void BSTDisplay(NODE *);
026  int Buf[MAX];
027  int CompareCount;
028
029  // 정렬할 데이터 초기화
030  void MakeRandomNumber(void)
031  {
032    int i, Num;
033    i = 0;
034    srand((unsigned)time(NULL));
035
036    while(i < MAX) {
037      Num = rand() % 200;
038
039      if(!IsNumberExit(Num, i)) {
040        Buf[i] = Num;
041        i++;
042      }
```

```
043      }
044   }
045
046   void QuickSort(int data[], int left, int right)
047   {
048     int num, i, j, temp;
049
050     if(right > left) {
051       num = data[right];
052       i = left - 1;
053       j = right;
054
055       for(; ;) {
056         while(data[++i] < num);
057           while(data[--j] > num);
058             if(i >= j)
059               break;
060
061         temp = data[i];
062         data[i] = data[j];
063         data[j] = temp;
064       }
065
066       temp = data[i];
067       data[i] = data[right];
068       data[right] = temp;
069
070       QuickSort(data, left, i - 1);
071       QuickSort(data, i + 1, right);
072     }
073   }
074
075   void DisplayBuffer(void)
076   {
077     int i;
078
079     for(i = 0; i < MAX; i++) {
080       if((i % 10) == 0)
081         printf("\n");
082
083       printf("%4d ", Buf[i]);
084     }
085
086     printf("\n");
```

```
087  }
088
089  int IsNumberExit(int number, int index)
090  {
091    int i;
092
093    for(i = 0; i < index; i++) {
094      if(Buf[i] == number || number == 0)
095        return TRUE;
096    }
097
098    return FALSE;
099  }
100
101  void BSTInitialize(void)
102  {
103    end = (NODE *)malloc(sizeof *end);
104    end->Left = end;
105    end->Right = end;
106    end->key = -1;
107
108    head = (NODE *)malloc(sizeof *head);
109    head->Right = end;
110    head->key = 0;
111  }
112
113  void BSTInsert(int num)
114  {
115    NODE *p, *x;
116    p = head;
117    x = head->Right;
118
119    while(x != end) {
120      p = x;
121      x = (num < x->key) ? x->Left : x->Right;
122    }
123
124    x = (NODE *)malloc(sizeof *x);
125    x->key = num;
126    x->Left = end;
127    x->Right = end;
128
129    if(num < p->key)
130      p->Left = x;
```

```
131
132    else
133       p->Right = x;
134    }
135
136  void BSTDisplay(NODE *ptr)
137  {
138     if(ptr != end) {
139        BSTDisplay(ptr->Left);
140        printf("%5d ", ptr->key);
141        BSTDisplay(ptr->Right);
142     }
143  }
144
145  void main()
146  {
147     int i, ret;
148     CompareCount = 0;
149
150     MakeRandomNumber();
151     QuickSort(Buf, 0, MAX-1);
152     printf("정렬된 데이터\n");
153
154     DisplayBuffer();
155     BSTInitialize();
156
157     for(i = 0; i < MAX; i++)
158        BSTInsert(Buf[i]);
159
160     printf("\n root node : %d\n", head->Right->key);
161
162     BSTDisplay(head->Right);
163  }
```

코드 8-2 실행 결과

```
정렬된 데이터
13 60 65 99 130 136 163 168 186 199
root node : 13
13 60 65 99 130 136 163 168 186 199
```

우선 이진 검색 트리의 함수들을 살펴보기 전에 이진 검색 트리에서 노드를 어떻게 정의하는지 알아보자.

```
009  typedef struct _NODE {
010    int key;
011    struct _NODE *Left;
012    struct _NODE *Right;
013  } NODE;
```

이진 검색 트리는 링크드 리스트와 달리 데이터를 저장하는 key 부분과 왼쪽 자식 노드를 가리키는 Left 포인터 변수, 오른쪽 자식 노드를 가리키는 Right 포인터 변수로 구성되어 있다. 이렇게 노드를 정의하면 그림 8-1처럼 헤드 노드, 엔드 노드, 일반 노드를 구성할 수 있다.

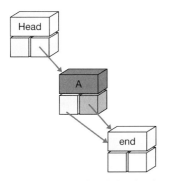

그림 8-1 이진 검색 트리 알고리즘의 노드

첫 번째로 소개할 핵심 함수는 이진 검색 트리를 초기화하는 BSTInitialize()다.

```
101  void BSTInitialize(void)
102  {
103    end = (NODE *)malloc(sizeof *end);
104    end->Left = end;
105    end->Right = end;
106    end->key = -1;
107
108    head = (NODE *)malloc(sizeof *head);
109    head->Right = end;
110    head->key = 0;
111  }
```

이진 검색 트리를 초기화하는 작업은 이진 검색 트리의 헤드 노드와 엔드 노드의 링크들을 설정하고 각 노드의 key 데이터를 설정하는 것이다. 103행에서 엔드 노드에 해당하는 end 포인터 변수를 생성한 후 104행~105행에서 엔드 노드의 왼쪽 자식 노드에 해당하는 Left 포인터 변수로 이동할 때와 Right 포인터 변수로 이동했을 때의 결과가 모두 end 포인터 변수를 가리키게 한다. 106행에서는 end 포인터 변수가 가리키는 key 값을 −1로 저장한다.

108행에서는 헤드 노드에 해당하는 head 포인터 변수를 정의한 후 109행에서 오른쪽 자식 노드에 해당하는 Right 포인터 변수로 이동할 때의 결과가 end 포인터 변수를 가리키게 한다. 그리고 110행에서 head 포인터 변수가 가리키는 key 값을 0으로 저장한다.

두 번째 BSTInsert()는 이진 검색 트리에 데이터를 삽입하는 함수다.

```
113   void BSTInsert(int num)
114   {
115     NODE *p, *x;
116     p = head;
117     x = head->Right;
118
119     while(x != end) {
120       p = x;
121       x = (num < x->key) ? x->Left : x->Right;
122     }
123
124     x = (NODE *)malloc(sizeof *x);
125     x->key = num;
126     x->Left = end;
127     x->Right = end;
128
129     if(num < p->key)
130       p->Left = x;
131
132     else
133       p->Right = x;
134   }
```

매개변수 num은 이진 검색 트리에 삽입할 데이터 값을 받는다. 그리고 포인터 변수 x는 현재 이진 검색 트리의 헤드 노드인 head 값을 저장한다.

119행의 while문은 매개변수로 받은 데이터 num과 현재 이진 검색 트리 노드의 값을 비교해 num 값이 더 크면 현재 노드의 오른쪽 자식 노드(x->Right)로 이동하고, 작으면 왼쪽 자식 노드(x->Left)로 이동하게 한다. 그리고 이 과정을 현재 노드가 엔드 노드(end)가 될 때까지 반복하게 한다.

이러한 과정을 반복할 때 부모 노드로 포인터 변수 p를 사용한다. 부모 노드로 포인터 변수 p를 사용하는 이유는 while문을 빠져나오는 조건이 포인터 변수 x가 end 포인터 변수와 같아야 하기 때문이다. 즉, 새로운 데이터가 삽입되려면 엔드 노드를 알아야 하며 엔드 노드를 확인하는 기준 역할을 부모 노드를 의미하는 포인터 변수 p가 하는 것이라고 이해하자.

122행까지 실행한 후의 트리 구조는 그림 8-2와 같다.

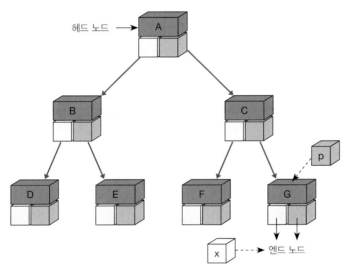

그림 8-2 이진 검색 트리 알고리즘의 데이터 삽입

while문 실행이 종료되면 124행에서 포인터 변수 x에 새로운 노드를 위한 메모리를 할당하고 x의 key 값으로 num 값이 되게 하고, x의 왼쪽 자식 노드와 오른쪽 자식 노드는 엔드 노드가 되게 한다.

129행~133행 if-else문은 새로 추가되는 노드 x가 부모 노드의 오른쪽 자식 노드로 연결되는지 아니면 왼쪽 자식 노드로 연결되는지를 결정하는 부분이다. 부모 노드인 p의 key 값이 num 값보다 크면 왼쪽 자식 노드로 연결하고 아니면 오른쪽 자식 노드로 연결한다.

마지막으로 살펴볼 함수는 이진 검색 트리를 화면에 출력하는 BSTDisplay()다.

```
136  void BSTDisplay(NODE *ptr)
137  {
138    if(ptr != end) {
139      BSTDisplay(ptr->Left);
140      printf("%5d", ptr->key);
141      BSTDisplay(ptr->Right);
142    }
143  }
```

BSTDisplay() 함수는 재귀 호출을 사용한 중위 순회 알고리즘이다. 중위 순회 알고리즘은 4장 3절에서 설명했으므로 잘 모르겠다면 해당 부분을 참고하도록 하자.

이진 검색 트리 알고리즘의 데이터 삭제

이진 트리 검색 알고리즘의 데이터 삭제는 앞에서 살펴본 데이터 삽입보다는 훨씬 복잡하다. 코드 8-3을 살펴보면서 삭제 알고리즘이 어떻게 실행되는지 알아보도록 하자.

코드 8-3 이진 트리 검색 알고리즘의 데이터 삭제

```
001  #include <stdio.h>
002  #include <stdlib.h>
003  #include <time.h>
004
005  #define MAX 10
006  #define TRUE 1
007  #define FALSE 0
008
009  typedef struct _NODE {
010    int key;
011    struct _NODE *Left;
012    struct _NODE *Right;
013  } NODE;
014
015  NODE *ptrNode;
016  NODE *head;
017  NODE *end;
018
```

```
019   void MakeRandomNumber(void);
020   void QuickSort(int [], int, int);
021   void DisplayBuffer(void);
022   int IsNumberExit(int, int);
023   void BSTInitialize(void);
024   void BSTInsert(int);
025   void BSTDisplay(NODE *);
026   void BSTDelete(int);
027
028   int Buf[MAX];
029   int CompareCount;
030
031   // 정렬할 데이터 초기화
032   void MakeRandomNumber(void)
033   {
034     int i, Num;
035     i = 0;
036     srand((unsigned)time(NULL));
037
038     while(i < MAX) {
039       Num = rand() % 200;
040
041       if(!IsNumberExit(Num, i)) {
042         Buf[i] = Num;
043         i++;
044       }
045     }
046   }
047
048   void QuickSort(int data[], int left, int right)
049   {
050     int num, i, j, temp;
051
052     if(right > left) {
053       num = data[right];
054       i = left - 1;
055       j = right;
056
057       for(; ;) {
058         while(data[++i] < num);
059           while(data[--j] > num);
060             if( i >= j)
061               break;
062
```

```
063        temp = data[i];
064        data[i] = data[j];
065        data[j] = temp;
066      }
067
068      temp = data[i];
069      data[i] = data[right];
070      data[right] = temp;
071
072      QuickSort(data, left, i - 1);
073      QuickSort(data, i + 1, right);
074    }
075  }
076
077  void DisplayBuffer(void)
078  {
079    int i;
080
081    for(i = 0; i < MAX; i++) {
082      if((i % 10) == 0)
083        printf("\n");
084
085      printf("%4d ", Buf[i]);
086    }
087
088    printf("\n");
089  }
090
091  int IsNumberExit(int number, int index)
092  {
093    int i;
094
095    for(i = 0; i < index; i++) {
096      if(Buf[i] == number || number == 0)
097        return TRUE;
098    }
099
100    return FALSE;
101  }
102
103  void BSTInitialize(void)
104  {
105    end = (NODE *)malloc(sizeof *end);
106    end->Left = end;
```

```
107    end->Right = end;
108    end->key = -1;
109
110    head = (NODE *)malloc(sizeof *head);
111    head->Right = end;
112    head->key = 0;
113  }
114
115  void BSTInsert(int num)
116  {
117    NODE *p, *x;
118    p = head;
119    x = head->Right;
120
121    while(x != end) {
122      p = x;
123      x = (num < x->key) ? x->Left : x->Right;
124    }
125
126    x = (NODE *)malloc(sizeof *x);
127    x->key = num;
128    x->Left = end;
129    x->Right = end;
130
131    if(num < p->key)
132      p->Left = x;
133
134    else
135      p->Right = x;
136  }
137
138  void BSTDisplay(NODE *ptr)
139  {
140    if(ptr != end) {
141      BSTDisplay(ptr->Left);
142      printf("%5d ", ptr->key);
143      BSTDisplay(ptr->Right);
144    }
145  }
146
147  void BSTDelete(int num)
148  {
149    NODE *g, *p, *x;
150    NODE *temp;
```

```
151    end->key = num;
152    p = head; x = head->Right;
153    while(num != x->key) {
154      p = x;
155
156      if(num < x->key)
157        x = x->Left;
158
159      else
160        x = x->Right;
161    }
162
163    temp = x;
164
165    if(temp->Right == end)
166      x = x->Left;
167
168    else if(temp->Right->Left == end) {
169      x = x->Right;
170      x->Left = temp->Left;
171    }
172
173    else {
174      g = x->Right;
175
176      while(g->Left->Left != end)
177        g = g->Left;
178
179      x = g->Left;
180      g->Left = x->Right;
181      x->Left = temp->Left;
182      x->Right = temp->Right;
183    }
184
185    free(temp);
186
187    if(num < p->key)
188      p->Left = x;
189
190    else
191      p->Right = x;
192  }
193
194  void main()
```

```
195  {
196    int i, ret;
197    CompareCount = 0;
198
199    MakeRandomNumber();
200    QuickSort(Buf, 0, MAX - 1);
201    printf("정렬된 데이터\n");
202
203    DisplayBuffer();
204    BSTInitialize();
205
206    for(i = 0; i < MAX; i++)
207      BSTInsert(Buf[i]);
208
209    printf("\n root node : %d\n", head->Right->key);
210    BSTDisplay(head->Right);
211    printf("\n\n");
212    printf("%d 삭제 \n", Buf[5]);
213
214    BSTDelete(Buf[5]);
215    BSTDisplay(head->Right);
216  }
```

코드 8-3 실행 결과

```
정렬된 데이터
32 44 64 124 138 159 174 179 180 199

root node : 32
32 44 64 124 138 159 174 179 180 199

159 삭제
32 44 64 124 138 174 179 180 199
```

일단 실행 결과에서 몇 가지 기준을 알아내는 것이 중요하다. 5행에서 상수 MAX를 10으로 설정했으므로 총 10개의 임의의 데이터가 이진 검색 트리에 저장되며 실행 결과를 살펴봤을 때 루트 노드는 32다. 이때 배열 인덱스 5에 해당하는 159라는 값을 가진 노드를 삭제한다는 것을 알 수 있다.

순차 검색 알고리즘에서는 배열로 되어 있는 하나의 노드를 삭제하려면 삭제된 데이터 이후의 데이터를 하나씩 앞으로 이동해야 한다. 만약 링크드 리스트로 되어 있는 하나의 노드를 삭제하려면 링크를 조정하는 작업이 필요하다. 그러나 이진 검색 트리 알고리즘의 기본인 트리 구조는 노드 하나에 1개의 데이터와 2개의 링크를 저장하므로 단순히 링크드 리스트의 링크 조정만으로는 어렵다.

그렇다면 이진 검색 트리의 BSTDelete( ) 함수를 자세히 살펴보도록 하자.

```
147   void BSTDelete(int num)
148   {
149     NODE *g, *p, *x;
150     NODE *temp;
151     end->key = num;
152     p = head; x = head->Right;
153     while(num != x->key) {
154       p = x;
155
156       if(num < x->key)
157         x = x->Left;
158
159       else
160         x = x->Right;
161     }
162
163     temp = x;
164
165     if(temp->Right == end)
166       x = x->Left;
167
168     else if(temp->Right->Left == end) {
169       x = x->Right;
170       x->Left = temp->Left;
171     }
172
173     else {
174       g = x->Right;
175
176       while(g->Left->Left != end)
177         g = g->Left;
178
179       x = g->Left;
180       g->Left = x->Right;
181       x->Left = temp->Left;
182       x->Right = temp->Right;
```

```
183      }
184
185      free(temp);
186
187      if(num < p->key)
188         p->Left = x;
189
190      else
191         p->Right = x;
192  }
```

먼저 매개변수 num을 이용해 삭제할 데이터의 값을 받는다. 그리고 삭제할 데이터를 이진 검색 트리의 마지막 노드를 가리키는 end 변수에 저장해둔다. 이유는 end 변수에 삭제할 데이터의 값을 저장해두면 153행~161행의 while문을 실행해 삭제할 데이터를 찾을 때 트리의 끝에 도달했는지라는 조건을 검사하지 않아도 되기 때문이다. 따라서 현재 노드를 가리키는 포인터 변수 x의 key 값이 삭제할 데이터 num 값과 같지 않다면 156행~160행의 if-else문에서 포인터 변수 x의 값과 num 값을 비교한 후 num 값이 더 작으면 x->Left로 이동하고, num 값이 더 크면 x->Right로 이동한다.

165행의 if문은 현재 삭제할 노드인 포인터 변수 x에 오른쪽 자식 노드가 있는지 검사한다. 오른쪽 자식 노드가 없다면 포인터 변수 x를 x->Left로 이동한다. 물론 165행을 실행하기 전에 현재 삭제할 노드는 포인터 변수 temp에 저장해두어야 한다. 168행의 else if문은 오른쪽 자식 노드가 존재하고 해당 자식 노드의 왼쪽 노드가 존재하지 않는다면 포인터 변수 x는 x->Right로 이동하고 x->Left는 삭제할 노드의 왼쪽 노드인 temp->Left로 저장한다.

여기까지 실행한 모습은 그림 8-3과 같다.

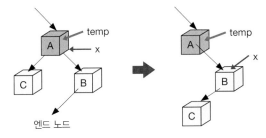

그림 8-3 이진 검색 트리 알고리즘의 데이터 삭제 1

왼쪽은 163행~171행을 실행하기 전이고, 오른쪽은 실행 후다.

노드 A는 현재 포인터 변수 temp와 x가 가리키는 노드다. 165행의 if문에서 temp의 오른쪽 자식 노드가 없으면 포인터 변수 x를 x−>Left로 이동하게 되지만 그림 8−3의 왼쪽을 보면 temp는 노드 B라는 오른쪽 자식 노드가 있으므로 이 조건에는 맞지 않는다. 따라서 else if문인 168행을 실행하게 된다.

else if문에서는 temp−>Right−>Left가 가리키는 노드가 엔드 노드인지 검사한다. 현재 temp−>Right−>Left에는 그림 8−3 왼쪽을 살펴보면 엔드 노드이므로 else if문은 참이 되고 169행~ 170행이 실행된다.

169행이 실행되면 포인터 변수 x 는 x−>Right로 이동하므로 그림 8−3 오른쪽처럼 노드 A의 오른쪽 자식 노드가 노드 B를 가리키며 170행에서는 x−>Left에 temp−>Left를 넣으므로 현재 temp의 왼쪽 자식 노드인 노드 C는 x의 왼쪽 자식 노드가 되어 노드 B의 왼쪽 자식 노드가 된다.

else if문의 조건도 거짓이면 173행~183행의 else문이 실행된다. 이 부분은 그림 8−4를 보면서 설명하겠다.

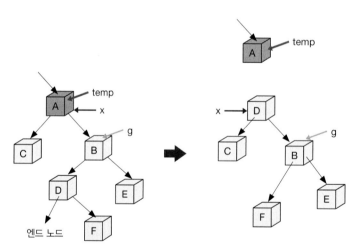

그림 8-4 이진 검색 트리 알고리즘의 데이터 삭제 2

173행의 else문에서는 또 다른 포인터 변수 g를 사용하고 포인터 변수 x의 오른쪽 자식 노드를 가리킨다(g = x−>Right). 따라서 그림 8−4 왼쪽에서 포인터 변수 g는 노드 B를 가리킨다. 176행의 while문이 존재하는 이유는 가장 왼쪽 자식 노드로 계속 이동해서 노드 B의 가장 왼쪽에 있는 자식 노드를 노드 B의 부모 노드로 만들기 위해서다. 이에 해당하는 노드는 그림 8-4 왼쪽의 노드 D다. 176행 while문의 조건인 g->Left->Left != end를 검사하면 포인터 변수 g->Left->Left는 엔드 노드이므로 while문을 빠져나온다.

179행에서는 포인터 변수 x로 하여금 g->Left를 가리키도록 한다. 이 결과로 포인터 변수 x는 노드 D를 가리킨다. 180행에서는 g->Left가 x->Right를 가리키도록 한다. 현재 포인터 변수 x가 노드 D를 가리키므로 x->Right는 노드 F가 된다. 따라서 180행을 실행하면 그림 8-4 오른쪽처럼 노드 F는 노드 B의 왼쪽 자식 노드가 된다.

181행은 x의 왼쪽 자식 노드에 temp의 왼쪽 자식 노드를 저장한다. 현재 temp의 왼쪽 자식 노드는 노드 C이므로 노드 C는 노드 D의 왼쪽 자식 노드가 된다. 마지막 182행에서는 x의 오른쪽 자식 노드로 temp의 오른쪽 자식 노드를 가리키게 한다. temp의 오른쪽 자식 노드는 노드 B고, 노드 B를 x의 오른쪽 자식 노드가 되게 하면 그림 8-4 오른쪽처럼 노드 D의 오른쪽 자식 노드로 노드 B가 설정된다.

185행에서 현재 노드 temp는 모든 링크가 정리되었으므로 free() 함수를 사용하여 메모리 공간 사용을 해제한다. 마지막 187행~191행은 앞서 데이터 삽입에서 설명한 것처럼 새로 추가되는 노드 x가 부모 노드의 오른쪽 자식 노드로 연결되는지 아니면 왼쪽 자식 노드로 연결되는지를 결정하는 부분이다.

지금까지 설명한 데이터 삭제 과정은 좀 복잡하게 보일 수 있다. 하지만 트리 구조에서는 왼쪽 자식 노드와 오른쪽 자식 노드의 관계에 따라서 링크를 설정해주어야 하므로 일반적인 링크드 리스트와 비교했을 때 당연히 복잡하다. 이는 어쩔 수 없는 일이라고 생각하자.

SECTION 03 정리

이 장에서는 검색 알고리즘에서 우수한 성능을 보여주는 이진 검색 알고리즘과 이진 검색 트리 알고리즘을 살펴봤다. 특히 이진 검색 알고리즘에 트리 구조를 사용한 이진 검색 트리^{Binary Search Tree} 알고리즘을 주로 살펴봤다. 이 알고리즘은 데이터베이스, 네트워크 등 많은 부분에서 활용된다.

이진 검색 트리 알고리즘의 장점은 $O(\log_2 N)$의 성능을 보이며 일반적인 검색 알고리즘인 $O(N)$과 비교했을 때 검색 속도가 뛰어나다. 또한 트리 구조를 기반으로 하기 때문에 공간의 효율성 면에서도 순차 검색 알고리즘과 비교했을 때 압도적으로 우수한 성능을 자랑한다.

CHAPTER 09

해시 알고리즘

여러 가지 알고리즘 중에서 정렬 알고리즘과 함께 가장 많이 사용되는 알고리즘은 검색 알고리즘으로, 8장에서 다룬 이진 검색 알고리즘은 현재도 많은 분야에서 활용되고 있다.

그런데 정렬 알고리즘은 한 번 정렬한 후에는 다시 정렬하기까지 어느 정도 시간이 소요 되는데, 검색 알고리즘은 수시로 검색 작업이 실행된다. 따라서 검색 알고리즘은 검색에 소요되는 시간을 단축시키는 것이 가장 큰 고민거리다.

이 장에서는 이러한 고민거리를 해결하고자 인덱스index를 사용해 검색 시간을 단축시키는 대표적 검색 알고리즘인 해시Hash 알고리즘을 알아본다.

해시 알고리즘

해시 알고리즘^{Hash Algorithm}은 인덱스를 사용하는 검색 알고리즘이다. 인덱스를 사용하므로 대용량의 데이터를 검색할 때 주로 사용된다. 앞에서 배운 이진 검색 알고리즘과 병행해서 사용하면 놀랄 만큼 빠른 검색 속도를 얻을 수도 있다.

키-주소 검색 알고리즘

이진 검색 알고리즘은 빅오 표기법으로 나타내는 성능이 $O(\log_2 N)$이다. 그런데 데이터를 검색한다는 기준에서 보면 $O(\log_2 N)$ 역시 데이터의 양이 많을수록 성능이 나빠진다는 약점이 있다. 하지만 이 장에서 배울 해시 알고리즘은 검색 성능이 $O(1)$이다. N이 아닌 1이라는 점에서도 알 수 있듯이 $O(1)$의 성능은 데이터의 양에 관계 없이 빠른 성능을 기대할 수 있으므로 큰 장점이 있는 검색 알고리즘이다.

그렇다면 해시 알고리즘의 기본 개념이 무엇이길래 $O(1)$이라는 검색 성능을 얻을 수 있을까? 이를 이해하려면 해시 알고리즘을 설명하기 전에 먼저 키-주소^{Key-Addressing} 검색 알고리즘부터 살펴봐야 한다.

키-주소 알고리즘의 예는 아파트에 비유할 수 있다. 아파트가 지어지던 초창기, 예를 들어 1980년대 초반 아파트에서는 우편함이라는 개념이 없이 아파트 경비 아저씨가 각 동으로 배달되는 우편물을 받은 후 이름별로 분류해서 집집마다 배달을 해주곤 했었다. 이렇게 경비 아저씨가 우편물을 검색해 배달해주는 방법은 순차 검색으로 생각할 수 있다.

그런데 당시에는 아파트 한 동에 가구수가 많아야 10가구 정도밖에 되지 않았으니 경비 아저씨가 매일 배달되는 우편물을 분류하고 배달하는 것이 가능했지만 지금처럼 아파트 한 동에 몇십 가구 이상이 거주하는 형태라면 경비 아저씨는 하루 종일 우편물 분류만 해야 하거나 혹은 우편물을 처리할 수 없을 것이다.

이를 해결하려고 우편함이라는 개념이 생겨났다. 여러분이 아파트의 501호에 살고 있고 그림 9-1과 같은 우편함이 아파트 1층 건물 앞에 있다고 가정해보자.

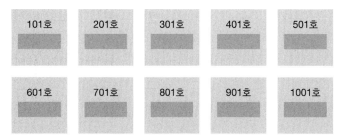

그림 9-1 아파트 우편함

여러분이 우편함을 보고 501호에 우편물이 꽂혀 있으면 이를 가져가면 그만이다. 또한 우편함에 우편물이 없으면 여러분은 우편물이 없는 것으로 간주할 것이다. 실제로 여러분도 우편함에 얼마나 많은 우편물이 있든 상관없이 501호의 우편함만 살펴보면 내 우편물이 있는지를 한눈에 알 수 있어 편하다. 그리고 경비 아저씨는 우편물을 분류할 필요가 없어 편할 것이다.

이렇게 데이터양에 상관없이 또 501호 우편함의 우편물처럼 비교하는 부분 없이 원하는 데이터를 한 번에 찾아가는 알고리즘을 키-주소 검색 알고리즘이라고 한다.

그럼 가장 간단한 키-주소 검색 알고리즘의 예제인 코드 9-1을 살펴보자.

코드 9-1 간단한 키-주소 검색 알고리즘

```
01    #include <stdio.h>
02
03    typedef struct _NODE {
04       int Number;
05       char Name;
06    } NODE;
07
08    NODE Students[10];
09
10    void main()
11    {
12       int i;
13
14       for(i = 0; i < 10; i++) {
```

```
15      Students[i].Number = 1000 + i;
16      Students[i].Name = 'A' + i;
17    }
18
19    printf("다섯 번째 학생의 학번과 이름 출력\n");
20    printf("학번 : [%d]\n", Students[4].Number);
21    printf("이름 : [%c]\n", Students[4].Name);
22  }
```

코드 9-1 실행 결과

```
다섯 번째 학생의 학번과 이름 출력
학번 : [1004]
이름 : [E]
```

먼저 3행~6행에서 NODE라는 구조체를 만들고 Number와 Name이라는 구조체 변수를 선언한다. 그리고 8행에서 구조체 자료형을 갖는 Student[]라는 배열을 선언한다. 이 배열에 14행~17행의 for문을 이용해 학번과 이름을 입력한다(예제 프로그램이므로 이름은 알파벳 1개의 문자로 사용했다).

19행~21행이 키-주소 검색 알고리즘을 사용하는 부분이다. 얼핏 보기에는 단순히 출력만 하지 검색이나 비교 처리는 하지 않는 것처럼 보인다. 그러나 전형적인 키-주소 검색 알고리즘의 예다. Students[4].Number나 Students[4].Name이라는 코드는 학번과 이름을 바로 출력할 수 있게 해준다. 즉, 배열의 인덱스만 알면 비교나 검색할 필요 없이 데이터에 해당하는 학번과 이름을 출력할 수 있다.

키-주소 검색 알고리즘은 처음에 언급한 대로 검색 성능이 O(1)이다. 그런데 문제가 있다. 검색 속도는 타의 추종을 불허할 만큼 빠르지만 메모리 공간을 효율적으로 사용할 수 없다는 것이다. 자세한 설명을 하기 전에 코드 9-1을 응용한 예제인 코드 9-2를 보자.

코드 9-2 메모리 공간을 비효율적으로 사용하는 키-주소 검색 알고리즘

```
01    #include <stdio.h>
02
03    typedef struct _NODE {
04      int Number;
05      char Name;
```

```
06  } NODE;
07
08  NODE Students[100];
09
10  void main()
11  {
12    int i;
13
14    for(i = 0; i < 100; i++) {
15      if(i % 2 == 0) {
16        Students[i].Number = 1000 + i;
17        Students[i].Name = 'A' + i;
18      }
19
20      else
21        continue;
22    }
23
24    printf("전체 데이터 크기와 저장된 데이터 크기 비교\n");
25    printf("전체 데이터 크기 : %d bytes\n", sizeof(NODE) * 100);
26    printf("저장된 데이터 크기 : %d bytes\n", sizeof(NODE) * 100 / 2);
27  }
```

코드 9-2 실행 결과

```
전체 데이터 크기와 저장된 데이터 크기 비교
전체 데이터 크기 : 800 bytes
저장된 데이터 크기 : 400 bytes
```

코드 9-2는 8행처럼 구조체 NODE를 자료형으로 사용하면서 요소가 100개 있는 배열을 선언했다. 그리고 14행~22행의 for문에서 짝수인 경우만 배열에 데이터를 저장했다. 따라서 원래 데이터의 총 크기는 800바이트지만 실제로는 400바이트만 사용했으므로 메모리 공간의 효율성은 50%다.

이런 경우 배열 대신 링크드 리스트를 사용하면 더 효율적이지 않느냐고 질문하는 사람도 있을 것이다. 그러나 키-주소 검색 알고리즘은 배열처럼 인덱스만으로 원하는 데이터를 검색하는 데 초점을 맞춘 알고리즘이다. 만약 배열 대신 링크드 리스트를 사용하면 오히려 키-검색 알고리즘이 아니라 일반적인 순차 검색에 더 가까운 알고리즘이 된다.

그럼 이와 같은 키-주소 검색 알고리즘의 단점을 해결하는 방법은 무엇일까? 다음에 설명하는 키-매핑Key-Mapping 검색 알고리즘이다.

키-매핑 검색 알고리즘

키-매핑 검색 알고리즘은 키-주소 검색 알고리즘에 있는 단점을 해결하는 알고리즘이다. 위에서 키-주소 알고리즘의 단점을 설명했으므로 일단 키-매핑 검색 알고리즘의 예제인 코드 9-3을 보자.

코드 9-3 키-매핑 검색 알고리즘

```
001  #include <stdio.h>
002  #include <stdlib.h>
003  #include <time.h>
004
005  #define MAX 100
006  #define TRUE 1
007  #define FALSE 0
008
009  typedef struct _NODE {
010     int Key;
011     int Counter;
012  } NODE;
013
014  void Initialize(void);
015  void MakeRandomNumber(void);
016  void DisplayBuffer(void);
017  void DisplayHitBuffer(void);
018  void DisplayHitCounter(void);
019
020  int Buf[MAX];
021  NODE Hit[50];
022
023  // 정렬할 데이터 초기화
024  void Initialize(void)
025  {
026     int i;
027
028     for(i = 0; i < MAX; i++) {
029        Buf[i] = -1;
```

```
030     }
031
032     for(i = 0; i < 20; i++) {
033       Hit[i].Key = -1;
034       Hit[i].Counter = 0;
035     }
036   }
037
038   void MakeRandomNumber(void)
039   {
040     int i, Num, index;
041     i = 0;
042     srand((unsigned)time(NULL));
043
044     while(i < 50) {
045       Num = rand() % 100;
046       Buf[Num] = Num;
047
048       index = Num % 50;
049
050       Hit[index].Key = Num;
051       Hit[index].Counter++;
052
053       i++;
054     }
055   }
056
057   void DisplayBuffer(void)
058   {
059     int i;
060
061     for(i = 0; i < MAX; i++) {
062       if((i % 10) == 0)
063         printf("\n");
064
065       printf("%4d ",Buf[i]);
066     }
067
068     printf("\n");
069   }
070
071   void DisplayHitBuffer(void)
072   {
073     int i;
```

```
074    printf("====> Hit key Data <===== \n");
075
076    for(i = 0; i < 50; i++) {
077      if((i % 10) == 0)
078        printf("\n");
079
080      printf("%4d ", Hit[i].Key);
081    }
082
083    printf("\n\n");
084  }
085
086  void DisplayHitCounter(void)
087  {
088    int i;
089    printf("====> Hit Counter Data <===== \n");
090
091    for(i = 0; i < 50; i++) {
092      if((i % 10) == 0)
093        printf("\n");
094
095      printf("%4d ", Hit[i].Counter);
096    }
097
098    printf("\n");
099  }
100
101  void main()
102  {
103    Initialize();
104
105    MakeRandomNumber();
106    printf("키-매핑으로 생성된 데이터\n");
107
108    DisplayBuffer();
109    printf("\n");
110
111    DisplayHitBuffer();
112    DisplayHitCounter();
113  }
```

20행~21행을 보면 int 자료형 Buf[] 배열과 NODE 구조체 자료형 Hit[] 배열을 선언했다. 먼저 이 2개의 배열이 어떻게 연결되는지 그림 9-2를 살펴보자.

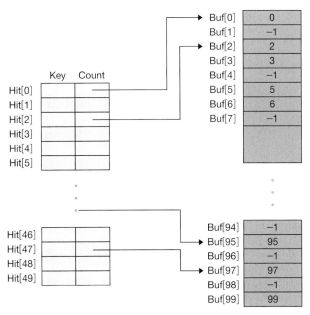

그림 9-2 Buf[] 배열과 Hit[] 배열의 연결

첫 번째 배열 Buf는 기존에 소개했던 알고리즘과 마찬가지로 데이터를 저장해두는 곳이다. 예를 들어 Buf[95]에 있는 데이터 '95'를 검색한다고 하자. 이진 검색 알고리즘이라면 Buf 배열의 맨 처음인 Buf[0]을 기준으로 계속 데이터를 비교하거나 Buf 배열의 맨 처음과 끝 가운데 있는 중간값을 기준으로 값을 비교하는 방식을 사용할 것이다.

그러나 키-매핑 검색 알고리즘에서는 찾고자 하는 데이터 '95'를 50으로 나눈 나머지 값을 구한다. 95를 50으로 나누면 나머지는 45가 된다. 여기서 두 번째 배열인 Hit의 역할이 있다. 배열 Hit는 데이터가 저장되는 Buf 배열의 인덱스가 있는 곳이다. 따라서 이 나머지 45를 인덱스로 갖는 Hit[45]의 Key 값을 읽으면 해당 값에는 95가 들어있다. 이 95가 Buf의 인덱스 값이 되는 것이다. 이렇게 검색하려는 데이터를 50으로 나눈 나머지 값을 구하는 기능을 키-매핑 함수라고 한다.

그럼 MakeRandomNumber() 함수를 살펴보자.

```
038  void MakeRandomNumber(void)
039  {
040    int i, Num, index;
```

```
041    i = 0;
042    srand((unsigned)time(NULL));
043
044    while(i < 50) {
045      Num = rand() % 100;
046      Buf[Num] = Num;
047
048      index = Num % 50;
049
050      Hit[index].Key = Num;
051      Hit[index].Counter++;
052
053      i++;
054    }
055  }
```

기본적으로 이 함수는 배열 Buf에 데이터를 저장하고 키-매핑 함수를 사용해 배열 Hit에 배열 Buf의 인덱스를 저장하는 역할을 한다. MakeRandomNumber() 함수 자체는 8장의 예제에서 사용한 함수와 비슷할 것이다. 그러나 44행의 while문에서 100개의 데이터를 생성하는 것이 아니라 50개의 데이터만을 생성한다는 차이점이 있다. 또한 while문 안에서 생성된 숫자가 기존의 숫자와 중복되는지를 검사하는 부분이 있었는데 그 부분이 생략되었다는 차이점도 있다.

또한 눈여겨봐야 할 부분은 45행에서 rand() 함수를 사용해 0~99의 숫자 중 임의의 숫자를 선택한 후 이 값을 46행처럼 배열 Buf의 인덱스로 사용한다는 점이다. 이때 배열 Buf의 인덱스이자 저장된 데이터인 Num 값은 48행을 실행하면 변수 index 값으로 변환된다. 이 48행 코드가 키-매핑 함수다.

index 값이 생성되면 50행처럼 배열 Hit의 key 값으로 Num 값을 저장하고, Counter를 1 증가시킨다. 여기서 Key가 아닌 Counter 변수를 사용하는 이유는 Key 값이 0~99의 숫자 중 임의로 하나의 값을 생성할 때 값이 중복되는 상황을 피하기 위해서다.

그럼 마지막으로 실행 결과는 어떻게 나타나는지 살펴보자.

```
키-매핑으로 생성된 데이터
0 -1 2 3 4 -1 6 -1 -1 -1
-1 11 -1 13 14 -1 16 17 18 -1
-1 -1 -1 23 24 -1 -1 -1 -1 -1
30 -1 -1 33 34 -1 -1 -1 -1 -1
40 41 -1 -1 -1 -1 46 -1 -1 49
50 -1 -1 53 -1 55 -1 -1 58 59
-1 61 -1 -1 -1 65 66 -1 -1 69
70 71 72 73 -1 75 -1 77 -1 79
-1 -1 -1 -1 84 -1 -1 87 -1 -1
-1 91 92 -1 -1 95 -1 -1 98 -1

====> Hit key Data <=====
0 -1 2 3 4 55 6 -1 58 59
-1 11 -1 13 14 65 66 17 18 69
70 71 72 73 24 75 0 77 0 79
30 0 0 33 34 0 0 87 0 0
40 41 92 0 0 95 46 0 98 49

====> Hit Counter Data <=====
2 0 1 2 1 1 1 0 1 1
0 2 0 1 1 1 2 1 1 1
2 1 3 3 1 1 0 2 0 1
1 0 0 1 3 0 0 1 0 0
2 2 1 0 0 1 2 0 1 1
```

'키-매핑으로 생성된 데이터' 부분은 총 50개의 데이터가 생성된 모습이다. 바로 배열 Buf 안에 저장된 값들이다. -1로 표기되어 있는 부분은 값이 생성되지 않았음을 나타낸다. 0~99 값 중에서 50개만 생성하기 때문이다. 'Hit Key Data' 부분은 배열 Hit의 Key 항목 값이다. 여기도 역시 배열 안의 값은 배열 Buf의 인덱스 값들이며, -1로 된 부분은 값이 생성되지 않은 부분이다. 'Hit Counter Data' 부분은 Key 값과 비교했을 때 Counter 값이 몇 번이나 중복되었는지를 보여준다.

그럼 이제 좀 더 다양한 해시 알고리즘과 Hit Counter Data에서 발생한 값이 중복되는 경우의 해결 방법이 무엇인지 알아보도록 하자.

SECTION 02 해시 알고리즘의 문제점

앞에서 살펴본 두 가지 해시 알고리즘은 키-매핑 검색 과정을 거치지만 검색 성능이 $O(1)$이 되므로 이진 검색 알고리즘 혹은 이진 트리 검색 알고리즘과는 비교도 되지 않을 정도로 성능이 우수하다. 그러나 아무리 좋은 알고리즘이라도 단점이 없는 것은 아니다.

이번에는 해시 알고리즘의 문제점과 이 문제점을 해결하는 여러 가지 방법들을 알아보도록 하자.

해시 알고리즘의 데이터 중복 문제

해시 알고리즘의 가장 큰 문제점은 데이터가 중복될 수 있다는 점이다. 사실 제일 좋은 해시 알고리즘은 중복되지 않고 완전히 1:1로 매칭되는 것이겠지만 그런 해시 알고리즘은 아직까지 발견되지 않았다. 따라서 보통 하나의 해시 주소에 해시 데이터 여러 개를 사용하게 된다. 그림 9-3과 같다.

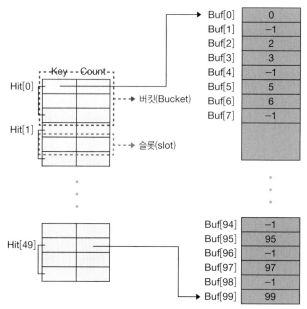

그림 9-3 하나의 해시 주소에 해시 데이터 여러 개를 사용

배열 Hit의 Key 항목을 살펴보면 항목이 하나가 아니라 3개씩 있는 것을 확인할 수 있다. 이 개수는 임의로 정해도 상관없다. 필자의 경우는 앞에서 실행한 키-매핑 알고리즘의 예제 프로그램의 실행 결과를 보고 Counter 변숫값에 따라 항목을 3개로 구성했다. 단, Counter 값은 하나만 존재한다는 것을 꼭 기억해두자.

또한 그림 9-3을 이해하려면 해시 알고리즘에서 새롭게 등장하는 몇 가지 용어를 알아둘 필요가 있다. 첫 번째는 버킷^{Bucket}으로, 해시 주소 하나에 1개 이상의 데이터가 저장되는 전체 메모리 공간을 말한다.

두 번째는 슬롯^{Slot}이다. 버킷에서 하나의 데이터가 저장되는 메모리 공간을 말한다.

세 번째는 충돌^{Collision}이다. 서로 다른 데이터인데 같은 해시 주소를 갖게 되면 충돌이 발생했다고 한다. 예를 들어 임의의 숫자를 50으로 나눈 후의 나머지를 해시 주소로 사용한다고 가정하면 45와 95는 45라는 같은 해시 주소를 사용하므로 충돌이 발생했다고 할 수 있다.

네 번째는 오버플로^{Overflow}다. 보통 충돌이 발생하는 일을 방지하려고 그림 9-3처럼 해시 주소 하나에 여러 개의 슬롯을 만들어둔다. 하지만 충돌이 계속 발생해서 결국 더 이상 데이터를 저장할 슬롯이 없어지는 상황이 발생하기도 하는데, 이때를 오버플로가 발생했다고 말한다.

구조와 용어를 모두 이해했다면 코드를 살펴볼 차례다. 코드 9-4는 키-매핑 검색 알고리즘을 사용해 그림 9-3과 같은 해시 알고리즘이 구현되도록 작성한 것이다.

코드 9-4 3개의 데이터 공간이 있는 해시 알고리즘

```
001   #include <stdio.h>
002   #include <stdlib.h>
003   #include <time.h>
004
005   #define MAX 100
006   #define TRUE 1
007   #define FALSE 0
008   #define OVERFLOW 3
009
010   typedef struct _NODE {
011      int Key[3];
012      int Counter;
013   } NODE;
014
```

```
015  void Initialize(void);
016  void MakeRandomNumber(void);
017  void DisplayBuffer(void);
018  void DisplayHitBuffer(void);
019  void DisplayHitCounter(void);
020  int Buf[MAX];
021  NODE Hit[50];
022
023  // 정렬할 데이터 초기화
024  void Initialize(void)
025  {
026    int i, j;
027
028    for(i = 0; i < MAX; i++) {
029      Buf[i] = -1;
030    }
031
032    for(i = 0; i < 20; i++) {
033      for(j = 0; j < 3; j++)
034        Hit[i].Key[j] = -1;
035
036      Hit[i].Counter = 0;
037    }
038  }
039
040  void MakeRandomNumber(void)
041  {
042    int i, Num, index;
043    i = 0;
044    srand((unsigned)time(NULL));
045
046    while(i < 50) {
047      Num = rand() % 100;
048      Buf[Num] = Num;
049      index = Num % 50;
050
051      if(Hit[index].Counter > 2)
052        printf("\n OverFlow\n");
053
054      else
055        Hit[index].Key[Hit[index].Counter++] = Num;
056
057      i++;
058    }
```

```
059  }
060
061  void DisplayBuffer(void)
062  {
063    int i;
064
065    for(i = 0; i < MAX; i++) {
066      if((i % 10) == 0)
067
068        printf("\n");
069
070      printf("%4d ", Buf[i]);
071    }
072
073    printf("\n");
074  }
075
076  void DisplayHitBuffer(void)
077  {
078    int i;
079    printf("====> Hit key Data <===== \n");
080
081    for(i = 0; i < 50; i++) {
082      if((i % 5) == 0)
083        printf("\n");
084
085      switch(Hit[i].Counter) {
086        case 0:
087
088        case 1:
089          printf("%2d", Hit[i].Key[0]);
090          break;
091
092        case 2:
093          printf("%2d/%2d", Hit[i].Key[0],Hit[i].Key[1]);
094          break;
095
096        case 3:
097          printf("%2d/%2d/%2d", Hit[i].Key[0], Hit[i].Key[1], Hit[i].Key[2]);
098          break;
099
100        default:
101          printf("**");
102      }
```

```
103
104      printf(", ");
105    }
106
107    printf("\n\n");
108  }
109
110  void DisplayHitCounter(void)
111  {
112    int i;
113    printf("====> Hit Counter Data <===== \n");
114
115    for(i = 0; i < 50; i++) {
116      if((i % 5) == 0)
117        printf("\n");
118
119      printf("%4d ", Hit[i].Counter);
120    }
121
122    printf("\n");
123  }
124
125  void main()
126  {
127    Initialize();
128
129    MakeRandomNumber();
130    printf("키-매핑으로 생성된 데이터\n");
131
132    DisplayBuffer();
133    printf("\n");
134
135    DisplayHitBuffer();
136    DisplayHitCounter();
137  }
```

코드 9–3과 비교해보면 비슷하지만 약간 다른 부분들이 있다. 여기에서는 달라진 부분을 중점적으로 살펴보도록 하자.

먼저 배열 Hit의 자료구조가 다르다.

```
010   typedef struct _NODE {
011      int Key[3];
012      int Counter;
013   } NODE;
```

코드 9-3에서는 Key와 Counter 변수가 하나씩 존재했는데 그림 9-3은 버킷의 크기를 늘렸으므로 Key를 항목이 3개인 int 자료형 배열로 정의했다. 이는 결국 슬롯을 3개 갖는 버킷을 만든 것과 같다. 그런데 Counter 변수는 여전히 변수인 상태로 존재하는데, 그 이유는 같은 해시 주소를 갖는 데이터에 오버플로가 발생하는지를 확인하려는 것이다. 굳이 배열로 정의할 필요가 없다.

이제 데이터를 생성한 후 저장하는 MakeRandomNumber() 함수를 살펴보자.

```
040   void MakeRandomNumber(void)
041   {
042      int i, Num, index;
043      i = 0;
044      srand((unsigned)time(NULL));
045
046      while(i < 50) {
047         Num = rand() % 100;
048         Buf[Num] = Num;
049         index = Num % 50;
050
051         if(Hit[index].Counter > 2)
052            printf("\n OverFlow\n");
053
054         else
055            Hit[index].Key[Hit[index].Counter++] = Num;
056
057         i++;
058      }
059   }
```

함수 내부를 살펴보면 48행에서 배열 Buf에 임의로 선택한 숫자를 저장하는 것과 나머지 연산자를 사용해 index 값을 저장하는 49행은 같다.

바뀐 부분은 51행~55행이다. 51행 if문은 배열 Hit에 배열 Buf의 인덱스를 저장하기 전에 현재 Hit[index]의 Counter 값이 2보다 큰지를 검사한다. Counter 값이 2보다 크다는 것은 같은 해시 주소 값을 갖는 데이터가 3개를 초과했다는 의미다. 따라서 오버플로 메시지를 출력하게 된다.

반대로 54행의 else문은 Counter가 2를 넘지 않았다는 것으로, 이는 아직 비어있는 슬롯이 있다는 의미다. 따라서 55행처럼 현재 Counter 변수에 배열 Buf의 주소에 해당하는 Num 값을 저장하고 Counter 값을 1 증가시킨다. 즉, 코드 9-4의 배열 Buf는 중복되는 같은 해시 주소에 3개의 저장 공간을 가질 수 있다는 의미다.

코드 9-4 실행 결과

```
OverFlow
키-매핑으로 생성된 데이터
-1 1 -1 -1 -1 -1 -1 7 -1 9
-1 -1 -1 13 -1 -1 -1 -1 18 19
-1 -1 -1 -1 24 -1 -1 -1 28 29
-1 31 32 33 34 -1 36 -1 -1 39
40 -1 42 43 -1 -1 -1 47 48 49
50 -1 52 53 -1 55 -1 57 -1 -1
-1 -1 -1 -1 64 -1 -1 -1 -1 -1
70 71 -1 -1 74 -1 -1 77 78 -1
-1 -1 -1 -1 -1 -1 -1 -1 88 -1
-1 -1 92 -1 -1 -1 -1 97 -1 -1

====> Hit key Data <=====
50/50, 1, 52, 53, -1,
55, -1, 57/ 7, -1, 9,
-1, -1, -1, 13/13, 64/64,
-1, -1, -1, 18/18, 19,
70/70, 71/71, 0, 0, 24/74/24,
0, 0, 77, 78/28/28, 29,
0, 31, 32/32, 33/33, 34,
0, 36/36, 0, 88, 39,
40, 0, 92/92/42, 43, 0,
0, 0, 47/47/97, 48/48, 49,
```

```
====> Hit Counter Data <=====
2 1 1 1 0
1 0 2 0 1
0 0 0 2 2
0 0 0 2 1
2 2 0 0 3
0 0 1 3 1
0 1 2 2 1
0 2 0 1 1
1 0 3 1 0
0 0 3 2 1
```

실행 결과를 살펴보면 의외로 같은 해시 주소를 갖는 데이터들이 많음을 알 수 있다. 또한 실행 결과 맨 위를 보면 오버플로도 한 번 발생했다. 이와 같은 해시 알고리즘 구조는 그다지 바람직하지 않다. 해시 주소가 같은 것은 물론이고 데이터 '26'처럼 데이터 자체가 같은 경우도 발생한다는 것은 상당히 비효율적이기 때문이다.

그럼 중복되지 않는 데이터로 코드 9-4와 똑같은 버킷 크기를 갖는 해시 알고리즘을 구성하면 어떻게 될까? 코드 9-5를 살펴보자.

코드 9-5 진보된 해시 알고리즘

```c
001  #include <stdio.h>
002  #include <stdlib.h>
003  #include <time.h>
004
005  #define MAX 100
006  #define TRUE 1
007  #define FALSE 0
008  #define OVERFLOW 3
009
010  typedef struct _NODE {
011     int Key[3];
012     int Counter;
013  } NODE;
014
015  void Initialize(void);
016  void MakeRandomNumber(void);
017  void DisplayBuffer(void);
018  void DisplayHitBuffer(void);
```

```
019  void DisplayHitCounter(void);
020  int IsNumberExit(int);
021
022  int Buf[MAX];
023  NODE Hit[50];
024
025  // 정렬할 데이터 초기화
026  void Initialize(void)
027  {
028    int i, j;
029    for(i = 0; i < MAX; i++) {
030      Buf[i] = -1;
031    }
032
033    for(i = 0; i < 20; i++) {
034      for(j = 0; j < 3; j++)
035        Hit[i].Key[j] = -1;
036
037      Hit[i].Counter = 0;
038    }
039  }
040
041  void MakeRandomNumber(void)
042  {
043    int i, Num, index;
044    i = 0;
045    srand((unsigned)time(NULL));
046
047    while(i < 50) {
048      Num = rand() % 100;
049
050      if(!IsNumberExit(Num)) {
051        Buf[Num] = Num;
052        index = Num % 50;
053
054        if(Hit[index].Counter > 2)
055          printf("\n OverFlow\n");
056
057        else
058          Hit[index].Key[Hit[index].Counter++] = Num;
059
060        i++;
061      }
```

```
062    }
063  }
064
065  void DisplayBuffer(void)
066  {
067    int i;
068
069    for(i = 0; i < MAX; i++) {
070      if((i % 10) == 0)
071        printf("\n");
072
073      printf("%4d ", Buf[i]);
074    }
075
076    printf("\n");
077  }
078
079  void DisplayHitBuffer(void)
080  {
081    int i;
082    printf("====> Hit key Data <===== \n");
083
084    for(i = 0; i < 50; i++) {
085      if((i % 5) == 0)
086        printf("\n");
087
088      switch(Hit[i].Counter) {
089        case 0:
090
091        case 1:
092          printf("%2d", Hit[i].Key[0]);
093          break;
094
095        case 2:
096          printf("%2d/%2d", Hit[i].Key[0], Hit[i].Key[1]);
097          break;
098
099        case 3:
100          printf("%2d/%2d/%2d", Hit[i].Key[0], Hit[i].Key[1], Hit[i].Key[2]);
101          break;
102
103        default:
104          printf("**");
```

```
105        }
106
107      printf("\t");
108    }
109
110    printf("\n\n");
111  }
112
113  void DisplayHitCounter(void)
114  {
115    int i;
116    printf("====> Hit Counter Data <===== \n");
117
118    for(i = 0; i < 50; i++) {
119      if((i % 5) == 0)
120        printf("\n");
121
122      printf("%4d ", Hit[i].Counter);
123    }
124
125    printf("\n");
126  }
127
128  int IsNumberExit(int number)
129  {
130    int i;
131
132    for(i = 0; i < MAX; i++) {
133      if(Buf[i] == number)
134        return TRUE;
135    }
136
137    return FALSE;
138  }
139
140  void main()
141  {
142    Initialize();
143
144    MakeRandomNumber();
145    printf("키-매핑으로 생성된 데이터\n");
146
147    DisplayBuffer();
148    printf("\n");
```

```
149
150    DisplayHitBuffer();
151    DisplayHitCounter();
152  }
```

코드 9-5가 기존 예제와 다른 점은 딱 한 가지, 50행에 if문이 있으며 !IsNumberExit(Num)라는 조건을 두어 0~99까지의 값 중 50개의 데이터를 뽑을 때 중복되는 데이터를 뽑지 않도록 했다는 것이다.

코드 9-5 실행 결과

```
키-매핑으로 생성된 데이터
-1 -1 -1 3 4 5 -1 7 -1 9
10 -1 -1 13 14 -1 16 17 -1 -1
20 21 -1 -1 24 25 -1 -1 -1 -1
-1 -1 32 33 -1 -1 -1 37 -1 -1
-1 41 42 -1 44 -1 -1 47 -1 49
-1 51 52 -1 54 -1 56 -1 -1 59
-1 -1 62 63 -1 65 66 -1 68 -1
70 71 72 73 -1 75 -1 77 78 79
-1 -1 82 83 -1 85 -1 87 -1 89
90 91 92 -1 -1 95 -1 -1 98 -1

====> Hit key Data <=====
-1 51 52 3 54/ 4
5 56 7 -1 9/59
10 -1 62 13/63 14
65 66/16 17 68 -1
20/70 71/21 72 73 24
25/75 0 77 78 79
0 0 32/82 33/83 0
85 0 87/37 0 89
90 41/91 92/42 0 44
95 0 47 98 49

====> Hit Counter Data <=====
0 1 1 1 2
1 1 1 0 2
1 0 1 2 1
1 2 1 1 0
```

```
2 2 1 1 1
2 0 1 1 1
0 0 2 2 0
1 0 2 0 1
1 2 2 0 1
1 0 1 1 1
```

코드 9-4와는 달리 오버플로가 전혀 발생하지 않으며 해시 주소 하나에 최대 2개까지만 데이터가 저장되고 있음을 알 수 있다.

해시 알고리즘의 문제 해결 방법

해시 알고리즘은 앞 절에서 살펴봤듯이 검색 속도는 빠르지만 내부적으로 몇 가지 치명적인 문제점들이 있다. 예를 들어 앞 절에서는 버킷을 사용해 같은 해시 주소를 갖는 데이터를 여러 개 저장하는 방법을 사용했다. 그러나 버킷의 용량을 무한대로 늘릴 수 없는 상황이라면 이 방법도 근본적인 해결책이 될 수 없다.

이번 절에서는 해시 알고리즘이 갖는 문제점들을 좀 더 근본적으로 해결할 수 있는 방법을 알아보기로 하자.

해시 알고리즘에서 발생되는 문제들

해시 알고리즘의 문제점을 파악하려면 먼저 해시 알고리즘의 결과로 생성되는 해시 테이블에 저장되는 데이터들의 패턴을 살펴봐야 할 필요가 있다. 다음은 코드 9-5의 실행 결과 중 해시 테이블의 Counter 값이다.

```
====> Hit Counter Data <=====
2 1 0 0 2
2 2 2 0 1
1 0 2 1 2
1 0 2 1 1
0 0 1 0 1
1 2 1 1 1
1 0 0 1 0
0 2 0 1 1
1 2 1 1 1
1 0 2 2 2
```

위 해시 테이블은 총 5개의 버킷이 있으며 그중 데이터가 저장된 버킷의 수는 36개다. 위 결과에서 0이 아닌 숫자로 채워져 있는 해시 테이블의 버킷이 실제 데이터가 저장되어 있는 버킷이다. 따라서 다음과 같은 공식이 성립할 수 있다.

실제 사용된 버킷의 분포 = 실제 사용된 버킷 수 / 전체 버킷 수

= 34 / 50 = 0.68 = 68%

즉, 전체 해시 테이블 중 68%의 버킷만 사용하는 것이다. 이 68%라는 값을 패킹 밀도라고 말한다.

이상적인 해시 알고리즘이 구현되려면 사실상 해시 테이블의 패킹 밀도가 100%에 근접할 수 있는 것이 좋다. 그런데 이러한 해시 알고리즘을 구현하는 것은 현실적으로 불가능하며 위에서 예를 든 해시 테이블도 전체 해시 테이블의 버킷 중에서 68%밖에 사용하지 못한다.

그렇다면 좀 더 성능이 뛰어난 해시 알고리즘을 사용하려면 어떤 부분이 고려되어야 할까?

패킹 밀도를 높이는 해시 함수 사용

가장 우선시되는 것은 패킹 밀도다. 패킹 밀도가 최대한 100%에 근접할 수 있는 해시 함수를 사용하는 것이다. 코드 9-5에서는 해시 함수로 나머지 연산자를 사용하는데 가능하면 좀 더 패킹 밀도를 높일 수 있는 해시 함수를 생각해야 한다. 패킹 밀도가 높아진다는 것은 그만큼 이상적인 해시 함수를 사용했다는 의미가 되며 결국 해시 알고리즘의 검색 성능을 최적화할 수 있다는 의미도 된다.

해시 알고리즘에서 패킹 밀도를 높이려는 연구는 지금도 계속 되고 있고 몇몇 알고리즘은 현재도 사용되고 있다. 그중 몇 가지 방법을 소개하면 key 값을 제곱한 후 제곱한 값에서 중간값을 선택하는 방법이다. 이 방법을 사용하면 key 값과 비교했을 때 좀 더 크게 확장한 수에서 해시 주소를 선택할 수 있으므로 좀 더 고른 해시 주소를 가질 수 있다는 장점이 있다.

그러나 이 경우에도 문제는 있다. 예를 들어 key 값의 자릿수가 같지 않고 각각 다른 경우라면 어떨까? 예를 들어 다음처럼 세 가지의 key가 있다고 가정해보자.

key 1 : 1 / key 2 : 11 / key 3 : 111

위 세 가지 key 값을 제곱하면 다음과 같은 식이 성립된다.

key 1 : 1 --> 1 * 1 = 1
key 2 : 11 --> 11 * 11 = 121
key 3 : 111 --> 111 * 111 = 12321

이와 같은 경우 어떤 자릿수를 해시 주소로 선택해야 할지 모호해진다. 따라서 제곱법을 사용하는 경우는 key 값의 자릿수가 거의 동일하다는 가정 아래 사용하는 것이 좋다.

그 외 6자리 이상의 key 값을 사용할 때 숫자를 접어서 사용하는 방법과 10진수 key 값을 16진수로 풀어서 사용하는 방법 등이 있는데, 이러한 방법들은 제한된 해시 주소에서 최대한 중복을 피하고 패킹 밀도를 높이려는 데 목적이 있다.

따라서 key 값을 어떻게 해서든 변환해서 가능하면 해시 주소가 중복되지 않게 하는 것이다.

버킷 용량

두 번째 고려해야 할 부분은 버킷 용량이다. 코드 9-5에서는 버킷의 크기를 3으로 설정했는데, 그 이유는 버킷 크기를 1로 했을 경우 최대 충돌 횟수는 3회가 최댓값이었기 때문이다. 이처럼 버킷 크기는 임의로, 기분 내키는 대로 정하는 것이 아니라 실험을 통해 최댓값을 찾는 작업이 필요하다.

오버플로 해결 방법

아무리 해시 함수를 잘 설계해도 오버플로를 완전히 막을 수는 없다. 그렇다고 무작정 버킷 용량을 크게 잡을 수도 없다. 따라서 오버플로가 발생할 경우를 대비해 이를 해결하는 알고리즘을 생각해두어야 한다. 몇 가지 방법이 있는데, 그중에서 가장 자주 사용하는 세 가지 방법을 살펴보도록 하자.

첫 번째는 선형 조사 방법linear Proving Method이다. 옆자리 조사 방법이라고도 하며 가장 간단하지만 가장 무식한 방법이다. 현재 만들어진 해시 주소로 데이터를 넣으려는데 이미 꽉 채워져 있다면 바로 옆자리를 확인하는 것이다. 만약 옆자리도 채워져 있다면 다시 옆자리를 이동하는 작업을 반복하면서 비어있는 장소를 검색하는 알고리즘이다.

구현 방법도 간단하고 의외로 성능도 좋은 편이다. 그런데 해시 알고리즘의 오버플로를 해결할 수는 있지만 같은 해시 주소를 사용해서 충돌이 발생할 때마다 원래의 해시 주소 근처의 주소에 데이터가 집중되는 현상이 발생한다. 이런 현상을 클러스터링Clustering 혹은 쏠림 현상이라고 한다.

두 번째는 링크드 리스트를 사용하는 방법으로, 같은 해시 주소를 갖는 데이터를 배열이 아니라 링크드 리스트로 구성한다. 이 경우는 링크드 리스트의 구현 방법을 사용해서 해시 테이블을 구성하게 된다. 앞에서 이미 링크드 리스트를 많이 살펴보았으므로 그림 9-4로 구조를 살펴보는 것으로 그치고 자세한 설명은 생략하겠다.

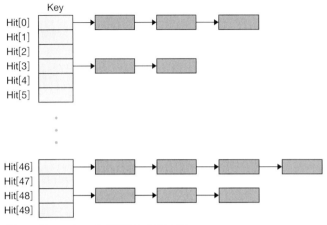

그림 9-4 링크드 리스트를 사용해 오버플로 해결

링크드 리스트를 사용하면 오버플로가 발생하더라도 다른 해시 주소로 이동하지 않고 해당 주소 안에 새로운 노드를 생성해서 연결시키게 된다. 바로 앞에서 설명한 선형 조사 방법과 비교하면 해시 주소가 바뀌지 않는다는 장점이 있지만 이 알고리즘 역시 클러스터링이 발생하면 링크드 리스트 내부에서 검색 작업이 발생하면서 순차 검색을 해야 한다.

따라서 좀 더 빠른 검색을 추구하는 해시 알고리즘의 사용 목적에 맞지 않게 된다.

세 번째는 리해싱Rehashing 방법이다. 아예 다른 해시 함수를 사용해서 새로운 해시 주소를 생성하는 것이다. 서로 다른 해시 주소가 나올 때까지 다른 해시 함수를 사용하는 것이므로 근본적인 문제는 해결할 수 있지만 여러 가지 해시 함수를 사용하므로 해시 함수의 성능에 따라 전체 알고리즘의 성능이 달라질 수도 있다.

결국 해시 알고리즘의 효율성은 해시 함수가 얼마나 복잡한지에 따라 달라진다. 또한 해시 함수 역시 해시 주소를 어떻게 결정할 것인지 또는 key의 패턴이 어떤지에 따라 많이 달라진다.

정리

9장에서는 검색 알고리즘 중에서 가장 빠른 검색 속도를 자랑하는 해시 알고리즘을 살펴보았다. 해시 알고리즘은 단순한 검색 알고리즘의 용도뿐만 아니라 데이터를 저장하는 파일 시스템이나 네트워크, 운영체제 등의 여러 분야에서 사용되고 있다. 단, 다른 알고리즘과 비교했을 때현재도 새로운 해시 함수들이 계속 개발되고 있는 상황이며 개발된 해시 함수들도 곧바로 실제상용 시스템에 적용할 수 있다는 특징이 있다.

ALGORITHM PROBLEM SOLVING

2부에서는 문제 → 브레인 스토밍 → 문제 풀이 → 해설 → 정리라는 다섯 가지 형식을 통해 다양한 알고리즘 문제를 살펴보고 이를 해결하는 방법을 설명한다. 모든 부분이 중요하겠지만 브레인 스토밍과 해설 부분은 이 책뿐만 아니라 앞으로 여러분이 만날 알고리즘 문제를 해결하는 데 도움이 되는 부분이니 꼭 살펴보자.

다룰 내용은 다음과 같다.

- 기본 알고리즘 문제
- 수학식을 이용하는 알고리즘 문제
- 동적 계획법 문제
- 맵을 이용하는 알고리즘 문제
- 각종 대회나 시험에 자주 등장하는 알고리즘 문제

2부를 통해서 다양한 알고리즘 문제에 대처할 수 있는 실력 있는 프로그래머가 되기를 바란다.

실 전
알고리즘
문제해결

PART
II

CHAPTER

10

몸풀기
알고리즘 문제

이 장에서 소개하는 알고리즘 문제들은 가장 난이도가 낮은 몸풀기 문제들이다. 그러나 막상 알고리즘 시험 문제로 출제되면 즉시 알고리즘을 만들기는 쉽지 않은, 약간은 고민이 필요한 문제들이기도 하다.

아직 알고리즘 문제를 해결하는 데 능숙하지 않다고 생각되면 문제가 주어졌을 때 현재 만들려는 프로그램의 기능이 무엇인지를 간략하게나마 코드로 작성해보거나 순서도를 만드는 연습을 하면 좋다. 이 장에서는 주어진 문제에 따라 여러분이 해당 문제를 프로그래밍할 때 필요한 순서도를 소개할 것이다. 이 과정을 충실하게 이해한다면 본격적으로 앞에서 배운 다양한 자료구조와 그에 따른 알고리즘을 기반으로 직접 알고리즘 문제들을 풀 수 있게 될 것이다.

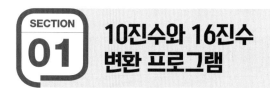

SECTION 01
10진수와 16진수 변환 프로그램

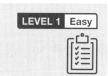

10진수를 16진수로 변환하거나 16진수를 10진수로 변환하는 계산기 프로그램은 학교에서 프로그래밍 수업을 듣는 학생이나 회사에서 처음 프로그래밍 업무를 맡게 되는 신입 사원에게 교육용으로 주어지는 대표적인 문제 중 하나다. 뒤에서 본격적으로 난이도 높은 알고리즘을 풀어보기 전에 몸풀기에 도전해보자.

그림 10-1은 10진수와 16진수 사이를 변환해주는 프로그램의 순서도다.

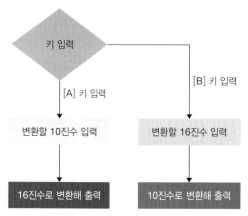

그림 10-1 10진수와 16진수 사이를 변환해주는 프로그램의 순서도

10진수를 16진수로 바꾸려면 [A] 키를 누르고, 16진수를 10진수로 바꾸려면 [B] 키를 누른 후 변환할 숫자를 입력받아 변환한다는 것을 알 수 있다.

실행 결과를 먼저 살펴보자.

코드 10-1 실행 결과

```
10진수->16진수  변환  프로그램이다
10진수를  16진수로  바꾸려면  [A]  키를  누르고,
16진수를  10진수로  바꾸려면  [B]  키를  누르세요.
a나  b를  누르세요 :  b
```

```
변환할 숫자를 입력하세요 : ff
16진수 값 : ff --> 10진수 값 : 25
```

사실 10진수와 16진수를 서로 변환하는 코드는 scanf() 함수와 printf() 함수를 잘 조합하면 쉽게 만들 수 있다. 전체 소스 코드는 코드 10-1과 같다.

코드 10-1 10진수와 16진수 사이의 변환

```
01  #include <stdio.h>
02
03  void main()
04  {
05    char key;
06    int data;
07
08    printf("10진수->16진수 변환 프로그램이다.\n");
09    printf("10진수를 16진수로 바꾸려면 [A] 키를 누르고,\n");
10    printf("16진수를 10진수로 바꾸려면 [B] 키를 누르세요.\n");
11    printf("a나 b를 누르세요 : ");
12
13    scanf("%c", &key);
14    printf("변환할 숫자를 입력하세요.: ");
15
16    if(key == 'a') {
17      scanf("%d", &data);
18      printf("10진수 값 : %d --> 16진수 값 : %x\n", data, data);
19    }
20
21    else if(key == 'b') {
22      scanf("%x", &data);
23      printf("16진수 값 : %x --> 10진수 값 : %d\n", data, data);
24    }
25
26    else
27      printf("[A]와 [B] 키만 사용해야 한다.");
28  }
```

먼저 사용자로부터 이 프로그램의 두 가지 기능 중 어떤 기능을 실행할지 키로 입력받는다. [A] 키를 누르면 10진수를 16진수로 변환하고, [B] 키를 누르면 16진수를 10진수로 변환한다. 16 행 if문의 의미는 scanf() 함수로 입력받은 key 값이 'a'면 17행과 18행을 실행하고, 그렇지 않으면 22행과 23행을 실행하도록 한다. 즉, 17행은 scanf() 함수를 사용해 10진수 값으로 입력을 받고 18행의 printf() 함수를 사용해 10진수 값과 16진수 값을 출력한다. 반대로 22행은 scanf() 함수를 사용해 16진수 형태로 값을 입력받고, 23행에서 16진수 값과 10진수 값을 출력한다.

코드 10-1의 핵심은 "10진수를 16진수로 변환하는 방법과 16진수를 10진수로 변환하는 방법을 아는가"이다. printf() 함수만 사용해서 이 기능을 구현할 수도 있지만 C에서 제공하는 itoa() 함수나 strtol() 함수를 사용하면 좀 더 다양하게 응용할 수도 있다. 또한 C에서 제공하는 라이브러리 함수들을 이용하면 10진수, 16진수뿐만 아니라 2진수와 8진수의 값들을 서로 변환할 수도 있고, 정숫값 사이만이 아니라 문자열과 정숫값을 서로 변환할 수도 있다.

숫자 맞추기

숫자 맞추기 게임은 어린 시절에 친구들과 한 번쯤은 해본 적이 있을 것이다. 이 프로그램을 만들면서 익혀야 할 기능은 다음과 같다.

- 프로그램에서 임의의 숫자random number를 생성하는 방법
- 사용자가 정확한 답을 맞출 때까지 프로그램이 멈추지 않고 계속 실행되도록 하는 방법

이 두 가지 방법을 어떻게 구현해야 할지 눈여겨보면서 문제를 해결해보자.

먼저 이 프로그램의 순서도인 그림 10-2를 살펴보자.

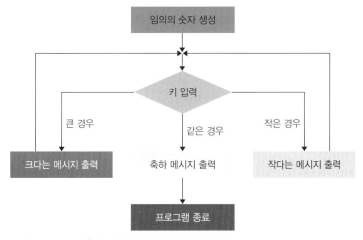

그림 10-2 숫자 맞추기 게임의 순서도

가장 먼저 임의의 숫자를 생성한 후에 사용자로부터 키 입력을 받는다. 사용자가 입력한 값이 생성한 임의의 숫자보다 큰 경우는 크다는 메시지를 출력하고 다시 키 입력을 받게 한다. 마찬가지로 사용자가 입력한 값이 생성한 임의의 숫자보다 작은 경우도 작다는 메시지를 출력하고 다시 키 입력을 받게 한다. 사용자가 입력한 값이 임의로 생성한 숫자와 같은 경우에는 축하 메시지를 출력하고 프로그램을 종료한다.

실행 결과를 먼저 보자.

코드 10-2 실행 결과

```
0부터 9까지의 숫자를 입력하세요
[1번째 도전] : 5
5보다 작습니다
[2번째 도전] : 1
1보다 큽니다
[3번째 도전] : 3
우와! 정확하다. 3번째 만에 맞췄군요
```

실행 결과를 살펴보았다면 이제 전체 소스 코드인 코드 10-2를 보자.

코드 10-2 숫자 맞추기 게임

```
01  #include <stdio.h>
02  #include <stdlib.h>
03  #include <time.h>
04
05  void main()
06  {
07    int num, i, data;
08    srand(time(NULL));
09    num = rand() % 10;
10    i = 1;
11    printf("0부터 9까지 숫자를 입력하세요\n");
12
13    while(1) {
14      printf("[%2d번째 도전] : ", i);
15      scanf("%d", &data);
16
17      if(data < num)
18        printf("%d보다 큽니다\n", data);
19
20      else if(data > num)
21        printf("%d보다 작습니다\n", data);
22
23      else {
24        printf("우와! 정확하다. %2d번째 만에 맞췄군요\n", i);
25        break;
```

```
26      }
27
28      i++;
29    }
30  }
```

이제 구현해야 할 두 가지 기능을 중심으로 코드를 살펴보도록 하자.

임의의 숫자를 생성하는 방법

임의의 숫자를 생성하는 부분은 8행과 9행이다.

```
08    srand(time(NULL));
09    num = rand() % 10;
```

C에서 임의의 숫자를 생성할 때 사용하는 함수는 다음 두 가지다. 첫 번째 srand() 함수는 임의의 숫자의 발생 조건을 결정하는 함수로, 함수 내부 매개변수를 time(NULL)로 설정해야 한다. 따라서 time() 함수를 실행시키는 3행의 time.h라는 헤더 파일을 포함해야 한다. 두 번째 rand() 함수는 실제 임의의 숫자를 발생시키는 함수다. 또한 srand() 함수와 rand() 함수를 실행하려면 2행의 stdlib.h라는 헤더 파일을 꼭 포함해야 한다.

생성하는 임의의 숫자는 0~9, 총 10개의 숫자 중에서 하나를 선택하도록 한다. 만약 10개가 아니라 100개의 숫자 중에서 임의의 숫자를 생성하려고 한다면 9행을 num = rand() % 100; 이라고 수정해주면 된다.

rand() 함수로 생성한 임의의 숫자를 100으로 나눈 나머지가 바로 원하는 0부터 99까지의 숫자 중 하나가 된다. 따라서 C에서 제공하는 나머지 연산자인 %를 사용한다.

프로그램이 계속 실행되도록 하는 방법

이제 프로그램이 계속 실행되도록 하는 방법을 살펴보자. 프로그램이 멈추지 않고 계속 실행하게 만들려면 무한 루프 상태를 만들면 된다. C에서 무한 루프를 만들 때는 주로 while(1)을 사용한다. 1은 while문의 제어 조건에서 참으로 인식한다. 따라서 while(1)은 프로그램을 멈추지 않고 계속 실행하라는 의미가 된다.

15행에서 사용자가 입력한 수를 변수 data에 저장하고, 26행까지는 사용자가 입력한 숫자와 컴퓨터가 임의로 뽑아낸 수와 비교한다. 두 값을 비교해서 서로 같지 않으면 계속 실행되고, 두 값이 같으면 24행 printf( ) 함수를 실행해 축하 메시지를 출력한 후 25행의 break문으로 while(1)문을 빠져나온다.

최대공약수 구하기

SECTION 03

LEVEL 1 Mid

최대공약수 프로그램은 수학 문제를 프로그램으로 만들 때 어떤 접근 방식을 사용하는지 살펴볼 수 있는 몸풀기 문제다. 그림 10-3은 280과 30의 최대공약수를 구하는 방법이다. 이 책을 보는 사람이라면 아마 이 방법을 모르는 사람은 없을 것이다.

```
5 | 280 30
2 | 56   6
    28   3
```

280과 30의 최대공약수는 = 5 × 2 = 10

그림 10-3 280과 30의 최대공약수 구하기

최대공약수의 사전적인 의미에서 출발하면 최대공약수는 공약수 중 최댓값을 말한다. 즉, 두 수의 공약수를 구한 후 그중에서 가장 큰 값을 최대공약수로 하면 된다. 물론 공약수도 두 수의 각각의 약수 중에서 서로 공통된 약수를 의미하는 것이므로 약수의 개념도 알아야 한다.

앞 절과 마찬가지로 실행 결과부터 먼저 살펴보자.

```
약수를 구할 두 정숫값을 입력하세요
입력1 : 280
입력2 : 30
280과 30의 최대공약수는 10이다
```

이번 절에서 알아야 할 내용은 다음 세 가지다.

 1 임의의 숫자의 약수를 구하는 방법

 2 임의의 두 숫자에 공통으로 해당하는 약수를 구하는 방법

 3 임의의 두 숫자에 공통으로 해당하는 약수 중 최댓값을 선택하는 방법

각각의 기능을 중심으로 세 가지를 하나씩 살펴보기로 하자.

임의의 숫자의 약수를 구하는 방법

사용자로부터 정수를 입력받은 후 약수를 구하는 프로그램을 만들어보자. 물론 여러분이 약수의 개념을 모르진 않겠지만 노파심에서 약수의 사전적인 정의를 다시 짚어보면 어떤 수나 식을 나머지 없이 나눌 수 있는 수다. 예를 들어 30의 약수는 1, 2, 3, 5, 6, 10, 15, 30이 된다.

보통 약수를 구할 때는 소인수분해를 이용한다. 코드 10-3은 약수를 구하는 프로그램이다.

코드 10-3 임의의 숫자의 약수 구하기

```
01   #include <stdio.h>
02
03   void main()
04   {
05     int data;
06     int i;
07     printf("약수를 구할 정숫값을 입력하세요\n");
08     printf("입력 : ");
09     scanf("%d", &data);
10
11     for(i = 1; i <= data; i++) {
12       if((data % i) == 0)
13         printf("%4d", i);
14     }
15   }
```

11행 for문에서는 1부터 사용자가 입력한 값까지 반복 실행하면서 if문 조건처럼 나누어 나머지가 없는 값을 출력하게 된다. 예를 들어 사용자가 4라는 값을 입력했다고 하자. for문은 변수 i가 1부터 4까지 반복하면서 if문을 실행한다.

12행에서 변수 data 값은 4고 변수 i 값이 1인 경우에는 나머지가 0이므로 약수에 해당한다. 따라서 13행을 실행해 1을 출력한다. i 값이 2일 때도 나머지는 0이므로 2를 출력한다. 그러나 i 값이 3이면 4를 3으로 나누었을 때 나머지가 1이므로 if문 조건은 거짓이 되어 13행을 실행하지 않는다.

```
약수를 구할 정숫값을 입력하세요
입력 : 280
1 2 4 5 7 8 10 14 20 28 35 40 56 70 140 280
```

위 실행 결과에서 출력된 값들이 280의 약수가 된다.

임의의 두 숫자에 공통으로 해당하는 약수를 구하는 방법

임의의 두 숫자에 공통으로 해당하는 약수를 구하는 프로그램은 약수 프로그램을 조금 수정하면 만들 수 있다.

먼저 사용자로부터 임의의 숫자 2개를 입력받는다. 그리고 두 값 중 큰 값을 찾아 큰 값을 기준 값으로 선택한다. 이제 전체 소스 코드인 코드 10-4를 보자.

코드 10-4 임의의 두 숫자에 공통으로 해당하는 약수 구하기

```
01   #include <stdio.h>
02
03   void main()
04   {
05     int data1, data2;
06     int i, num;
07     printf("공약수를 구할 두 정숫값을 입력하세요\n");
08
09     printf("입력1 : ");
10     scanf("%d", &data1);
11
12     printf("입력2 : ");
13     scanf("%d", &data2);
14
15     if(data1 > data2)
16       num = data1;
17
18     else
19       num = data2;
20
21     for(i = 1; i <= num; i++) {
22       if(((data1 % i) == 0) && ((data2 % i) == 0))
```

```
23        printf("%4d", i);
24
25     if((i == data1) || (i == data2))
26        break;
27    }
28  }
```

코드 10-3과의 차이가 있다면 15행~19행에 기준값을 정하는 조건문이 있다는 것과 21행 for
문에서 두 숫자의 약수를 동시에 구한다는 점이다. 즉, 하나의 값에 대해서만 약수가 되는 것이
아니라 주어진 두 수에 대해 모두 약수가 되려면 두 숫자 각각의 약수를 구하면서 그중 같은 숫
자를 찾는 방식을 취해야 한다.

그럼 구체적으로 살펴보자. 15행~19행 if-else문은 사용자로부터 입력받은 변수 data1과
data2 값 중 더 큰 수를 구한다. 둘 중 더 큰 수가 21행 for문을 실행하는 데 필요한 조건이
된다.

21행의 반복문이 실행되면 22행 if문에서 변수 i 값이 data1과 data2의 약수인지를 검사한다.
즉, 22행~23행이 핵심 코드다.

```
22     if(((data1 % i) == 0) && ((data2 % i) == 0))
23        printf("%4d", i);
```

22행은 data1 값을 i 값으로 나누었을 때 나머지가 없고 data2 값을 i 값으로 나눴을 때도 나
머지가 없는 경우일 때만 22행에서 변수 i의 값을 출력하라는 의미다. 결국 변수 i 값이 data1
값의 약수도 되고 data2 값의 약수도 되는지를 검사하는 것이다. 따라서 22행 if문이 참이 되
는 i 값이라면 주어진 2개의 숫자에 공통으로 해당하는 약수가 된다.

25행~26행 if문은 반복문을 종료하는 조건을 변경하는 부분으로 변수 i 값이 data1과 같거
나 data2와 같게 되면 현재 실행 중인 for문의 실행을 멈추라는 의미다. 사실 이 부분이 없더
라도 이 프로그램을 실행하는 데는 전혀 문제가 없다. 하지만 예를 들어 data1 값이 280이고,
data2 값이 30이라면 변수 i의 값이 30을 넘은 이후의 반복문 실행은 의미가 없다. 이미 변수 i
값이 data2 값보다 더 커서 22행 if문의 조건은 항상 거짓이기 때문이다.

```
공약수를 구할 두 정숫값을 입력하세요
입력1 : 280
입력2 : 30
1 2 5 10
```

임의의 두 숫자에 공통으로 해당하는 약수 중 최댓값을 선택하는 방법

사실 앞에서 다룬 코드 10-3과 10-4는 지금부터 다룰 최대공약수 예제를 이해하는 데 필요한 맛보기 예제다. 맛보기라고 말하는 이유는 위 공약수를 구하는 프로그램에서 최댓값을 찾으면 바로 최대공약수를 구하는 프로그램이 되기 때문이다.

그럼 최대공약수를 구하는 코드 10-5를 살펴보자.

코드 10-5 임의의 두 숫자에서 최대공약수 구하기

```
01  #include <stdio.h>
02
03  void main()
04  {
05    int data1, data2;
06    int i, num, max;
07    printf("약수를 구할 두 정숫값을 입력하세요\n");
08
09    printf("입력1 : ");
10    scanf("%d", &data1);
11
12    printf("입력2 : ");
13    scanf("%d", &data2);
14
15    if(data1 > data2)
16      num = data2;
17
18    else
19      num = data1;
20
21    for(i = 1; i <= num; i++) {
22      if(((data1 % i) == 0) && ((data2 % i ) == 0))
23        max = i;
```

```
24      }
25
26      printf("%d와 %d의 최대공약수는 %d이다\n", data1, data2, max);
27  }
```

23행에서 공약수 값을 계속 변수 max에 저장하는 부분이 핵심이다. 결국 반복문을 실행하면서 실행 당시 가장 큰 공약수 값이 변수 max에 저장되므로 반복문을 빠져나왔다면 max 값은 최대공약수다. 따라서 26행의 printf() 함수를 실행하면 최대공약수 값이 화면에 출력된다.

코드 10-5 실행 결과

```
약수를 구할 두 정숫값을 입력하세요
입력1 : 280
입력2 : 30
280과 30의 최대공약수는 10이다
```

피보나치 수열

이번 절에서는 중학교 수준의 수학 문제 중 피보나치 수열을 다뤄볼 것이다.

한빛전자의 무대포 사장은 사업을 좀 더 확장하려는 목적으로 축산업을 해보면 어떨까라고 생각하게 된다. 그중에서도 토끼는 번식력이 엄청나서 적은 초기 투자금으로도 엄청난 이익을 가져다 줄 것으로 판단을 했다. 무대포 사장은 다음처럼 생각을 정리했다.

> "우리 회사의 농장에서 갓 태어난 한 쌍의 아기 토끼를 키우기 시작했다고 가정하자. 한 쌍의 토끼는 생후 1개월 후에 짝짓기를 하며, 짝짓기한 지 1개월 후에 다시 한 쌍의 토끼를 낳는다. 생산된 토끼가 죽지 않고 계속 살아 있다면 1년 동안 토끼는 몇 쌍이 될까?"

위와 같은 예에서 토끼의 수를 계산하는 방식은 다음과 같다.

- 1개월 후에는 여전히 1쌍
- 2개월 후에는 1쌍의 토끼가 새로 태어나기 때문에 2쌍
- 3개월 후에는 첫 번째 암토끼가 다시 1쌍의 토끼를 생산하므로 3쌍
- 4개월 후에는 2마리의 암토끼가 각각 1쌍의 토끼를 생산하므로 5쌍

이를 수열로 나타내면 1, 2, 3, 5, 8, 13, 21, 34, 55, 89, ……와 같다. 이러한 수열 앞에 0과 1을 추가해 0, 1, 2, 3, 5, 8, 13, 21, 34, …… 순서로 숫자가 증가하는 것을 피보나치 수열이라 하며, 각 항의 수를 피보나치 수라고 한다.

이 수열의 연산식을 표현하면 다음과 같다.

$$1 = 0 + 1$$
$$2 = 1 + 1$$
$$3 = 1 + 2$$
$$5 = 2 + 3$$
$$8 = 3 + 5$$
$$\cdots\cdots$$

이 계산식을 일반화하면 $f_n = f_{n-1} + f_{n-2}$라는 공식이 성립한다.

잘 살펴보면 3 이상은 바로 전 두 항의 합으로 표시된다는 특징이 있다. 결국 피보나치 수열은 이전의 값 2개를 더해서 새로운 값을 구하는 방법으로, 바로 전 결과를 기반으로 최종 결과가 늘어나는 산업에 투자했을 때 1년 후 어느 정도의 이익을 가져다줄지 예측할 수 있다는 의미다.

그럼 피보나치 수열에 해당하는 24개의 숫자를 구하는 프로그램인 코드 10-6을 살펴보자.

코드 10-6 피보나치 수열 구하기

```
01   #include <stdio.h>
02
03   void main()
04   {
05     int i, value_new, valuen_1, valuen_2;
06
07     printf("피보나치 수열을 구해보자\n");
08
09     i = 0;
10     valuen_1 = 1;
11     valuen_2 = 0;
12
13     while(i < 24) {
14       value_new = valuen_1 + valuen_2;
15
16       if(!(i % 12)) {
17         printf("\n");
18       }
19
20       printf("%6d", value_new);
21
22       valuen_2 = valuen_1;
23       valuen_1 = value_new;
24       i++;
25     }
26   }
```

코드 10-6 실행 결과

```
피보나치 수열을 구해보자
      1     2     3     5     8    13    21    34    55    89   144   233
    377   610   987  1597  2584  4181  6765 10946 17711 28657 46368 75025
```

코드의 핵심은 새로 구한 피보나치 수를 저장하는 변수 value_new와 첫 번째 값이 있는 valuen_1, 두 번째 값이 저장된 변수 valuen_2를 어떻게 반복문에서 처리하느냐다.

10행~11행에서 valuen_1 값으로 0을, valuen_2 값으로 1을 저장한다. 9행에서 변수 i 값을 0으로 저장했고 while문은 24보다 작으므로 반복문을 실행한다.

14행은 먼저 새로운 피보나치 수를 구하려고 value_new = valuen_1 + valuen_2;를 실행한다. 이후 20행에서 printf( ) 함수를 통해 value_new 값을 출력한다. 22행~23행은 다음 피보나치 수를 구하기 위해 valuen_2 값을 valuen_1 값으로, valuen_1 값을 value_new 값으로 변경한다.

참고로 16행 if문은 피보나치 수가 12개를 넘으면 다음 행에 피보나치 수를 출력하게 만드는 코드로 전체 알고리즘과는 연관이 없다.

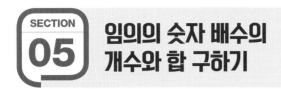

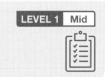

이번 절에서 해결할 문제는 1~1,000 사이의 숫자 중 사용자가 입력한 숫자 배수의 개수와 배수들의 총 합을 구하는 문제다. 중학교 때 배운 수학 문제지만 초보 프로그래머라면 실제 소스 코드로 구현하는 것이 그리 쉽지만은 않은 문제이기도 하다.

그림 10-4는 이 문제를 해결하는 순서도다.

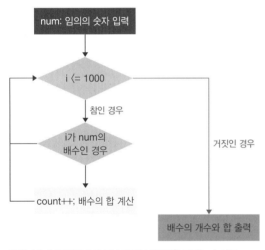

그림 10-4 임의의 숫자 배수의 개수와 합을 구하는 순서도

위 순서도를 따라 프로그램을 작성하면 다음과 같은 실행 결과를 얻는다.

코드 10-7 실행 결과

```
1~1000 사이에서 선택한 수의 배수가 몇 개고, 배수의 합은 얼마인가?
1부터 1000 사이의 수 중에서 하나를 입력하세요 ==> 4
1부터 1000 사이 4의 배수의 개수 : 250, 배수의 합 : 125500
```

첫 행을 보는 순간 '1부터 1,000 사이'라는 부분에서 "아하! 이것은 반복문을 사용하는 문제구나"라는 생각을 했다면 제대로 감을 잡고 시작한다고 볼 수 있다. 간단한 프로그램이므로 먼저 코드 10-7의 전체 코드를 보자.

코드 10-7 임의의 숫자 배수의 개수와 합 구하기

```
01   #include <stdio.h>
02
03   void main()
04   {
05     int i, num, count = 0;
06     long sum = 0;
07
08     printf("1부터 1000 사이에서 선택한 수의 배수가 몇 개고, 배수의 합은 얼마인가?\n");
09     printf("1부터 1000 사이의 수 중에서 하나를 입력하세요 ==> ");
10     scanf("%d", &num);
11
12     for(i = 1; i <= 1000; i++) {
13       if(i % num == 0) {
14         sum += i;
15         count++;
16       }
17     }
18
19     printf("1부터 1000 사이 %d의 배수의 개수 : %d, 배수의 합 : %ld\n", num, count, sum);
20   }
```

핵심은 for문에 해당하는 12행~17행이다. 13행 if문은 1부터 1,000 사이의 수 중에서 사용자가 입력한 수로 나누어지는지를 검사하는 부분이다. 만약 나누어지면 현재 sum 값에 제어 변수 i 값을 더하고, count 변숫값을 1 증가시킨다. 주어진 수로 나누어지지 않는 경우에는 아무 작업도 하지 않고 계속 for문을 반복 실행한다.

이 문제에서 반드시 알아야 할 부분은 C에서 사용하는 나머지 연산자(%)를 얼마나 정확하게 사용하느냐다.

SECTION 06 소수 구하기

이번 절에서 풀어야 할 문제는 1~1,000 사이의 숫자 중에서 1과 그자신 이외의 정수로는 나누어지지 않는 소수를 구하는 것이다. 5절에서 소개한 배수 개수를 구하는 문제를 조금만 응용하면 쉽게 풀 수 있다.

그림 10-5는 소수를 구하는 프로그램의 순서도다.

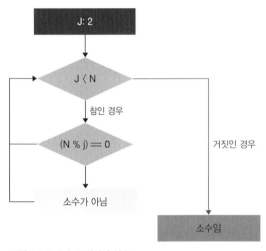

그림 10-5 소수 구하기 순서도

위 순서도에 맞게 프로그램을 작성하면 다음과 같은 실행 결과를 얻는다.

코드 10-8 실행 결과

```
1부터 1000 사이의 수 중에서 소수를 구하는 프로그램
1      2      3      5      7      11     13     17
19     23     29     31     37     41     43     47
53     59     61     67     71     73     79     83
89     97     101    103    107    109    113    127
131    137    139    149    151    157    163    167
```

173	179	181	191	193	197	199	211
223	227	229	233	239	241	251	257
263	269	271	277	281	283	293	307
311	313	317	331	337	347	349	353
359	367	373	379	383	389	397	401
409	419	421	431	433	439	443	449
457	461	463	467	479	487	491	499
503	509	521	523	541	547	557	563
569	571	577	587	593	599	601	607
613	617	619	631	641	643	647	653
659	661	673	677	683	691	701	709
719	727	733	739	743	751	757	761
769	773	787	797	809	811	821	823
827	829	839	853	857	859	863	877
881	883	887	907	911	919	929	937
941	947	953	967	971	977	983	991
997

1부터 1000 사이의 소수는 169개이다.

위 실행 결과를 이끌어내려면 두 가지 기능을 구현해야 한다.

1 소수를 구하는 기능

2 한 행에 값을 8개씩 맞춰 출력하는 기능

먼저 전체 코드인 코드 10-8을 살펴보고 각 기능을 자세하게 설명하겠다.

코드 10-8 1~1000 사이의 수 중에서 소수 구하기

```
01  #include <stdio.h>
02
03  void main()
04  {
05    int i, j, count = 1;
06    long sum = 0;
07
08    printf("1부터 1000 사이의 수 중에서 소수를 구하는 프로그램\n");
09
10    printf("%d\t", 1);
11
12    for(i = 1; i <= 1000; i++) {
13      for(j = 2; j < i; j++) {
14        if((i % j) == 0)
```

```
15            break;
16        }
17
18        if(i == j) {
19            printf("%d\t", i);
20            count++;
21
22            if((count % 8) == 0)
23                printf("\n");
24        }
25    }
26    printf("\n1부터 1000 사이의 소수는 %d개이다\n", count);
27  }
```

소수를 구하는 기능

소수를 구할 때는 for문을 사용하면 된다. 단, 1부터 1,000 사이의 수 중에서 소수를 구하는 것이므로 하나가 아니라 2개의 for문을 사용해야 한다.

```
12    for(i = 1; i <= 1000; i++) {
13      for(j = 2; j < i; j++) {
14        if((i % j) == 0)
15            break;
16      }
```

12행 for문의 제어 변수 i는 1부터 1,000 사이의 숫자를 증가시키는 데 사용된다. 13행의 제어 변수 j는 2부터 i까지의 숫자 사이를 반복 실행해 증가시킨다. 14행 if문의 조건은 i를 j로 나누었을 때 나머지가 0이면 나누어진다는 의미이므로 소수가 될 수 없다. 이런 경우에는 13행 for문을 빠져나오게 된다. 이 중첩문을 통해 소수를 구할 수 있다.

한 행에 값 8개씩 맞춰 출력하는 기능

한 행에 값 8개씩 맞춰 소수를 출력하는 기능은 다음 코드 부분이다.

```
18        if(i == j) {
19            printf("%d\t", i);
```

```
20        count++;
21
22        if((count % 8) == 0)
23          printf("\n");
24      }
```

18행에서 i와 j가 같다는 것은 15행의 break문을 지나쳤다는 의미이므로 변수 i 값은 소수다. 따라서 19행처럼 printf("%d\t", i);를 실행해 제어 변수 i 값을 출력한다. %d 뒤에 입력한 \t는 int 자료형 값을 화면에 출력한 후 탭^{Tab}을 적용해서 간격을 벌리겠다는 의미다. 20행에서는 count 변숫값을 하나 증가시키며, 22행 if문은 count 변숫값을 8로 나누어 나머지가 0이 되면 23행을 실행해 줄바꿈한다.

SECTION 07 지그재그 숫자 출력하기

이번 절에서 살펴볼 문제는 1~25 사이의 숫자를 화면에 출력하는 방법이다. 그러나 단순히 출력하는 것이 아니라 일정한 규칙에 맞춰서 출력하는 것이다. 이러한 문제는 가급적 **빠른** 시간 내에 주어진 문제를 해결하는 것이 실력 향상에 도움이 된다.

그럼 1~25 사이의 숫자를 다음과 같은 실행 결과 형태로 화면에 출력하는 프로그램을 작성해 보자.

코드 10-9 실행 결과

```
지그재그  숫자  출력  프로그램
1       2       3       4       5
10      9       8       7       6
11      12      13      14      15
20      19      18      17      16
21      22      23      24      25
```

이 장에서 구현해야 하는 기능 중 핵심은 다음 세 가지다.

1 전체 총 몇 행을 출력하는지 결정하는 for문

2 출력할 행이 홀수인 경우의 for문

3 출력할 행이 짝수인 경우의 for문

다음은 프로그램의 전체 코드다.

코드 10-9 1~25 사이의 숫자를 지그재그로 출력하기

```
01  #include <stdio.h>
02
03  void main()
04  {
05      int MaxLine = 5;
06      int data;
07      int MInteger;
```

```
08    int LineNumber;
09
10    printf("지그재그 숫자 출력 프로그램\n");
11
12    for(LineNumber = 1; LineNumber <= MaxLine; LineNumber++) {
13      if((LineNumber % 2) == 0) {
14        for(data = LineNumber * 5; data >= (LineNumber * 5) - 4; data--) {
15          printf("%d\t", data);
16        }
17
18        printf("\n");
19      }
20
21      else {
22        for(data = (5 * (LineNumber - 1)) + 1; data
23            <= (5 * (LineNumber - 1)) + 5; data++) {
24          printf("%d\t", data);
25        }
26
27        printf("\n");
28      }
29    }
30  }
```

전체 총 몇 행을 출력하는지 결정하는 for문

첫 번째 기능은 전체 총 몇 행을 출력하는지 결정하는 것이다.

```
12    for(LineNumber = 1; LineNumber <= MaxLine; LineNumber++) {
13      // 내부 코드
14    }
```

for문을 사용하며 실행 결과에서처럼 총 5개 행을 출력하게 만들어야 한다. 변수 LineNumber 값으로는 1을 저장했고 변수 MaxLine 값으로는 이미 5를 지정했으므로 5개 행을 출력하는 반복 실행 조건은 갖춰진 것이다.

내부 코드를 작성할 때는 각 행이 홀수 행인지 짝수 행인지에 따라 구현 방법이 다르다는 것을 눈치채야 한다. 홀수 행의 경우 맨 처음 출력하는 숫자로 출발해서 1씩 증가되면서 출력하고, 짝수 행의 경우는 맨 처음 출력하는 숫자로 출발해서 1씩 감소되면서 출력한다.

즉, 아래 코드 구조처럼 if-else문을 이용해 for문 안에서 현재 출력할 행이 홀수냐 짝수냐에 따라 서로 다른 기능을 구현해야 한다.

```
12    for(LineNumber = 1; LineNumber <= MaxLine; LineNumber++) {
13      if((LineNumber % 2) == 0) {
14        // 짝수 행인 경우 출력
15      }
16
17      else {
18        // 홀수 행인 경우 출력
19      }
20    }
```

13행 if문 조건처럼 나머지 연산자를 사용해 현재 출력할 행이 홀수 행인지 짝수 행인지를 구별하게 만들어야 한다.

출력할 행이 홀수인 경우의 for문

출력할 행이 홀수인 경우의 for문의 핵심 조건은 초기식인 data = (5 * (LineNumber − 1)) + 1;이다. 즉, 현재 행에서 1을 뺀 행 수에 5를 곱하고 다시 1을 더한 값으로 설정한다. 예를 들어 3개 행을 출력한다면 3개 행의 첫 번째 출력 숫자는 11이 되어야 한다. LineNumber − 1의 값이 '3 − 1 = 2'가 되므로 10이 되고 이 값에 한 행에 출력되는 숫자의 개수인 5를 곱한 후 다시 1을 더하면 11이라는 값이 된다.

이처럼 맨 처음에 출력할 값을 논리적으로 생각해내기가 쉽지만은 않을 것이다. 그러나 논리적으로 생각하는 연습과 그 논리적인 사고를 프로그램으로 연결시키는 연습을 충분히 한다면 가능하다.

출력할 행이 짝수인 경우의 for문

행 수가 짝수라면 초기식은 data = 5 * LineNumber;다. 홀수와 비교했을 때 초기식이 좀 더 간단하다. 해당 초기식을 이용하면 현재 행에 출력할 최댓값을 구할 수 있다. 예를 들어 네 번째 행인 경우 변수 data 값은 5 * 4가 되므로 20이다. 따라서 4개 행의 첫 번째 출력 숫자는 20이 된다.

재귀 호출로 최대공약수 구하기

이번 절에서 살펴볼 문제는 이전에 풀어본 최대공약수를 구하는 문제를 또 다른 방식인 재귀 호출을 사용해 해결하는 것이다. 이 문제를 풀어보는 목적은 재귀 호출을 사용한 방식과 반복문을 이용하여 만든 프로그램을 서로 비교해서 재귀 호출을 사용할 때의 장점과 단점을 알아보자는 것이다. 재귀 호출은 1부에서 많이 설명했으므로 굳이 개념을 설명하지는 않겠다. 다시 개념 설명이 필요하다면 4장 3절을 참고하기 바란다.

재귀 호출을 사용해 최대공약수를 구하면 결과는 다음처럼 되어야 한다.

코드 10-10 실행 결과

```
최대공약수를 구하는 프로그램
2개의 수를 입력하세요
입력 => 4 6
1회 실행한다
x = 4, y = 6
2회 실행한다
x = 6, y = 4
3회 실행한다
x = 4, y = 2
4회 실행한다
4와 6의 최대공약수는 : 2
```

재귀 호출을 사용해 함수를 구성할 때는 다음 세 가지 항목이 가장 중요하다.

  1 재귀 함수로 사용할 매개변수
  2 재귀 함수의 반환 값
  3 재귀 함수가 종료될 조건

위 세 가지 항목은 정확하게 구성해야 한다. 재귀 함수를 잘못 사용하면 무한 루프에 빠져버릴 수 있기 때문이다.

코드 10-10은 재귀 호출을 사용한 최대공약수 프로그램의 전체 코드다.

코드 10-10 재귀 호출을 사용한 최대공약수 프로그램

```
01   #include <stdio.h>
02
03   int gcd(int, int);
04
05   int gcd(int x, int y)
06   {
07       static int ExecNum = 1;
08       printf("%d회 실행한다\n", ExecNum++);
09
10       if(y != 0) {
11           printf("x : %d, y : %d\n", x, y);
12           return gcd(y, x % y);
13       }
14
15       else
16           return x;
17   }
18
19   void main()
20   {
21       int result;
22       int num1, num2;
23       printf("최대공약수를 구하는 프로그램\n");
24       printf("2개의 수를 입력하세요\n");
25       printf("입력 => ");
26       scanf("%d %d", &num1, &num2);
27
28       result = gcd(num1, num2);
29       printf("%d와 %d의 최대공약수는 : %d\n", num1, num2, result);
30   }
```

코드 10-10에서 가장 중요한 부분은 5행~17행의 재귀 호출 함수인 gcd()다. 먼저 10행을 보면 매개변수 y 값을 검사해 y 값이 0이 아닌 경우와 0인 경우를 구분해서 0이 아니면 다시 gcd() 함수를 반환하는 형식으로 호출한다. 단, gcd() 함수를 다시 호출할 때 매개변수를 x, y 대신에 y, x % y로 바꾸어서 전달한다.

실행 결과에서는 x 값으로 4를 저장했고, y 값으로 6을 저장했다. 이제 처음부터 재귀 호출할 때마다 x와 y값이 어떻게 바뀌는지 또 재귀 함수가 반환되는 경우는 어떤지 살펴보자. 각각의 단계마다 그림과 함께 코드를 이해해보자.

첫 번째 재귀 호출: x = 4, y = 6

첫 번째 단계는 28행 result = gcd(num1, num2)다. gcd() 함수의 매개변수 x는 초깃값 4, 변수 y는 초깃값 6이다. 10행에서 y 값이 0이 아니므로 12행 gcd() 함수를 다시 호출한다. 단, gcd() 함수를 호출할 때는 매개변수가 y, x % y로 바뀐다. 결국 x = 4, y = 6이었으므로 12행의 gcd() 함수를 호출할 때는 gcd(6, 4)로 된다.

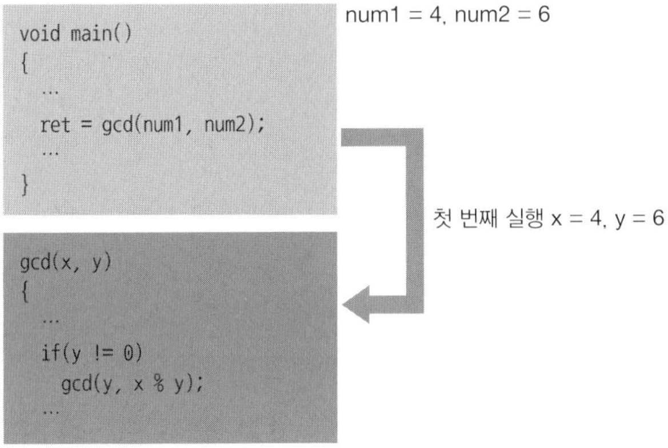

```
void main()
{
  ...
  ret = gcd(num1, num2);
  ...
}
```
num1 = 4, num2 = 6

첫 번째 실행 x = 4, y = 6

```
gcd(x, y)
{
  ...
  if(y != 0)
    gcd(y, x % y);
  ...
```

그림 10-6 첫 번째 재귀 호출

두 번째 재귀 호출: x = 6, y = 4

아직 y 값이 0이 아니므로 두 번째 재귀 호출로 12행의 gcd() 함수를 호출한다. 이때 x 값은 6, y 값은 4고, 첫 번째 재귀 호출과 마찬가지로 gcd() 함수의 매개변수는 y, x % y로 바뀌므로 결국 gcd(4, 2)로 호출한다.

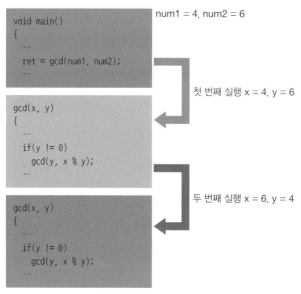

그림 10-7 두 번째 재귀 호출

세 번째 재귀 호출: x = 4, y = 2

y 값은 2이므로 아직도 0이 아니다. 따라서 세 번째 재귀 호출로 12행 gcd( ) 함수를 호출한다. 이때 x 값은 4, y 값은 2고, 매개변수는 y, x % y를 적용하면 gcd(2, 0)으로 호출한다.

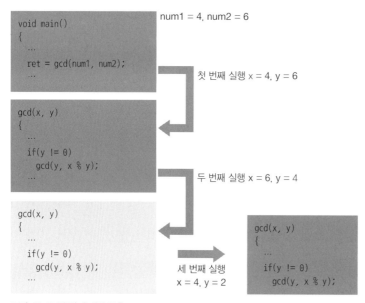

그림 10-8 세 번째 재귀 호출

네 번째 재귀 호출: x = 2, y = 0

이제 y 값은 0이다. 네 번째 재귀 호출로 12행 gcd( ) 함수를 호출하면 15행 else문을 실행하고 16행 return x;에 현재 x 값인 2를 반환한다.

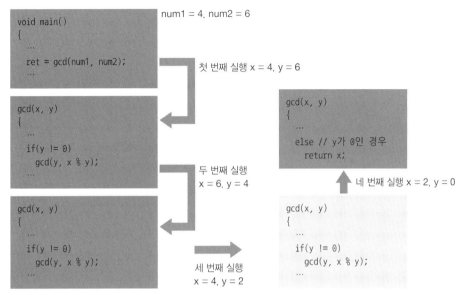

그림 10-9 네 번째 재귀 호출

최종 결과

네 번째 재귀 호출로 12행 gcd( ) 함수가 x 값을 반환하면 세 번째로 재귀 호출된 gcd( ) 함수의 12행으로 돌아오고 여기서도 y 값은 0이므로 다시 x 값을 반환한다. 차례로 두 번째 gcd( ) 함수의 12행, 첫 번째 함수의 12행으로 돌아와서 2를 반환하면 28행의 변수 result에는 2라는 값이 저장된다. 결론적으로 이 result 값인 2가 최대공약수다.

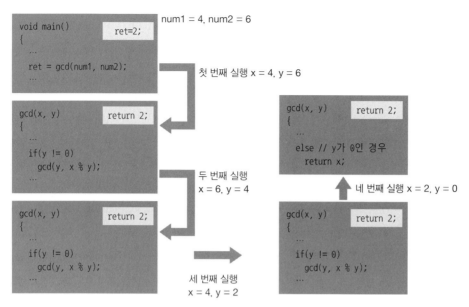

그림 10-10 최종 재귀 호출의 결과

SECTION 09 정리

여기서 다룬 문제들은 11장 이후에 본격적으로 살펴볼 알고리즘 문제들을 푸는 데 필요한 몸풀기 문제들이다. 또한 주어진 문제를 해결하는 데 도움을 주는 간단한 순서도를 소개했다. 가능하면 다른 문제도 직접 순서도를 그려보고 이를 코드로 만드는 습관을 익혀보기 바란다. 이 장에서 소개한 문제와 코드는 간단하기는 하나 실제 알고리즘 문제를 해결할 때 사용하려면 까다로운 부분도 있으니 자주 살펴보고 확실한 자기 실력으로 만들어두자.

이제 몸풀기가 끝났으니 본격적으로 알고리즘 문제를 풀어보자.

CHAPTER 11

기본기를 다지는
알고리즘 문제

이 장에서 다루게 될 기본기를 다지는 알고리즘은 실제 알고리즘 대회나 시험에서 출제되는 것과 같은 형식의 문제들을 사용해 기본 알고리즘의 종류에는 무엇이 있는지 확인한후 풀이 과정을 익히게 된다. 앞에서 다룬 정렬 알고리즘, 검색이나 트리 순회 알고리즘 등을 모두 이해했더라도 막상 알고리즘 대회나 시험에서는 이미 익힌 알고리즘들을 어떻게 활용해야 하는지 감이 쉽게 잡히지 않을 수 있다. 이 장에서 배우게 될 내용들은 알고리즘 대회나 시험과 같은 실전에서 기존의 알고 있는 지식을 활용하는 노하우를 소개한다.

LEVEL 2 Hard

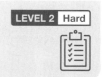

SECTION 01 탐욕 알고리즘

QUESTION 문제

한빛전자에서는 2015년 하반기 출시 예정인 최신형 스마트폰 프로젝트를 진행하고 있다. 이미 스마트폰 안에 운영체제를 포팅하는 작업은 끝났고 각종 앱을 포팅하는 업무만 남았다.

출시 전까지 해결해야 할 문제는 이 최신형 스마트폰의 메모리 공간에 최대한 앱을 탑재하고 앱이 처음 실행되는 데 총 소요 시간이 얼마나 되는지를 확인하는 일이다. 목적은 여러 가지 앱을 탑재했을 때 앱 각각의 실행 시간이 최소가 되어야 하기 때문이다.

스마트폰 안의 메모리와 앱은 다음처럼 구성되어 있다.

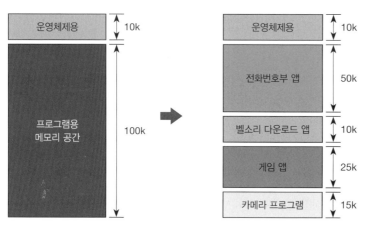

그림 11-1 스마트폰의 메모리와 애플리케이션 구조

전체 메모리가 110k인 경우 스마트폰 운영체제가 10k를 사용하므로 실제 스마트폰 앱이 사용할 수 있는 메모리는 100k가 된다. 이 공간에 벨소리 다운로드 앱이나 게임 앱 등을 저장하되 가장 빠른 시간에 이 앱들이 실행되어야 하는 것이다.

각 앱의 실행 시간은 표 11-1과 같다.

표 11-1 각 앱의 실행 시간

앱 이름	차지하는 메모리 크기	실행 시간(단위: ms)
전화번호부	50k	20
벨소리 다운로드	10k	30
게임	25k	15
카메라	15k	40

실제 스마트폰에 저장할 수 있는 앱 수는 이보다 훨씬 많다. 결국 한정된 메모리 공간 안에서 다수의 작업이 가장 적은 소요 시간으로 실행되어야 한다.

또한 앱 각각은 단 한 번만 실행되는 것이 아니라 여러 번 실행될 수 있다. 예를 들어 2개 이상의 전화번호부 앱이 동시에 실행되어 메모리 공간을 차지할 수 있다는 의미다.

다음과 같은 입력 형식이 주어질 때 이를 찾아내는 프로그램을 직접 작성해보자.

■ **입력**

- 입력 파일의 이름은 input.txt다.
- 입력 데이터는 T개의 테스트 케이스로 이루어져 있으며 파일 첫 번째 행에 주어진다.
- 각 테스트의 첫 번째 행에는 두 정수 E, F(1 ≤ E ≤ F ≤ 10000)가 주어진다. 이때 E는 운영체제가 기본적으로 차지하는 메모리의 크기고, F는 제공된 전체 메모리의 크기다.
- 각 테스트의 두 번째 행에는 스마트폰에 포팅될 앱의 개수를 나타내는 정수 N이 주어진다.
- N행 각각에는 P(1 ≤ P ≤ 50000)와 W(1 ≤ W ≤ 10000)가 주어진다. P는 이 앱을 실행하는 데 소요되는 시간이고, W는 프로그램이 차지하는 메모리 크기다.

■ **출력**

- 출력 파일의 이름은 ouput.txt다.
- 각 테스트에 주어진 메모리 크기를 갖는 앱들이 실행될 때 소요되는 최소 시간을 출력한다.
- 사용하는 앱의 메모리 크기가 정확히 맞지 않으면 −1을 대신 출력한다.

■ **입출력 예**

입력

```
3
10 110
2
```

```
1  1
30  50
10  110
2
1  1
50  30
1  6
2
10  3
20  4
```

출력

```
스마트폰의 최소 실행 시간 : 60
스마트폰의 최소 실행 시간 : 100
-1
```

이번에 다룰 문제는 여러 가지 해결 방법이 있지만 탐욕 알고리즘^{Greedy Algorithm}으로 유명한 예다. 현재 가장 유리한 경우를 선택하는 알고리즘이기 때문이다. 문제의 핵심은 주어진 앱들이 실행될 때 차지하는 메모리 크기(W)의 합이 전체 메모리의 크기(F−E)를 유지하면서 실행 시간(P)은 최소로 하는 것이 목적이다.

다음 입력 예를 살펴보자.

```
1
1  11
3
4  3
5  4
7  5
```

메모리 크기가 3, 4, 5인 앱들로 전체 메모리 크기가 10이 되도록 만들면 된다.

가장 먼저 그림 11−2와 같은 1차원 테이블을 만들어보자.

I	0	1	2	3	4	5	6	7	8	9	10
S(I)	0	MAX	MAX	MAX	MAX	MAX	MAX	MAX	MAX	MAX	MAX

그림 11-2 초기 1차원 테이블

S(I)는 I만큼 메모리를 갖도록 앱을 선택하는 방법 중 앱들의 전체 실행 시간이 최소가 되는 경우의 값을 저장한다. 이 문제의 핵심은 같은 메모리 크기를 차지할 때 앱 실행 시간의 합이 가장 작은 경우를 찾아내는 것이다. 따라서 S(0)처럼 앱 실행 시간이 최소가 되는 값을 저장해야된다.

가장 최소의 값을 저장해야 하므로 초깃값으로는 그림 11-2처럼 S(0) = 0, 나머지는 충분히 큰 값을 넣어준다(이 문제에서는 앱 하나에 50ms의 시간과 10k의 메모리 크기를 가질 수 있으므로 50000 * 10000의 값을 MAX로 하면 된다). 같은 프로그램이 여러 번 실행될 수 있으므로 k값은 0부터 시작해야 한다.

마찬가지의 방법으로 그림 11-2의 테이블을 갱신한다. 테이블을 갱신하는 방법은 전체 실행 시간이 최소가 되는 앱을 하나씩 추가하는 것인데, 이때 앱을 추가하는 순서는 상관없다. 모든 앱을 추가하면 현재 사용하는 메모리 공간과 전체 앱의 최소 실행 시간을 구할 수 있다. 여기서 S 테이블은 최소 실행 시간이다. S(0)은 메모리의 크기가 0인 앱의 최소 실행 시간을 의미하므로 S(0)은 0이다. S(1)은 메모리 크기 1을 갖는 앱의 최소 실행 시간을 의미한다.

이번에는 테이블을 채워가는 방법을 살펴보자. 먼저 실행 시간이 P, 메모리 크기가 W인 앱 하나만 사용하는 상황에서 메모리가 k일 때 최소 실행 시간을 갖는 P, 메모리 크기가 W인 앱 하나를 추가했다고 하자. 메모리의 크기는 k + W가 되고 앱들의 최소 실행 시간은 S(k) + P가 된다. 이 값이 메모리 크기가 k + W일 때의 최소 실행 시간이 된다. 즉, S(k + W)보다 작다면 S(k + W)의 값을 S(k) + P로 변경해준다.

이를 정리해 의사 코드로 표현하면 다음과 같다.

```
if S(k) + P < S(k + W)
    then S(k + W) = S(k) + P (0 ≤ k ≤ F - E - W)
```

앞의 예와 함께 생각해보자.

먼저 실행 시간이 4, 메모리 크기가 3인 프로그램만 사용한다고 하면 $S(k) + 4$와 $S(k + 3)$의 값을 차례로 비교해주면 된다. 그러면 k 값은 다음처럼 결정된다.

k = (총 메모리 크기 − 운영체제가 사용하는 메모리 크기 − 선택한 프로그램에서 사용하는 메모리 크기)

이를 코드로 작성하면 k = F − E − W[i];다. 즉, 첫 번째 k는 0~7의 값을 차례로 가지면 된다. 따라서 S(I) 함수는 다음처럼 구성된다.

> $S(0) + 4 = 4 < S(0 + 3) = $ MAX 따라서 $S(3) = 4$
>
> $S(3) + 4 = 8 < S(3 + 3) = $ MAX 따라서 $S(6) = 8$
>
> $S(6) + 4 = 12 < S(6 + 3) = $ MAX 따라서 $S(9) = 12$

나머지 값은 변함이 없다. 따라서 1차원 테이블은 그림 11−3처럼 변경된다.

I	0	1	2	3	4	5	6	7	8	9	10
S(I)	0	MAX	MAX	4	MAX	MAX	8	MAX	MAX	12	MAX

그림 11-3 변경된 1차원 테이블 1

다음으로 실행 시간이 5, 메모리 크기가 4인 프로그램을 추가로 사용할 때를 생각해보자. 이때는 $S(k) + 5$와 $S(k + 4)$의 값을 차례로 비교해주면 된다. k 값은 0~6의 값을 차례로 가지면 된다. 따라서 S(I) 함수는 다음처럼 구성된다.

> $S(0) + 5 = 5 < S(0+4) = $ MAX. 따라서 $S(4) = 5$
>
> $S(3) + 5 = 9 < S(3+4) = $ MAX. 따라서 $S(7) = 9$
>
> $S(4) + 5 = 10 < S(4+4) = $ MAX. 따라서 $S(8) = 10$
>
> $S(6) + 5 = 13 < S(6+4) = $ MAX. 따라서 $S(10) = 13$

나머지 값은 변함이 없다. 따라서 1차원 테이블은 그림 11−4처럼 변경된다.

I	0	1	2	3	4	5	6	7	8	9	10
S(I)	0	MAX	MAX	4	5	MAX	8	9	10	12	13

그림 11-4 변경된 1차원 테이블 2

마지막으로 프로그램의 실행 시간이 7, 메모리 크기가 5인 앱을 추가로 사용할 때를 생각해보자. S(k) + 7과 S(k + 5) 값을 차례로 비교해주면 된다. k 값은 0~5의 값을 차례로 가지면 된다. 따라서 S(I) 함수는 다음처럼 구성된다.

> S(0) + 7 = 7 < S(0+5) = MAX. 따라서 S(5) = 7
>
> S(3) + 7 = 11 > S(3+5) = 10
>
> S(4) + 7 = 12 = S(4+5) = 12
>
> S(5) + 7 = 14 > S(5+5) = 13

나머지 값 또한 변함이 없다. 따라서 1차원 테이블은 그림 11-5처럼 변경된다.

I	0	1	2	3	4	5	6	7	8	9	10
S(I)	0	MAX	MAX	4	5	7	8	9	10	12	13

그림 11-5 변경된 1차원 테이블 3

최종 1차원 테이블을 보면 메모리 크기 각각에 따라 가능한 최소 실행 시간을 알 수 있다. 예를 들어 전체 프로그램이 차지하는 메모리의 크기가 8인 경우 가능한 최소 실행 시간은 10이 된다.

우리가 알고자 하는 값은 S(10)이고, 값은 13이다. 따라서 13을 출력하면 된다. 만약 S(F − E) 값이 여전히 MAX 값으로 남아 있다면 주어진 앱들의 조합으로 원하는 메모리를 사용할 수 없는 경우다. 이런 경우라면 −1을 출력한다.

SOLVE
문제 풀이

■ 정답 코드

코드 11-1

```
01  #include <stdio.h>
02
03  // 상수 정의
04  #define INPUT_FILE "input.txt"
05  #define OUTPUT_FILE "output.txt"
06  #define MAX_N 1000
```

```
07  #define MAX_WEIGHT 10000
08  #define MAX_VALUE (50000 * MAX_WEIGHT)
09
10  // 전역 변수 정의
11  int T, E, F, N;
12  int P[MAX_N], W[MAX_N];
13  int S[MAX_WEIGHT];
14  FILE *inf, *outf;
15
16  void input_data(void)
17  {
18    int i;
19    fscanf(inf, "%d %d\n", &E, &F);
20    fscanf(inf, "%d\n", &N);
21
22    for(i = 0; i < N; i++)
23      fscanf(inf, "%d %d\n", &P[i], &W[i]);
24  }
25
26  void initialize_S(void)
27  {
28    int i;
29    S[0] = 0;
30
31    for(i = 1; i <= F - E; i++)
32      S[i] = MAX_VALUE;
33  }
34
35  void solve(void)
36  {
37    int i, j;
38    initialize_S();
39
40    for(i = 0; i < N; i++)
41      for(j = 0; j <= F - E - W[i]; j++)
42        if(S[j] + P[i] < S[j + W[i]])
43          S[j + W[i]] = S[j] + P[i];
44  }
45
46  void output_result(void)
47  {
48    if(S[F - E] == MAX_VALUE)
49      fprintf(outf, "-1\n");
50
```

```
51    else
52       fprintf(outf, "스마트폰의 최소 실행 시간 : %d\n", S[F - E]);
53  }
54
55  void main()
56  {
57    int i;
58    inf = fopen(INPUT_FILE, "r");
59    outf = fopen(OUTPUT_FILE, "w");
60    fscanf(inf, "%d\n", &T);
61
62    for(i = 0; i < T; i++) {
63       input_data();
64       solve();
65       output_result();
66    }
67
68    fclose(inf);
69    fclose(outf);
70  }
```

■ 실행 결과

```
스마트폰의 최소 실행 시간 : 60
스마트폰의 최소 실행 시간 : 100
-1
```

EXPLANATION
해설

위 문제에서 어떻게 기능 리스트를 만들어야 할까? 핵심은 입력 형식에 있다. input.txt라는 입력 파일에서 입력 데이터를 받아 처리하기 때문이다.

먼저 다음과 같은 입력 파일이 있다고 가정해보자.

```
1
10 110
2
```

```
1 1
30 50
```

위에서 첫 번째 행 1은 테스트할 개수를 의미한다. 테스트를 한 번만 하겠다는 의미다.

두 번째 행은 운영체제가 사용하는 메모리의 크기와 스마트폰에서 제공하는 전체 메모리의 크기다. 즉, 운영체제가 차지하는 메모리 크기가 10이고, 스마트폰에서 제공하는 총 메모리 크기는 110이 된다. 따라서 '전체 메모리 크기 − 운영체제 메모리 크기'를 계산하면 스마트폰에서 프로그램이 사용할 수 있는 메모리 크기인 100이 된다.

세 번째 행의 2는 스마트폰에서 사용하는 프로그램 수가 몇 개인지를 나타낸다. 위 예에서는 2이므로 스마트폰에서 현재 2개의 프로그램만 사용한다는 의미다.

네 번째 행 앞에 있는 1은 스마트폰에서 실행하는 2개의 프로그램 중에서 첫 번째 프로그램의 실행 시간이 1ms라는 것을 의미하며, 두 번째 1은 이 프로그램이 실행될 때 차지하는 메모리 크기가 1k라는 것을 의미한다.

다섯 번째 행은 스마트폰에서 실행되는 두 번째 프로그램의 실행 시간이 30ms이며 차지하는 메모리 공간이 50k라는 의미다.

이제 입력 데이터 분석이 모두 끝났다. 이 문제에 필요한 기능 세 가지를 살펴보자.

1 input.txt에서 각각의 입력 데이터를 입력받는 기능

2 txt 파일로 출력하는 기능

3 연산 기능

이 중 기능 1과 기능 2는 부가적인 기능일 뿐만 아니라 실제 구현하기도 간단하다.

먼저 기능 1의 파일에서 입력받는 함수인 input_data()를 살펴보자. 함수를 살펴보기 전에 먼저 알아야 할 것이 있다. 일단 input.txt 파일의 내용을 입력받으려고 4행에서 #define INPUT_FILE "input.txt"를 통해 INPUR_FILE이라는 상수로 정의했다. 그리고 main() 함수의 58행에서 inf = fopen(INPUT_FILE, "r");를 통해 전역 변수 inf에서 이 파일을 불러오도록 정의했다.

그럼 input_data() 함수를 살펴보자.

```
16  void input_data(void)
17  {
18    int i;
19    fscanf(inf, "%d %d\n", &E, &F);
20    fscanf(inf, "%d\n", &N);
21
22    for(i = 0; i < N; i++)
23      fscanf(inf, "%d %d\n", &P[i], &W[i]);
24  }
```

fscanf()는 입력 파일에서 원하는 데이터를 가져오는 함수다. 19행은 전체 메모리 크기인 F, 운영체제가 차지하는 메모리 크기인 E를 input.txt 안에서 가져온다. 그럼 20행도 쉽게 이해할 수 있을 것이다. 스마트폰에 포팅될 앱의 개수를 나타내는 N을 가져오는 것이다.

여기서 테스트 수를 나타내는 T가 첫 행에 있는데 이를 고려하지 않느냐는 질문을 할 수 있을 것이다. 이는 main() 함수 60행 fscanf(inf, "%d\n", &T);에서 처리한다. 실제로 62행 for 문 안에서 input_data() 함수가 실행되므로 큰 문제는 없다.

22행 for문은 스마트폰에 포팅될 앱의 개수인 N에 맞춰서 앱을 실행하는 데 소요되는 시간인 P와 프로그램이 차지하는 메모리 크기인 W를 가져온다. 앱이 여러 개 있을 수 있으므로 for문을 이용했다.

다음은 txt 파일에 실행 결과를 출력하는 기능 2에 대한 부분이다.

```
46  void output_result(void)
47  {
48    if(S[F - E] == MAX_VALUE)
49      fprintf(outf, "-1\n");
50
51    else
52      fprintf(outf, "스마트폰의 최소 실행 시간 : %d\n", S[F - E]);
53  }
```

48행에서 현재 최소 실행 시간이 최댓값(MAX_VALUE)보다 크면 이 문제는 풀 수 없기 때문에 −1을 출력한다. 그러나 최댓값이 아니라면(즉, 최댓값보다 작다면) 현재까지 구한 최소 실행 시간인 S[F−E]를 출력한다.

사실 문제는 기능 3에 대한 부분이다. 이 부분은 좀 더 자세히 살펴볼 필요가 있다. 이 부분은 아래에서 좀 더 자세하게 설명하겠다.

```
26  void initialize_S(void)
27  {
28    int i;
29    S[0] = 0;
30
31    for(i = 1; i <= F - E; i++)
32      S[i] = MAX_VALUE;
33  }
34
35  void solve(void)
36  {
37    int i, j;
38    initialize_S();
39
40    for(i = 0; i < N; i++)
41      for(j = 0; j <= F - E - W[i]; j++)
42        if(S[j] + P[i] < S[j + W[i]])
43          S[j + W[i]] = S[j] + P[i];
44  }
```

26행~33행은 최소 실행 시간을 저장하는 테이블인 배열 S를 최댓값인 MAX_VALUE로 초기화한다. 38행에서 배열 S를 초기화하고 40행에서 전체 앱의 개수만큼 for문을 실행한다. 42행 if문은 현재까지 구한 최소 실행 시간 S[j]와 새로 추가할 앱 j의 실행 시간을 더한 값(S[j] + P[j])이 i의 메모리 크기인 W[i] 값을 더해서 구한 최소 실행 시간 S[j + W[i]] 값보다 작다면 S[j + W[i]]에 S[j] + P[i] 값을 저장한다.

```
62    for(i = 0; i < T; i++) {
63      input_data();
64      solve();
65      output_result();
66    }
```

62행~66행은 주어진 테스트 케이스만큼 데이터를 입력받는 input_data() 함수를 호출하고, 연산 함수인 solve()를 호출한 후에 output_result() 함수를 사용해 결과를 화면에 출력한다.

정리

이번 절에서 다룬 탐욕 알고리즘은 여러 가지 후보 중에서 그 순간에 최적(혹은 최상)이라고 생각되는 것을 선택해 나가는 방식이며 이러한 과정을 통해 최종적인 해답에 도달한다. 그러나 순간순간에는 최적이지만 그 최적 혹은 최선의 순간들이 모인다고 하더라도 반드시 결과가 최적이라는 보장은 없다.

ALGORITHM PROBLEM SOLVING

SECTION 02 세포의 자기 증식 프로젝트

LEVEL 2 Mid

QUESTION 문제

한빛전자에서는 지난번 한국생명과학협회의 줄기 세포 연구와 관련한 방정식을 간소화하는 프로그램 덕분에 상당한 호평을 받게 됐다. 프로젝트 이후 한빛전자는 본격적으로 줄기 세포 연구에 관한 프로젝트를 진행하게 됐다.

줄기 세포는 자기 증식 기능이 있다. 자기 증식을 하는 알파 세포는 총 5개의 DNA가 있는데 그림 11-6처럼 DNA 3에만 DNA 정보가 저장되어 있고, 다른 DNA들에는 정보가 없는 경우이다.

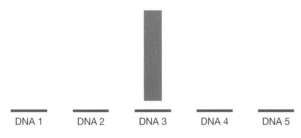

그림 11-6 5개의 DNA 정보

알파 세포가 세포 증식을 한 번 하면 DNA 정보는 그림 11-7처럼 변한다.

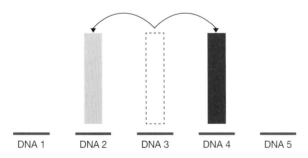

그림 11-7 DNA 정보의 변화 1

DNA 3에 있던 정보가 DNA2와 DNA 4로 분할되어 이동하고 DNA 3 자신의 정보는 사라지게 된다. 이와 같은 방식이 반복 진행된다.

두 번째 단계인 그림 11-8을 보자.

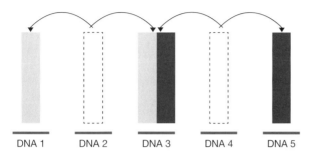

그림 11-8 DNA 정보의 변화 2

DNA 2와 DNA 4에 있던 정보가 다시 분할해서 DNA 2의 정보는 DNA 1과 DNA 3으로, DNA 4의 정보는 DNA 3과 DNA 5로 나눠진다. 결국 DNA 3은 2개의 DNA 정보가 들어가게 되는 것이다.

이번에는 세 번째 단계인 그림 11-9를 보자.

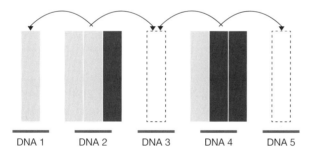

그림 11-9 DNA 정보의 변화 3

원래 DNA 3에 있던 2개의 정보가 DNA 2와 DNA 4로 분할된다. 그런데 DNA 1은 분할하는 경우 오른쪽에 있는 DNA 2에 정보 하나를 저장하고, 자기 자신에도 정보 하나를 저장하는 특징을 갖는다. 또한 DNA 5는 분할할 경우 하나를 버린다.

이러한 그림 11-6~11-9의 과정을 하나로 요약하면 그림 11-10과 같다.

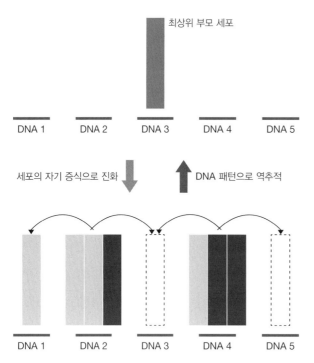

최상위 부모 세포

DNA 1   DNA 2   DNA 3   DNA 4   DNA 5

세포의 자기 증식으로 진화   DNA 패턴으로 역추적

DNA 1   DNA 2   DNA 3   DNA 4   DNA 5

그림 11-10 세포의 자기 증식에 따른 DNA 패턴

결론적으로 세포는 자기 증식할 때 일정한 규칙이 있으므로 규칙을 반대로 적용해서 임의의 세포 DNA 패턴을 보면 가장 최상위 부모의 DNA를 역추적할 수 있다. 또한 몇 단계의 세포 증식을 거쳤는지도 알아낼 수 있다.

그럼 이러한 임의의 DNA 패턴이 주어지면 일정한 규칙의 세포 증식 과정을 거쳐서 진화한다고 가정하고 진화의 가장 최상위 단계에 있는 세포의 DNA 패턴을 찾아내는 프로그램을 만들어보자.

■**입력**

- 입력 파일의 이름은 input.txt다.
- 입력 데이터는 T개의 테스트 케이스로 이루어져 있고, T는 파일 첫 번째 행에 주어진다.
- 각 테스트의 첫 번째 행에는 DNA의 개수 N, 두 번째 행에는 DNA의 패턴이 주어진다.

■ **출력**

- 출력 파일의 이름은 output.txt다.
- 세포가 자기 증식을 한 과정을 모두 출력한다.
- 몇 회 분할했는지 'X회 분할'이라고 출력한다.
- 의미 없는 값은 음수로 변환해 나타낸다.

■ **입출력 예**

입력

```
2
5
1 3 0 3 0
5
1 2 3 4 5
```

출력

```
1 0 2 0 1
0 1 0 1 0
0 0 1 0 0
-1 1 1 0 -1
==============================
3회 분할

3 -2 -1 5 5
==============================
-1회 분할
```

BRAIN STORMING
브레인 스토밍

이번에 풀 알고리즘 문제는 개념이 조금 난해하지만 프로그램 작성은 간단하다. 실무에서는 이 장에서 다루는 문제처럼 소스 코드 자체는 단순하지만 개념을 이해하기 어려운 문제들이 많다는 사실을 알아두자.

출력 결과를 기준으로 생각해보면 첫 번째 테스트의 경우 최상위 부모 세포의 DNA 정보는 음수가 아닌 값을 갖는 마지막 패턴이므로 0 0 1 0 0이다. 따라서 프로그램에서는 출력 결과에서 음수를 포함하는지의 여부를 확인할 수 있어야 한다.

또한 음수가 아닌 값이 나타나기 전 총 3번의 분할 과정이 있었다. 따라서 분할 과정을 출력하려면 음수가 아닌 출력 값이 몇 번 나왔는지도 확인해야 한다.

두 번째 테스트의 경우는 처음부터 의미 없는 분할이므로 최상위 부모 패턴을 찾을 수 없는 돌연변이라고 말할 수 있다. 즉, 분할 과정 처음부터 음수가 나오는 경우를 고려한 처리 방법을 프로그램 안에서 구현해야 한다는 의미다.

SOLVE
문제 풀이

■ 정답 코드

코드 11-2

```
01  #include <stdio.h>
02  #define INPUT_FILE "input.txt"
03  #define OUTPUT_FILE "output.txt"
04  #define MAX 100
05  #define false 0
06  #define true (!false)
07
08  typedef int bool;
09
10  int T, N;
11  int DNA[2][MAX];
12  int split_n;
13  FILE *inf, *outf;
14
15  void input_data()
16  {
17    int i;
18    fscanf(inf, "%d\n", &N);
19
20    for(i = 0; i < N; i++)
21      fscanf(inf, "%d", &DNA[0][i]);
22  }
```

```
23
24   void solve()
25   {
26     int flag = 0;
27     int i, j;
28     bool NotComplete = true;
29     split_n = -1;
30
31     while(NotComplete) {
32       DNA[1 - flag][N - 2] = DNA[flag][N - 1];
33
34       for(i = N - 4; i >= 0; i -= 2)
35         DNA[1 - flag][i] = DNA[flag][i + 1] - DNA[1 - flag][i + 2];
36
37       j = i + 2;
38       j = 1 - j;
39
40       DNA[1 - flag][j] = DNA[flag][0] - DNA[1 - flag][1 - j];
41
42       for(i = j + 2; i < N; i += 2)
43         DNA[1 - flag][i] = DNA[flag][i - 1] - DNA[1 - flag][i - 2];
44
45       split_n++;
46       flag = 1 - flag;
47
48       for(i = 0; i < N; i++) {
49         fprintf(outf, "%2d", DNA[flag][i]);
50
51         if(DNA[flag][i] < 0)
52           NotComplete = false;
53       }
54
55       fprintf(outf, "\n");
56     }
57
58     if(split_n == 0)
59       split_n = -1;
60   }
61
62   void output_result()
63   {
64     fprintf(outf, "===============================\n");
65     fprintf(outf, "%d회 분할\n\n", split_n);
66   }
```

```
67
68   void main()
69   {
70     int i;
71     inf = fopen(INPUT_FILE, "r");
72     outf = fopen(OUTPUT_FILE, "w");
73     fscanf(inf, "%d\n", &T);
74     for(i = 0; i < T; i++) {
75       input_data();
76       solve();
77       output_result();
78     }
79
80     fclose(inf);
81     fclose(outf);
82   }
```

■ 실행 결과

```
 1 0 2 0 1
 0 1 0 1 0
 0 0 1 0 0
-1 1 1 0 -1
==============================
3회 분할

 3-2-1 5 5
==============================
-1회 분할
```

EXPLANATION
해설

정답 코드는 어려운 코드가 아니다. 핵심은 DNA의 정보를 저장할 때 DNA라는 배열을 사용한다는 점과 DNA 배열에서 2개의 열을 사용해서 한 단계씩 추적할 때마다 서로 값을 바꿔서 사용한다는 점이다.

실제 이 프로그램에서 눈여겨봐야 할 점은 solve() 함수다.

```
24  void solve()
25  {
26    int flag = 0;
27    int i, j;
28    bool NotComplete = true;
29    split_n = -1;
30
31    while(NotComplete) {
32      DNA[1 - flag][N - 2] = DNA[flag][N - 1];
33
34      for(i = N - 4; i >= 0; i -= 2)
35        DNA[1 - flag][i] = DNA[flag][i + 1] - DNA[1 - flag][i + 2];
36
37      j = i + 2;
38      j = 1 - j;
39
40      DNA[1 - flag][j] = DNA[flag][0] - DNA[1 - flag][1 - j];
41
42      for(i = j + 2; i < N; i += 2)
43        DNA[1 - flag][i] = DNA[flag][i - 1] - DNA[1 - flag][i - 2];
44
45      split_n++;
46      flag = 1 - flag;
47
48      for(i = 0; i < N; i++) {
49        fprintf(outf, "%2d", DNA[flag][i]);
50
51        if(DNA[flag][i] < 0)
52          NotComplete = false;
53      }
54
55      fprintf(outf, "\n");
56    }
57
58    if(split_n == 0)
59      split_n = -1;
60  }
```

앞의 소스 코드를 보면 결국 임의의 DNA 배열의 DNA 값은 왼쪽 값과 오른쪽 값이 분할되어 생성된 값이라는 것을 쉽게 알 수 있다. 31행 while문에서 NotComplete 값이 참이면, 즉 모든 연산이 완료되지 않았다면 왼쪽 값과 오른쪽 값을 나눠 왼쪽 값의 연산은 34행과 35행에서, 오른쪽 값의 연산은 42행과 43행에서 실행한다.

이해가 되지 않는다면 문제 부분의 그림을 다시 보면서 정답 코드를 살펴보자.

ARRANGEMENT
정리

이 장에서 다룬 내용은 개념만 이해한다면 프로그램으로 만들기 쉬운 문제다. 실제 알고리즘을 구현할 때도 이와 같은 평이한 문제들을 자주 접할 수 있다. 의외로 복잡한 소스 코드를 작성하는 것보다 주어진 내용을 이해하는 데 어려움을 겪는 경우가 많다. 즉, 문제를 이해하는 능력도 키울 필요가 있다.

SECTION 03 재난 관리 프로젝트

QUESTION 문제

한국 정부에서는 지난 수십 년 동안 공공 건물이나 지하철 같은 대중 교통에서 빈번하게 발생하는 화재에 대비하기 위해 화재 발생 시 자동으로 국민들을 대피시키는 재난 관리 프로그램을 개발하기로 하고, 국내에서 가장 기술력이 뛰어난 한빛전자에게 개발을 의뢰하게 됐다.

재난 관리 프로그램은 공공 건물이나 지하철 역사의 도면을 컴퓨터에 먼저 저장해두고 각각의 구역을 세로 M, 가로 N인 직사각형의 형태로 정의한다. 그리고 각 공간을 상황에 따라 알파벳 기호로 나타낸다. 예를 들어 해당 구역에 화재가 발생하면 F, 아직 화재가 발생하지 않았다면 O, 현재의 위치는 Y, 건물 안의 탈출구는 E다.

화재가 발생하면 현장에서 빨리 벗어나야 한다. 즉, Y에서 E까지의 최단 거리를 구하면 되는데, 실제 상황을 고려해보면 Y에서 X번 이동할 때마다 화재가 점점 번져서 결국은 일정 시간이 경과했을 때는 전체 건물이 모두 불에 휩싸인다고 생각해야 한다.

그럼 M과 N의 값이 5라고 가정하고 위 예를 그림으로 그려보자. 그림 11-11과 같다.

F	O	O	O	E
O	O	O	O	O
O	O	O	O	O
O	O	O	O	O
Y	O	F	F	O

F: 화재 발생 구역
Y: 현재 위치
E: 탈출구
O: 안전 구역

그림 11-11 현재 건물의 화재 상황

사람들이 X번 이동할 때마다 불이 한 칸씩, 그리고 바로 옆 모든 블록에 번진다고 가정하면 X가 2일 때 사람들이 처음 2회 움직인 이후 불이 번지기 시작한다는 뜻이 된다.

그림 11-7의 초기 상태에서 사람들이 2회 움직이면 상황은 그림 11-12처럼 된다.

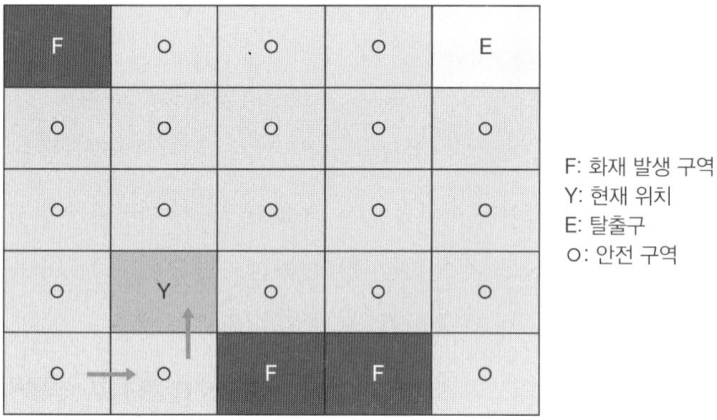

그림 11-12 사람이 두 칸 움직였을 때의 화재 상황

한 번 더 사람들이 움직이면 이제 불이 번지기 시작한다. 따라서 그림 11-13처럼 바뀐다.

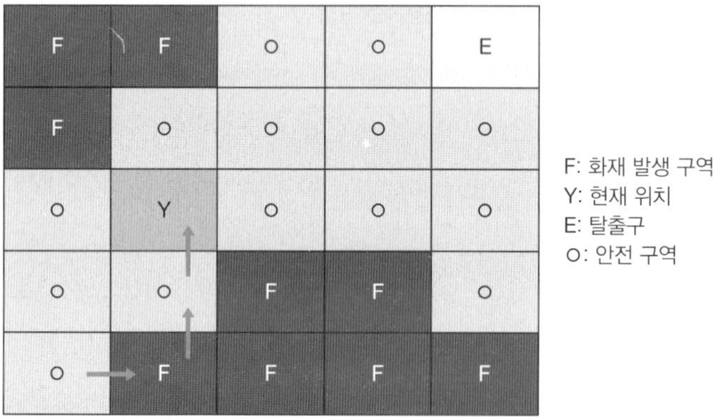

그림 11-13 사람이 세 칸 움직였을 때의 화재 상황

이제 화재 상황 때문에 이동할 칸에도 영향을 받게 된다. 화재 상황을 고려해보면 현재 위치인 Y에서 그림 11-14처럼 이동해야 한다.

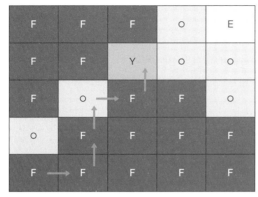

그림 11-14 사람이 다섯 칸 움직였을 때의 화재 상황

그리고 다시 불이 번진 상태를 파악해서 경로를 계산하면 그림 11-15처럼 된다.

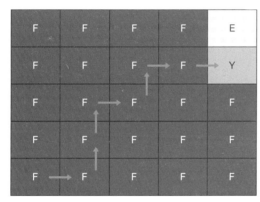

그림 11-15 탈출구 앞 도달

이제 위와 같이 화재가 발생했을 때 주어진 도면에서 탈출구를 찾는 프로그램을 만들어보자.

■ 입력

- 입력 파일의 이름은 input.txt다.
- 파일의 첫 번째 행에는 세로 칸 숫자인 M, 가로 칸 숫자인 N, 사람들이 한 번에 이동할 수 있는 값인 X가 주어진다.
- 두 번째 행 이후는 M × N 형태의 문자열로 건물의 초기 상태가 주어진다. 화재 발생 구역은 F, 현재 위치는 Y, 안전 구역은 O, 탈출구는 E로 표시한다.

■ **출력**

- 출력 파일의 이름은 output.txt다.

- 첫 번째 행에는 최소 몇 번의 움직임으로 탈출구까지 도달하는지 횟수를 출력한다.

- 두 번째 행에는 이동 경로를 출력한다. 위(U), 아래(D), 왼쪽(L), 오른쪽(R)의 조합으로 이루어지며, 답이 여러 개인 경우 그중 하나만 출력한다.

■ **입출력 예**

입력

```
5 5 2
F000E
00000
00000
00000
Y0FF0
```

출력

```
8
UURURRRU
```

BRAIN STORMING
브레인 스토밍

이 문제는 큐를 이용한다. 즉, 큐에 값을 넣었다가 빼내는 작업을 반복하면서 연산하겠다는 의미다. 프로그램에서는 건물의 도면을 다음 배열 형태로 매칭시킨다.

MAX	O	O	O	−1
O	O	O	O	O
O	O	O	O	O
O	O	O	O	O
1	O	MAX	MAX	O

MAX: 화재 발생 구역
1: 현재 위치
−1: 탈출구
O: 안전 구역

그림 11-16 도면을 배열에 매칭시킨 예

먼저 현재 위치(1)를 큐에 삽입해야 한다. 그리고 큐에서 위치 데이터를 하나 빼내어 큐에서 빼낸 위치 데이터와 인접한 곳에 0이 있다면 현재 위치 데이터의 값을 하나 증가시켜서 그 곳에 저장해둔다. 그림 11-17은 이 결과를 나타낸 것이다.

MAX	0	0	0	-1
0	0	0	0	0
0	0	0	0	0
2	0	0	0	0
1	2	MAX	MAX	0

그림 11-17 이동 경로 확인과 MAX 값 증가 1

이제 별도의 배열을 하나 더 준비해서 값이 하나 증가한 곳을 확인하고 아래에서부터 값이 증가되었다면 D(Down), 왼쪽에서부터 증가되었다면 L(Left)이라는 문자를 기록해두자.

D			
	L		

그림 11-18 증가한 값의 방향 기록 1

그림 11-18의 배열은 최단 거리를 찾았을 때 D나 L과 같은 값을 통해 어떤 경로로 이동해 왔는지 쉽게 알 수 있게 하려고 만든 것이다. 또한 사람들이 X번 이동할 때마다 불이 번지는 것을 나타내려면 'Board 상에 나타난 수 - 1'의 값을 먼저 구한다. 이 값이 MAX보다 크며, 동시에 그 값에서 2를 뺀 수를 MAX로 나눈 나머지가 0이라면 Board 상의 MAX 값을 상하좌우로 확장시킨다.

단순히 'Board 상에 나타난 수 - 1'을 MAX로 나눈 나머지가 1일 때라면 된다고 생각할 수도 있지만 'Board 상에 나타난 수 - 1'을 MAX로 나눈 나머지가 1일 때라면 MAX가 1인 경우를 확인할 수 없으므로 최적의 경로를 찾지 못할 수도 있다.

결국 원래 배열은 그림 11-19처럼 변경된다.

MAX	MAX	0	0	-1
MAX	0	0	0	0
3	4	0	0	0
2	3	MAX	MAX	0
1	MAX	MAX	MAX	MAX

그림 11-19 이동 경로 확인과 MAX 값 증가 2

경로를 나타내는 배열은 그림 11−20처럼 바뀐다.

D				
D	D			
	L			

그림 11-20 증가한 값의 방향 기록 2

최종적으로 원래 배열은 값이 탈출구로 가까워지면 증가되어 다음과 같은 결과가 된다.

MAX	MAX	MAX	MAX	9
MAX	MAX	MAX	MAX	8
MAX	MAX	MAX	MAX	MAX
MAX	MAX	MAX	MAX	MAX
MAX	MAX	MAX	MAX	MAX

그림 11-21 이동 경로 확인과 MAX 값 증가 3

경로를 나타내는 배열은 그림 11−22처럼 바뀐다.

			D	D
	D	D	L	L
D	D	L		
D	D			
	L			

그림 11-22 증가한 값의 방향 기록 3

최종적으로는 탈출구에 도착하면 'DLLDLDDL'이라는 경로를 얻을 수 있다. 이 과정을 D는 U(Up), R(Right)로 바꾸면 'RUURURRU'라는 값으로 바뀌는데, 이 값이 최종적인 탈출 경로가 된다.

SOLVE
문제 풀이

■ 정답 코드

코드 11-3

```c
001  #include <stdio.h>
002  #define INPUT_FILE "input.txt"
003  #define OUTPUT_FILE "output.txt"
004  #define MAX_M 100
005  #define MAX_N 100
006  #define FIRE_MAX MAX_M * MAX_N
007  #define false 0
008  #define true (!false)
009
010  typedef int BOOL;
011
012  int M, N, X;
013  int Building[MAX_M][MAX_N], Path[MAX_M][MAX_N];
014  int path[MAX_M][MAX_N];
015  char dir[5] = { ' ', 'U', 'L', 'R', 'D' };
016  int res_n, res_y, res_x;
017  char res[FIRE_MAX];
018  BOOL found;
019  int stx, sty;
```

```
020  int MyQueue[FIRE_MAX][2];
021  int rear, front;
022
023  void Input_data()
024  {
025    int i, j;
026    char ch;
027    FILE *inf;
028    inf = fopen(INPUT_FILE, "r");
029    fscanf(inf, "%d %d %d\n", &M, &N, &X);
030
031    for(i = 0; i < M; i++) {
032      for(j = 0; j < N; j++) {
033        fscanf(inf, "%c", &ch);
034
035        if(ch == 'F')
036          Building[i][j] = FIRE_MAX;
037
038        if(ch == 'Y') {
039          sty = i;
040          stx = j;
041        }
042
043        if(ch == 'E') Building[i][j] = -1;
044      }
045
046      fscanf(inf, "\n");
047    }
048
049    fclose(inf);
050  }
051
052  void InsertData(int y, int x, int dir, int count)
053  {
054    MyQueue[rear][0] = y;
055    MyQueue[rear][1] = x;
056
057    if(Building[y][x] == -1) {
058      found = true;
059      res_y = y;
060      res_x = x;
061    }
062
063    Building[y][x] = count;
```

```
064    path[y][x] = dir;
065    rear++;
066  }
067
068  void RemoveData(int *y, int *x)
069  {
070    *y = MyQueue[front][0];
071    *x = MyQueue[front][1];
072    front++;
073  }
074
075  void Fire()
076  {
077    int i, j;
078    for(i = 0; i < M; i++)
079      for(j = 0; j < N; j++)
080        if(Building[i][j] == FIRE_MAX) {
081          if(i > 0)
082            Path[i - 1][j] = FIRE_MAX;
083
084          if(j > 0)
085            Path[i][j - 1] = FIRE_MAX;
086
087          if(i < M - 1)
088            Path[i + 1][j] = FIRE_MAX;
089
090          if(j < N - 1)
091            Path[i][j + 1] = FIRE_MAX;
092        }
093
094      for(i = 0; i < M; i++)
095        for(j = 0; j < N; j++)
096          if(Path[i][j] == FIRE_MAX)
097            Building[i][j] = FIRE_MAX;
098  }
099
100  void SearchPath()
101  {
102    int y, x;
103    int bound;
104    int count = 0;
105    InsertData(sty, stx, 0, count+1);
106    bound = rear + 1;
107    while(rear >= front) {
```

```
108        RemoveData(&y, &x);
109        if(front >= bound) {
110          count++;
111          if((count > X) && ((count-1) % X == 0))
112            Fire();
113
114          bound = rear+1;
115        }
116
117        if(Building[y][x] == FIRE_MAX)
118          continue;
119
120        if((y > 0) && (Building[y - 1][x] <= 0))
121          InsertData(y - 1, x, 4, count + 2);
122
123        if((y < M - 1) && (Building[y + 1][x] <= 0))
124          InsertData(y + 1, x, 1, count + 2);
125
126        if((x > 0) && (Building[y][x - 1] <= 0))
127          InsertData(y, x - 1, 3, count + 2);
128
129        if((x < N - 1) && (Building[y][x + 1] <= 0))
130          InsertData(y, x + 1, 2, count + 2);
131
132        if(found) {
133          res_n = count+1;
134          break;
135        }
136      }
137 }
138
139 void next(int *y, int *x)
140 {
141    int temp = path[*y][*x];
142    switch(temp) {
143      case 1 :
144        (*y)--;
145        break;
146
147      case 2 :
148        (*x)--;
149        break;
150
151      case 3 :
```

```
152        (*x)++;
153        break;
154
155      case 4 :
156        (*y)++;
157    }
158  }
159
160  void Output_result()
161  {
162    int i;
163    FILE *ouf;
164    ouf = fopen(OUTPUT_FILE, "w");
165
166    if(!found)
167      fprintf(ouf, "Impossible\n");
168
169    else {
170      fprintf(ouf, "%d\n", res_n);
171      res[res_n] = '\0';
172
173      for(i = res_n - 1; i >= 0; i--) {
174        res[i] = dir[5 - path[res_y][res_x]];
175        next(&res_y, &res_x);
176      }
177
178      fprintf(ouf, "%s\n", res);
179    }
180
181    fclose(ouf);
182  }
183
184  void main()
185  {
186    Input_data();
187    SearchPath();
188    Output_result();
189  }
```

■ 실행 결과

```
8
UURURRRU
```

브레인 스토밍의 설명을 충분히 이해했다면 이 문제의 소스 코드를 쉽게 이해할 수 있을 것이다. 핵심은 한 단계씩 길을 찾으면서 주변 블록들의 좌표를 큐에 저장해서 관리한다는 점이다. SearchPath() 함수를 살펴보자.

```
100  void SearchPath()
101  {
102    int y, x;
103    int bound;
104    int count = 0;
105    InsertData(sty, stx, 0, count+1);
106    bound = rear + 1;
107    while(rear >= front) {
108      RemoveData(&y, &x);
109      if(front > bound) {
110        count++;
111        if((count > X) && ((count-1) % X == 0))
112          Fire();
113
114        bound = rear+1;
115      }
116
117      if(Building[y][x] == FIRE_MAX)
118        continue;
119
120      if((y > 0) && (Building[y - 1][x] <= 0))
121        InsertData(y - 1, x, 4, count + 2);
122
123      if((y < M - 1) && (Building[y + 1][x] <= 0))
124        InsertData(y + 1, x, 1, count + 2);
125
126      if((x > 0) && (Building[y][x - 1] <= 0))
127        InsertData(y, x - 1, 3, count + 2);
128
129      if((x < N - 1) && (Building[y][x + 1] <= 0))
130        InsertData(y, x + 1, 2, count + 2);
131
132      if(found) {
133        res_n = count+1;
134        break;
```

```
135        }
136    }
137  }
```

107행 while문을 반복 실행하면서 108행의 RemoveData( ) 함수를 사용해 큐에 저장된 블록 하나를 가지고 온다. 이 블록의 좌표와 현재 위치하고 있는 블록의 좌표를 비교한 후 InsertData( ) 함수를 사용해 다시 큐에 저장한다. 117행 if문에서 건물 도면을 나타내는 배열인 Building[y][x]와 도면 전체를 의미하는 FIRE_MAX가 같은지 비교한다는 것은 도면 전체에 화재가 번졌다는 의미이므로 이 상황은 무시하고 연산을 계속해야 한다. 따라서 118행에서 continue 키워드를 사용한다.

ARRANGEMENT
정리

이번 절은 큐를 사용해서 매번 데이터가 바뀌는 상황 중 가장 최적의 해답을 찾는 문제를 살펴봤다. 이러한 유형의 문제는 외부 입력에 실시간으로 반응해야 하는 알고리즘을 만들 때 또는 화재나 폭탄과 같은 제어 시스템 관련 알고리즘을 만들 때 주로 사용하는 패턴이기도 하다.

여기에서는 가장 간단한 형태의 예를 들었지만 이러한 형태의 문제가 있을 때 어떻게 해답을 구하는지 연습해두면 비슷한 유형의 알고리즘 문제를 해결하는 데 큰 도움이 된다.

블록 쌓기 게임

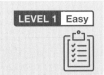

QUESTION 문제

초등학생인 한빛나 양은 어린이날 선물로 블록 게임을 받았다. 이 블록 게임은 주어진 맵 안에 블록들을 조합해 해당 맵을 모두 채우는 게임이다. 블록 하나는 2개의 숫자를 한 쌍으로 해서 만들 수 있다. 단, 2개의 숫자를 사용해 하나의 블록을 만들면 다시는 해당 숫자를 사용한 블록은 만들 수 없다. 예를 들어 [1, 2]라는 블록을 만들게 되면 [2, 1]이라는 블록은 만들 수 없다.

이 게임에서 주어진 블록의 수는 사용자에게 입력받아 사용한다. 예를 들어 사용자로부터 입력받은 수를 N이라고 한다면 전체 블록의 개수는 'N(N + 1) / 2'가 된다. 예를 들어 N이 5라고 하면 블록의 개수는 5 × (5 + 1) / 2 = 15다.

각 블록은 그림 11-23처럼 구성된다.

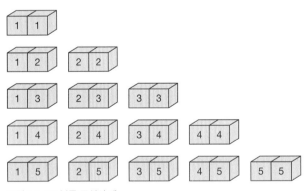

그림 11-23 블록 구성의 예

하나의 블록은 2개의 숫자를 포함하고 2개의 숫자를 하나씩 채워나가되, 같은 숫자가 오면 안된다. 그림 11-23을 예로 들 경우 [1, 2]라는 한 쌍의 블록이 있다면 [2, 1]이라는 블록은 만들어지면 안 된다.

그리고 그림 11-24와 같은 블록이 놓일 판을 만들어야 한다.

3	2	5	1	3	2
4	1	4	2	3	2
3	3	1	1	2	4
5	5	1	3	5	4
4	5	2	4	1	5

그림 11-24 블록이 놓일 판

판 위에 적혀 있는 숫자들은 블록이 놓일 위치다. 예를 들어 [1, 1]이라는 블록이 있다면 그림 11-24의 판에 놓을 때는 그림 11-21처럼 가로나 세로 방향으로 [1, 1]이 연속해서 배치된 위치에 놓아야 한다.

경우 1

3	2	5	1	3	2
4	1	4	2	3	2
3	3	1	1	2	4
5	5	1	3	5	4
4	5	2	4	1	5

경우 2

3	2	5	1	3	2
4	1	4	2	3	2
3	3	1	1	2	4
5	5	1	3	5	4
4	5	2	4	1	5

그림 11-25 블록을 놓는 기준

결국 [1, 1] 블록은 위 두 가지 경우만 배치할 수 있다.

이제 15개의 블록을 그림 11-24의 판 위에 모두 놓을 수 있게 하는 프로그램을 만들어보자. 모든 블록이 판 위에 적혀 있는 숫자의 형태로 놓이게 되면 그림 11-26처럼 된다.

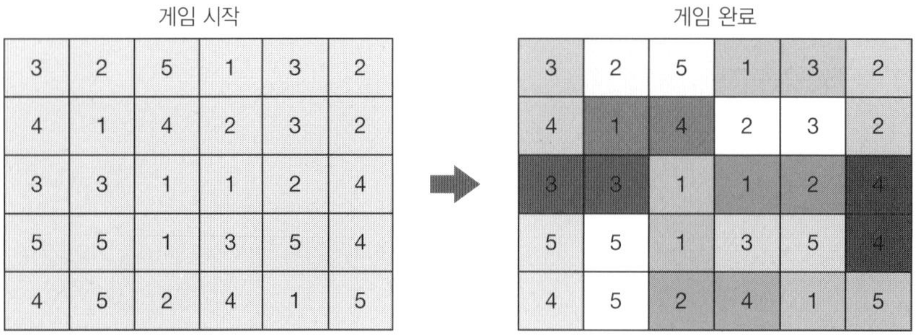

게임 시작					
3	2	5	1	3	2
4	1	4	2	3	2
3	3	1	1	2	4
5	5	1	3	5	4
4	5	2	4	1	5

그림 11-26 게임이 완료된 상태

다시 한번 이 문제의 규칙을 정리하면 다음과 같다.

1 몇 개의 블록을 사용할지는 사용자가 직접 값을 입력하게 한다. 그리고 블록 개수는 'N × (N + 1) / 2' 로 한다.

2 판 크기와 판에 들어 있는 숫자는 입력 데이터로 제공한다.

3 블록 하나는 2개의 숫자로 구성되어 있으며 같은 숫자 쌍으로 구성된 블록은 오직 하나의 블록만 존재한다.

4 각 블록은 직사각형의 형태로 판 위에 한 번만 놓여야 하고 판의 셀을 중복해서 사용할 수 없다.

■ 입력

- 입력 파일의 이름은 input.txt다.
- 첫 번째 행은 블록의 개수를 결정하는 N 값이 주어진다.
- 두 번째 행 이후는 블록이 놓일 판의 크기와 판의 셀 위에 적혀 있는 숫자 조합을 의미한다.

■ 출력

- 출력 파일의 이름은 output.txt다.
- 각 블록에 적혀 있는 2개의 숫자를 하나의 쌍으로 해서 텍스트로 출력한다.
- 같은 숫자의 쌍으로 이루어진 가로, 세로 배치는 입력 데이터 판 위치에 놓이는 블록 배치가 되어야 한다.

■ 입출력 예

입력

```
5
3 2 5 1 3 2
4 1 4 2 3 2
3 3 1 1 2 4
5 5 1 3 5 4
4 5 2 4 1 5
```

```
1 2 2 4 4 6
1 3 3 5 5 6
7 7 10 11 11 13
8 9 10 12 12 13
8 9 14 14 15 15
```

출력 데이터에서 같은 숫자 쌍의 배치가 그림에서의 박스선과 같은 배치인지를 비교해서 같으면 된다.

3	2	5	1	3	2
4	1	4	2	3	2
3	3	1	1	2	4
5	5	1	3	5	4
4	5	2	4	1	5

그림 11-27 최종 결과

브레인 스토밍

이 장에서 다루는 블록 쌓기 게임은 백 트래킹Back Tracking 알고리즘을 이용하는 문제다. 백 트래킹 개념을 쉽게 이해할 수 있는 예는 미로 찾기다. 미로를 돌아다니며 출구를 찾을 때 2개 이상의 길이 있을 경우 그중 하나의 길을 선택해서 길을 찾다가 그 길이 막다른 길이면 다시 여러 갈래의 길이 있던 지점까지 되돌아오게 된다. 이 과정을 원래 갔던 곳으로 되돌아온다는 의미에서 백 트래킹이라고 한다.

이 문제의 핵심은 블록을 판 위에 놓을 때 두 가지 이상의 경우가 생길 수 있다는 점이다. 예를 들어 그림 11-27과 같은 판에서 [1, 1] 블록을 놓는 방법은 앞에서 설명한 것처럼 두 가지가 있다. 그런데 이 두 가지 경우 중에 어떤 위치에 블록을 놓아야 할지를 판단하기는 어렵다. [1, 1]

블록을 어떤 위치에 놓느냐에 따라 다른 블록을 놓을 수 있는 경우도 완전히 달라지기 때문이다. 이런 경우 다음 세 가지 순서를 통해 놓을 위치를 판단하게 된다.

반드시 들어가야 할 블록 배치부터 먼저 생각한다

블록 개수가 15개로 한정되어 있고, 블록이 놓일 위치도 한정적이다. 따라서 주어진 블록으로 놓을 수 있는 경우가 오직 하나의 경우만 존재하는 블록을 먼저 채우면 문제는 조금 더 쉬워진다.

그림 11-28의 판에서 오직 블록을 놓을 수 있는 경우가 하나만 존재하는 상황은 다음과 같다.

3	2	5	1	3	2
4	1	4	2	3	2
3	3	1	1	2	4
5	5	1	3	5	4
4	5	2	4	1	5

그림 11-28 판 위에서 오직 하나의 쌍만 존재하는 경우

[2, 2]나 [4, 4]의 경우는 해당 위치 이외에는 놓을 수 있는 위치가 없다.

블록을 놓을 수 있는 경우가 하나만 존재하는 경우는 블록을 쌓는 중간에도 발생한다. 예를 들어 그림 11-29처럼 [1, 2] 블록을 놓았다고 가정해보자.

3	2	5	1	3	2
4	1	4	2	3	2
3	3	1	1	2	4
5	5	1	3	5	4
4	5	2	4	1	5

그림 11-29 임의의 위치에 [1, 2] 블록 배치

따라서 [1, 1] 블록을 놓을 수 있는 위치는 그림 11-30처럼 하나만 존재하게 된다.

3	2	5	1	3	2
4	1	4	2	3	2
3	3	1	1	2	4
5	5	1	3	5	4
4	5	2	4	1	5

그림 11-30 [1, 2] 블록 배치로 인해 고정된 [1, 1] 블록의 위치

[2, 4] 블록도 그림 11-29의 [1, 2] 블록 배치 때문에 오직 하나의 위치만 존재하게 된다.

3	2	5	1	3	2
4	1	4	2	3	2
3	3	1	1	2	4
5	5	1	3	5	4
4	5	2	4	1	5

그림 11-31 [1, 2] 블록 배치로 인해 고정된 [2, 4] 블록의 위치

또한 그림 11-28과 그림 11-31의 상황을 그림 11-32처럼 종합해보자.

3	2	5	1	3	2
4	1	4	2	3	2
3	3	1	1	2	4
5	5	1	3	5	4
4	5	2	4	1	5

그림 11-32 [2, 2], [4, 4], [2, 1], [1, 1], [2, 4]의 블록 배치

그런데 [1, 1]과 [2, 4] 블록을 놓고 나면 그림 11-33처럼 [1, 5], [3, 5], [2, 3], [1, 3] 블록의 위치도 사실상 결정되어 버린다.

그림 11-33 [1, 5], [3, 5], [2, 3], [1, 3] 블록의 위치도 결정

결국은 생각보다 쉽게 놓아야 할 블록의 절반 이상의 위치가 결정되어 버린다.

블록을 놓을 수 있는 경우의 수를 파악해야 한다

이러한 경우의 수를 고려해서 프로그래밍하려면 먼저 블록 각각이 판의 어디에 위치할 수 있는지에 관한 사전 정보가 있어야 한다. 예를 들어 [1, 2] 블록이라면 그림 11-34와 같은 위치에 놓일 수 있다.

그림 11-34 판에서 [1, 2] 블록을 배치할 수 있는 경우의 수

그렇다면 각각의 블록이 위치할 좌표를 어떻게 추가할까? 블록 위치를 보관하는 리스트를 구조체로 만들면 된다.

```
// 블록의 위치가 저장될 리스트
typedef struct _pList
{
  int x1;
  int y1;
  int x2;
  int y2;
```

```
    struct _pList* next;
  } pList;
```

이 구조체는 블록을 저장할 수 있는 위치를 링크드 리스트로 저장한다.

블록을 놓을 수 없는 경우를 생각한다

마지막으로 생각해야 할 것은 임의로 블록을 놓을 때 블록을 놓을 수 없는 경우가 발생할 수도 있다는 점이다. 그림 11-35를 보자.

3	2	5	1	3	2
4	1	4	2	3	2
3	3	1	1	2	4
5	5	1	3	5	4
4	5	2	4	1	5

그림 11-35 [1, 2] 블록, [1, 1] 블록, [1, 4] 블록의 배치

[1, 2] 블록, [1, 1] 블록, [1, 4] 블록을 판에 놓은 경우다. 얼핏 보면 별 문제가 없는 것처럼 보이지만 그림 11-36처럼 오직 블록을 놓을 수 있는 경우가 하나만 존재하는 상황의 셀을 포함시켜보자.

3	2	5	1	3	2
4	1	4	2	3	2
3	3	1	1	2	4
5	5	1	3	5	4
4	5	2	4	1	5

그림 11-36 [2, 2] 블록, [4, 4] 블록을 배치할 때 발생하는 문제

맨 오른쪽 아래의 셀이 하나만 남아 있는 상황이 되어 블록을 놓을 수 없게 된다. 또한 전체 셀은 짝수이므로 비는 셀이 하나가 더 생길 것이다.

그림 11-37도 블록을 놓을 수 없는 경우에 해당된다.

3	2	5	1	3	2
4	1	4	2	3	2
3	3	1	1	2	4
5	5	1	3	5	4
4	5	2	4	1	5

그림 11-37 블록을 놓을 수 없는 또다른 배치

색깔이 없는 블록을 2개씩 묶어서 정리해보면 결국은 모든 공간을 채울 수가 없게 된다.

지금까지 설명한 세 가지 고려 사항을 지켜야 올바르게 블록을 놓을 수 있다. 그런데 사람이 하면 쉽지만 효율적인 프로그래밍으로 만드는 것은 사실 어렵다. 단순하게 생각하면 모든 경우를 고려해서 프로그래밍하면 되겠지라고 생각할 수도 있겠지만 그럴 경우 문제를 해결하는 데 너무 많은 시간을 소비하게 된다.

📋 SOLVE
문제 풀이

■ **정답 코드**

코드 11-4

```
001   #include <stdio.h>
002   #include <stdlib.h>
003   #define MAX_N 100
004   #define INPUT_FILE "input.txt"
005   #define OUTPUT_FILE "output.txt"
006   #define true 1
007   #define false (!true)
008
009   // 블록 위치가 저장될 리스트
010   typedef struct _pList
011   {
012       int x1;
013       int y1;
014       int x2;
015       int y2;
```

```
016    struct _pList* next;
017  } pList;
018
019  int n;
020  int Board[MAX_N][MAX_N + 1];
021  int CounterBoard[MAX_N + 1][MAX_N + 1];
022  int visited[MAX_N + 1][MAX_N + 1];
023  pList* PositionList[MAX_N + 1][MAX_N + 1];
024  pList* header[MAX_N + 1][MAX_N + 1];
025  int dir[4][2] = {{-1, 0}, {0, -1}, {0, 1}, {1, 0}};
026  int Result[MAX_N][MAX_N + 1];
027  int res_n;
028  int found = false;
029  int RC = 0;
030
031  // 함수 원형 선언
032  void Input_data();
033  void AddPositionList(int, int, int, int, int, int);
034  void preprocess(void);
035  int out(int, int);
036  void decrease(int, int);
037  void increase(int, int);
038  void Output_result(void);
039  void find_solution(void);
040  void Solve(void);
041
042  void Input_data()
043  {
044    int i, j;
045    FILE *inf;
046    inf = fopen(INPUT_FILE, "r");
047    fscanf(inf, "%d\n", &n);
048
049    for(i = 0; i < n; i++)
050      for(j = 0; j < n + 1; j++)
051        fscanf(inf, "%d", &Board[i][j]);
052
053    fclose(inf);
054  }
055
056  void AddPositionList(int p, int q, int y1, int x1, int y2, int x2)
057  {
058    int temp;
059
```

```
060    if(p > q) {
061      temp = p;
062      p = q;
063      q = temp;
064    }
065
066    CounterBoard[p][q]++;
067    PositionList[p][q]->next = (pList*) malloc(sizeof(pList));
068    PositionList[p][q] = PositionList[p][q]->next;
069
070    // 추가할 블록 위치를 리스트에 추가
071    PositionList[p][q]->y1 = y1;
072    PositionList[p][q]->x1 = x1;
073    PositionList[p][q]->y2 = y2;
074    PositionList[p][q]->x2 = x2;
075    PositionList[p][q]->next = NULL;
076  }
077
078  /* ============================================================
079  각 블록이 놓일 수 있는 위치를 미리 계산해 리스트로 관리
080  ============================================================ */
081
082  void preprocess(void)
083  {
084    int i, j;
085    int p, q;
086
087    // 각 블록 위치 리스트 초기화
088    for(i = 0; i < n; i++) {
089      for(j = i; j < n; j++) {
090        PositionList[i][j] = (pList*) malloc(sizeof(pList));
091        PositionList[i][j]->next = NULL;
092        header[i][j] = PositionList[i][j];
093      }
094    }
095
096    // 가로(행)로 블록을 놓을 수 있는 위치를 계산해 리스트에 추가
097    for(i = 0; i < n; i++) {
098      p = Board[i][0];
099
100      for(j = 1; j < n + 1; j++) {
101        q = Board[i][j];
102        AddPositionList(p, q, i, j - 1, i, j);
103        p = q;
```

```
104          }
105      }
106
107      // 세로(열)로 블록을 놓을 수 있는 위치를 계산해 리스트에 추가
108      for(i = 0; i < n + 1; i++) {
109        p = Board[0][i];
110
111        for(j = 1; j < n; j++) {
112          q = Board[j][i];
113          AddPositionList(p, q, j - 1, i, j, i);
114          p = q;
115        }
116      }
117  }
118
119  int out(int y, int x)
120  {
121    if((y < 0) || (x < 0) || (y >= n) || (x > n))
122      return true;
123
124    else
125      return false;
126  }
127
128  void increase(int n1, int n2)
129  {
130    if(n1 < n2)
131      CounterBoard[n1][n2]++;
132
133    else
134      CounterBoard[n2][n1]++;
135  }
136
137  void decrease(int n1, int n2)
138  {
139    if(n1 < n2)
140      CounterBoard[n1][n2]--;
141
142    else
143      CounterBoard[n2][n1]--;
144  }
145
146  void Output_result(void)
147  {
```

```
148    int i, j;
149    FILE *ouf;
150    ouf = fopen(OUTPUT_FILE, "w");
151
152    if(!found)
153      fprintf(ouf, "Impossible\n");
154
155    else {
156      for(i = 0; i < n; i++) {
157        for(j = 0; j < n + 1; j++)
158          fprintf(ouf, "%d ", Result[i][j]);
159
160        fprintf(ouf, "\n");
161      }
162    }
163  }
164
165  void find_solution(void)
166  {
167    int i, j;
168    int p, q, min;
169    pList* PositionList;
170    int y1, x1, y2, x2;
171    int yy, xx;
172    RC++;
173
174    p = q = -1;
175
176    if(RC == MAX_N * (MAX_N + 1) / 2) {
177      found = true;
178      Output_result();
179      exit(0);
180    }
181
182    min = MAX_N * MAX_N * 2 + 1;
183
184    for(i = 0; i < n;i++) {
185      for(j = i; j < n; j++) {
186        if((!visited[i][j]) && (CounterBoard[i][j] < min)) {
187          min = CounterBoard[i][j];
188          p = i;
189          q = j;
190        }
191      }
```

```
192      }
193
194      if(min == 0)
195        return;
196
197      if(p < 0 || q < 0) {
198        found = true;
199        Output_result();
200        exit(0);
201      }
202
203
204      PositionList = header[p][q];
205      visited[p][q] = true;
206
207      while(PositionList->next != NULL) {
208        PositionList = PositionList->next;
209        y1 = PositionList->y1;
210        x1 = PositionList->x1;
211        y2 = PositionList->y2;
212        x2 = PositionList->x2;
213
214        if(Result[y1][x1] || Result[y2][x2])
215          continue;
216
217        for(i = 0; i < 4; i++) {
218          yy = y1 + dir[i][0];
219          xx = x1 + dir[i][1];
220
221          if((out(yy, xx)) || (yy == y2) && (xx == x2))
222            continue;
223
224          if(!Result[yy][xx])
225            decrease(Board[y1][x1], Board[yy][xx]);
226        }
227
228        for(i = 0; i < 4; i++) {
229          yy = y2 + dir[i][0];
230          xx = x2 + dir[i][1];
231
232          if((out(yy, xx)) || (yy == y1) && (xx == x1))
233            continue;
234
235          if(!Result[yy][xx])
```

```
236           decrease(Board[y2][x2], Board[yy][xx]);
237       }
238
239       res_n++;
240       Result[y1][x1] = res_n;
241       Result[y2][x2] = res_n;
242
243       find_solution();
244
245       res_n--;
246       Result[y1][x1] = 0;
247       Result[y2][x2] = 0;
248
249       for(i = 0; i < 4; i++) {
250          yy = y1 + dir[i][0];
251          xx = x1 + dir[i][1];
252
253          if((out(yy, xx)) || (yy == y2) && (xx == x2))
254            continue;
255
256          if(!Result[yy][xx])
257            increase(Board[y1][x1], Board[yy][xx]);
258       }
259
260       for(i = 0; i < 4; i++) {
261          yy = y2 + dir[i][0];
262          xx = x2 + dir[i][1];
263
264          if((out(yy, xx)) || (yy == y1) && (xx == x1))
265            continue;
266
267          if(!Result[yy][xx])
268            increase(Board[y2][x2], Board[yy][xx]);
269       }
270    }
271
272    visited[p][q] = false;
273  }
274
275  void Solve(void)
276  {
277    preprocess();
278    find_solution();
279    Output_result();
```

```
280   }
281
282   void main()
283   {
284     Input_data();
285     Solve();
286   }
```

■ 실행 결과

```
8 11 11 6 6 1
8 5 5 13 13 1
7 7 3 12 12 2
15 15 3 9 9 2
14 14 4 4 10 10
```

EXPLANATION
해설

기능 리스트를 어떻게 만들어야 할까? 이를 위해서는 세 가지를 고려해야 한다.

1 input.txt에서 각각의 데이터를 입력받는 기능

2 txt 파일로 출력하는 기능

3 연산 기능

이 중에서 기능 1과 기능 2는 부가적인 기능일 뿐만 아니라 실제 구현하기도 간단하다. 먼저
기능 1부터 살펴보자.

txt 파일에서 데이터를 입력받는 기능

```
042   void Input_data()
043   {
044     int i, j;
045     FILE *inf;
046     inf = fopen(INPUT_FILE, "r");
047     fscanf(inf, "%d\n", &n);
048
049     for(i = 0; i < n; i++)
```

```
050        for(j = 0; j < n + 1; j++)
051          fscanf(inf, "%d", &Board[i][j]);
052
053      fclose(inf);
054    }
```

위 함수 input_data()는 입력 파일에서 각각의 입력값들을 받아 블록의 수를 결정하고 판을 구성한다. 소스 코드에서 사용한 판은 2차원 배열 Board를 사용했다. 2개의 for문을 사용해 전체 보드의 숫자를 입력 파일로부터 입력받아 2차원 배열 Board[i][j]에 저장한다. 따라서 이 코드에서 배열 Board의 크기는 n × n이 된다.

txt 파일로 출력하는 기능

```
146  void Output_result(void)
147  {
148    int i, j;
149    FILE *ouf;
150    ouf = fopen(OUTPUT_FILE, "w");
151
152    if(!found)
153      fprintf(ouf, "Impossible\n");
154
155    else {
156      for(i = 0; i < n; i++) {
157        for(j = 0; j < n + 1; j++)
158          fprintf(ouf, "%d ", Result[i][j]);
159
160        fprintf(ouf, "\n");
161      }
162    }
163  }
```

파일에 결과를 출력하는 기능도 입력 기능과 별 차이가 없다. 특히 게임에서 블록이 위치하는 형태로 출력을 하기 때문에 판과 마찬가지로 이차원 배열 Result를 사용했다. 155행~162행은 결과가 저장된 2차원 배열 Result를 행과 열에 맞게 화면에 출력하는 기능을 한다.

연산 기능

앞의 세 가지 경우에 대해 충분히 이해했다면 앞의 코드를 이해하기가 그리 어렵지 않을 것이다.

먼저 82행 preprocess() 함수를 살펴보자.

```
082  void preprocess(void)
083  {
084    int i, j;
085    int p, q;
086
087    // 각 블록 위치 리스트 초기화
088    for(i = 0; i < n; i++) {
089      for(j = i; j < n; j++) {
090        PositionList[i][j] = (pList*)malloc(sizeof(pList));
091        PositionList[i][j]->next = NULL;
092        header[i][j] = PositionList[i][j];
093      }
094    }
095
096    // 가로(행)로 블록을 놓을 수 있는 위치를 계산해 리스트에 추가
097    for(i = 0; i < n; i++) {
098      p = Board[i][0];
099
100      for(j = 1; j < n + 1; j++) {
101        q = Board[i][j];
102        AddPositionList(p, q, i, j - 1, i, j);
103        p = q;
104      }
105    }
106
107    // 세로(열)로 블록을 놓을 수 있는 위치를 계산해 리스트에 추가
108    for(i = 0; i < n + 1; i++) {
109      p = Board[0][i];
110
111      for(j = 1; j < n; j++) {
112        q = Board[j][i];
113        AddPositionList(p, q, j - 1, i, j, i);
114        p = q;
115      }
116    }
117  }
```

88행~94행을 통해 각 블록을 놓을 수 있는 위치를 미리 계산해 PositionList라는 이름의 리스트에 저장한다. 그리고 97행~105행을 통해 가로로 블록을 놓을 수 있는 위치를 계산해 Board라는 리스트에 추가한 후 108행~116행을 통해 세로(열)로 블록을 놓을 수 있는 위치를 계산해 리스트에 추가한다.

실제 연산은 find_solution() 함수에서 하게 된다.

```
184     for(i = 0; i < n;i++) {
185       for(j = 0; j < n; j++) {
186         if((!visited[i][j]) && (CounterBoard[i][j] < min)) {
187           min = CounterBoard[i][j];
188           p = i;
189           q = j;
190         }
191       }
192     }
```

184행~192행의 중복 for문을 실행해 배열 PositionList에 저장된 블록이 놓일 수 있는 위치를 차례로 가져와서 블록을 놓을 수 있는지 확인한다. 이전에 블록이 놓인 자리는 2차원 배열인 visited[i][j]에 저장되었으므로 visited[i][j]가 0인 경우에만 블록을 놓을 수 있다.

207행~270행의 while문을 실행하면 배열 PositionList에 저장된 블록이 하나도 없을 때까지 반복 실행하게 된다. 이 while문에서는 209행~212행을 통해 배열 PositionList에서 현재 두 지점의 위치 (x1, y1)과 (x2, y2)를 가져온다.

```
207     while(PositionList->next != NULL) {
208       PositionList = PositionList->next;
209       y1 = PositionList->y1;
210       x1 = PositionList->x1;
211       y2 = PositionList->y2;
212       x2 = PositionList->x2;
```

이 두 지점의 상하좌우 위치를 각각 확인해 블록을 위치시킬 수 있는지 계산한다.

(x1, y1) 지점의 상하좌우 위치를 각각 확인해 블록을 놓을 수 있는지 계산하는 부분은 214행~226행이다.

```
214        if(Result[y1][x1] || Result[y2][x2])
215          continue;
216
217        for(i = 0; i < 4; i++) {
218          yy = y1 + dir[i][0];
219          xx = x1 + dir[i][1];
220
221          if((out(yy, xx)) || (yy == y2) && (xx == x2))
222            continue;
223
224          if(!Result[yy][xx])
225            decrease(Board[y1][x1], Board[yy][xx]);
226        }
```

(x2, y2)도 (x1, y1)과 마찬가지로 228행~237행의 for문에서 상하좌우 위치를 각각 확인하고 블록을 놓을 수 있는지 계산한다. 계산한 결과를 239행~241행의 Result 배열에 저장한다. find_solution() 함수는 재귀 호출로 실행되므로 243행에서 다시 find_solution()을 호출한다.

```
228        for(i = 0; i < 4; i++) {
229          yy = y2 + dir[i][0];
230          xx = x2 + dir[i][1];
231
232          if((out(yy, xx)) || (yy == y1) && (xx == x1))
233            continue;
234
235          if(!Result[yy][xx])
236            decrease(Board[y2][x2], Board[yy][xx]);
237        }
238
239        res_n++;
240        Result[y1][x1] = res_n;
241        Result[y2][x2] = res_n;
242
243        find_solution();
```

245행~269행은 재귀 호출한 find_solution() 함수의 실행이 끝난 후 find_solution() 함수를 호출하기 이전 상태에서 (x1, y1)과 (x2, y2)의 상하좌우 위치를 계산하고 블록을 놓을 수 있는지를 다시 계산한다.

```
245        res_n--;
246        Result[y1][x1] = 0;
247        Result[y2][x2] = 0;
248
249        for(i = 0; i < 4; i++) {
250          yy = y1 + dir[i][0];
251          xx = x1 + dir[i][1];
252
253          if((out(yy, xx)) || (yy == y2) && (xx == x2))
254            continue;
255
256          if(!Result[yy][xx])
257            increase(Board[y1][x1], Board[yy][xx]);
258        }
259
260        for(i = 0; i < 4; i++) {
261          yy = y2 + dir[i][0];
262          xx = x2 + dir[i][1];
263
264          if((out(yy, xx)) || (yy == y1) && (xx == x1))
265            continue;
266
267          if(!Result[yy][xx])
268            increase(Board[y2][x2], Board[yy][xx]);
269        }
```

ARRANGEMENT
정리

이번 절에서 다룬 내용은 알고리즘 문제에서 출제 빈도수가 높은 축에 속하는 백 트래킹 기법을 이용해 문제를 해결하는 방법이다. 백 트래킹은 여러 가지 경우의 수가 있을 때 임의의 조건에 따라 하나의 경우를 선택한 후 이를 기준으로 문제를 해결하다가 결국 해답을 구하지 못하면 다시 되돌아와서 다른 경우의 수를 선택하는 방식이다. 이러한 백 트래킹 기법이 가장 많이 사용되는 분야는 사실 미로 찾기다.

CHAPTER 12

수학식을 이용하는 알고리즘 I

이 장에서 소개하는 알고리즘 문제들은 수학식을 이용하는 문제다. 수학식이라면 어렵지 않을 것이라고 생각할 수도 있겠지만 막상 시험 문제로 알고리즘 문제를 접하게 되면 주저하지 않고 알고리즘을 만들기는 쉽지 않다. 약간의 생각이 필요한 문제들이다.

분할 정복 알고리즘의 특징

분할 정복 알고리즘Divide and Conquer Algorithm은 한꺼번에 해결할 수 없는 문제를 작은 문제로 분할해 문제를 해결하는 것이다. 즉, 풀어야 할 원래의 문제 혹은 원래의 데이터를 작은 단위로 분할한 후에 잘려진 문제들을 풀어서 결국 최종 해답을 구한다는 의미다.

분할 정복 알고리즘이 주로 적용되는 분야는 7장에서 배운 향상된 정렬 알고리즘 중에서 기수 정렬이나 병합 정렬 알고리즘과 같은 것과 고속 푸리에 변환Fast Fourier Transform, FFT 문제가 대표적이다.

분할 정복 알고리즘을 푸는 방법은 문제의 성격과 데이터의 양에 따라 다양한 방법이 존재하지만 대표적인 해결 방법은 지금까지 지겨울 정도로 여러 번 소개한 재귀 호출Recursive Call을 이용하는 방법이다. 예를 들어 다음과 같은 의사 코드의 형태를 갖는다.

```
function F(x):
    if F(x)의 문제가 간단한 경우라면 then:
        return F(x)을 직접 계산한 값
    else:
        x를 y1, y2로 분할
        F(y1)과 F(y2)를 호출
        return F(y1), F(y2)로부터 F(x)를 구한 값
```

여기서 문제를 작은 단위로 분할할 경우에 작은 단위의 문제를 푸는 알고리즘은 임의로 선택할 수 있다. 그러나 일반적으로 사용하는 재귀 호출의 경우에는 함수 호출 오버헤드 때문에 실행 속도가 늦어지며 결국 알고리즘의 성능을 떨어뜨리게 만드는 요인이 되기도 한다. 이러한 재귀 호출의 단점을 해결하려면 재귀 호출을 직접 사용하지 않고 스택, 큐Queue 등의 자료구조를 이용해 분할 정복 알고리즘을 구현하면 된다.

SECTION 02 하노이의 탑

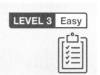

여러 가지 분할 정복 알고리즘 문제 중 가장 유명한 문제는 하노이의 탑이다. 하노이의 탑^{Tower} of Hanoi은 3개의 기둥과 크기가 다른 원판들이 있고, 이 원판들은 3개의 기둥 중 하나에 크기가 큰 것이 맨 아래, 작은 것이 맨 위의 순서로 쌓여 있다.

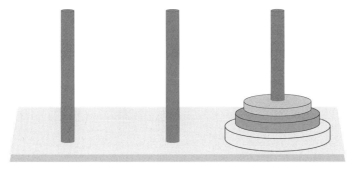

그림 12-1 하노이의 탑

이때 다음 두 가지 조건을 만족시키면서 한 기둥에 꽂힌 원판들을 다음의 기준으로 원래 형태 그대로 다른 기둥으로 옮겨서 다시 쌓는 것이다.

1 한 번에 하나의 원판만 옮길 수 있다.

2 큰 원판이 작은 원판 위에 있어서는 안 된다.

하노이의 탑은 재귀 호출을 이용해 풀 수 있는 분할 정복 알고리즘 예제로, 실제 원판이 n개라면 메르센 수라고 하는 $2^n - 1$번의 이동으로 원판을 모두 옮길 수 있다.

그럼 하노이의 탑 문제를 해결하기 위한 소스 코드부터 살펴보자.

```
01   #include <stdio.h>
02
03   int Cnt;
04
05   void hanoi(int n, int a, int b)
06   {
07      int temp;
08
09      if(n == 1) {
10         printf("원판 %d을(를) %d에서 %d로 이동한다\n", n, a, b);
11      }
12      else {
13         temp = 6 - a - b;
14         hanoi(n - 1, a, temp);
15         printf("원판 %d을(를) %d에서 %d로 이동한다\n", n, a, b);
16         hanoi(n - 1, temp, b);
17      }
18
19      Cnt++;
20   }
21
22   int main()
23   {
24      int n;
25      printf("이동할 원판 수를 입력하세요: ");
26      scanf("%d", &n);
27
28      hanoi(n, 1, 2);
29      printf("원판의 총 이동 횟수 : %d회\n", Cnt);
30      return 0;
31   }
```

원판 수가 3인 경우 실행 결과는 다음과 같다.

코드 **12-1** 실행 결과

```
이동할 원판 수를 입력하세요: 3
원판 1을(를) 1에서 2로 이동한다
원판 2을(를) 1에서 3로 이동한다
원판 1을(를) 2에서 3로 이동한다
```

```
원판 3을(를) 1에서 2로 이동한다
원판 1을(를) 3에서 1로 이동한다
원판 2을(를) 3에서 2로 이동한다
원판 1을(를) 1에서 2로 이동한다
원판의 총 이동 횟수 : 7회
```

14행과 16행에서 hanoi() 함수를 재귀 호출했다는 것을 알아챘을 것이다. 코드가 그리 어렵지 않으니 실제 실행 파일과 소스 코드를 보면서 따라해보면 금방 이해가 될 것이다.

기약 분수 구하기

QUESTION
문제

이 책을 읽는 독자 중에 기약 분수Irreducible Fraction라는 용어를 들어본 사람은 많겠지만 의미를 정확히 기억하는 독자들은 많지 않을 것 같다. 기약 분수라는 용어는 현재 초등학교 5학년 수학 과목에서 분수를 배울 때 나오는 개념이다. 위키백과(http://ko.wikipedia.org)에서 소개하는 기약 분수의 개념은 다음과 같다.

> 기약 분수(Irreducible Fraction)는 분수로 표현된 분자와 분모가 1 이외의 공통된 약수로 더 이상 나누어 떨어지지 않는 형태가 된 것을 말한다. 분자와 분모를 1 이외의 공통된 약수로 나누는 행위를 약분이라고 한다. 정수 a, b에 대해 분수 a/b가 기약 분수라는 것과 a, b가 서로 소(Coprime), 즉 최대공약수(Greatest Common Divisor)가 1이라는 것은 같은 말이다.

한 문장으로 표현하면 주어진 분수 a/b에서 분자 a와 분모 b의 최대공약수가 1인 분수를 말한다. 예를 들어 120/90 = 12/9 = 4/3이다.

그렇다면 숫자 N이 주어졌을 때 N보다 작거나 같은 수를 이용해 만들 수 있는 0 이상 1 이하의 모든 기약 분수를 구해보자.

예를 들어 N = 5일 때 만들 수 있는 기약 분수는 다음처럼 11개다.

0/1, 1/2, 1/3, 1/4, 2/3, 3/4, 1/5, 2/5, 3/5, 4/5, 1/1

■ 입력

- 여러 테스트 케이스가 포함될 수 있다.
- 첫 번째 행에는 테스트 케이스의 수 T가 주어진다. 이후 차례로 T개의 테스트 케이스가 주어진다(T ≤ 30).
- 각 테스트 케이스의 첫 행에 숫자 N이 주어진다(1 ≤ N ≤ 160).

■ 출력

- 각 테스트 케이스마다 만들 수 있는 기약 분수의 가짓수를 출력한다.

■ 입출력 예

3
5
10
15

찾은 기약 분수 : 0/1
찾은 기약 분수 : 1/2
찾은 기약 분수 : 1/3
찾은 기약 분수 : 1/4
찾은 기약 분수 : 1/5
찾은 기약 분수 : 2/3
찾은 기약 분수 : 2/5
찾은 기약 분수 : 3/4
찾은 기약 분수 : 3/5
찾은 기약 분수 : 4/5
찾은 기약 분수 : 1/1

총 11개의 기약 분수가 존재합니다.

찾은 기약 분수 : 1/2
찾은 기약 분수 : 1/3
찾은 기약 분수 : 1/4
… 〈중간 생략〉 …
찾은 기약 분수 : 9/10
찾은 기약 분수 : 1/1

총 33개의 기약 분수가 존재합니다.

찾은 기약 분수 : 1/2
찾은 기약 분수 : 1/3
찾은 기약 분수 : 1/4
찾은 기약 분수 : 1/5
… 〈중간 생략〉 …
찾은 기약 분수 : 14/15
찾은 기약 분수 : 1/1

총 73개의 기약 분수가 존재합니다.

문제 해결의 핵심은 최대공약수를 구하는 방법을 아느냐다. 최대공약수를 구할 수 있으면 별 문제 없이 해결할 수 있다.

최대공약수를 구하는 알고리즘은 여러 가지가 알려져 있고 10장 3절에서 소개한 적도 있다. 그런데 가장 간단하고 코드로도 쉽게 구현할 수 있는 방법은 유클리드 호제법Euclidean Algorithm을 사용하는 것이다.

유클리드 호제법을 풀어서 설명하면 다음과 같다.

1071과 1029의 최대공약수를 구하면

1071은 1029로 나누어 떨어지지 않으므로 1071을 1029로 나눈 나머지를 구한다. => 42

1029는 42로 나누어 떨어지지 않으므로 1029를 42로 나눈 나머지를 구한다. => 21

42는 21로 나누어 떨어진다.

따라서 최대공약수는 21이다.

78696과 19332의 최대공약수를 구하면

$$78696 = 19332 \times 4 + 1368$$

$$19332 = 1368 \times 14 + 180$$

$$1368 = 180 \times 7 + 108$$

$$180 = 108 \times 1 + 72$$

$$108 = 72 \times 1 + 36$$

$$72 = 36 \times 2$$

쉽게 24와 16의 최대공약수를 구하면

24 16

8 16

8 0

그러므로 24와 16의 최대공약수는 8이다.

다음은 유클리드 호제법을 사용해 최대공약수를 구하는 코드다.

```
int GCD(int p, int q)
{
  if(q == 0)
    return p;

  return GCD(q, p % q);
}
```

즉, 주어진 2개의 매개변수를 나머지가 0이 될 때까지 재귀 호출을 사용해 나누는 것이다.

다음은 유클리드 호제법을 사용한 최대공약수 알고리즘의 간단한 예제 코드다.

코드 12-2 유클리드 호제법을 사용한 최대공약수 구하기

```
01  #include <stdio.h>
02
03  int gcd(int, int);
04
05  int gcd(int p, int q)
06  {
07    printf("p : %d, q : %d\n", p, q);
08
09    if(q == 0)
10      return p;
11
12    return gcd(q, p % q);
13  }
14
15  int main()
16  {
17    printf("120, 32 : %d\n", gcd(120, 32));
18
19    return 0;
20  }
```

코드 12-2 실행 결과

```
p : 120, q : 32
p : 32, q : 24
p : 24, q : 8
p : 8, q : 0
120, 32 : 8
```

즉, 120과 32의 최대공약수는 8이 된다. 이 유클리드 호제법을 이용한 최대공약수 알고리즘만 알고 있으면 쉽게 풀 수 있는 문제다.

SOLVE
문제 풀이

■ **정답 코드**

코드 12-3

```
01  #include <stdio.h>
02
03  int GCD(int, int);
04
05  // 유클리드 호제법을 이용한 최대공약수 구하기
06  int GCD(int p, int q)
07  {
08    if(q == 0)
09      return p;
10
11    return GCD(q, p % q);
12  }
13
14  int main()
15  {
16    int testCases, maxNumber, Solutions;
17    int i, j, k;
18    int flag = 0;
19
20    freopen("input.txt", "r", stdin);
21
22    // 총 테스트 개수를 입력받음
23    scanf("%d", &testCases);
24
25    for(i = 0; i < testCases; i++) {
26      Solutions = 0;
27
28      // 구하려는 기약 분수의 최댓값을 입력받음
29      scanf("%d", &maxNumber);
30
31      for(j = 1; j <= maxNumber; j++) {
32        for(k = 2; k <= maxNumber; k++) {
```

```
33          // 최대공약수가 1이면 기약 분수의 개수를 증가
34          if(j < k && GCD(j, k) == 1) {
35            if(flag == 0) {
36              printf("찾은 기약 분수 : %d/%d\n", 0, 1);
37              flag = 1;
38            }
39
40            printf("찾은 기약 분수 : %d/%d\n", j, k);
41            Solutions++;
42          }
43        }
44      }
45
46      printf("찾은 기약 분수 : %d/%d\n", 1, 1);
47      printf("찾은 기약 분수의 총 개수 : %d\n\n", Solutions + 2);
48    }
49
50    return 0;
51  }
```

■ 실행 결과

```
찾은 기약 분수 : 0/1
찾은 기약 분수 : 1/2
… 〈중간 생략〉 …
찾은 기약 분수 : 1/1
찾은 기약 분수의 총 개수 : 11

찾은 기약 분수 : 1/2
찾은 기약 분수 : 1/3
… 〈중간 생략〉 …
찾은 기약 분수 : 9/10
찾은 기약 분수 : 1/1
찾은 기약 분수의 총 개수 : 33

찾은 기약 분수 : 1/2
찾은 기약 분수 : 1/3
… 〈중간 생략〉 …
찾은 기약 분수 : 14/15
찾은 기약 분수 : 1/1
찾은 기약 분수의 총 개수 : 73
```

■ **입력 처리**

먼저 입력 파일의 순서대로 각종 데이터를 입력받으려면 C에서 제공하는 scanf() 함수를 사용한다. 제일 먼저 입력받는 부분은 사용자 케이스인 testCases로, 다음 부분이다.

```
20    freopen("input.txt", "r", stdin);
21
22    // 총 테스트 개수를 입력받음
23    scanf("%d", &testCases);
```

freopen() 함수는 지정된 파일을 여는 함수로, 입력 방법을 키보드에서 파일로 변경할 때 사용한다. 문제의 입력 예에서 알 수 있듯이 다수의 값이 포함된 입력 데이터를 키보드로 일일이 입력하는 작업은 여간 번거로운 것이 아니다. 이처럼 데이터를 파일에 저장해두고 입력받으면 프로그래밍하기가 훨씬 간편해진다. freopen("input.txt", "r", stdin)의 의미는 stdin, 즉 표준 입력을 input.txt 파일로 바꾸겠다는 뜻이다. 그리고 scanf() 함수를 사용해 변수 T에 전체 케이스의 수를 입력받는다.

다음으로 기약 분수를 구하려는 최대 숫자를 입력받는다.

```
28      // 구하려는 기약 분수의 최댓값을 입력받음
29      scanf("%d", &maxNumber);
```

유클리드 호제법을 이용한 최대공약수 구하기

유클리드 호제법을 이용해 최대공약수를 구하는 알고리즘을 만들어야 한다. 브레인 스토밍에서 소개한 것처럼 아주 간단하므로 아래 코드를 외워두면 좋다.

```
05   // 유클리드 호제법을 이용한 최대공약수 구하기
06   int GCD(int p, int q)
07   {
08     if(q == 0)
09       return p;
10
```

```
11      return GCD(q, p%q);
12    }
```

이쯤에서 한 가지 질문을 할 수 있을 것이다. 혹시라도 재귀 호출 때문에 알고리즘의 성능이 나빠지지 않을까라는 점이다. 안심해도 좋다. 최대공약수 연산 정도는 재귀 호출로 구현하더라도 성능 면에서 큰 차이가 나타나지 않는다.

■ 핵심 알고리즘 코드

이 문제의 핵심은 31행~44행의 for문이다.

```
31      for(j = 1; j <= maxNumber; j++) {
32        for(k = 2; k <= maxNumber; k++) {
33          // 최대공약수가 1이면 기약 분수의 개수를 증가
34          if(j < k && GCD(j, k) == 1) {
35            if(flag == 0) {
36              printf("찾은 기약 분수 : %d/%d\n", 0, 1);
37              flag = 1;
38            }
39
40            printf("찾은 기약 분수 : %d/%d\n", j, k);
41            Solutions++;
42          }
43        }
44      }
```

분자 j와 분모 k를 이용해 구하려는 최대 개수까지 2개의 for문을 이용해 최대공약수를 구한 후 최대공약수가 1이면 기약 분수의 개수(변수 Solutions)를 하나 증가하는 것이다. 즉, 분자와 분모의 최대공약수를 구하는 것이 매우 중요하다.

ARRANGEMENT
정리

이 문제의 핵심은 기약 분수라기보다 최대공약수를 구하는 코드를 아느냐 모르느냐에 있다. 최대공약수를 유클리드 호제법을 이용해 간단히 구현할 수 있다면 이 문제는 쉽게 풀 수 있다. 결국 분자와 분모의 최대공약수가 1이 되는 분수가 기약 분수이기 때문이다.

다시 한번 유클리드 호제법의 최대공약수 코드를 살펴보자. 짧은 코드이므로 아예 외워두기 바란다.

```
// 유클리드 호제법을 이용한 최대공약수 구하기
int GCD(int p, int q)
{
  if(q == 0)
    return p;

  return GCD(q, p % q);
}
```

동전 옮기기

문제

그림 12-2처럼 동전이 든 주머니가 여러 개 있다. 그리고 주머니마다 들어 있는 동전 개수가 다르다. 주머니마다 동전 개수를 같게 하려면 최소 몇 개의 동전을 옮겨야 할까?

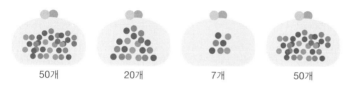

| 50개 | 20개 | 7개 | 50개 |

그림 12-2 동전 개수가 각각 다른 주머니

이 문제를 해결할 수 있는 프로그램을 작성해보자.

■ **입력**

- 여러 테스트 케이스가 포함될 수 있다.
- 비어 있는 주머니는 없다.
- 첫 번째 행에는 테스트 케이스의 수 T가 주어진다. 이후 차례로 T개의 테스트 케이스가 주어진다(T ≤ 30).
- 각 테스트 케이스의 첫 행에는 주머니의 개수 N이 주어진다($2 \leq N \leq 32000$).
- 각 테스트 케이스 둘째 행부터 N개의 행에 걸쳐 각 주머니에 들어 있는 동전 개수가 주어진다. 각 동전 주머니에 들어 있는 동전 개수는 최대 32,000개다.

■ **출력**

- 한 행마다 각 테스트 케이스의 동전 주머니에 든 동전 개수를 모두 같게 만드는 최소 동전 이동 횟수를 출력한다.
- 동전 개수를 같게 만들 수 없다면 −1을 출력한다.

입력

```
2
5
1
1
1
1
6
2
1
3
```

출력

```
4
1
```

브레인 스토밍

위와 같은 문제 유형을 보면 감각적으로 각 주머니 안에 들어 있는 동전 개수의 평균을 구해야 된다는 생각을 해야 한다. 즉, 직감적으로 평균값을 이용해야 문제를 쉽게 풀 수 있다고 느낄 수 있어야 한다는 뜻이다.

예를 들어 num_Pockets만큼의 주머니가 존재하고, 각 주머니 안에 들어 있는 동전 개수가 eachPockets[] 배열에 저장되어 있다고 가정하면 동전 개수의 평균은 각 주머니별 동전 개수를 배열에 저장해두고 반복문을 사용해 배열 요소의 값을 모두 더해 동전의 총 합계를 구한 후 주머니의 개수로 나누면 된다.

이 문제는 각 배열 안 요소의 값을 똑같이 만들 때 가장 최소로 이동하는 횟수를 구하는 문제다. 그렇다면 결국 각 주머니에 들어 있는 동전 개수의 평균을 구해 이 값과 각 배열 요소의 값이 얼마나 차이가 나는지를 파악하는 것이 가장 확실한 방법이고 이 차이가 동전을 이동하는 횟수가 된다.

단, 동전 개수의 평균값과 배열 요소의 값이 같다면 굳이 비교 대상으로 삼을 필요가 없다. 평균보다 적은 동전 개수를 갖는 주머니와 평균보다 많은 동전 개수를 갖는 주머니들만 비교하면 된다.

그림 12-3을 보자.

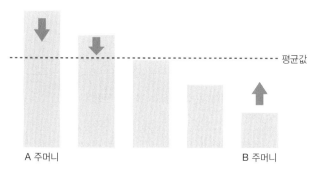

그림 12-3 평균값에 맞출 때의 주머니별 동전 개수 차이

평균값에서 A 주머니를 줄이면 B 주머니가 증가한다. 즉, 동전이 A 주머니에서 B 주머니로 이동한다는 것은 A 주머니에서 동전 개수가 하나 감소한다는 의미와 B 주머니에서 동전 개수가 하나 증가한다는 의미를 동시에 갖는다.

SOLVE
문제 풀이

■ **정답 코드**

코드 12-4

```
01  #include<stdio.h>
02
03  #define MAX_POCKETS 32000
04
05  int eachPocket[MAX_POCKETS];
06  int num_Moves, num_Pockets;
07
08  int main()
09  {
10    int testCases, p, totalBeans, averBeans;
```

```
11    int i, j;
12
13    freopen("input.txt", "r", stdin);
14    scanf("%d", &testCases);
15
16    for(i = 0; i < testCases; i++) {
17        num_Moves = 0;
18        totalBeans = 0;
19
20        // 주머니 개수를 입력받는다
21        scanf("%d", &num_Pockets);
22
23        // 각 주머니에 들어 있는 동전 개수를 입력받고 전체 동전 개수를 구한다
24        for(j = 0; j < num_Pockets; j++) {
25            scanf("%d", &eachPocket[j]);
26            totalBeans = totalBeans + eachPocket[j];
27        }
28
29        // 주머니 개수와 전체 동전 개수가 1개만 차이나는 경우
30        if((totalBeans % num_Pockets) > num_Pockets) {
31            num_Moves =- 1;
32        }
33
34        else {
35            // 각 주머니의 평균 동전 개수를 구한다
36            averBeans = totalBeans / num_Pockets;
37
38            // 각 주머니와 평균 동전 개수의 차이를 구한다
39            for(j = 0; j < num_Pockets; j++) {
40                if(eachPocket[j] < averBeans) {
41                    num_Moves = num_Moves + (averBeans - eachPocket[j]);
42                    printf("eachPocket[%d]의 이동 횟수 : %d\n", j, (averBeans - eachPocket[j]));
43                }
44            }
45        }
46
47        printf("누적 이동 횟수 : %d\n", num_Moves);
48    }
49
50    return 0;
51 }
```

```
eachPocket[0]의 이동 횟수 : 1
eachPocket[1]의 이동 횟수 : 1
eachPocket[2]의 이동 횟수 : 1
eachPocket[3]의 이동 횟수 : 1
누적 이동 횟수 : 4
eachPocket[0]의 이동 횟수 : 1
누적 이동 횟수 : 1
```

EXPLANATION
해설

독자의 이해를 돕고자 중간에 printf() 함수를 넣어 각 진행 단계를 출력했지만 실제 코드를 작성할 때는 printf() 함수를 제거하는 것이 좋다. 코드 중간에 printf() 함수가 있으면 전체 프로그램의 실행 시간을 느리게 만드는 요인이 되기도 한다.

■ 입력 처리

입력 파일의 순서대로 값을 입력받으려면 C에서 제공하는 scanf() 함수를 사용한다. 제일 먼저 입력받는 부분은 사용자 케이스인 testCases로, 다음 코드다.

```
13    freopen("input.txt", "r", stdin);
14    scanf("%d", &testCases);
```

그리고 나서 주머니의 전체 개수를 입력받는다.

```
20    // 주머니의 개수를 입력 받는다
21    scanf("%d", &num_Pockets);
```

이제 각 주머니마다 동전의 개수가 정해져 있으므로 주머니 개수만큼 들어 있는 동전 개수를 입력받아야 한다. 다음 코드는 동전 개수를 입력받음과 동시에 전체 동전 개수를 계산해 변수 totalBeans에 저장한다.

```
23       // 각 주머니에 들어 있는 동전 개수를 입력받고 전체 개수를 구한다
24       for(j = 0; j < num_Pockets; j++) {
25         scanf("%d", &eachPocket[j]);
26         totalBeans = totalBeans + eachPocket[j];
27       }
```

전체 동전 개수와 주머니 개수에 차이가 없는 경우

비어 있는 주머니가 없다고 가정했을 때, 전체 동전 개수가 주머니 개수와 차이가 없는 경우라면 사실상 동전을 이동할 필요가 없다. 전체 동전 개수를 주머니 개수로 나누어 나머지가 주머니의 수보다 큰 경우라면 이에 해당된다(사실 1개의 차이가 날 수도 있고, '주머니 개수 + 1'개 혹은 '주머니 개수 * 2 + 1'개의 차이가 날 수도 있다. 하지만 이렇게 차이가 난다고 하더라도 코드를 변경할 필요는 없다)이다. 이런 경우 동전이 이동한 횟수 num_Moves 값은 −1이 된다.

```
29       // 주머니 개수와 전체 동전 개수가 1개만 차이나는 경우
30       if((totalBeans % num_Pockets) > num_Pockets) {
31         num_Moves =- 1;
32       }
```

■ 핵심 알고리즘 코드

이 문제의 핵심은 전체 동전 개수를 구한 후 주머니 개수로 나누어 하나의 주머니에 배정될 평균 동전 개수를 구하는 데 있다. 평균값을 averBeans라는 변수로 정의하고, 각 주머니에 들어 있는 동전 개수가 평균 동전 개수인 averBeans 값보다 적으면 최소한 'averBeans − eachPockets[j]'만큼의 동전 개수가 이동해야 한다. 이를 구현하는 코드는 아래와 같다.

```
40         if(eachPocket[j] < averBeans) {
41           num_Moves = num_Moves + (averBeans - eachPocket[j]);
```

이 if문을 전체 주머니 개수만큼 반복 실행하면 우리가 원하는 값을 구할 수 있다. 그렇다면 주머니에 들어 있는 동전 개수가 평균 동전 개수보다 많은 경우는 어떻게 할까? 많은 경우에는 이미 적은 경우의 동전 이동 횟수를 구했으므로 무시해도 된다. 다시 말해 동전 개수가 평균 동전 수보다 적은 경우에 다른 주머니에서 동전을 가져왔다는 것은 동전 개수가 평균 동전 개수

보다 많은 주머니에서 가져왔다는 의미다. 따라서 평균 동전 개수보다 동전 개수가 작은 경우만 계산하면 최소 동전 이동 횟수를 구할 수 있다.

```
34      else {
35        // 각 주머니의 평균 동전 개수를 구한다
36        averBeans = totalBeans / num_Pockets;
37
38        // 각 주머니와 평균 동전 개수의 차이를 구한다
39        for(j = 0; j < num_Pockets; j++) {
40          if(eachPocket[j] < averBeans) {
41            num_Moves = num_Moves + (averBeans - eachPocket[j]);
42            printf("eachPocket[%d]의 이동 횟수 : %d\n", j, (averBeans - eachPocket[j]));
43          }
44        }
45      }
```

ARRANGEMENT
정리

이 문제의 핵심 알고리즘은 36행~44행 코드다. 각 주머니에 있는 동전 개수를 더한 총합 (totalBeans 변수)을 주머니 개수로 나눠 평균값(averBeans 변수)을 구하는 것이 첫 번째다.

그 다음은 주머니 개수만큼 반복 실행하면서 평균값보다 적은 동전 개수가 들어 있는 주머니를 찾은 후 41행처럼 평균값에서 해당 주머니 안에 들어 있는 동전 개수를 뺀 값을 이동 횟수로 계산하고 구한 이동 횟수를 기존 이동 횟수를 저장한 num_Moves에 더해 동전의 최종 이동 횟수를 구하면 된다.

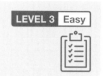

숫자 순환

QUESTION
문제

한빛연구소에서는 전자의 궤도 변화에 따른 스펙트럼에서 새로운 숫자의 집합을 만들어냈다. 이 수열을 만들려면 시작 숫자 N과 제곱수 P가 필요하다. N과 P가 정해지면 수열의 첫 번째 원소는 N이 되고, 두 번째 원소는 첫 번째 원소의 각 자릿수에 P 제곱을 한 숫자들의 합이 된다. 세 번째 원소도 두 번째 원소의 각 자릿수에 P 제곱한 숫자들의 합으로 구할 수 있다.

예를 들어 N = 57, P = 2인 경우를 생각해보자. 수열의 첫 번째 원소는 57이고, 두 번째 원소는 5 × 5 + 7 × 7 = 74가 된다. 세 번째 원소는 7 × 7 + 4 × 4 = 65, 네 번째 원소는 6 × 6 + 5 × 5 = 61이 된다. 이런 방식으로 수열을 구해보면 57, 74, 65, 61, 37, 58, 89, 145, 42, 20, 4, 16, 37, 58, 89, ……가 된다.

그런데 연구소에서는 이 수열의 원소들이 순환하고 있음을 발견했고, 순환이 이루어지지 않은 앞쪽 부분 수열의 길이를 알고 싶어졌다. 이 부분 수열의 길이를 구하는 문제를 프로그래밍해보자.

▪ 입력

- 여러 테스트 케이스가 포함될 수 있다.
- 첫 번째 행에는 테스트 케이스의 수 T가 주어진다. 이후 차례로 T개의 테스트 케이스가 주어진다(T ≤ 30).
- 각 테스트 케이스의 첫 번째 행에는 수열의 시작 숫자 N과 제곱수 P가 공백으로 분리되어 주어진다(2 ≤ N ≤ 9999, 2 ≤ P ≤ 5).

▪ 출력

- 한 행마다 각 테스트 케이스의 주어진 수열에서 순환되지 않은 앞쪽 부분 수열의 길이를 출력한다.

입력

```
2
57 2
638 2
```

출력

```
4
5
```

브레인 스토밍
BRAIN STORMING

이 문제는 입력받은 숫자 값만큼 특수한 연산 형태로 곱해 새로운 숫자를 계속 생성하되, 어느 순간부터 숫자가 반복해서 나타나는지 확인해 반복되지 않은 숫자가 몇 개인지를 구하는 것이다.

첫 번째는 입력받은 숫자 값만큼 곱셈을 반복해 새로운 숫자를 계속 생성하는 연산으로, 연산 자체는 어렵지 않다. 다음 코드를 살펴보자.

```
if(powerNumber >= 2) {
   for(i = 2; i <= powerNumber; i++)
      digit *= digit;
}
```

powerNumber 변수에 몇 번 곱셈하는지 입력받아 그만큼 for문을 실행해 digit *= digit;라는 연산을 반복 실행하면 문제에서 원하는 수열 값을 쉽게 구할 수 있다.

두 번째는 곱셈으로 구한 숫자를 배열의 인덱스로 사용하는 알고리즘을 이용하는 것이다. 예를 들어 어떤 숫자인지 알지 못하는 10개의 서로 다른 숫자가 있는 경우 주어진 A라는 숫자와 같은 숫자가 있는가를 검색하는 프로그램을 생각해보자. 배열을 이용해 저장한 값을 확인하려면 다음 코드처럼 for문을 사용해야 하고 최악의 경우 10번 비교해야 한다.

```
for(i = 0; i < 10; i++) {
  if(A == array[i])
    break;
}
```

그런데 검색해야 할 대상이 10개가 아니라 10,000개나 그 이상이라면 비교하는 데 걸리는 시간은 점점 증가할 수밖에 없다.

아래 코드는 A값을 갖는 경우가 한 가지 있다는 의미다. 예를 들어 1부터 10,000까지의 숫자 중에서 97이 존재하는지, 존재한다면 몇 개가 있는지 알고 싶은 경우를 생각해보자. 먼저 1부터 10,000까지의 숫자를 차례대로 검사해서 배열 counter에 다음과 같이 저장한다.

```
for(i = 0; i < 10000; i++) {
  counter[array[i]]++;
}
```

위 counter[array[i]]는 array[i]의 값을 배열 counter의 인덱스로 사용한다는 의미다. 1부터 10,000까지의 숫자 중에서 97이라는 숫자가 중복되어 2개 존재한다면 counter[97]의 값은 2가 된다. 또한 counter[97] 값이 0이라면 1부터 10,000까지의 숫자 중에서 97이라는 숫자는 존재하지 않는다는 의미다. 따라서 검색해야 할 숫자가 존재하는지를 빠르게 검색할 때 이와 같은 방식을 자주 사용한다. 기억해두자.

이러한 코드를 배열의 인덱스로 사용하면 한 번에 검색이 가능하다.

```
if(array[A] == 1)
  // 검색 성공
```

세 번째는 수열에서 반복되는 숫자가 나타날 때까지 몇 개의 숫자가 있는지 구하는 문제이므로 반복되는 숫자가 나타난 위치를 구해야 한다.

```
for(i = 0; i < Solution; i++) {
  // 연산으로 구한 숫자가 반복되면 for문을 빠져나옴
  if(initNumber == calculatedNumber[i])
    break;
}
```

이것으로 핵심 알고리즘을 살펴봤다.

문제 풀이

■ 정답 코드

코드 12-5

```
01  #include <stdio.h>
02  #define MAX_SIZE 100000
03
04  int foundFlag[MAX_SIZE];
05  int calculatedNumber[MAX_SIZE];
06
07  int main(void)
08  {
09    int tc, testCases, index, initNumber, powerNumber, Solution, tempNumber;
10    int i;
11
12    freopen("input.txt", "r", stdin);
13    setbuf(stdout, NULL);
14    scanf("%d", &testCases);
15
16    for(tc = 0; tc < testCases; tc++) {
17      Solution = 0;
18
19      // 초깃값과 연산 값을 입력받는다
20      scanf("%d %d", &initNumber, &powerNumber);
21
22      calculatedNumber[Solution++] = initNumber;
23
24      while(1) {
25        tempNumber = 0;
26
27        while(initNumber) {
28          int digit = (initNumber % 10);
29          initNumber = (initNumber / 10);
30
31          // 주어진 powerNumber 값만큼 곱함
32          if(powerNumber >= 2) {
33            for(i = 2; i <= powerNumber; i++)
```

```
34              digit *= digit;
35         }
36
37         tempNumber += digit;
38         printf("digit : %d, tempNumber : %d\n", digit, tempNumber);
39      }
40
41      initNumber = tempNumber;
42
43      if(foundFlag[initNumber] == 1)
44         break;
45
46      foundFlag[initNumber] = 1;
47      // printf("foundFlag initNumber : %d\n", initNumber);
48      calculatedNumber[Solution++] = initNumber;
49      // printf("calculatedNumber[%d] : %d, initNumber : %d\n", Solution,
50      // calculatedNumber[Solution], initNumber);
51    }
52
53    for(i = 0; i < Solution; i++) {
54      // 연산으로 구한 숫자가 반복되면 for문을 빠져나옴
55      if(initNumber == calculatedNumber[i])
56         break;
57    }
58
59    printf("%d\n", i);
60
61    // foundFlag 배열의 초기화
62    for(i; i < Solution; i++)
63       foundFlag[calculatedNumber[i]] = 0;
64   }
65
66    return 0;
67 }
```

■ 실행 결과

```
digit : 49, tempNumber : 49
… <중간 생략> …
4
digit : 9, tempNumber : 73
… <중간 생략> …
5
```

실행 결과를 얻는 중간 연산을 확인하려면 소스 코드에서 47행과 49행 주석을 풀면 된다.

■ 입력 처리

입력 파일에서 연산에 필요한 초깃값과 연산 값을 입력받아 initNumber와 powerNumber 변수에 저장한다.

```
19      // 초깃값과 연산 값을 입력받는다
20      scanf("%d %d", &initNumber, &powerNumber);
```

■ 핵심 알고리즘 코드

일단 입력받은 powerNumber 값만큼 연산을 실행한다.

```
27          while(initNumber) {
28            int digit = (initNumber % 10);
29            initNumber = (initNumber / 10);
30
31            // 주어진 powerNumber 만큼 곱함
32            if(powerNumber >= 2) {
33              for(i = 2; i <= powerNumber; i++)
34                digit *= digit;
35            }
36
37            tempNumber += digit;
38            printf("digit : %d, tempNumber : %d\n", digit, tempNumber);
39          }
```

27행 while문은 주어진 숫자 initNumber가 더 이상 나눠지지 않을 때까지 28행과 29행의 나머지 연산과 나눗셈 연산을 실행한다. 32행~35행에서는 입력받은 powerNumber 값만큼 변수 digit 값을 곱한다.

다음으로 배열의 인덱스로 주어진 숫자 initNumber를 사용하는 경우를 살펴보자.

```
43        if(foundFlag[initNumber] == 1)
44          break;
```

43행과 44행은 foundFlag 배열의 인덱스로 initNumber 값을 사용해 foundFlag 배열의 값을 확인하는 부분이다. 확인한 값이 '1'이라면 이미 기존에 저장된 적이 있다는 의미이므로 24행 while()문을 빠져나온다.

그러나 foundFlag[initNumber]의 값이 '1'이 아닌 '0'이면 foundFlag[initNumber]를 '1'로 설정하고 24행 while()문을 계속 실행한다.

```
46        foundFlag[initNumber] = 1;
47        // printf("foundFlag initNumber : %d\n", initNumber);
48        calculatedNumber[Solution++] = initNumber;
49        // printf("calculatedNumber[%d] : %d, initNumber : %d\n", Solution,
50        // calculatedNumber[Solution], initNumber);
```

그리고 나서 48행에서 calculatedNumber 배열에 연산으로 구한 initNumber 값을 저장한다.

24행 while()문을 빠져나오면 반복된 연산 결과가 있다는 의미이므로 지금까지 구한 연산 결과의 개수를 구한다.

```
53     for(i = 0; i < Solution; i++) {
54        // 연산으로 구한 숫자가 반복되면 for문을 빠져나옴
55        if(initNumber == calculatedNumber[i])
56          break;
57     }
```

53행 for문을 사용해 initNumber와 같은 값을 저장하고 있는 calculatedNumber 배열의 인덱스를 구한다. 55행 if문이 참이면 56행 break 키워드로 for문을 빠져나오고 결국 우리가 구하려는 연산 결과의 길이는 배열 calculatedNumber의 인덱스 i가 된다.

```
61     // foundFlag 배열의 초기화
62     for(i; i < Solution; i++)
63        foundFlag[calculatedNumber[i]] = 0;
```

61행~63행은 다음 테스트 케이스를 실행하려고 foundFlag 배열을 0으로 초기화하는 코드다. 앞 코드처럼 for문으로 배열을 초기화하지 않고 17행 Solution = 0; 다음에 int foundFlag[MAX_SIZE] = {0};이라는 코드를 추가해도 초기화할 수 있다. 대신 4행은 삭제해야 한다.

ARRANGEMENT
정리

이 문제에서 알아야 할 내용은 배열에 저장된 숫자들을 검색하는 알고리즘이다. 검색해야 할 대상이 숫자라면 인덱스를 이용하는 것이 훨씬 효율적이다. 이 검색 관련 알고리즘은 꼭 기억해두자.

수학식을 이용하는
알고리즘 II

앞 장에 이어 이 장에서 다루게 될 내용도 수학식을 이용한 알고리즘이다. 앞에서 다룬 내용이 간단한 수학식을 활용해 풀 수 있는 문제라면 이 장에서 다루게 될 수학식은 조금 더 복잡한 수학식을 이용한다. 하지만 앞 장에서 배운 내용을 숙지한 독자라면 큰 어려움 없이 이해할 수 있는 내용이다.

SECTION 01 탐욕 알고리즘의 특징

알고리즘 공부를 조금이라도 해본 독자라면 탐욕 알고리즘Greedy Algorithm을 한두 번쯤은 들어본 기억이 있을 것이다. 앞 장에서 배운 분할 정복 알고리즘은 알고리즘 이름만 들어도 어떻게 동작하는 알고리즘인지 쉽게 감을 잡을 수 있지만 탐욕 알고리즘이라는 용어는 어떤 의미인지 쉽게 이해하기 어려울 수도 있을 것이다.

탐욕 알고리즘의 개념을 설명하기 전에 우리가 자주 하는 바둑, 체스, 장기, 고스톱과 같은 게임을 생각해보자. 처음 바둑을 배운 사람이라면 자신이 둘 차례가 되면 현재 상황에서 가장 좋은 수를 두게 마련이다. 체스, 장기, 고스톱도 마찬가지다(대신 이렇게 현재 상황만 보는 사람들은 간혹 하수라고 놀림을 받기도 한다).

탐욕 알고리즘은 게임할 때 현재 주어진 상황에서 가장 최선의 패를 찾는 것과 마찬가지의 개념이다. 주어진 문제가 있을 때 탐욕 알고리즘은 여러 경우 중 하나를 결정해야 할 때마다 그 순간에 최적이라고 생각되는 것을 선택하면서 최종 해답에 도달한다. 그런데 매 순간마다 하는 선택은 현재 상황에서는 최적이지만 이런 선택을 계속 수집해서 만든 최종 해답이 전체 관점에서도 최적이라는 보장은 없다. 이는 바둑, 체스, 장기, 고스톱에서 현재 가장 좋은 수를 제시했더라도 궁극적으로 게임의 승자가 된다고 보장할 수 없는 것과 같은 이치다. 따라서 이런 상황을 많이 경험한 사람은 현재 순간뿐만 아니라 몇 수 앞을 예상하고 수를 선택하게 된다. 그래야 좀 더 최종 해답에 근접할 수 있다.

탐욕 알고리즘이 잘 작동하는 문제는 대부분 탐욕스런 선택 조건Greedy Choice Property과 최적 부분 구조 조건Optimal Substructure이라는 두 가지 조건을 만족한다. 탐욕스런 선택 조건은 앞 선택이 이후의 선택에 영향을 주지 않는다는 것이고, 최적 부분 구조 조건은 문제의 최적 해결 방법이 부분 문제에 적용해도 역시 최적 해결 방법이라는 의미다.

이러한 조건을 만족하지 못한다면 탐욕 알고리즘은 최적 해결 방법을 구하지 못한다. 하지만 이러한 경우에도 탐욕 알고리즘은 최적 해결 방법에 근접한 알고리즘으로 사용할 수 있으며,

대부분의 경우 계산 속도가 빠르므로 실용적이다. 비록 최적 해결 방법을 구한다고 보장하지는 못하더라도 최적 해결 방법를 구할 수 있는 알고리즘으로서의 활용도는 높다고 볼 수 있다.

탐욕 알고리즘을 이해하기 쉬운 가장 좋은 예는 '동전 거스름돈 예제'로 동전을 받는 사람은 같은 금액을 받되 동전 개수를 가장 적게 받는 것을 좋아한다는 상황에서 출발한다. 예를 들어 160원을 거슬러준다면 10원짜리 16개보다 100원짜리 하나, 50원짜리 하나, 10원짜리 하나를 거슬러주는 것이 가장 적은 동전 개수로 거슬러주는 방법이다.

그렇다면 탐욕 알고리즘을 사용했을 때 항상 최선의 해결책을 구할 수 있을까? 300원짜리 동전이 존재한다고 가정했을 때 600원을 거슬러준다고 생각해보자. 600원을 거슬러줘야 하는 경우 300원짜리 동전 2개를 거슬러주든, 500원짜리 동전 하나와 100원짜리 동전 하나를 거슬러주든 동전 개수는 똑같이 2개다. 그런데 다음에 300원을 쓴다고 생각하면 전자의 경우 동전 개수는 하나가 되는데, 후자의 경우 동전 개수는 100원짜리 3개가 된다. 결국 나중에 얼마만큼의 돈을 쓰느냐에 따라 두 상황 중 어떤 상황이 더 최적의 해결 방법인지 결정된다. 따라서 600원을 거슬러주는 현재 상황에서는 최적의 해결 방법을 구할 수 없다.

이러한 개념을 잘 기억하고 이번 장을 살펴보자.

SECTION
02

앞뒤가 같은 제곱

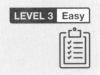

QUESTION
문제

'앞뒤가 같은 수'란 앞에서부터 읽으나 뒤에서부터 읽으나 같은 숫자를 말한다. 예를 들어 '12321' 같은 수를 말한다.

'앞뒤가 같은 제곱'이란 제곱을 B진수로 표현했을 때 '앞뒤가 같은 수'가 되는 경우를 말한다. 예를 들어 B = 2일 때 1 × 1 = 1 = 1(2)로 앞뒤가 같은 제곱이 되고, 3 × 3 = 9 = 1001(2)이므로 앞뒤가 같은 제곱이 될 수 있다.

진수를 표현할 때 각 자리가 10 이상이 되는 경우 A, B, C 순서대로 표현하기로 한다. 1~300 사이의 수 중에서 진수 B가 주어졌을 때 앞뒤가 같은 제곱이 될 수 있는 경우를 모두 구해보자.

10의 자릿수라면 다음 12가지 경우가 있다.

> 1 × 1 = 1, 2 × 2 = 4, 3 × 3 = 9, 11 × 11 = 121, 22 × 22 = 484, 26 × 26 = 676, 101 × 101 = 10201, 111 × 111 = 12321, 121 × 121 = 14641, 202 × 202 = 40804, 212 × 212 = 44944, 264 × 264 = 69696

■ **입력**

- 여러 테스트 케이스가 포함될 수 있다.
- 첫 번째 행에는 테스트 케이스의 수 T가 주어지고, 이후 차례로 T개의 테스트 케이스가 주어진다(T ≤ 30).
- 각 테스트 케이스마다 첫 번째 행에 진수 B가 주어진다(2 ≤ B ≤ 30).

■ **출력**

- 한 행마다 각 테스트 케이스의 진수 B의 앞뒤가 같은 제곱을 얻어낼 수 있는 가짓수를 출력한다.

■ **입출력 예**

입력

```
2
10
2
```

출력

```
12
2
```

BRAIN STORMING
브레인 스토밍

이 문제의 핵심은 주어진 숫자를 뒤집었을 때, 즉 자릿수를 반대로 바꿨을 때도 원래 숫자와 같은가이다. 예를 들어 121은 일의 자리를 백의 자리로 바꾸어도 121이 된다. 그러나 123의 경우 자릿수를 반대로 바꾸면 321이 되므로 원래의 숫자와 다르다. 따라서 원 제곱 수의 각 자릿수를 차례로 저장하는 연산(1, 12, 121 순서로 저장하는 연산)을 실행한 다음 원래 제곱한 숫자와 이를 비교해 같은지, 다른지를 판단하면 되는 것이다.

이를 구하려면 원 제곱 수의 값이 0이 될 때까지 다음 연산을 반복 실행하면 된다.

결과를 뒤집은 값 = 결과를 뒤집은 값 * 진수 값 + (원 제곱 수 % 진수 값)

원 제곱 수 = 원 제곱 수 / 진수 값

실제로 121의 경우 다음과 같은 연산이 실행된다.

그림 13-1 앞뒤가 같은 제곱의 연산 과정

주어진 숫자의 자릿수를 반대로 바꾸는 코드는 다음과 같다.

```
int makeReverseNumber(int num_Origin, int b)
{
  int tmp, num_Reverse;

  tmp = num_Origin;
  num_Reverse = 0;

  while(tmp) {
    num_Reverse = (num_Reverse * b + (tmp % b));
    tmp = tmp / b;
  }
  ......
}
```

원래 숫자는 num_Origin 변수에 저장되고, 같은 값을 변수 tmp에 저장한다. 다음에는 변수 tmp가 자릿수 변수 b로 나누어지는 동안 변수 num_Reverse에 역수를 저장한다.

결국 tmp가 0이 되면 num_Reverse에는 num_Origin의 숫자가 자릿수가 반대로 바뀐 값으로 저장된다.

SOLVE
문제 풀이

■ 정답 코드

코드 13-1

```
01  #include <stdio.h>
02  #define MAX 301
03
04  int makeReverseNumber(int, int);
05
06  int makeReverseNumber(int num_Origin, int b)
07  {
08    int tmp, num_Reverse;
09    tmp = num_Origin;
10    num_Reverse = 0;
11
```

```
12    while(tmp) {
13      num_Reverse = (num_Reverse * b + (tmp % b));
14      tmp = tmp / b;
15    }
16
17    if(num_Reverse == num_Origin)
18      printf("num_Reverse : %d, num_Origin : %d\n", num_Reverse, num_Origin);
19
20    return num_Reverse == num_Origin;
21  }
22
23  int main(void)
24  {
25    int testCases, tc, baseNumber;
26    int i;
27    int Solution;
28
29    freopen("input.txt", "r", stdin);
30    setbuf(stdout, NULL);
31    scanf("%d", &testCases);
32
33    for(tc = 0; tc < testCases; tc++) {
34      Solution = 0;
35      scanf("%d", &baseNumber);
36
37      for(i = 1; i < MAX; i++) {
38        Solution += makeReverseNumber(i * i, baseNumber);
39      }
40
41      printf("총 개수 : %d\n", Solution);
42    }
43
44    return 0;
45  }
```

■ 실행 결과

```
num_Reverse : 1, num_Origin : 1
num_Reverse : 4, num_Origin : 4
num_Reverse : 9, num_Origin : 9
num_Reverse : 121, num_Origin : 121
num_Reverse : 484, num_Origin : 484
num_Reverse : 676, num_Origin : 676
```

```
num_Reverse : 10201, num_Origin : 10201
num_Reverse : 12321, num_Origin : 12321
num_Reverse : 14641, num_Origin : 14641
num_Reverse : 40804, num_Origin : 40804
num_Reverse : 44944, num_Origin : 44944
num_Reverse : 69696, num_Origin : 69696
총 개수 : 12
num_Reverse : 1, num_Origin : 1
num_Reverse : 9, num_Origin : 9
총 개수 : 2
```

EXPLANATION
해설

■ 입력 처리

35행 scanf("%d", &baseNumber);를 통해 자릿수 변수에 해당하는 baseNumber만 사용자로부터 입력을 받는다. 그 외에 Input.txt 파일을 불러오고, 다음 코드를 사용해 테스트 케이스의 수를 입력받는다. 30행에서 사용한 setbuf() 함수는 두 번째 매개변수를 NULL로 설정하면 출력할 때 출력 버퍼를 사용하지 않고 바로 출력한다.

```
29    freopen("input.txt", "r", stdin);
30    setbuf(stdout, NULL);
31    scanf("%d", &testCases);
```

■ 핵심 알고리즘 코드

이 문제는 해당 진수의 주어진 조건(1~300 사이의 수) 안에 '앞뒤가 같은 제곱'에 해당하는 숫자가 몇 개나 존재하는지를 구하는 것이다. 핵심 연산 부분은 다음과 같다.

```
33    for(tc = 0; tc < testCases; tc++) {
34      Solution = 0;
35      scanf("%d", &baseNumber);
36
37      for(i = 1; i < MAX; i++) {
38        Solution += makeReverseNumber(i * i, baseNumber);
```

```
39        }
40
41        printf("총 개수 : %d\n", Solution);
```

33행 for문은 테스트 케이스를 반복 실행하는 데 필요한 초깃값을 설정하는 변수 tc와 기존 input.txt의 첫 번째 행에 입력하는 실제 테스트 케이스의 개수 값을 저장하는 testCases 변수를 통해 반복문을 실행하게 된다. 변수 Solution은 실제 앞뒤가 같은 제곱에 해당하는 수가 몇 개 있는지를 저장하는 변수다. 기존 input.txt 파일에 저장된, 두 번째 행 이후에 입력하는 진수 값을 가져오게 된다.

37행 for문은 앞서 선언한 makeReverseNumber() 함수를 실행하면서 1~300 사이의 값과 진수 값을 매개변수로 받아 연산을 실행한다. 문제의 조건에서 최대 수는 301개로 제한되어 있으므로 프로그램 2행에서 정의(#define MAX 301)한 MAX라는 상수를 이용했다. 마지막으로 연산을 실행한 후에는 Solution 변수에 저장되어 있는 '앞뒤가 같은 제곱'에 해당하는 숫자의 개수를 파악해 이를 출력하게 된다.

결국 연산의 핵심은 makeReverseNumber() 함수이며, 브레인 스토밍에서 설명한 내용을 중심으로 함수를 이해하도록 하자.

ARRANGEMENT
정리

이 문제는 제곱한 수의 역수를 구해서 원래의 제곱한 값과 같은지만 확인하면 되는 간단한 문제다.

SECTION 03 연 소수

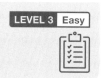

QUESTION 문제

어떤 소수는 처음부터 첫째 자리, 둘째 자리, ……, N번째 자리까지의 수를 각각 따져도 소수가 된다. 예를 들어 숫자 7331은 앞에서 첫째 자리인 7이 소수고, 둘째 자리까지의 수인 73도 소수고, 셋째 자리까지의 수인 733도 소수고, 끝 자리까지의 수인 7331도 소수다. 이런 소수들을 '연 소수'라고 한다.

구하려는 '연 소수'의 자릿수가 주어질 때 주어진 자릿수의 길이를 갖는 '연 소수'를 모두 구해보자.

■ **입력**

- 여러 테스트 케이스가 포함될 수 있다.
- 첫 번째 행에는 테스트 케이스의 수 T가 주어지고, 이후 차례로 T개의 테스트 케이스가 주어진다(T ≤ 10).
- 각 테스트 케이스에는 자릿수 N이 주어진다(1 ≤ N ≤ 8).

■ **출력**

- N자리의 연 소수를 오름차순으로 각 행에 하나씩 출력한다.
- 해당 길이의 연 소수가 하나도 없으면 0을 출력한다.
- 각 테스트 케이스는 공백 행으로 구분한다.

■ **입출력 예**

입력

```
2
1
4
```

```
2
3
5
7

2333
2339
2393
2399
2939
3119
3137
3733
3739
3793
3797
5939
7193
7331
7333
7393
```

브레인 스토밍

이 문제의 핵심은 자릿수를 한 자리씩 증가하면서 소수인지를 판단하는 것이다.

```
for(k = 0; k < 5; k++) {
  num = prime[i - 1][j] * 10 + 2 * k + 1;
  printf("candidated num : %d\n", num);

  if((prime[i][x] == 0) && (checkPrime(num))) {
    prime[i][x] = num;
    x++;
  }
}
```

앞 코드는 k를 0부터 4까지 증가시킨다. 0~9가 아닌 0~4까지만 증가시키는 이유는 짝수의 경우는 소수가 될 수 없기 때문에 0~9까지의 숫자 중에서 홀수를 선택하려고 한 것이다. num = prime[i − 1][j] * 10 + 2 * k + 1; 코드가 변수 num에 홀수를 저장하는 코드다.

저장된 num의 값이 소수인지 판단할 때는 checkPrime() 함수를 사용한다.

```c
int checkPrime(int num)
{
  int i;

  for(i = 2; i * i <= num; i++) {
    if(num % i == 0) {
      return 0;
    }
  }

  return 1;
}
```

checkPrime() 함수는 간단하다. 주어진 숫자를 이용해 for문을 반복 실행해 나눠지는지를 확인하면 된다.

SOLVE
문제 풀이

■ 정답 코드

코드 13-2

```c
01   #include <stdio.h>
02
03   int extendPrime(int N);
04   int checkPrime(int num);
05   int prime[8][1000];
06
07   int extendPrime(int N)
08   {
09     int i, j;
10     int num;
```

```
11    int k;
12    int x;
13
14    for(i = 0; i < N; i++) {
15      if(i == 0) {
16        if(prime[0][0] == 0) {
17          prime[0][0] = 2;
18          prime[0][1] = 3;
19          prime[0][2] = 5;
20          prime[0][3] = 7;
21        }
22      }
23
24      else {
25        x = 0;
26        for(j = 0; prime[i - 1][j] > 0; j++) {
27          for(k = 0; k < 5; k++) {
28            num = prime[i - 1][j] * 10 + 2 * k + 1;
29            printf("candidated num : %d\n", num);
30
31            if((prime[i][x] == 0) && (checkPrime(num))) {
32              prime[i][x] = num;
33              x++;
34            }
35          }
36        }
37      }
38    }
39
40    return 0;
41 }
42
43 int checkPrime(int num)
44 {
45    int i;
46
47    for(i = 2; i * i <= num;i++) {
48      if(num % i == 0) {
49        return 0;
50      }
51    }
52
53    return 1;
54 }
```

```
55
56   int main()
57   {
58       int testCases,tc;
59       int i;
60       int baseNumber;
61
62       freopen("input.txt", "r", stdin);
63       setbuf(stdout, NULL);
64       scanf("%d", &testCases);
65
66       for(tc = 0; tc < testCases; ++tc) {
67           scanf("%d", &baseNumber);
68           extendPrime(baseNumber);
69
70           for(i = 0; prime[baseNumber - 1][i] > 0; i++) {
71               printf("Prime number : %d\n", prime[baseNumber - 1][i]);
72           }
73           printf("\n");
74       }
75
76       return 0;
77   }
```

■ 실행 결과

```
Prime number : 2
Prime number : 3
Prime number : 5
Prime number : 7

candidated num : 21
candidated num : 23
candidated num : 25
candidated num : 27
candidated num : 29
candidated num : 31
candidated num : 33

… 〈중간 생략〉 …

candidated num : 231
candidated num : 233
```

```
candidated num : 235
candidated num : 237
candidated num : 239
candidated num : 291

… 〈중간 생략〉 …

candidated num : 2335
candidated num : 2337
candidated num : 2339
candidated num : 2391

… 〈중간 생략〉 …

Prime number : 7331
Prime number : 7333
Prime number : 7393
```

EXPLANATION
해설

■ 입력 처리

이 문제의 입력 처리는 67행 scanf("%d", &baseNumber);를 통해 자릿수 변수에 해당하는 baseNumber만 사용자로부터 입력을 받는다. 그 외에 input.txt 파일을 불러오고 테스트 케이스의 수를 입력받는 방법은 다음 코드를 사용한다.

```
62    freopen("input.txt", "r", stdin);
63    setbuf(stdout, NULL);
64    scanf("%d", &testCases);
```

■ 핵심 알고리즘 코드

자릿수가 한 자리인 경우의 소수는 이미 알려져 있다. 따라서 자릿수가 0일 때는 소수를 저장하는 2차원 배열 prime에 직접 값을 입력한다. 이때 2차원 배열의 가장 처음부터 세 번째까지의 조합에 값을 넣어야 한다는 점을 잊지 말자.

```
15        if(i == 0) {
16          if(prime[0][0] == 0) {
17            prime[0][0] = 2;
18            prime[0][1] = 3;
19            prime[0][2] = 5;
20            prime[0][3] = 7;
21          }
22        }
```

그러나 자릿수가 두 자리 이상인 경우부터는 브레인 스토밍에서 설명한 것처럼 홀수값이 소수
인지를 검사한다.

```
25        x = 0;
26        for(j = 0; prime[i - 1][j] > 0; j++) {
27          for(k = 0; k < 5; k++) {
28            num = prime[i - 1][j] * 10 + 2 * k + 1;
29            printf("candidated num : %d\n", num);
30
31            if((prime[i][x] == 0) && (checkPrime(num))) {
32              prime[i][x] = num;
33              x++;
34            }
35          }
36        }
```

66행 for문은 입력 파일에 저장되어 있는 테스트 케이스만큼 반복 실행하는 부분이다. 소수를
구하려고 67행에서 기본 숫자인 baseNumber를 입력받는다.

```
66      for(tc = 0; tc < testCases; ++tc) {
67        scanf("%d", &baseNumber);
68        extendPrime(baseNumber);
69
70        for(i = 0; prime[baseNumber - 1][i] > 0; i++) {
71          printf("Prime number : %d\n", prime[baseNumber - 1][i]);
72        }
73        printf("\n");
74      }
```

68행에서 원하는 소수를 구하는 extendPrime( ) 함수를 호출한 후 70행~72행에서 구한 연소수를 화면에 출력한다.

ARRANGEMENT
정리

이 문제는 소수가 무엇이며 어떻게 구하는지만 알면 쉽게 풀 수 있는 문제다. 각 숫자의 자릿수를 하나씩 증가시키면서 소수를 구하려고 홀수값만을 확인하는 방식을 사용하면 쉽게 풀 수 있다.

SECTION 04 최대 연속 부분합

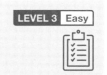

LEVEL 3 Easy

QUESTION
문제

어떤 수열이 주어졌을 때 그 수열의 연속된 영역의 합을 연속 부분합이라고 한다. 예를 들어 다음과 같은 수열이 주어졌다고 하자.

    1 3 -2 4 -5 8 4

위 수열에서 3번부터 5번까지의 연속 부분합은 '−2 + 4 + −5 = −3'이 된다. 이런 식으로 연속 부분합은 많은 경우의 수가 있는데, 이 경우들 중 가장 큰 값을 '최대 연속 부분합'이라고 한다.

주어진 수열에서 최대 연속 부분합을 구하라.

■ **입력**

- 여러 테스트 케이스가 포함될 수 있다.
- 첫 번째 행에는 테스트 케이스의 수 T가 주어지고, 이후 차례로 T개의 테스트 케이스가 주어진다(T ≤ 10).
- 각 테스트 케이스의 첫 번째 행에는 수열의 크기 N이 주어진다(1 ≤ N ≤ 10000).
- 각 테스트 케이스의 두 번째 행 이후에는 수열의 각 원소 A_i가 공백으로 분리되어 주어진다(−20000 ≤ A_i ≤ 20000).

■ **출력**

- 한 행마다 각 테스트 케이스에 해당하는 수열의 최대 연속 부분합을 출력한다.

■ **입출력 예**

입력

```
2
5
-1 5 2 -2 8
50
-13920 2341 -14904 12152 8208 -8190 -9494 10792 -5120 2421 -3316 -4203 4224 -7460
```

8801 -459 8447 -14983 -7562 6515 786 12579 -7659 -5633 -8847 3899 3178 -1944 -1982
8674 2916 -18964 -3429 -3223 -13986 1935 -3774 -9719 -18945 1898 10935 -7211 -11682
-4026 -2956 -16660 -14230 -6295 -19085 -3597

13
20360

주어진 데이터는 양수뿐만 아니라 음수도 저장되어 있다. 데이터를 하나씩 합산했을 때 새로운
데이터를 더한 값이 이전에 구한 값보다 크면 새로운 데이터를 더한 값을 저장해두면 된다. 이
를 구현한 것이 다음 코드다.

```
for(i = 0; i < n; i++) {
  sum = sum + data[i];

  if(Solution < sum) {
    Solution = sum;
  }

  if(sum < 0) {
    sum = 0;
  }
}
```

지금까지의 합인 Solution 값에 새로운 데이터인 data[i] 값을 더했을 때 더한 값이 기존의 합
인 Solution 값보다 크면 Solution에 방금 합한 값을 새로운 값으로 변경한다.

■ 정답 코드

코드 13-3

```
01   #include <stdio.h>
02   #define MIN (-99999)
03
04   int N;
05   int data[10001];
06   int Solution;
07
08   int main(void)
09   {
10     int test_case;
11     int T;
12
13     freopen("input.txt", "r", stdin);
14     setbuf(stdout, NULL);
15     scanf("%d", &T);
16
17     for(test_case = 0; test_case < T; test_case++) {
18       int i;
19       int sum = 0;
20
21       scanf("%d", &N);
22
23       for(i = 0; i < N; i++) {
24         scanf("%d", &data[i]);
25       }
26
27       Solution = MIN;
28
29       for(i = 0; i < N; i++) {
30         sum = sum + data[i];
31
32         if(Solution < sum) {
33           Solution = sum;
34           printf("Solution이 새로운 값 %d로 업데이트됐습니다\n", Solution);
35         }
36
37         if(sum < 0) {
```

```
38          sum = 0;
39        }
40      }
41
42    printf("%d\n", Solution);
43    }
44
45    return 0;
46  }
```

■ 실행 결과

```
Solution이 새로운 값 -1로 업데이트됐습니다
Solution이 새로운 값 5로 업데이트됐습니다
Solution이 새로운 값 7로 업데이트됐습니다
Solution이 새로운 값 13로 업데이트됐습니다
13
Solution이 새로운 값 -13920로 업데이트됐습니다
Solution이 새로운 값 2341로 업데이트됐습니다
Solution이 새로운 값 12152로 업데이트됐습니다
Solution이 새로운 값 20360로 업데이트됐습니다
20360
```

EXPLANATION
해설

■ 입력 처리

input.txt 파일을 불러오고 테스트 케이스의 수를 입력받는 방법은 다음 코드를 사용한다.

```
13    freopen("input.txt", "r", stdin);
14    setbuf(stdout, NULL);
15    scanf("%d", &T);
```

입력 처리는 21행을 통해 총 개수를 입력받고 23행~25행에서 개수만큼의 데이터를 배열 data
에 저장한다.

```
21      scanf("%d", &N);
22
23      for(i = 0; i < N; i++) {
24        scanf("%d", &data[i]);
25      }
```

■ 핵심 알고리즘 코드

27행은 이 문제에서 원하는 최종 합계인 변수 Solution에 초깃값을 저장해둔다. 초깃값은 가능한 한 가장 작은 값으로 저장해둬야 한다. 그래야 우리가 원하는 부분인 연속 부분합 중 최댓값을 구할 수 있다.

```
27      Solution = MIN;
28
29      for(i = 0; i < N; i++) {
30        sum = sum + data[i];
31
32        if(Solution < sum) {
33          Solution = sum;
34          printf("Solution이 새로운 값 %d로 업데이트됐습니다\n", Solution);
35        }
36
37        if(sum < 0) {
38          sum = 0;
39        }
40      }
```

이후 30행에서는 현재 0이 저장된 sum 변수에 sum = sum + data[i];이라는 연산을 실행해 새로운 데이터인 data[i] 값을 sum 변수에 저장해둔다. 그리고 32행~35행 if문에서 sum 변수가 Solution 변수보다 크다면 Solution 변수에 sum 값을 저장하고 이를 출력한다.

37행의 if문은 sum 값이 음수면 sum 값을 다시 0으로 초기화한다.

ARRANGEMENT
정리

이 문제를 읽고서 부분합을 구하는 것이 핵심임을 떠올릴 수 있다면 지금까지 설명한 내용을 바탕으로 웬만한 문제는 큰 어려움 없이 해결할 수 있다.

화물차 배치

QUESTION 문제

한빛운송회사는 조금 더 효율적인 배송 작업을 위해 보유한 화물차의 높이에 따라 배송 경로를 조정하려고 한다. 한빛운송회사의 주 배송을 맡고 있는 고담시는 N개나 되는 육교와 터널이 있어 화물을 배송할 때 해당 트럭이 육교나 터널을 통과할 수 있는 높이인지 항상 확인해야 한다.

오늘 한빛운송회사의 운송 기사들은 고담시의 여러 곳으로 배송을 나가야 한다. 회사에서 배송지까지 가는 길의 통과 높이 제한 지역에는 1번부터 N번까지 번호가 매겨져 있고, 지역마다 제한 높이도 다르다. 따라서 운송 트럭이 그곳을 지나려면 제한 높이가 트럭 높이보다 높거나 같아야 한다. 즉, 운송 트럭이 i번부터 j번까지 통과하려면 해당 범위의 육교와 터널의 최소 제한 높이가 트럭 높이보다 크거나 같아야 한다는 뜻이다.

한빛운송회사에서는 운송을 시작하기 전에 "i번부터 j번까지 통과할 수 있는 운송 트럭의 최대 높이는 얼마인가?"를 알고 싶어 한다. 이 질문을 해결할 수 있는 프로그램을 만들어보자.

■ 입력

- 여러 테스트 케이스가 포함될 수 있다.
- 첫 번째 행에는 테스트 케이스의 수 T가 주어지고, 이후 차례로 T개의 테스트 케이스가 주어진다(T ≤ 10).
- 각 테스트 케이스의 첫 번째 행에는 통과 높이 제한 지역의 수 N과 질문의 수 Q가 순서대로 주어진다(1 ≤ N, Q ≤ 25000).
- 각 테스트 케이스의 이후 행부터는 N개 행에 걸쳐 1부터 N번까지의 통과 제한 높이가 순서대로 주어진다 (1 ≤ 통과 제한 높이 ≤ 1000000000).
- 위 조건 이후 행부터는 Q개의 행에 걸쳐 질문 i, j가 주어진다. 이는 i번에서 j번까지 통과할 수 있는 운송 트럭의 최대 높이를 구하는 데 필요한 데이터다.

■ 출력

- 각 행마다 각 테스트 케이스의 조건에 맞춰 출력해야 하는 결과를 출력한다.

- 각 테스트 케이스 출력 결과 사이에 빈 행을 하나 더 출력해 테스트 케이스를 구분한다.

■ 입출력 예

입력

```
2
10 4
75
30
100
38
50
51
52
20
81
5
1 10
3 5
6 9
8 10
5 2
67
74
10
8
81
1 5
1 3
```

출력

```
5
38
20
5

8
10
```

이 문제의 본질은 주어진 영역의 최솟값을 구하는 것이다. 이를 코드로 구현하면 다음과 같다.

```c
void getHeight(int n, int m)
{
  int min, j;
  min = MAX;

  for(j = n - 1; j < m; j++) {
    if(min > data[j])
      min = data[j];
  }

  printf("%d\n", min);
}
```

주어진 영역 n부터 m 사이에서 가장 작은 수를 구하면 해당 값이 n부터 m까지의 영역을 운송할 수 있는 운송 트럭의 최대 높이가 된다.

SOLVE
문제 풀이

▪ 정답 코드

코드 13-4

```c
01   #include <stdio.h>
02   #define MAX (99999)
03
04   void getHeight(int, int);
05   int data[25000];
06
07   void getHeight(int n, int m)
08   {
09     int min, j;
10     min = MAX;
11
12     for(j = n - 1; j < m; j++) {
```

```
13        if(min > data[j])
14          min = data[j];
15      }
16
17      printf("%d\n", min);
18  }
19
20  int main()
21  {
22    int T, num_Gates, num_Questions;
23    int n, m, i, j, k;
24
25    freopen("input.txt", "r", stdin);
26    setbuf(stdout, NULL);
27    scanf("%d", &T);
28
29    for(i = 0; i < T; i++) {
30      scanf("%d %d", &num_Gates, &num_Questions);
31
32      for(j = 0; j < num_Gates; j++) {
33        scanf("%d", &data[j]);
34        printf("data[%d] : %d\n", j, data[j]);
35      }
36
37      for(k = 0; k < num_Questions; k++) {
38        scanf("%d %d", &n, &m);
39        printf("num_Questions : %d, n : %d, m : %d\n", num_Questions, n, m);
40        getHeight(n, m);
41      }
42
43      printf("\n");
44    }
45
46    return 0;
47  }
```

■ 실행 결과

```
data[0] : 75
data[1] : 30
data[2] : 100
data[3] : 38
data[4] : 50
```

```
data[5] : 51
data[6] : 52
data[7] : 20
data[8] : 81
data[9] : 5
num_Questions : 4, n : 1, m : 10
5
num_Questions : 4, n : 3, m : 5
38
num_Questions : 4, n : 6, m : 9
20
num_Questions : 4, n : 8, m : 10
5

data[0] : 67
data[1] : 74
data[2] : 10
data[3] : 8
data[4] : 81
num_Questions : 2, n : 1, m : 5
8
num_Questions : 2, n : 1, m : 3
10
```

EXPLANATION
해설

▪ 입력 처리

input.txt 파일을 불러오고 테스트 케이스 수 T를 입력받는 방법은 다음 코드를 사용한다.

```
25    freopen("input.txt", "r", stdin);
26    setbuf(stdout, NULL);
27    scanf("%d", &T);
```

29행 for문의 조건은 테스트 케이스 수만큼 반복 실행을 하려는 것이다. 질문의 수인 num_Questions과 운송 트럭이 통과해야 할 육교나 터널의 숫자인 num_Gates는 이전에 다룬 알고리즘과 마찬가지로 30행 scanf( ) 함수를 통해 직접 입력받는다는 점을 기억하자.

```
29    for(i = 0; i < T; i++) {
30      scanf("%d %d", &num_Gates, &num_Questions);
31
32      for(j = 0; j < num_Gates; j++) {
33        scanf("%d", &data[j]);
34        printf("data[%d] : %d\n", j, data[j]);
35      }
```

32행~35행의 for문은 각 육교나 터널 높이의 데이터를 출력하는 것이다. 때로는 이 입력받은 높이 데이터를 정렬하는 경우도 있는데, 이 문제에서는 높이를 정렬해서 처리해야 할 필요는 없으므로 그대로 사용해도 된다.

■ 핵심 알고리즘 코드

다음은 주어진 문제의 수만큼 원하는 영역을 입력받아서 처리하는 부분이다.

```
37    for(k = 0; k < num_Questions; k++) {
38      scanf("%d %d", &n, &m);
39      printf("num_Questions : %d, n : %d, m : %d\n", num_Questions, n, m);
40      getHeight(n, m);
41    }
```

for문은 높이를 구해야 하는 영역 n부터 m까지를 사용자로부터 입력받은 후 질문의 수 num_Questions, n, m 값을 출력한다. 그리고 높이를 구하는 함수인 getHeight() 함수를 호출한다.

높이를 구하는 getHeight()는 n부터 m까지의 영역 중에서 배열 data의 값에서 최솟값을 구하는 함수다. 위 코드에서는 사용하지 않았지만 getHeight() 함수의 반환 값을 사용해도 상관없다.

```
07    void getHeight(int n, int m)
08    {
09      int min, j;
10      min = MAX;
11
12      for(j = n - 1; j < m; j++) {
13        if(min > data[j])
14          min = data[j];
```

```
15      }
16
17      printf("%d\n", min);
18  }
```

ARRANGEMENT
정리

이 문제는 전체 배열 중에서 주어진 영역의 값 중 최솟값을 구하는 것이다. 문제 설명이 복잡해 보여서 실제 코드도 복잡할 것으로 생각하기 쉽지만 코드에서 알 수 있듯이 복잡한 알고리즘은 아니다.

대칭 행렬 구하기

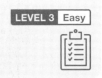

QUESTION 문제

대칭 행렬Symmetric Matrix은 대칭인 위치에 있는 두 성분의 값이 각각 같은 정사각행렬을 말한다.

예를 들어 다음과 같은 정사각행렬 $A = (a_{ij})$를 살펴보자.

$$A = \begin{pmatrix} a_{11} & a_{12} & a_{13} & \cdots & a_{1n} \\ a_{21} & a_{22} & a_{23} & \cdots & a_{2n} \\ \cdots & \cdots & \cdots & \cdots & \cdots \\ a_{n1} & a_{n2} & a_{n3} & \cdots & a_{nn} \end{pmatrix}$$

그림 13-2 정사각행렬 A

정사각형렬의 값이 $a_{ij} = a_{ji}$ ($i, j = 1, 2, 3, \cdots, n$)를 만족시킨다면 대칭 행렬이라고 말한다.

이번에는 이러한 대칭 행렬, 즉 주어진 입력을 첫 번째 행으로 하여 대각선으로 대칭이 되는 행렬을 출력하는 프로그램을 작성해보자.

■ **입력**

- 여러 테스트 케이스가 포함될 수 있다.
- 첫 번째 행에는 테스트 케이스의 수 T가 주어지고, 이후 차례로 T개의 테스트 케이스가 주어진다(T ≤ 10).
- 각 테스트 케이스의 첫 번째 행에는 행렬의 크기 N이 주어진다(4 ≤ N ≤ 128, N은 항상 2의 거듭제곱).
- 각 테스트 케이스의 두 번째 행에는 첫 번째 행의 정보인 N개의 문자가 공백으로 분리되어 주어진다.

■ **출력**

- N개의 행에 걸쳐 주어진 입력의 연산 결과를 첫 번째 행으로 하는 대칭 행렬을 출력한다.
- 대칭 행렬은 문제에서 예를 든, 같은 정사각행렬 형태여야 하며 각 행의 값들은 공백으로 분리해 출력한다.
- 각 테스트 케이스의 출력 결과 사이에는 빈 행을 두어 구분한다.

입력

```
2
4
A B C D
8
A C B D E F G H
```

출력

```
B a & 2
a B 2 &
& 2 B a
2 & a B


1 2 3 4 A C B D
2 1 4 3 C A D B
3 4 1 2 B D A C
4 3 2 1 D B C A
A C B D 1 2 3 4
C A D B 2 1 4 3
B D A C 3 4 1 2
D B C A 4 3 2 1
```

🧠 BRAIN STORMING
브레인 스토밍

이 문제는 알고리즘 구조는 간단하지만 두 값의 각 자릿수를 비교해, 값이 0으로 같으면 0, 값이 1로 같으면 0, 다르면 1을 계산하는 ^(XOR) 연산자의 특성을 이해하느냐 못하느냐에 따라 풀 수 있는지 없는지가 결정된다. ^(XOR) 연산자를 사용해야 대칭 행렬의 인덱스를 구할 수 있다는 것은 처음 이 문제를 접하는 사람이라면 쉽게 생각해내기 어렵다.

^(XOR) 연산자를 사용해 대칭으로 문자를 출력하는 코드는 다음과 같다.

```
for(i = 0; i < num_Matrix; i++) {
  for(j = 0; j < num_Matrix; j++) {
    char c = initMatrix[i ^ j];
```

```
       if(j == num_Matrix - 1)
         printf("%c\n", c);

       else
         printf("%c ", c);
    }
  }
}
```

문제 풀이

■ 정답 코드

코드 13-5

```
01   #include <stdio.h>
02
03   char tmpChar[2];
04   char initMatrix[128];
05
06   int main(void)
07   {
08     int tc;
09     int i, j;
10     int testCases;
11     int num_Matrix;
12
13     freopen("input.txt", "r", stdin);
14
15     // 테스트 케이스를 입력받는다
16     scanf("%d", &testCases);
17
18     for(tc = 0; tc < testCases; tc++) {
19       // 행렬 크기를 입력받는다. 대칭 행렬은 정사각행렬이다
20       scanf("%d", &num_Matrix);
21
22       // 행렬 데이터를 입력받는다
23       for(i = 0; i < num_Matrix; i++)
24         scanf("%s", &initMatrix[i]);
25
26       for(i = 0; i < num_Matrix; i++) {
```

```
27          for(j = 0; j < num_Matrix; j++) {
28            char c = initMatrix[i ^ j];
29            if(j == num_Matrix - 1)
30              printf("%c\n", c);
31
32            else
33              printf("%c ", c);
34          }
35        }
36
37      printf("\n");
38    }
39
40    return 0;
41  }
```

■ 실행 결과

```
A B C D
B A D C
C D A B
D C B A

A C B D E F G H
C A D B F E H G
B D A C G H E F
D B C A H G F E
E F G H A C B D
F E H G C A D B
G H E F B D A C
H G F E D B C A
```

■ 입력 처리

13행에서 input.txt 파일을 불러온 후 입력 파일의 순서대로 값을 입력받으려면 C에서 제공하는 scanf( ) 함수를 사용한다. 제일 먼저 입력받는 부분은 16행 사용자 케이스인 testCases다.

```
13      freopen("input.txt", "r", stdin);
14
15      // 테스트 케이스를 입력받는다
16      scanf("%d", &testCases);
```

20행에서는 행렬 크기를 입력받는다.

```
19      // 행렬 크기를 입력받는다. 대칭 행렬은 정사각행렬이다
20      scanf("%d", &num_Matrix);
```

24행에서는 계산할 행렬의 데이터, 즉 문자를 initMatrix 배열에 저장한다.

```
22      // 행렬 데이터를 입력받는다
23      for(i = 0; i < num_Matrix; i++)
24        scanf("%s", &initMatrix[i]);
```

■ 핵심 알고리즘 코드

이 문제의 핵심은 행렬의 행과 열을 바꿨을 때도 같은 문자를 출력하는 데 있다. 예를 들어 [i, j]의 문자와 [j, i]의 문자가 같으면 된다. 코드는 다음과 같다.

```
26      for(i = 0; i < num_Matrix; i++) {
27        for(j = 0; j < num_Matrix; j++) {
28          char c = initMatrix[i ^ j];
29          if(j == num_Matrix - 1)
30            printf("%c\n", c);
31
32          else
33            printf("%c ", c);
34        }
35      }
```

인덱스가 i ^ j인 initMatrix의 값을 출력하되 행렬의 한 행 끝까지 값을 출력했다면 개행 문자(\n)와 함께 출력하고 그렇지 않으면 그냥 문자를 출력한다.

i ^ j라는 인덱스의 조작만으로 어떻게 대칭 행렬을 구하는지는 그림 13-3에서 확인하자.

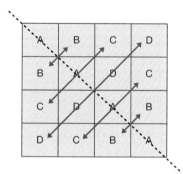

그림 13-3 대칭 행렬의 예

대칭 행렬이라면 A 값을 사이에 두고 왼쪽 아랫부분의 항목과 오른쪽 윗부분의 항목이 같다. 이러한 특성을 이용하면 쉽게 구할 수 있다.

2개의 for문을 사용해 출력해야 할 값을 구하는 코드는 28행 char c = initMatrix[i ^ j];다. 이 부분을 행렬 그림에 나타내면 그림 13-4와 같다.

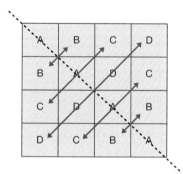

그림 13-4 char c = initMatrix[i ^ j]; 실행 결과

인덱스를 계산하면 그림 13-5와 같다.

initMatrix [0 ^ 0]	initMatrix [0 ^ 1]	initMatrix [0 ^ 2]	initMatrix [0 ^ 3]
initMatrix [1 ^ 0]	initMatrix [1 ^ 1]	initMatrix [1 ^ 2]	initMatrix [1 ^ 3]
initMatrix [2 ^ 0]	initMatrix [2 ^ 1]	initMatrix [2 ^ 2]	initMatrix [2 ^ 3]
initMatrix [3 ^ 0]	initMatrix [3 ^ 1]	initMatrix [3 ^ 2]	initMatrix [3 ^ 3]

그림 13-5 인덱스 계산

ARRANGEMENT
정리

이 문제의 핵심은 다음의 딱 한 줄이다.

```
char c = initMatrix[i ^ j];
```

배열 인덱스에 ^(XOR) 연산자를 사용하는 것으로 대칭 배열을 만들어낼 수 있다는 점을 꼭 기억해두자.

CHAPTER 14

동적 계획법의 기본 개념

이 장에서는 앞에서 배운 수학식이나 분할 정복, 탐욕 알고리즘과 비교해 좀 더 까다로운 알고리즘을 배워보기로 하자. 까다롭기는 하지만 알고리즘 시험 문제나 대회에서 매번 빠짐 없이 출제되는 단골 알고리즘이기도 하다.

SECTION 01 동적 계획법의 특징

이 장에서 배우게 될 알고리즘 기법은 동적 계획법Dynamic Programming이다. 동적 프로그래밍이라는 용어로도 사용되는데 '프로그래밍'이라는 용어 때문에 혼동되지 않도록 하기 위해 이 책에서는 동적 계획법이라는 용어를 사용했다. 동적 계획법이란 하나의 문제를 해결할 때 작은 문제로 큰 문제를 분할한 후 작은 문제를 해결한 결과(즉, 해결 방법)를 저장해 큰 문제의 결과와 합하는 방식이다. 작은 문제의 결과를 구하는 것을 "부분적인 최적해를 구한다"라고 말한다. 그러나 부분적인 최적해를 합한다고 해서 반드시 전체 문제의 최종 결과를 구한다고는 볼 수 없다. 이 장에서는 다양한 동적 계획법의 활용 방법을 배우게 될 것이다.

SECTION 02 계단 오르기 게임

QUESTION 문제

계단 오르기는 계단 아래 시작점부터 계단 꼭대기 도착점까지 가장 계단을 적게 밟고 올라가는 게임이다. 그림 14-1처럼 각각의 계단에는 일정한 점수가 적혀 있고 계단을 밟으면 해당 계단에 적혀 있는 점수를 얻게 된다.

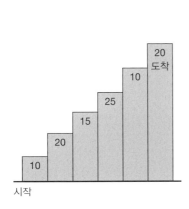
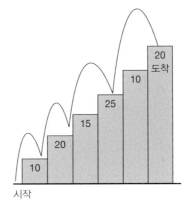

그림 14-1 계단 오르기 게임의 구조

예를 들어 그림 14-1의 오른쪽처럼 시작점에서부터 첫째, 둘째, 넷째, 여섯째 계단을 밟아 도착점에 도달하면 총 점수는 10 + 20 + 25 + 20 = 75점이 된다.

계단을 오르는 데는 다음과 같은 세 가지 규칙이 있다.

- 계단은 한 번에 1개 또는 2개의 계단을 오를 수 있다. 즉, 계단 하나를 밟으면 이어서 다음 계단이나 다음 다음 계단으로 오를 수 있다.
- 한꺼번에 2개의 계단을 오를 때는 중간에 있는 계단을 밟아서는 안 된다. 단, 시작점은 계단에 포함되지 않는다.
- 마지막 도착 계단은 반드시 밟아야 한다.

각 계단에 적혀 있는 점수가 주어질 때 이 게임에서 얻을 수 있는 점수의 최댓값을 구하는 프로그램을 작성해보자.

- **입력**

  - 여러 테스트 케이스가 포함될 수 있다.

  - 첫 번째 행에는 테스트 케이스의 수 T가 주어지고, 이후 차례로 T개의 테스트 케이스가 주어진다(T ≤ 20).

  - 각 테스트 케이스의 첫 번째 행에는 계단의 개수 N이 주어진다(1 ≤ N ≤ 300).

  - 각 테스트 케이스의 두 번째 행부터 N번째 행에 걸쳐 각 행에는 제일 아래에 놓인 계단부터 가장 위에 놓인 계단까지 순서대로 각 계단에 적혀 있는 점수 S가 주어진다(1 ≤ S ≤ 10000).

- **출력**

  - 각 행마다 각 테스트 케이스의 계단 오르기 게임에서 얻을 수 있는 점수의 최댓값을 출력한다.

- **입출력 예**

입력

```
2
6
10
20
15
25
10
20
7
13
1
15
27
29
21
20
```

출력

```
75
96
```

브레인 스토밍

다시 한 번 문제에서 정의한 세 가지 규칙을 살펴보자.

- 계단은 한 번에 1개 또는 2개의 계단을 오를 수 있다. 즉, 계단 하나를 밟으면 이어서 다음 계단이나 다음 다음 계단으로 오를 수 있다.
- 한꺼번에 2개의 계단을 오를 때는 중간에 있는 계단을 밟아서는 안 된다. 단, 시작점은 계단에 포함되지 않는다.
- 마지막 도착 계단은 반드시 밟아야 한다.

첫 번째 규칙을 살펴보면 계단을 하나씩 올라갈 수도 있고 한꺼번에 계단 2개씩도 올라갈 수 있다고 명시되어 있다. 따라서 단순히 이전 계단들의 누적된 값에 현재 계단의 점수를 더하는 것이 아니라 현재 계단에서 이전 계단을 밟고 왔는지 그렇지 않은지의 경우를 비교해서 더 높은 점수인 경우를 선택해야 한다.

문제를 읽고 이 부분을 눈치챘으면 코드는 의외로 단순하게 작성할 수 있다.

SOLVE

문제 풀이

■ 정답 코드

코드 14-1

```
01  #include <stdio.h>
02  #define MAX_STEPS 3012
03
04  int value_Steps[MAX_STEPS];
05  int Solutions[MAX_STEPS];
06
07  int main() {
08      int i, j;
09      int oneJumpSteps, noJumpSteps;
10      int num_Steps;
11      int testCases;
12
13      freopen("input.txt", "r", stdin);
```

```
14
15    // 총 테스트 개수를 입력받는다
16    scanf("%d", &testCases);
17
18    for(i = 0; i < testCases; i++) {
19
20      // 계단 개수를 입력받는다
21      scanf("%d", &num_Steps);
22
23      // 각 계단의 값을 입력받는다
24      for(j = 1; j <= num_Steps; j++) {
25        scanf("%d", &value_Steps[j]);
26      }
27
28      // 처음부터 두 번째 계단까지 값을 구함
29      Solutions[0] = 0;
30      Solutions[1] = value_Steps[1];
31      Solutions[2] = value_Steps[1] + value_Steps[2];
32
33      // 세 번째 계단부터 누적값을 계산함
34      for(j = 3; j <= num_Steps; j++) {
35        noJumpSteps = value_Steps[j] + value_Steps[j - 1] + Solutions[j - 3];
36        oneJumpSteps = value_Steps[j] + Solutions[j - 2];
37
38        // 두 가지 경우 중에서 큰 값을 선택
39        if(noJumpSteps > oneJumpSteps)
40          Solutions[j] = noJumpSteps;
41
42        else
43          Solutions[j] = oneJumpSteps;
44
45        printf("Solutions[%d] : %d\n", j, Solutions[j]);
46      }
47
48      printf("%d\n", Solutions[num_Steps]);
49    }
50
51    return 0;
52  }
```

```
Solutions[3] : 35
Solutions[4] : 55
Solutions[5] : 65
Solutions[6] : 75
75
Solutions[3] : 28
Solutions[4] : 55
Solutions[5] : 70
Solutions[6] : 78
Solutions[7] : 96
96
```

EXPLANATION
해설

■ 입력 처리

input.txt 파일을 불러오고 테스트 케이스의 수를 입력받는 방법은 다음 코드를 사용한다.

```
13    freopen("input.txt", "r", stdin);
14
15    // 총 테스트 개수를 입력받는다
16    scanf("%d", &testCases);
```

그리고 계단의 전체 개수를 입력받는다.

```
20    // 계단 개수를 입력받는다
21    scanf("%d", &num_Steps);
```

또한 이 문제는 각 계단마다 값이 배정되어 있으므로 계단 개수만큼 값을 입력받는다.

```
23    // 각 계단의 값을 입력받는다
24    for(j = 1; j <= num_Steps; j++) {
25      scanf("%d", &value_Steps[j]);
26    }
```

첫 번째 단계의 계단에 적힌 값 구하기

일단 구하려는 값을 저장하는 배열 Solutions에서 첫 번째 항목인 Solutions[0]은 0으로 초기화하고, 첫 번째 계단에 적힌 값을 Solutions[1]에 저장하고, 두 번째 Solutions[2]는 첫 번째 계단에 적힌 값과 두 번째 계단에 적힌 값을 더해서 구한다.

```
28      // 처음부터 두 번째 계단까지의 값을 구함
29      Solutions[0] = 0;
30      Solutions[1] = value_Steps[1];
31      Solutions[2] = value_Steps[1] + value_Steps[2];
```

지금까지의 작업이 초기화 작업에 해당된다. 이제부터 본격적인 알고리즘 코드를 살펴보자.

■ 핵심 알고리즘 코드

정답 코드를 살펴보면 이전 계단까지 구한 값을 누적해 다음 단계에서 사용한다는 것을 볼 수 있다. 이를 다시 말하면 이전 계단까지 구한 최댓값이 다음 단계의 최댓값 후보가 된다는 의미이기도 하다.

앞서 문제에서 제시한 세 가지 규칙을 통해 파악해야 하는 핵심 하나는 마지막 도착 계단을 기준으로 삼아야 한다는 점이다. 예를 들어 임의의 계단 i에서 세 가지 규칙들을 적용할 수 있는 경우는 다음 두 가지뿐이다.

첫 번째 경우는 그림 14-2와 같다.

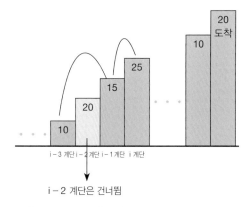

그림 14-2 문제의 규칙 적용 1

이는 현재 i 계단에 위치했을 때 i − 3 계단에서 i − 2 계단을 건너뛰고 i − 1 계단으로 점프한 후에 다시 i 계단으로 가는 경우다. 이 경우의 코드는 35행이다.

```
35          noJumpSteps = value_Steps[j] + value_Steps[j - 1] + Solutions[j - 3];
```

i 계단 입장에서 봤을 때 바로 이전 계단에서 점프하지 않고 진행한 경우이므로 변수 이름을 noJumpSteps이라고 붙였다. 그리고 계단의 값을 더한 결괏값을 변수 noJumpSteps에 저장했다.

두 번째 경우는 그림 14-3과 같다.

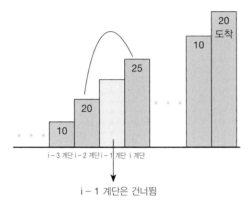

그림 14-3 문제의 규칙 적용 2

i 계단에서 봤을 때 바로 이전 계단인 i − 1 계단을 건너뛴 경우다. 이 부분은 36행이다.

```
36          oneJumpSteps = value_Steps[j] + Solutions[j - 2];
```

i 계단의 입장에서 봤을 때는 이전 계단인 i − 1 계단을 건너뛰고 오느냐, 아니면 밟고 오느냐의 차이에 따라 두 가지 경우로 나눈 것이다.

이 두 가지 경우의 값을 39행~43행 if-else문을 통해 비교한 후 큰 값을 Solutions[i]에 저장한다.

```
38          // 두 가지 경우 중에서 큰 값을 선택
39          if(noJumpSteps > oneJumpSteps)
```

```
40          Solutions[j] = noJumpSteps;
41
42      else
43          Solutions[j] = oneJumpSteps;
```

i 계단의 값을 구해 놓고 i 값을 하나씩 증가시켜서 최댓값을 비교해 값을 저장하다 보면 결국 최종 계단에서의 최댓값을 구할 수 있다.

ARRANGEMENT
정리

이 문제의 키 알고리즘은 39행~43행 코드다. 계단을 점프하지 않고 값을 더하느냐, 점프하고 값을 더하느냐를 구분해서 생각해야 하고, 2개의 경우 중 큰 값을 최댓값으로 선택하는 것이다.

```
33          // 세 번째 계단부터 누적값을 계산함
34          for(j = 3; j <= num_Steps; j++) {
35            noJumpSteps = value_Steps[j] + value_Steps[j - 1] + Solutions[j - 3];
36            oneJumpSteps = value_Steps[j] + Solutions[j - 2];
37
38            // 두 가지 경우 중에서 큰 값을 선택
39            if(noJumpSteps > oneJumpSteps)
40              Solutions[j] = noJumpSteps;
41
42            else
43              Solutions[j] = oneJumpSteps;
44
45            printf("Solutions[%d] : %d\n", j, Solutions[j]);
46          }
```

한빛타일주식회사에서 신입 사원을 모집한다. 한빛타일주식회사에서 원하는 신입 사원의 업무는 정해진 규격의 타일을 사용해 특정 평면 구역을 빈틈 없이 붙이는 일이다. 그림 14-4는 2 × 8의 평면 구역에 정해진 규격의 타일로 빈틈 없이 배치한 예다.

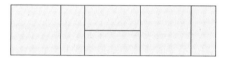

그림 14-4 2 × 8 평면 구역에 타일 배치

이제 2 × 1 혹은 2 × 2 크기의 타일을 사용해 2 × N 크기의 구역을 채울 수 있는 경우의 수를 구해보자. 단, 실제 경우의 수는 너무 많을 수 있으므로 구한 경우의 수를 주어진 수 M으로 나눈 나머지만 출력하는 프로그램을 작성해보자.

■ **입력**

- 여러 테스트 케이스가 포함될 수 있다.
- 첫 번째 행에는 테스트 케이스의 수 T가 주어지고, 이후 차례로 T개의 테스트 케이스가 주어진다(T ≤ 10).
- 각 테스트 케이스의 첫 번째 행에는 구역의 총 가로 길이 N이 주어진다(1 ≤ N ≤ 100000).
- 각 테스트 케이스의 두 번째 행에는 나머지 연산을 위한 숫자 M이 주어진다(1 ≤ M ≤ 40000).

■ **출력**

- 각 행마다 각 테스트 케이스의 결과해 해당하는, 경우의 수를 M으로 나눈 나머지를 출력한다.

■ 입출력 예

입력

1
8
100

출력

71

BRAIN STORMING
브레인 스토밍

이 문제는 채워야 할 영역의 가로 길이가 1인 경우, 2인 경우, 3 이상인 경우를 나누어서 생각해야 한다. 가로 길이가 1이나 2인 경우라면 평면 구역을 타일 하나만으로도 채울 수 있으므로 쉽다. 하지만 3인 경우는 가로 길이가 1이거나 2인 경우까지도 고려해야 하므로 약간의 난이도가 있다.

SOLVE
문제 풀이

■ 정답 코드

코드 14-2

```
01  #include <stdio.h>
02
03  int widthFrame, maxNumber;
04  int Solutions;
05
06  int main(void) {
07    int tc;
08    int tesetCases;
09    int i;
10    int localSum_1, localSum_2, localSum_3;
11
12    freopen("input.txt", "r", stdin);
```

```
13    setbuf(stdout, NULL);
14
15    // 테스트 케이스를 입력받는다
16    scanf("%d", &tesetCases);
17
18    for(tc = 0; tc < tesetCases; tc++) {
19      // 타일링할 총 가로 길이를 입력받는다
20      scanf("%d", &widthFrame);
21
22      // 나눌 숫자를 입력받는다
23      scanf("%d", &maxNumber);
24
25      // 총 가로 길이가 1인 경우
26      if(widthFrame == 1)
27        Solutions = 2 % maxNumber;
28
29      // 총 가로 길이가 2인 경우
30      else if(widthFrame == 2)
31        Solutions = 3 % maxNumber;
32
33      // 총 가로 길이가 3 이상인 경우
34      else {
35        localSum_1 = 1;
36        localSum_2 = 3;
37
38        for(i = 2; i < widthFrame; i++) {
39          localSum_3 = (localSum_2 + 2 * localSum_1) % maxNumber;
40          localSum_1 = localSum_2;
41          localSum_2 = localSum_3;
42          printf("localSum_1 : %d, localSum_2 : %d, localSum_3 : %d\n",
43            localSum_1, localSum_2, localSum_3);
44        }
45
46        Solutions = localSum_3;
47      }
48
49      printf("%d\n", Solutions);
50    }
51
52    return 0;
53  }
```

```
localSum_1 : 3, localSum_2 : 5, localSum_3 : 5
localSum_1 : 5, localSum_2 : 11, localSum_3 : 11
localSum_1 : 11, localSum_2 : 21, localSum_3 : 21
localSum_1 : 21, localSum_2 : 43, localSum_3 : 43
localSum_1 : 43, localSum_2 : 85, localSum_3 : 85
localSum_1 : 85, localSum_2 : 71, localSum_3 : 71
71
```

EXPLANATION
해설

■ 입력 처리

input.txt 파일을 불러오고 테스트 케이스의 수를 입력받는 방법은 다음 코드를 사용한다.

```
12    freopen("input.txt", "r", stdin);
13    setbuf(stdout, NULL);
14
15    // 테스트 케이스를 입력받는다
16    scanf("%d", &tesetCases);
```

■ 핵심 알고리즘 코드

주어진 타일의 종류는 높이와 폭이 모두 2인 정사각형 타일과 높이는 2이지만 폭이 1인 타일 2 개의 종류만 존재한다. 그런데 이 문제의 핵심은 평면 구역의 세로^{height} 값이 2로 고정되어 있고, 가로^{width} 값만 입력받는다는 점에 있다.

그럼 핵심 알고리즘을 단계별로 나눠 생각해보자. 첫 번째는 전체 평면 구역이 1 × 2인 경우로, 그림 14-5와 같다.

그림 14-5 평면 구역이 1 × 2

이 경우에는 1 × 2 타일 하나만 사용할 수 있다.

두 번째는 전체 평면 구역이 2 × 2인 경우로, 그림 14-6과 같다.

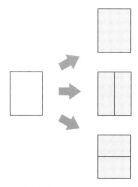

그림 14-6 평면 구역이 2 × 2

2 × 2인 경우에는 2 × 2 타일 하나를 사용하거나 1 × 2 타일 2개를 붙여서 사용하는 방법이 있다. 그리고 1 × 2 타일을 세로로 붙여서 사용하는 방법과 가로로 붙여서 사용하는 방법으로 나누어 생각할 수 있다. 결국 총 경우의 수는 3개가 된다.

세 번째는 전체 평면 구역이 3 × 2인 경우로, 그림 14-7과 같다.

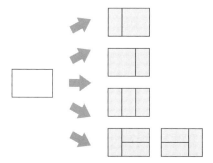

그림 14-7 평면 구역이 3 × 2

타일링해야 하는 영역이 3 × 2인 경우는 경우의 수가 많아진다. 단 3 × 2의 경우는 2 × 2의 경우와 1 × 2인 경우로 나누어 생각할 수 있다. 그림 14-7처럼 다섯 가지 경우의 수가 존재한다.

- 2 × 2 + 1 × 2인 경우

- 1 × 2 + 2 × 2인 경우

- 1 × 2가 3개인 경우

- 1 × 2가 가로로 2개 쌓이고 세로로 1 × 2가 1개인 경우

- 세로로 1 × 2가 1개이고 1 × 2가 가로로 2개 쌓인 경우

결국 전체 영역이 3 × 2인 경우에는 2 × 2 인 경우와 1 × 2인 경우를 합하면 구할 수 있으며, 1 × 2인 경우가 왼쪽에 올 수 있는 경우와 오른쪽에 올 수 있는 경우로 나눌 수 있다. 즉, '1 × 2 영역의 경우'를 2배 해주면 된다.

지금까지 설명한 세 단계를 코드로 구현한 것이 38행~44행이다.

```
38      for(i = 2; i < widthFrame; i++) {
39        localSum_3 = (localSum_2 + 2 * localSum_1) % maxNumber;
40        localSum_1 = localSum_2;
41        localSum_2 = localSum_3;
42        printf("localSum_1 : %d, localSum_2 : %d, localSum_3 : %d\n",
43          localSum_1, localSum_2, localSum_3);
44      }
```

최종 결과는 localSum_3에 저장된다.

ARRANGEMENT
정리

이 문제는 평면 구역의 가로 길이에 따라 연산 방법을 나누어 생각해야 한다. 사용할 수 있는 타일의 가로 길이가 1과 2라는 두 종류밖에 없으므로 전체 영역의 길이가 3 이상인 경우만 별도로 고려해야 한다. 3 이상인 경우에 대처하는 for문만 고려하면 실제 코드는 쉽게 작성할 수 있다.

목장 울타리 만들기

QUESTION
문제

한빛목장에서는 새로 목초지를 구입하고 한빛목장 둘레에 그림 14-8처럼 울타리를 만들려고 한다.

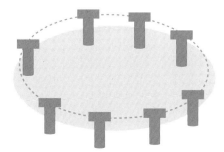

그림 14-8 목장 둘레의 울타리 구조

그런데 한빛목장에 공급된 말뚝의 길이가 제각각이다. 어떤 말뚝은 길고, 어떤 말뚝은 짧다. 한빛목장의 주인은 가장 짧은 밧줄 길이로 울타리를 만들려는 고민에 빠지기 시작했다. 그림 14-9는 임의의 점 A에서 B 사이에 있는 7개의 말뚝을 가장 짧은 밧줄로 감싼 예다.

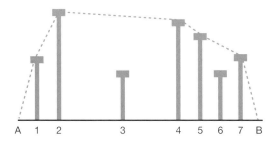

그림 14-9 7개의 말뚝 사이에 밧줄을 친 예

이러한 경우 말뚝의 높이가 다르므로 높은 말뚝에는 밧줄이 닿고, 높은 말뚝 사이에 있는 낮은 말뚝에는 밧줄이 닿지 않는 상황이 발생할 수 있다. 그림 14-9를 보면 2번과 4번 사이의 3, 5번과 7번 사이의 6번 말뚝은 밧줄이 닿지 않고 1, 2, 4, 5, 7번 말뚝만 밧줄로 묶여 있다.

이제 말뚝의 길이를 입력받아 밧줄로 울타리를 만들 때 어떤 말뚝을 밧줄로 묶어야 하는지 계산하는 프로그램을 작성해보자.

■ **입력**

- 여러 테스트 케이스가 포함될 수 있다.

- 첫 번째 행에는 테스트 케이스의 수 T가 주어지고, 이후 차례로 T개의 테스트 케이스가 주어진다(T ≤ 10).

- 각 테스트 케이스의 첫 번째 행에는 말뚝의 수 N이 주어진다(1 ≤ N ≤ 500).

- 각 테스트 케이스의 두 번째 행부터 N 번째 행에 걸쳐 말뚝의 수평선 상 x 좌표인 Xi와 말뚝의 높이 Hi가 주어진다.

- Xi와 Hi는 각각 소수 둘째 자리까지 나타낸다(0 ≤ Xi, Hi ≤ 1000).

■ **출력**

- 끈에 닿는 말뚝의 번호를 오름차순으로 출력한다.

■ **입출력 예**

입력

```
2
9
3.00  10.00
6.00  5.00
8.00  13.00
12.00  6.00
17.00  4.00
20.00  10.00
26.00  17.00
28.00  14.00
32.00  4.00
20
0.1  26.64
0.15  4.36
0.89  16.92
1.23  42.16
1.87  12.15
```

```
2.95 92.13
3.23 64.16
3.85 97.17
4.13 81.66
4.26 1.44
4.95 19.35
5.08 40.35
5.47 30.71
5.6 27.2
6.26 34.08
6.86 99.14
7.23 84.81
7.68 39.8
8.85 9.86
9.53 8.74
```

출력

```
1 3 7 8 9
1 6 8 16 20
```

브레인 스토밍

이 문제의 핵심은 말뚝과 말뚝 사이에 연결된 밧줄 길이의 비율을 구하는 데 있다. 서로 높이가 다른 2개의 말뚝 꼭대기를 하나의 밧줄로 연결한다고 가정해보자. 연결된 밧줄은 수평이나 수직이 아닌 사선 모양으로 연결된다. 즉, 사선 형태의 밧줄 길이를 구하려면 삼각형의 밑변과 높이, 빗변의 개념을 이용하면 된다. 단, 피타고라스 공식을 그대로 적용해 사선 형태의 밧줄 길이가 정확하게 얼마인가를 계산하는 것이 아니고 사선 형태의 밧줄 길이를 삼각형의 빗변이라고 생각하고 삼각형의 밑변과 높이 길이의 크기를 비교한 비율을 계산한 값 중 최댓값을 찾으면 된다.

그리고 2개 말뚝 사이의 밧줄 길이 비율의 최댓값을 구할 때는 어떤 과정이 필요할까? 1번부터 10번까지 번호가 매겨진 말뚝 10개가 있다고 가정해보자. 2개의 말뚝을 연결해 가장 짧은 밧줄 길이 비율 값을 구하려면 반복문을 통해 1번 말뚝을 기준으로 2~10번 말뚝까지 각각 연결했을 때의 밧줄 길이 비율 값을 구해야 한다. 다음에는 2번 말뚝을 기준으로 1번 말뚝을 제외한 3~10번 말뚝을 각각 연결했을 때의 밧줄 길이 비율 값을 반복 실행해서 구해야 한다. 즉, 2개 말뚝 사이의 밧줄 길이 비율 값을 구하기 위해서는 중첩 반복문이 필요하다. 그리고 반복문을 실행했을 때의 값을 배열에 저장한 후 최댓값을 찾으면 되는 것이다.

```
i = 1;
while(i < numofStake) {
  maxRatio = INIT_MAX_RATIO;

  for(j = i + 1; j <= numofStake; j++) {
    // i번째 말뚝과 j번째 말뚝을 연결했을 때의 비율을 구함
    ratio = (heights[j - 1] - heights[i - 1]) / (xpos[j - 1] - xpos[i - 1]);

    if(ratio > maxRatio) {
      maxRatio = ratio;
      Solutions = j;
    }
  }
  ......
}
```

결국 이 문제를 한 마디로 설명하면 2개 말뚝 사이의 밑변과 높이의 비율이 가장 높은 경우를 구하는 것이다.

SOLVE
문제 풀이

■ 정답 코드

코드 14-3

```
01   #include <stdio.h>
02   #define INIT_MAX_RATIO (-1000000)
03
04   int main(void) {
05     int tc, testCases;
06
07     freopen("input.txt", "r", stdin);
08     setbuf(stdout, NULL);
09
```

```
10    // 테스트 케이스를 입력받는다
11    scanf("%d", &testCases);
12
13    for(tc = 0; tc < testCases; tc++) {
14      float xpos[500], heights[500];
15      int numofStake, i, j, pos, Solutions;
16      float ratio, maxRatio;
17
18      // 말뚝 개수를 입력받는다
19      scanf("%d", &numofStake);
20
21      // 각 말뚝의 x 위치와 해당 말뚝의 높이를 입력받는다
22      for(i = 0; i < numofStake; i++) {
23        scanf("%f", &xpos[i]);
24        scanf("%f", &heights[i]);
25      }
26
27      i = 1;
28      printf("%d ",i);
29
30      while(i < numofStake) {
31        maxRatio = INIT_MAX_RATIO;
32
33        for(j = i + 1; j <= numofStake; j++) {
34          // i번째 말뚝과 j번째 말뚝을 연결했을 때의 비율을 구함
35          ratio = (heights[j - 1] - heights[i - 1]) / (xpos[j - 1] - xpos[i - 1]);
36
37          if(ratio > maxRatio) {
38            maxRatio = ratio;
39            Solutions = j;
40            printf("maxRatio : %f, Solutions : %d\n", maxRatio, Solutions);
41          }
42        }
43
44        i = Solutions;
45        printf("%d ", Solutions);
46
47        if(i == numofStake)
48          break;
49      }
50
51      printf("\n");
52    }
53
54    return 0;
55  }
```

■ 실행 결과

```
1 maxRatio : -1.666667, Solutions : 2
maxRatio : 0.600000, Solutions : 3
3 maxRatio : -1.750000, Solutions : 4
maxRatio : -1.000000, Solutions : 5
maxRatio : -0.250000, Solutions : 6
maxRatio : 0.222222, Solutions : 7
7 maxRatio : -1.500000, Solutions : 8
8 maxRatio : -2.500000, Solutions : 9
9
1 maxRatio : -445.599945, Solutions : 2
maxRatio : -12.303797, Solutions : 3
maxRatio : 13.734513, Solutions : 4
maxRatio : 22.978945, Solutions : 6
6 maxRatio : -99.892845, Solutions : 7
maxRatio : 5.600002, Solutions : 8
8 maxRatio : -55.392796, Solutions : 9
maxRatio : -46.195122, Solutions : 12
maxRatio : -41.024693, Solutions : 13
maxRatio : -39.982857, Solutions : 14
maxRatio : -26.178419, Solutions : 15
maxRatio : 0.654485, Solutions : 16
16 maxRatio : -38.729748, Solutions : 17
maxRatio : -33.857685, Solutions : 20
20
```

EXPLANATION
해설

■ 입력 처리

input.txt 파일을 불러오고 테스트 케이스의 수를 입력받는 방법은 다음 코드를 사용한다.

```
07    freopen("input.txt", "r", stdin);
08    setbuf(stdout, NULL);
09
10    // 테스트 케이스를 입력받는다
11    scanf("%d", &testCases);
```

말뚝의 개수를 나타내는 변수 numofStake 값을 입력받는다.

```
18      // 말뚝 개수를 입력받는다
19      scanf("%d", &numofStake);
```

그리고 말뚝 각각의 위치 xpos[i] 배열 값과 높이 heights[i] 배열 값을 입력받는다.

```
21      // 각 말뚝의 x 위치와 해당 말뚝의 높이를 입력받는다
22      for(i = 0; i < numofStake; i++) {
23        scanf("%f", &xpos[i]);
24        scanf("%f", &heights[i]);
25      }
```

■ **핵심 알고리즘 코드**

이제 30행~49행 while문을 살펴보자. 35행에서 각 말뚝의 위치(x축)와 길이(y축)의 비율을 구한 후 비율이 최댓값보다 크면 최댓값을 이 비율로 수정한다. for문을 통해 전체 말뚝의 숫자만큼 반복 실행해 계산한다.

```
30      while(i < numofStake) {
31        maxRatio = INIT_MAX_RATIO;
32
33        for(j = i + 1; j <= numofStake; j++) {
34          // i번째 말뚝과 j번째 말뚝을 연결했을 때의 비율을 구함
35          ratio = (heights[j - 1] - heights[i - 1]) / (xpos[j - 1] - xpos[i - 1]);
36
37          if(ratio > maxRatio) {
38            maxRatio = ratio;
39            Solutions = j;
40            printf("maxRatio : %f, Solutions : %d\n", maxRatio, Solutions);
41          }
42        }
43
44        i = Solutions;
45        printf("%d ", Solutions);
46
47        if(i == numofStake)
48          break;
49      }
```

전체 말뚝 개수만큼 반복 실행하면서 35행처럼 i번째 말뚝과 j번째 말뚝을 밧줄로 연결했을 때의 비율을 구한다. 말뚝의 비율을 구하는 이유는 그림 14-10처럼 두 말뚝의 높이의 차이가 많이 나는 경우를 찾아내기 위해서다.

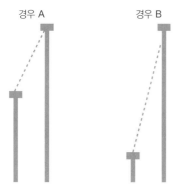

그림 14-10 높이 차이가 많이 나는 말뚝 찾기

i번째 말뚝과 j번째 말뚝의 간격이 같은 경우에는 '경우 A'보다 '경우 B'일 때 더 긴 밧줄이 필요한데, 이는 '경우 B'가 결국 더 많은 말뚝을 커버할 수 있기 때문이다.

ARRANGEMENT
정리

이 문제의 핵심은 바로 35행을 생각할 수 있는지의 여부다. 물론 피타고라스의 정리를 사용해 두 말뚝 사이 빗변 길이를 구할 수도 있다. 이때는 시프트 연산을 기반에 둔 제곱 계산을 하면 된다. 그런데 최소한의 말뚝을 구하는 문제라면 굳이 빗변 길이를 구할 필요 없이 말뚝 사이에 가상의 삼각형을 그린 후 밑면과 높이의 비율을 비교하는 것만으로도 구할 수 있다.

SECTION 05 한빛스키장 리프트 가격

QUESTION 문제

올해 새로 개장한 한빛스키장은 경쟁 스키장보다 저렴한 리프트 가격으로 많은 스키어와 보더에게 인기가 높다. 리프트 가격을 1일권부터 최대 10일권까지 구분하고 각각의 가격을 차별화해 책정했기 때문이다. 한빛스키장에서 제시한 리프트 가격은 표 14-1과 같다.

표 14-1 한빛스키장의 리프트 가격 〈단위 : 천 원〉

1일권	2일권	3일권	4일권	5일권	6일권	7일권	8일권	9일권	10일권
12	21	31	40	49	58	69	79	90	101

겨울 방학을 맞은 철수는 15일 동안 한빛스키장에서 친구들과 놀기로 계획을 세웠다. 그런데 한빛스키장의 리프트 가격 중에는 15일권이 없다. 그럼 1일권부터 10일권까지의 가격을 조합해서 가장 저렴한 리프트 가격을 구하려면 어떻게 해야 할까?

표 14-1을 보면 한빛스키장에서 15일 동안 가장 저렴하게 리프트를 이용하는 방법은 3일권 1장, 6일권 2장을 사는 것과 5일권 3장을 사는 것이다. 이 경우에는 147,000원이 필요하다. 이외의 다른 방법은 147,000원보다 더 많은 비용을 지불해야 한다.

이처럼 리프트 가격표가 주어졌을 때 원하는 기간 동안의 리프트 사용권을 가장 저렴하게 구입하는 방법을 프로그래밍해보자.

■ **입력**

- 여러 테스트 케이스가 포함될 수 있다.
- 첫 번째 행에는 테스트 케이스의 수 T가 주어지고, 이후 차례로 T개의 테스트 케이스가 주어진다(T ≤ 30).
- 각 테스트 케이스마다 첫 번째 행에는 리프트 가격의 정보인 10개의 정수가 주어진다. 각각 1일권부터 10일권까지의 리프트 가격이며, 최대 리프트 가격은 500,000원이다. 또한 i일 리프트 가격이 i − 1일 리프트 가격보다 항상 큰 것은 아니다.

- 각 테스트 케이스의 두 번째 행에는 사용자가 한빛스키장을 이용하려는 기간(N)이 주어진다(1 ≤ N ≤ 10000).

■ **출력**

- 각 행마다 각 테스트 케이스의 한빛스키장 최소 이용 가격을 출력한다.

■ **입출력 예**

입력

```
2
12 21 31 40 49 58 69 79 90 101
15
12 20 30 40 25 60 70 80 90 11
21
```

출력

```
147
34
```

BRAIN STORMING
브레인 스토밍

이 문제에서 최소 리프트 가격을 계산하는 방법은 어쩌면 단순할 수도 있고, 어쩌면 가장 효율적일 수도 있다.

1일권을 사용자가 원하는 기간만큼 구입한 것을 최소 비용으로 가정해보자. 2일째부터 가격표에 제시된 기간까지 for문을 실행해 현재 각 일째의 비용을 구한 값을 배열에 저장해둔다. 이저장된 배열 값을 사용자가 원하는 기간을 의미하는 값들과 연산해 구한 값 중에서 더 작은 값을 찾으면 저장된 배열 값을 바꾼다. 결국 작은 값들의 조합을 찾는 문제다.

코드는 다음과 같다.

```
for(i = 1; i < MAX_DAY; i++) {
    int fixedDaypay = daypay[i];
    if(OptimalPay[i] > fixedDaypay)
        OptimalPay[i] = fixedDaypay;
```

```
      for(j = i + 1; j < Period; j++) {
        if(OptimalPay[j] > (fixedDaypay + OptimalPay[j - i - 1]))
          OptimalPay[j] = (fixedDaypay + OptimalPay[j - i - 1]);
      }
    }
```

SOLVE
문제 풀이

■ 정답 코드

코드 14-4

```
01  #include <stdio.h>
02  #include <stdlib.h>
03  #define MAX_DAY 10
04  #define MAX_PAYDAY 10000
05
06  int daypay[MAX_DAY];
07  int OptimalPay[MAX_PAYDAY];
08
09  int main(int argc, char *argv[]) {
10    int T, Period;
11    int i, j, workingSet;
12
13    freopen("input.txt", "r", stdin);
14
15    // 전체 테스트 케이스 수
16    scanf("%d", &T);
17
18    workingSet = 0;
19
20    while(workingSet < T) {
21      // 각 기간별 요금을 입력받음(예: 1일권, 2일권, ...... , 10일권)
22      for(i = 0; i < MAX_DAY; i++)
23        scanf("%d", &daypay[i]);
24
25      // 사용자가 원하는 기간
26      scanf("%d", &Period);
27
28      // 사용자가 원하는 기간만큼 1일권을 구매한 것을 최소 비용으로 가정
```

```
29    for(i = 0; i < Period; i++)
30      OptimalPay[i] = (i + 1) * daypay[0];
31
32    // 2일권부터 최대 10일권까지 반복해 사용자가 원하는 기간 동안의
33    // 리프트권을 구매했을 때 최소 비용을 구함
34    for(i = 1; i < MAX_DAY; i++) {
35      int fixedDaypay = daypay[i];
36      if(OptimalPay[i] > fixedDaypay)
37        OptimalPay[i] = fixedDaypay;
38
39      for(j = i + 1; j < Period; j++) {
40        if(OptimalPay[j] > (fixedDaypay + OptimalPay[j - i - 1]))
41          OptimalPay[j] = (fixedDaypay + OptimalPay[j - i - 1]);
42      }
43    }
44
45    printf("%d", ++workingSet);
46    printf("번째 최소 비용 : ");
47    printf("%d\n", OptimalPay[Period - 1]);
48  }
49
50  return 0;
51 }
```

■ 실행 결과

```
1번째 최소 비용 : 147
2번째 최소 비용 : 34
```

EXPLANATION
해설

■ 입력 처리

input.txt 파일을 불러오고 전체 연산 횟수를 입력받는 방법은 다음 코드를 사용한다.

```
13    freopen("input.txt", "r", stdin);
14
15    // 전체 테스트 케이스 수
16    scanf("%d", &T);
```

리프트 가격을 입력받는 부분은 다음과 같다.

```
22      // 각 기간별 요금을 입력받음(예: 1일권, 2일권, ...... , 10일권)
23      for(i = 0; i < MAX_DAY; i++)
24        scanf("%d", &daypay[i]);
```

for문을 사용해서 미리 정의한 배열 daypay에 리프트 가격을 저장한다.

사용자가 원하는 한빛스키장 이용 기간을 입력받는 것 역시 scanf( ) 함수를 사용한다.

```
26      // 사용자가 원하는 기간
27      scanf("%d", &Period);
```

■ 핵심 알고리즘 코드

최소 리프트 가격을 구하기 전에 가장 먼저 해야 할 일은 최소 가격을 초기화하는 것이다.

예를 들어 1일권 가격으로 최소 가격을 정해두는 것이다. 앞 예의 경우 1일권의 가격이 12,000원이라고 하면 2일권의 가격은 24,000원, 3일권의 가격은 36,000원, 10일권의 가격은 120,000원이 된다.

이처럼 초깃값을 정해두는 이유는 이 값과 비교해 최솟값을 구하기 위해서다.

최솟값을 구하는 부분의 코드는 다음과 같다.

```
29      // 사용자가 원하는 기간만큼 1일권을 구매한 것을 최소 비용으로 가정
30      for(i = 0; i <= Period; i++)
31        OptimalPay[i] = (i + 1) * daypay[0];
```

1일권 가격인 daypay[0]과 날짜를 곱해 최소 가격을 저장하는 배열인 OptimalPay에 저장한다. 최소 리프트 가격을 계산하는 방법은 표를 중심으로 살펴보자. 현재 최소 가격이 저장된 배열 OptimalPay에는 표 14-2와 같은 값이 저장되어 있다.

표 14-2 배열 OptimalPay 구성

배열 인덱스	값
OptimalPay[0]	12
OptimalPay[1]	24
OptimalPay[2]	36
OptimalPay[3]	48
OptimalPay[4]	60
OptimalPay[5]	72
OptimalPay[6]	84
OptimalPay[7]	96
OptimalPay[8]	108
OptimalPay[9]	120
OptimalPay[10]	132
OptimalPay[11]	144
OptimalPay[12]	156
OptimalPay[13]	168
OptimalPay[14]	180

1일권의 리프트 가격은 12,000원으로 결정되어 있으므로 1일권은 계산에서 제외한다. 2일권의 경우를 보자. 이틀 동안 한빛스키장에서 지내려면 두 가지 방법을 이용할 수 있다. 2일권을 한 장 사거나 1일권을 두 장 사는 방법이다. 현재 1일권을 두 장 사는 방법은 OptimalPay[1]에 저장되어 있는 값인 24이고(천원 단위는 생략했다), 2일권 한 장의 가격은 daypay[1]에 저장되어 있다.

따라서 OptimalPay[1]과 daypay[1]의 값을 비교해 작은 값을 OptimalPay[1]에 저장한다. OptimalPay[1]은 24고 daypay[1]은 21이므로, 21이 저장된다.

이제 OptimalPay 배열의 값은 표 14-3처럼 변경된다.

표 14-3 변경된 OptimalPay 배열

배열 인덱스	값
OptimalPay[0]	12
OptimalPay[1]	21
OptimalPay[2]	36
OptimalPay[3]	48
OptimalPay[4]	60
OptimalPay[5]	72
OptimalPay[6]	84
OptimalPay[7]	96
OptimalPay[8]	108
OptimalPay[9]	120
OptimalPay[10]	132
OptimalPay[11]	144
OptimalPay[12]	156
OptimalPay[13]	168
OptimalPay[14]	180

다음으로 3일권 리프트를 구매하고 싶은 경우를 살펴보자. 세 가지 경우가 있다.

- 1일권 × 3매 = 12 × 3 = 36
- 2일권 × 1매 + 1일권 × 1매 = 21 + 12 = 33
- 3일권 × 1매 = 31

3일권의 경우 최소 가격은 3일권 한 장을 구매하는 경우다.

지금까지 설명한 과정을 프로그래밍하려면 2일권 리프트 가격부터 시작해 모든 날짜의 최소 리프트 가격을 구하는 것부터 시작해야 한다. 이를 코드로 구현한 것은 다음 부분이다.

```
34      for(i = 1; i < MAX_DAY; i++) {
35        int fixedDaypay = daypay[i];
36        if(OptimalPay[i] > fixedDaypay)
37          OptimalPay[i] = fixedDaypay;
38
```

```
39          for(j = i + 1; j < Period; j++) {
40              if(OptimalPay[j] > (fixedDaypay + OptimalPay[j - i - 1]))
41                  OptimalPay[j] = (fixedDaypay + OptimalPay[j - i - 1]);
42          }
43      }
```

첫 번째 for 문에서 i는 1부터 시작해 리프트 가격표에 제시된 최대 날짜까지 반복 실행한다. 변수 fixedDaypay는 현재 날짜의 가격 요금이다. 예를 들어 i가 1이라면 이틀 간의 리프트 가격은 fixedDaypay에 저장된다. 그리고 OptimalPay[i] 값이 fixedDaypay 값보다 크면 OptimalPay[i] 배열 값으로 fixedDaypay 값을 저장한다.

두 번째 for문의 제어 변수 j는 i + 1부터 시작해 한빛스키장을 이용하고 싶은 총 기간인 Period − 1까지 반복 실행한다. 결국 2일부터 15일(위 입력 예를 사용한 경우에)까지의 최소 가격을 구하는 것이다. 그리고 현재 기간의 최소 금액인 OptimalPay[j] 값은 앞에서 구한 가격인 fixedDaypay 값과 이전에 구해 놓은 OptimalPay[j − i − 1] 값과 더해 어느 쪽이 더 작은가를 비교한 후 더 작은 값을 OptimalPay[j]에 저장한다.

i 값이 1이라면 두 번째 for문의 역할은 다음과 같다.

- 1일권과 2일권으로 2일 동안의 최소 요금 구하기
- 1일권과 2일권으로 3일 동안의 최소 요금 구하기
- 1일권과 2일권으로 4일 동안의 최소 요금 구하기
- 1일권과 2일권으로 5일 동안의 최소 요금 구하기
- 1일권과 2일권으로 6일 동안의 최소 요금 구하기
- ……
- 1일권과 2일권으로 15일 동안의 최소 요금 구하기

그 다음에 i를 2로 증가시키면 위 과정이 반복 실행된다.

- 1일권, 2일권, 3일권으로 3일 동안의 최소 요금 구하기
- 1일권, 2일권, 3일권으로 4일 동안의 최소 요금 구하기
- 1일권, 2일권, 3일권으로 5일 동안의 최소 요금 구하기
- 1일권, 2일권, 3일권으로 6일 동안의 최소 요금 구하기
- ……
- 1일권, 2일권, 3일권으로 15일 동안의 최소 요금 구하기

이 과정을 리프트 가격표에 제시된 10일권까지 반복하게 된다. 단, 이 과정에서 중요한 포인트는 1일권, 2일권, 3일권으로 3일 기간 동안의 최소 요금을 구한다고 하더라도 이미 2일권에서 최소 가격을 구해두었으므로 기존에 저장해두었던 최소 비용을 사용할 수 있다. 이러한 프로그래밍 방식을 동적 계획법Dynamic Programming이라고 한다.

ARRANGEMENT
정리

이 문제의 핵심은 최소 요금의 초깃값을 구한 후 2개의 for문을 사용해 초깃값이 저장된 배열을 업데이트하는 데 있다. 2개의 for문 실행이 끝나면 최솟값을 구할 수 있게 된다.

중첩 반복문(이 문제에서는 for문을 사용했음)을 사용해 최솟값을 구하는 방법은 알고리즘 문제에서 자주 사용되는 유형이다.

포인트 스키 활강

QUESTION
문제

한빛스키장에서는 2016년 동계 체전이 한창이다. 그리고 지금 소개하는 포인트 스키 활강은 2015년부터 새로 생긴 종목으로, 스키 슬로프에 포인트가 적힌 깃발을 꽂아두고 맨 꼭대기부터 내려오면서 각 깃발을 터치할 때마다 깃발에 적힌 포인트가 누적되어 전체 누적 포인트가 가장 많은 사람이 우승하는 게임이다.

단, 스키어는 맨 꼭대기에서 출발할 때 바로 아래에 있는 포인트 깃발과 오른쪽 아래에 있는 포인트 깃발만 터치할 수 있다. 그림 14-11은 스키 슬로프에 포인트가 적힌 깃발이 배치된 예다.

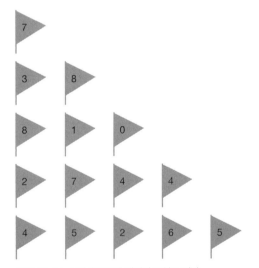

그림 14-11 스키 슬로프에 배치된 포인트 깃발

그림 14-11에서 포인트 깃발의 합이 최대가 되는 방법은 그림 14-12처럼 7, 3, 8, 7, 5를 순서대로 터치하고 내려오는 것이다.

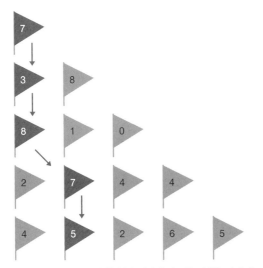

그림 14-12 포인트의 총 합이 최대가 되도록 깃발을 터치하는 순서

이제 주어진 행에 맞추어 깃발을 배치했을 때 포인트의 총 합이 최대가 되는 포인트 스키 활강 경로를 프로그램으로 작성해보자.

■ 입력

- 여러 테스트 케이스가 포함될 수 있다.
- 첫 번째 행에는 테스트 케이스의 수 T가 주어지고, 이후 차례로 T개의 테스트 케이스가 주어진다(T ≤ 30).
- 각 테스트 케이스의 첫 번째 행에는 깃발이 배치될 행의 개수 N이 주어진다(1 ≤ N ≤ 1000).
- 각 테스트 케이스의 두 번째 행부터 N 번째 행에 걸쳐 각 행에 해당하는 수가 공백으로 분리되어 주어진다. 각 수는 모두 0 이상 100 이하의 정수다.

■ 출력

- 각 행마다 각 테스트 케이스의 최대 합을 출력한다.

■ 입출력 예

입력

```
2
5
7
3 8
8 1 0
```

```
2 7 4 4
4 5 2 6 5
10
1
2 3
4 5 6
7 8 9 10
11 12 13 14 15
21 20 19 18 17 16
22 23 24 25 26 27 28
36 35 34 33 32 31 30 29
37 38 39 40 41 42 43 44 45
55 54 53 52 51 50 49 48 47 46
```

출력

```
30
202
```

BRAIN STORMING
브레인 스토밍

깃발의 최대 포인트를 얻는 경로를 구하려면 슬로프의 가장 아래에서부터 계산을 시작한다. 이와 비슷한 문제가 미로 찾기다.

미로에서 길을 찾을 때는 출발점보다는 도착점에서 반대로 길을 찾는 것이 더 빠르다. 보통 미로를 설계할 때 출발점에서는 사용자들에게 혼란을 유도하기 위해 여러 가지 갈래의 길을 만들어 놓지만, 도착점에서는 오로지 하나의 길로만 올 수 있도록 설계하기 때문이다.

이 문제도 미로 찾기와 마찬가지다. 맨 아래 깃발부터 최댓값을 구하려고 각각의 경우를 비교한다. 즉, 가장 값이 큰 경우의 경로를 거꾸로backward 추적하는 것이다.

반대 경로로 최댓값을 구하는 코드는 다음처럼 구현한다.

```
for(i = sizeofTriangle - 1; i >= 0; i--) {
  for(j = 0; j <= i; j++) {
    Solutions[i][j] += max(Solutions[i + 1][j], Solutions[i + 1][j + 1]);
  }
```

```
      }

    printf("%d\n", Solutions[0][0]);
```

비교할 대상은 Solutions[i + 1][j]와 Solutions[i + 1][j + 1]의 두 가지 경우만 존재하므로
두 값을 비교해 더 큰 값을 Solution[i][j]와 합하면 된다.

SOLVE
문제 풀이

■ 정답 코드

코드 14-5

```
01  #include <stdio.h>
02  #define max(a, b) ((a > b) ? a : b)
03  #define MAX_VALUE 1000
04
05  int Solutions[MAX_VALUE][MAX_VALUE];
06
07  int main(void) {
08    int tc, testCases, i, j;
09    int sizeofTriangle;
10
11    freopen("input.txt", "r", stdin);
12    setbuf(stdout, NULL);
13
14    // 테스트 케이스를 입력받는다
15    scanf("%d", &testCases);
16
17    for(tc = 0; tc < testCases; tc++) {
18
19      // 전체 크기(슬로프 길이)를 구한다
20      scanf("%d", &sizeofTriangle);
21
22      // 슬로프에 있는 깃발 정보를 입력받는다
23      for(i = 0; i < sizeofTriangle; i++) {
24        for(j = 0; j <= i; j++) {
25          scanf("%d", &Solutions[i][j]);
26          printf("%3d", Solutions[i][j]);
27        }
```

```
28
29        printf("\n");
30      }
31
32      // 슬로프의 아랫부분부터 최댓값을 선택해 더한다
33      // 이 과정을 슬로프 맨 위 꼭지점까지 반복한다
34      for(i = sizeofTriangle - 1; i >= 0; i--) {
35        for(j = 0; j <= i; j++) {
36          Solutions[i][j] += max(Solutions[i + 1][j], Solutions[i + 1][j + 1]);
37          printf("Solutions[%d][%d] : %d\n", i, j, Solutions[i][j]);
38        }
39      }
40
41      printf("%d\n", Solutions[0][0]);
42    }
43    return 0;
44  }
```

■ 실행 결과

```
 7
 3  8
 8  1  0
 2  7  4  4
 4  5  2  6  5
Solutions[4][0] : 4
Solutions[4][1] : 5
Solutions[4][2] : 2
Solutions[4][3] : 6
Solutions[4][4] : 5
Solutions[3][0] : 7
Solutions[3][1] : 12
Solutions[3][2] : 10
Solutions[3][3] : 10
Solutions[2][0] : 20
Solutions[2][1] : 13
Solutions[2][2] : 10
Solutions[1][0] : 23
Solutions[1][1] : 21
Solutions[0][0] : 30
30
 1
 2  3
```

```
 4  5  6
 7  8  9 10
11 12 13 14 15
21 20 19 18 17 16
22 23 24 25 26 27 28
36 35 34 33 32 31 30 29
37 38 39 40 41 42 43 44 45
55 54 53 52 51 50 49 48 47 46
Solutions[9][0] : 55
Solutions[9][1] : 54
Solutions[9][2] : 53
Solutions[9][3] : 52
Solutions[9][4] : 51
Solutions[9][5] : 50
Solutions[9][6] : 49
Solutions[9][7] : 48
Solutions[9][8] : 47
Solutions[9][9] : 46
Solutions[8][0] : 92
Solutions[8][1] : 92
Solutions[8][2] : 92
Solutions[8][3] : 92
Solutions[8][4] : 92
Solutions[8][5] : 92
Solutions[8][6] : 92
Solutions[8][7] : 92
Solutions[8][8] : 92
Solutions[7][0] : 128
Solutions[7][1] : 127
Solutions[7][2] : 126
Solutions[7][3] : 125
Solutions[7][4] : 124
Solutions[7][5] : 123
Solutions[7][6] : 122
Solutions[7][7] : 121
Solutions[6][0] : 150
Solutions[6][1] : 150
Solutions[6][2] : 150
Solutions[6][3] : 150
Solutions[6][4] : 150
Solutions[6][5] : 150
Solutions[6][6] : 150
Solutions[5][0] : 171
Solutions[5][1] : 170
```

```
Solutions[5][2] : 169
Solutions[5][3] : 168
Solutions[5][4] : 167
Solutions[5][5] : 166
Solutions[4][0] : 182
Solutions[4][1] : 182
Solutions[4][2] : 182
Solutions[4][3] : 182
Solutions[4][4] : 182
Solutions[3][0] : 189
Solutions[3][1] : 190
Solutions[3][2] : 191
Solutions[3][3] : 192
Solutions[2][0] : 194
Solutions[2][1] : 196
Solutions[2][2] : 198
Solutions[1][0] : 198
Solutions[1][1] : 201
Solutions[0][0] : 202
202
```

EXPLANATION
해설

▪ 입력 처리

input.txt 파일을 불러오고 전체 연산 횟수를 입력받는 방법은 다음 코드를 사용한다.

```
11    freopen("input.txt", "r", stdin);
12    setbuf(stdout, NULL);
13
14    // 테스트 케이스를 입력받는다
15    scanf("%d", &testCases);
```

그리고 슬로프의 전체 크기를 입력받는다.

```
19    // 전체 크기(슬로프 길이)를 구한다
20    scanf("%d", &sizeofTriangle);
```

슬로프의 전체 크기를 구한 후에는 슬로프에 꽂혀 있는 깃발 정보(포인트)를 입력받는다.

```
22      // 슬로프에 있는 깃발 정보를 입력받는다
23      for(i = 0; i < sizeofTriangle; i++) {
24        for(j = 0; j <= i; j++) {
25          scanf("%d", &Solutions[i][j]);
26          printf("%3d", Solutions[i][j]);
27        }
28
29        printf("\n");
30      }
```

깃발 정보는 2차원 배열 Solutions에 저장한다.

■ 핵심 알고리즘 코드

핵심 코드 부분은 32행~41행이다

```
32      // 슬로프의 아랫부분부터 최댓값을 선택해 더한다
33      // 이 과정을 슬로프 맨 위 꼭지점까지 반복한다
34      for(i = sizeofTriangle - 1; i >= 0; i--) {
35        for(j = 0; j <= i; j++) {
36          Solutions[i][j] += max(Solutions[i + 1][j], Solutions[i + 1][j + 1]);
37          printf("Solutions[%d][%d] : %d\n", i, j, Solutions[i][j]);
38        }
39      }
40
41      printf("%d\n", Solutions[0][0]);
```

그림 14-13을 보면 (i + 1, j)와 (i + 1, j + 1) 중에서 더 큰 값을 구할 수 있는 값을 선택해 Solutions[i][j]에 저장한다.

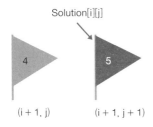

그림 14-13 두 값을 비교해 큰 값을 구해서 저장

결국 슬로프의 가장 꼭대기 위치인 Solution[0][0]에 깃발을 터치했을 때의 최댓값이 저장된다.

정리

포인트 스키 활강 문제는 주어진 입력 데이터를 배열에 저장해두고, 이 배열을 사용해 뒤에서부터 최댓값을 구해 반대로 계산하는 방식이 제일 간단하다. 출발점에서 계산을 시작하면 계산해야 할 가짓수가 점점 많아지기 때문이다. 따라서 도착점에서부터 반대로 계산하는 것이 가장 빠른 방법이다.

CHAPTER 15

동적 계획법 응용

앞 장에서 배운 동적 계획법의 기본 개념만으로 알고리즘 문제를 해결하기는 쉽지 않다. 동적 계획법의 특징은 원래 문제를 작은 문제로 나눈 후 작은 문제들의 해결 방법을 통해 원래 문제의 해결 방법을 구하는 것인데, 실제로 이와 같은 생각을 하기는 쉽지 않다.

상당한 연습을 하지 않으면 주어진 문제를 어떻게 작은 문제로 나눠야 할지 감을 잡기 어렵기 때문이다. 이 장에서는 최근 알고리즘 문제의 단골 메뉴로 자주 등장하는 동적 계획법의 전형적인 문제들을 소개하고, 접근 방법을 설명한다.

SECTION 01 동적 계획법의 전형적인 문제

이번에 소개하는 '투자자 문제'는 동적 계획법을 사용하는 전형적인 문제 중 하나다. 꽤 유명한 동적 계획법 문제일 뿐만 아니라 동적 계획법의 기본기를 다질 수 있어 이 장의 문제를 풀기 전에 소개하는 것이니 꼭 이해하고 넘어가자.

어떤 투자자가 여러 기업에게 돈을 투자해서 최대 이익을 얻고자 한다. 단, 투자는 만 원 단위로 할 수 있으며 투자자는 많이 투자할수록 기업으로부터 더 많은 이익을 돌려받는다. 돈을 투자하지 않은 경우는 당연히 얻게 되는 이익도 없다.

예를 들어 한 투자자가 4만 원을 2개의 기업에 각각 만 원 단위로 투자한다고 가정했을 때 투자 액수와 기업에서 얻을 수 있는 이익은 표 15-1과 같다.

표 15-1 투자 액수에 비례해서 얻을 수 있는 기업별 이익

투자 액수(만 원)	기업 A	기업 B
1	5	1
2	6	5
3	7	9
4	8	15

기업 A에 1만 원, 기업 B에 3만 원을 투자하는 경우 투자자가 얻는 이익은 14만 원(5만 원 + 9만 원 = 14만 원)이다. 4만 원을 투자해서 가장 많은 이익을 얻을 수 있는 경우는 기업 B에만 4만 원을 투자하는 경우며 이와 같은 투자로 얻을 수 있는 이익은 15만 원이다.

이번에는 투자액이 정해져 있고 기업의 수와 각 기업에 투자했을 경우에 얻게 되는 이익이 주어졌을 때, 가장 많은 이익을 얻을 수 있는 투자 방식과 이때의 이익금을 구하는 알고리즘을 동적 계획법으로 해결해보자.

입력 조건은 다음과 같다.

- 입력 파일의 이름은 input.txt다.

- 파일의 첫 번째 행은 투자 금액과 투자 가능한 기업들의 수다.

- 두 번째 행부터는 투자 액수와 각 기업이 투자자에게 주는 이익이다. 단, 총 투자 금액은 300만 원을 넘지 않으며, 투자할 수 있는 기업의 수는 최대 20개다.

- 한 기업에 중복으로 투자할 수는 없다.

이를 만족하는 input.txt 파일의 입력 예는 다음과 같다.

```
4 2
1 5 1
2 6 5
3 7 9
4 10 15
```

입력 파일의 내용을 분석하면 다음과 같다.

- 첫 번째 행의 투자 금액은 4만 원이다.

- 투자 가능한 기업의 수는 2개다.

- 두 번째 행 ~ 다섯 번째 행은 표 15-1의 내용을 공백을 두어 옮긴 것이다.

출력 결과의 조건은 다음과 같다.

- 첫 번째 행은 각 기업에 투자한 액수다.

- 두 번째 행은 얻을 수 있는 최대 이익이다.

이를 만족하는 출력 예는 다음과 같다.

```
0 4
15
```

출력 파일의 내용을 분석하면 다음과 같다.

- 첫 번째 행은 기업 A에는 0원을 투자하고, 기업 B에는 4만 원을 투자했다는 뜻이다.

- 얻을 수 있는 총 이익은 15만 원이다.

그럼 이 문제를 분석해보자. 먼저 투자할 수 있는 기업이 2개 있다고 하자. 그리고 기업 A에 3만 원, 기업 B에 4만 원을 투자하는 것을 (3, 4)라고 표현하자. 이러한 방식으로 현재 투자 금액이 5만 원이라고 했을 때 2개 기업에 투자할 수 있는 경우의 수는 다음 6개다.

```
(기업 A, 기업 B)
---------------
(0, 5)
(1, 4)
(2, 3)
(3, 2)
(4, 1)
(5, 0)
```

동적 계획법은 위 6개의 경우 중 가장 이익금이 많은 방법을 선택하면 된다.

그렇다면 기업이 2개 이상이면 어떻게 해야 할까? 투자할 기업이 2개 이상이라면 기업들이 2개인 것으로 축소해서 생각하면 된다. 예를 들어 투자할 기업이 4개 있고, 5만 원을 투자해야 할 때 기업 a, b, c를 묶어서 A, 기업 d를 B라고 하면 다음과 같이 표현할 수 있다.

```
(기업 A, 기업 B)
---------------
(0, 5)
(1, 4)
(2, 3)
(3, 2)
(4, 1)
(5, 0)
```

위 6개의 경우는 2개의 기업에서 표현했던 방식과 완전히 같다. 예를 들어 (3, 2)의 경우는 기업 a, b, c에 3만 원을 투자하고 기업 d에 2만 원을 투자한다는 의미가 된다. 이는 기업 a, b, c에 3만 원을 투자한 문제로 다시 생각해볼 수 있다. 이미 a, b, c에 3만 원을 투자했을 때 얻을 수 있는 최대 이익이 계산되어 있다고 가정한 것이기 때문이다. 이런 사고 방식이 바로 동적 계획법의 핵심 중 핵심이다. 결국 기업 a, b, c, d에 5만 원을 투자하는 문제가 a, b, c에 3만 원을 투자하는 문제로 축소되었다는 것을 알 수 있다.

그리고 Benefit[i, j]가 1부터 i까지의 기업들에 j원을 똑같이 투자했을 때의 최대 이익이라고 하자. 이를 다음과 같은 수식으로 만들 수 있다(a[i, j]는 입력 데이터로 주어진 i번째 기업에 j 원을 투자했을 때의 이익).

> 1번째: i번째 기업까지 0원을 똑같이 투자하는 경우: Benefit[i, j] = Benefit[i − 1, j] + a[i, 0]
>
> 2번째: i번째 기업까지 1원을 똑같이 투자하는 경우: Benefit[i, j] = Benefit[i − 1, j − 1] + a[i, 1]
>
> 3번째: i번째 기업까지 2원을 똑같이 투자하는 경우: Benefit[i, j] = Benefit[i − 1, j − 2] + a[i, 2]
>
> ······
>
> j + 1번째: i번째 기업까지 j원을 똑같이 투자하는 경우: Benefit[i, j] = Benefit[i − 1, 0] + a[i, j]

위 j + 1번째까지 경우 중 가장 최대의 이익을 내는 경우를 계산하면 된다. 위의 경우들을 일반화시키면 결국 동적 계획법은 다음 수식으로 표현할 수 있다.

> Benefit[i, j] = max {Benefit[i - 1, j - k] + a[i, k]} (단, k는 0 ≤ k ≤ j인 정수)

max는 주어진 값 중에서 최댓값을 구하는 함수다. 단, i가 1인 경우는 기업이 하나인 경우이므로 Benefit[1, j] = a[1, j]가 된다.

이 동적 계획법 문제의 해결 방법을 C로 구현하면 다음과 같다. 그리 어려운 코드가 아니므로 앞의 설명과 비교하면서 꼭! 이해해두기 바란다.

코드 15-1 동적 계획법

```
01  #include <stdio.h>
02
03  int m, n;
04
05  int a[21][301];
06  int t[21][301] = { 0 };
07  int Benefit[21][301];
08
09  void input()
10  {
11    freopen("input.txt", "r", stdin);
12    scanf("%d", &m);  // 투자할 금액을 입력받는다
13    scanf("%d", &n);  // 투자할 기업의 수를 입력받는다
14    int z;
15
16    for(int i = 1; i <= m; i++) {  // 1부터 투자할 금액 m까지 읽어온다
```

```
17      scanf("%d", &z);   // 투자 금액을 z에 읽어온다
18
19      for(int j = 0; j < n; j++)
20        // 1부터 j번째 기업까지 z 금액을 투자했을 때
21        // 이익을 배열 a[j][z]에 저장한다
22        scanf("%d", &a[j][z]);
23    }
24  }
25
26  void process()
27  {
28    int i, j, k;
29
30    for(i = 1; i <= n; i++) {
31      for(j = 0; j <= m; j++) {
32        for(k = 0; k <= j; k++) {
33          // a[i][k]의 이익을 추가한 이익이 원래 이익 t[i][j]보다 큰 경우
34          if(t[i - 1][j - k] + a[i][k] > t[i][j]) {
35            t[i][j] = t[i - 1][j - k] + a[i][k];
36            Benefit[i][j] = k;
37          }
38        }
39      }
40    }
41  }
42
43  void output()
44  {
45    int g[21];
46    int i, j;
47
48    j = m;
49
50    for(i = n; i >= 0; i--) {
51      g[i] = Benefit[i][j];
52      j -= g[i];
53    }
54
55    for(i = 0; i < n; i++)
56      printf("%d ", g[i]);
57
58    printf("\n");
59    printf("%d\n", t[n][m]);
60  }
```

```
61
62  void main()
63  {
64    input();
65    process();
66    output();
67  }
```

SECTION
02 한빛 패스트푸드

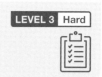

QUESTION
문제

새로 오픈한 한빛 패스트푸드 부천점은 총 M명의 직원이 근무하며 하루에 평균 N명의 고객이 방문한다. 고객은 방문 순서대로 한 줄로 줄을 서서 직원에게 주문을 하고, 주문한 음식이 나오면 고객은 떠나고 직원은 다음 주문을 받게 된다. 또한 주문을 받고 있지 않은 직원이 있다면 즉시 해당 직원에게 주문을 할 수 있고, 주문을 받고 있지 않은 직원이 여러 명 있으면 어떤 직원에게 먼저 주문해도 상관없다.

그럼 전체 주문 순서는 어떻게 파악할까? 처음에는 고객 방문 순서대로 1번부터 N번까지의 번호표를 나눠주고, 고객이 주문한 음식을 받으면 번호표를 회수하므로 이를 이용하면 될 것으로 생각했다. 그런데 회수된 번호표의 순서가 1번, 2번, 3번, 4번, ...처럼 순서대로 정확히 되는 날은 한 번도 없었다. 예를 들어 3명의 직원이 있는 지점에 다섯 명의 고객이 방문했을 때, 1번–3번–2번–5번–4번, 1번–3번–5번–2번–4번, 3번–4번–1번–5번–2번 등의 순서로 번호표를 회수한 적은 있었다. 하지만 4번–1번–2번–3번–5번, 3번–5번–4번–2번–1번 등은 고객들이 어떻게 주문하더라도 이런 순서로 회수되지 않았다.

그렇다면 주어진 직원 수와 고객 수에 따라 번호표 회수 순서를 입력받았을 때, 그 회수 순서가 실제로 가능한지의 여부를 알려주는 프로그램을 만들어보자.

■ **입력**

- 여러 테스트 케이스가 포함될 수 있다.
- 파일의 첫 번째 행에는 케이스의 개수 T가 주어지고, 이후 차례로 T개의 테스트 케이스가 주어진다.
- 각 테스트 케이스의 첫 번째 행에는 번호표의 총 수 N과 직원의 수 M, 그리고 알아맞혀야 할 문제(순서)의 수 P가 주어진다.
- 각 테스트 케이스의 두 번째 행부터는 각 행마다 1부터 N까지의 순열로 번호표를 회수한 순서가 공백을 사이에 두고 주어진다.

- 각 행마다 각 테스트 케이스의 출력 결과를 공백 없이 차례로 적는다. 가능한 순서라면 답은 1, 불가능한 순서라면 답은 0이다.

■ 입출력 예

입력

```
2
5 3 5
1 2 3 4 5
1 3 5 2 4
3 4 1 5 2
4 1 2 3 5
3 5 4 2 1
5 5 3
3 4 1 5 2
4 1 2 3 5
3 5 4 2 1
```

출력

```
11100
111
```

BRAIN STORMING
브레인 스토밍

이 문제의 핵심은 주문을 받을 직원이 있는데 번호표가 넘어가는 경우가 있는지를 확인하는 것이다. 예를 들어 직원 1과 직원 2가 주문을 받고 있고, 직원 3이 주문을 받으려고 대기하고 있다면 고객 3은 직원 3에게 주문을 하면 된다. 그러나 고객 3이 현재 주문을 받고 있는 직원 1의 주문 처리가 끝날 때까지 대기했다가 직원 1에게 주문을 하면 비정상적인 경우로 인식하게 해야 한다.

한 가지 더 알아둬야 할 점은 정상적인 경우를 1로 설정하고, 실제 연산은 비정상적인 경우만을 확인해 0으로 설정하는 것이 더 효율적이라는 것이다.

SOLVE
문제 풀이

■ 정답 코드

코드 15-2

```
01  #include <stdio.h>
02  #define MAX_NUM 100
03
04  int ticket[MAX_NUM][MAX_NUM];
05
06  int main(void)
07  {
08      int tc, testCases;
09      int num_Tickets;
10      int num_Employees;
11      int num_Problems;
12
13      freopen("input.txt", "r", stdin);
14      setbuf(stdout, NULL);
15      scanf("%d", &testCases);
16
17      for(tc = 0; tc < testCases; tc++) {
18          int i, j, k;
19          int Solutions[MAX_NUM] = {0, };
20
21          // 고객 수, 직원 수, 문제 수를 입력받음
22          scanf("%d %d %d", &num_Tickets, &num_Employees, &num_Problems);
23
24          // 문제 수와 직원 수에 맞게 데이터를 입력받음
25          for(i = 0; i < num_Problems; i++) {
26              for(j = 0; j < num_Tickets; j++) {
27                  scanf("%d", &ticket[i][j]);
28                  printf("%d", ticket[i][j]);
29              }
30
31              printf("\n");
32          }
33
34          printf("\n");
35
36          for(i = 0; i < num_Problems; i++) {
37              k = num_Employees;
```

```
38          Solutions[i] = 1;
39
40          for(j = 0; j < num_Tickets; j++) {
41             if((j < k) && (ticket[i][j] > k)) {
42                Solutions[i] = 0;
43                j = num_Tickets + 1;
44                printf("i, j, k : %d, %d, %d\n", i, j, k);
45             }
46
47             k++;
48          }
49       }
50
51       printf("Solutions : ");
52
53       for(i = 0; i < num_Problems; i++) {
54          printf("%d", Solutions[i]);
55       }
56
57       printf("\n\n");
58    }
59
60    return 0;
61 }
```

■ 실행 결과

```
12345
13524
34152
41235
35421

i, j, k : 3, 6, 3
i, j, k : 4, 6, 4
Solutions : 11100

34152
41235
35421


Solutions : 111
```

■ 입력 처리

input.txt 파일을 불러오고 테스트 케이스의 수를 입력받는 방법은 다음 코드를 사용한다.

```
13    freopen("input.txt", "r", stdin);
14    setbuf(stdout, NULL);
15    scanf("%d", &testCases);
```

다음으로는 고객 수, 직원 수, 문제 수를 입력받는다. 입력받은 후에는 문제 수와 직원 수에 맞추어 데이터를 입력받게 한다.

```
21    // 고객 수, 직원 수, 문제 수를 입력받음
22    scanf("%d %d %d", &num_Tickets, &num_Employees, &num_Problems);
23
24    // 문제 수와 직원 수에 맞게 데이터를 입력받음
25    for(i = 0; i < num_Problems; i++) {
26      for(j = 0; j < num_Tickets; j++) {
27        scanf("%d", &ticket[i][j]);
28        printf("%d", ticket[i][j]);
29      }
30
31      printf("\n");
32    }
33
34    printf("\n");
```

문제 수와 직원 수에 맞게 데이터를 입력받을 때는 문제 수와 직원 수를 모두 고려하려고 for문을 중첩해서 사용한다. 그리고 고객이 받고 돌려준 번호표의 순서 값은 연관된 2개의 값이므로 2차원 배열 ticket에 저장한다.

■ 핵심 알고리즘 코드

핵심 알고리즘을 구현할 때 고려해야 할 것은 주문을 받을 직원이 있는데 고객이 주문하지 않아 번호표를 주지 못하는 경우다. 이를 고려하는 부분은 다음과 같다.

```
40          for(j = 0; j < num_Tickets; j++) {
41            if((j < k) && (ticket[i][j] > k)) {
42              Solutions[i] = 0;
43              j = num_Tickets + 1;
44              printf("i, j, k : %d, %d, %d\n", i, j, k);
45            }
46
47          k++;
48        }
```

41행에서는 번호표 숫자만큼 반복 실행하는 j 값이 현재 일할 수 있는 직원 수를 의미하는 k 값보다 작은 경우와 ticket[i][j] 값이 현재 직원 수를 나타내는 k 값보다 큰 경우를 모두 만족할 때를 조건으로 세운다. 이는 이러한 번호표 순서는 있을 수가 없는 상황을 가정한 것이다.

이 조건을 만족하는 경우는 불가능한 번호표 순서이므로 42행처럼 Solutions[i]에는 0을 저장해 이를 구분하게 된다.

ARRANGEMENT
정리

이 문제는 for문을 이용해 현재 고객 번호와 주문을 받는 직원을 비교할 수 있는지를 확인하면 풀 수 있는 문제다. 따라서 주어진 입력 데이터의 고객 번호표가 현재 직원의 번호보다 크다면 그러한 번호 순서는 발생할 가능성이 없다고 확인하면 된다.

LEVEL 3 Mid

시장의 도시 방문기

QUESTION
문제

한빛공화국에는 수도와 그 외 도시들이 일렬로 존재한다. 각 도시에는 시장 1명이 있고, 시장은 자신의 도시를 제외한 다른 도시를 한 달에 한 번씩 방문하면서 회의에 참석해야 한다.

예를 들어 5개의 도시가 1, 5, 3, 2, 4라는 곳에 위치해 있다면 1번 도시의 시장이 자신의 도시를 제외한 다른 도시를 방문할 때 이동하는 거리는 '(5 − 1) + (3 − 1) + (2 − 1) + (4 − 1) = 10'이다.

그렇다면 각 도시의 시장이 자신의 도시를 제외한 다른 도시를 방문할 때 이동하는 총 거리는 얼마나 될까?

■ 입력

- 여러 테스트 케이스가 포함될 수 있다.
- 첫 번째 행에는 테스트 케이스의 수 T가 주어지고, 이후 차례로 T개의 테스트 케이스가 주어진다(T ≤ 30).
- 각 테스트 케이스의 첫 번째 행에는 도시의 수 N이 주어진다(1 ≤ N ≤ 50000).
- 각 테스트 케이스의 두 번째 행부터 N 번째 행에 걸쳐 각 도시들의 위치가 주어진다. 도시들의 위치는 항상 양의 정수로 주어지며, 같은 위치에 여러 도시가 있을 수 없다.

■ 출력

- 한 행마다 각 테스트 케이스에서 계산한, 자신의 도시를 제외한 다른 도시들을 모두 방문한 거리의 합을 출력한다.

■ 입출력 예

입력
```
3
3
10
```

```
20
14
5
1
5
3
2
4
5
99
85
4
35
16
```

출력

```
40
40
1036
```

BRAIN STORMING
브레인 스토밍

이 문제에서 2개 도시 사이의 거리를 한 번만 구해서 2배하면 두 도시 사이의 왕복 거리를 구할 수 있다. 예를 들어 도시 1과 도시 5가 있다고 하자. 도시 1의 시장이 도시 5를 방문할 때 걸리는 길이는 5 − 1 = 4가 되며, 마찬가지로 도시 5에서 도시 1까지 걸리는 거리도 4가 된다. 결국 도시 1에서 도시 5까지 걸리는 거리인 4를 구해서 2를 곱하면 된다.

또한 도시가 있는 위치를 배열의 인덱스로 사용한다. 같은 위치에 2개의 도시가 존재할 수는 없으므로 위치를 나타내는 locations 배열이 있다면 0과 1의 값만 갖게 된다. 예를 들어 1과 5에 있는 2개 도시는 location[1] = 1, location[5] = 1로 표시할 수 있다. 자신이 시장인 도시의 위치는 전부 0으로 저장하면 된다.

이처럼 도시의 위치를 배열의 인덱스로 사용하면 간단한 배열 하나로 도시 사이의 거리를 쉽게 계산할 수 있다는 장점이 있다.

■정답 코드

코드 15-3

```
01  #include <stdio.h>
02  #include <string.h>
03  #define MAX_CITY 50000
04
05  int num_Cities;
06
07  int main(void)
08  {
09    int tc, testCases;
10    int Solutions;
11    int i, j, currentLocation, prevLocation, number;
12    int sum;
13
14    freopen("input.txt", "r", stdin);
15    setbuf(stdout, NULL);
16    scanf("%d", &testCases);
17
18    for(tc = 0; tc < testCases; tc++) {
19      // 도시 위치 정보 초기화
20      int locations[MAX_CITY] = { 0 };
21
22      Solutions = 0;
23      sum = 0;
24
25      // 전체 도시 수를 입력받음
26      scanf("%d",&num_Cities);
27
28      // 도시 위치를 입력받음
29      for(i = 0; i < num_Cities; i++) {
30        scanf("%d", &currentLocation);
31        locations[currentLocation]++;
32      }
33
34      number = 0;
35      prevLocation = 0;
36
37      for(currentLocation = 0; currentLocation < MAX_CITY; currentLocation++) {
```

```
38          if(locations[currentLocation]) {
39             sum = sum + number * (currentLocation - prevLocation);
40             Solutions = Solutions + sum;
41
42             printf("locations[%d:%d] -> sum : %d, Solutions : %d, number : %d\n",
43               currentLocation, prevLocation, sum, Solutions, number);
44             prevLocation = currentLocation;
45             number++;
46
47             if(number == num_Cities)
48                break;
49          }
50       }
51
52       printf("%d\n", 2 * Solutions);
53    }
54
55    return 0;
56 }
```

■ 실행 결과

```
locations[10:0] -> sum : 0, Solutions : 0, number : 0
locations[14:10] -> sum : 4, Solutions : 4, number : 1
locations[20:14] -> sum : 16, Solutions : 20, number : 2
40
locations[1:0] -> sum : 0, Solutions : 0, number : 0
locations[2:1] -> sum : 1, Solutions : 1, number : 1
locations[3:2] -> sum : 3, Solutions : 4, number : 2
locations[4:3] -> sum : 6, Solutions : 10, number : 3
locations[5:4] -> sum : 10, Solutions : 20, number : 4
40
locations[4:0] -> sum : 0, Solutions : 0, number : 0
locations[16:4] -> sum : 12, Solutions : 12, number : 1
locations[35:16] -> sum : 50, Solutions : 62, number : 2
locations[85:35] -> sum : 200, Solutions : 262, number : 3
locations[99:85] -> sum : 256, Solutions : 518, number : 4
1036
```

EXPLANATION
해설

▪ 입력 처리

input.txt 파일을 불러오고 테스트 케이스의 수를 입력받는 방법은 다음 코드를 사용한다.

```
14    freopen("input.txt", "r", stdin);
15    setbuf(stdout, NULL);
16    scanf("%d", &testCases);
```

일반적으로 배열을 초기화할 때는 memset( ) 함수를 주로 사용하지만 0으로 초기화하는 경우라면 아래 코드처럼 배열을 선언하면서 동시에 0으로 초기화하는 것이 더 간단하다.

```
18    for(tc = 0; tc < testCases; tc++) {
19      // 도시 위치 정보 초기화
20      int locations[MAX_CITY] = { 0 };
```

이제 도시의 위치를 입력받는다. 핵심은 도시가 있는 위치를 locations 배열의 인덱스로 사용한다는 점이다. 따라서 같은 위치에 2개 이상의 도시가 존재하지 않는 한 locations 배열은 0과 1의 값만을 갖게 된다.

```
25      // 전체 도시 수를 입력받음
26      scanf("%d",&num_Cities);
27
28      // 도시 위치를 입력받음
29      for(i = 0; i < num_Cities; i++) {
30        scanf("%d", &currentLocation);
31        locations[currentLocation]++;
32      }
```

▪ 핵심 알고리즘 코드

이제 최대 도시의 숫자만큼 반복 실행할 때의 상황을 살펴보자. 현재 위치인 currentLocation을 인덱스로 하는 locations 배열 값이 1이라면(즉, currentLocation 위치에 도시가 있

다는 의미가 된다) 이전 위치(preLocation)와 현재 위치의 거리(currentLocation −
prevLocation)만큼을 거리의 총 합인 sum 변수에 더한다.

```
37      for(currentLocation = 0; currentLocation < MAX_CITY; currentLocation++) {
38        if(locations[currentLocation]) {
39          sum = sum + number * (currentLocation - prevLocation);
40          Solutions = Solutions + sum;
41
42          printf("locations[%d:%d] -> sum : %d, Solutions : %d, number : %d\n",
43            currentLocation, prevLocation, sum, Solutions, number);
44          prevLocation = currentLocation;
45          number++;
46
47          if(number == num_Cities)
48            break;
49        }
50      }
```

47행 if문에서는 현재 도시를 나타내는 숫자인 변수 number가 입력으로 받은 전체 도시의 숫
자인 변수 num_Cities와 같다면 for문을 빠져나오고 Solutions 값을 출력한다.

ARRANGEMENT
정리

이 문제는 도시 위치를 배열의 인덱스로 사용하고 배열 값이 1이면 도시가 존재한다는 것을, 0
이면 도시가 존재하지 않는다는 것을 표기해 연산한다는 점만 알면 해결할 수 있다.

결국 전체 도시의 수만큼 for문을 반복 실행하면서 도시 위치가 저장된 배열 값이 1이면 덧셈
을 하고, 그렇지 않으면 다음 도시를 고려하는 방식으로 알고리즘을 작성하면 된다.

SECTION 04 신입 사원 선발

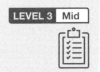

 QUESTION
문제

한빛컴퍼니는 공채 신입 사원을 선발하려고 한다. 선발 기준은 한빛컴퍼니에서 출제한 필기 시험을 치르게 하고 등수에 따라 가산점을 주어 이를 면접 점수와 합하는 것이다. 한빛컴퍼니의 인사과 박 과장은 공정하게 업무를 수행하고자 공채에 지원한 사람들의 점수를 보고 등수를 출력하는 프로그램을 작성하려고 한다.

이 프로그램을 직접 작성해보자.

■ **입력**

- 여러 테스트 케이스가 포함될 수 있다.
- 첫 번째 행에는 테스트 케이스의 수 T가 주어지고, 이후 차례로 T개의 테스트 케이스가 주어진다(T ≤ 10).
- 각 테스트 케이스의 첫 번째 행에는 응시생의 수 N이 주어진다($10 \leq N \leq 30000$).
- 각 테스트 케이스의 두 번째 행에는 각 응시생들의 성적 S_i가 공백으로 분리되어 주어진다($1 \leq S_i \leq 32000$).

■ **출력**

- 각 행마다 1번 응시생부터 N번 응시생까지의 등수를 공백으로 분리해 출력한다.

■ **입출력 예**

입력

```
2
10
1 2 3 4 5 6 7 8 9 9
10
27 22 15 30 29 12 20 13 6 10
```

```
10 9 8 7 6 5 4 3 1 1
3 4 6 1 2 8 5 7 10 9
```

브레인 스토밍

이 문제는 앞에서 몇 번 다뤘던 문제와 비슷하게 배열의 인덱스를 이용해 주어진 점수의 등수를 빠르게 계산하는 것이 핵심이다. 한 가지 주의해야 할 점은 같은 점수가 2개 이상 존재하는 경우다. 그 경우는 등수가 같아야 하고, 그 다음 순위의 사람은 같은 등수를 받은 사람의 수만큼 더 증가한 순위를 받아야 한다.

예를 들어 총 5명의 지원자가 각각 100, 90, 90, 80, 70점을 받았다고 가정하자. 100점을 받은 사람은 1등이 되고, 90점을 받은 2명은 공동으로 2등이 되며, 80점을 받은 사람은 3등이 아니라 4등이 되어야 한다. 이 점을 고려해야 한다.

문제 풀이

■ 정답 코드
코드 15-4

```c
01  #include <stdio.h>
02  #include <string.h>
03
04  int main()
05  {
06      int num_Scores[30001];
07      int i, j, testCases, rank;
08      int num_Employee, max;
09      int tc;
10
11      freopen("input.txt", "r", stdin);
12      setbuf(stdout, NULL);
13      scanf("%d", &testCases);
14
```

```
15      for(tc = 0; tc < testCases; tc++) {
16        int num_Grades[32001] = {0};
17        rank = 1;
18        max = 0;
19        scanf("%d", &num_Employee);
20
21        for(i = 0; i < num_Employee; i++) {
22          scanf("%d", &num_Scores[i]);
23          num_Grades[num_Scores[i]]++;
24
25          if(max < num_Scores[i])
26            max = num_Scores[i];
27        }
28
29        printf("max : %d\n", max);
30
31        for(i = max; i >= 0; i--) {
32          if(num_Grades[i]) {
33            j = num_Grades[i];
34            num_Grades[i] = rank;
35            printf("j : %d, rank : %d\n", j, rank);
36            rank += j;
37          }
38        }
39
40        for(i = 0; i < num_Employee; i++)
41          printf("%d ", num_Grades[num_Scores[i]]);
42
43        printf("\n");
44      }
45
46      return 0;
47  }
```

■ 실행 결과

```
max : 9
j : 2, rank : 1
j : 1, rank : 3
j : 1, rank : 4
j : 1, rank : 5
j : 1, rank : 6
j : 1, rank : 7
```

```
j : 1, rank : 8
j : 1, rank : 9
j : 1, rank : 10
10 9 8 7 6 5 4 3 1 1
max : 30
j : 1, rank : 1
j : 1, rank : 2
j : 1, rank : 3
j : 1, rank : 4
j : 1, rank : 5
j : 1, rank : 6
j : 1, rank : 7
j : 1, rank : 8
j : 1, rank : 9
j : 1, rank : 10
3 4 6 1 2 8 5 7 10 9
```

EXPLANATION

해설

■ 입력 처리

input.txt 파일을 불러오고 테스트 케이스의 수를 입력받는 방법은 다음 코드를 사용한다.

```
11    freopen("input.txt", "r", stdin);
12    setbuf(stdout, NULL);
13    scanf("%d", &testCases);
```

그 다음 배열 초기화 부분도 앞에서 여러 번 다루었던 내용이므로 어렵지 않다. for문을 사용해 초기화하는 사람도 많지만 다음처럼 for문 안에서 사용하려고 하는 배열을 선언하면 자동으로 초기화할 수 있으므로 간단하다.

```
15    for(tc = 0; tc < testCases; tc++) {
16        int num_Grades[32001] = {0};
```

단, 이와 같이 for문 안에서 배열을 초기화하면 testCases가 큰 경우 스택 오버플로가 발생할 가능성이 크다. 따라서 실무에서는 for문 안에서 배열을 초기화하는 대신 memset() 함수를 사용할 것을 권장한다. 그러나 간혹 알고리즘 문제 조건에서 malloc()이나 memset(), memcpy() 등의 메모리 관련 함수를 사용하지 않고 알고리즘을 작성하라고 하는 경우가 있다. 이런 경우에는 어쩔 수 없이 for문 안에서 배열을 초기화할 수밖에 없다.

그런 다음 입사 시험의 지원자 수를 입력받고 각각의 점수를 for문을 사용해 입력받는다.

```
19      scanf("%d", &num_Employee);
20
21      for(i = 0; i < num_Employee; i++) {
22        scanf("%d", &num_Scores[i]);
23        num_Grades[num_Scores[i]]++;
24
25        if(max < num_Scores[i])
26          max = num_Scores[i];
27      }
```

19행은 입사 지원자들의 수를 입력받는 부분이고, 21행~27행 for문은 입사 지원자의 성적을 입력받는 부분이다. 여기서 눈여겨봐야 할 부분은 23행이다. 입사 지원자 각각의 점수를 num_Grades 배열의 인덱스로 사용한다. '브레인 스토밍' 부분에서 설명한 100, 90, 90, 80, 70의 경우라면 num_Grades[90]은 2가 되며, 다른 점수의 num_Grades 배열 값은 모두 1이 된다.

25행~26행은 지원자 점수 중에서 가장 큰 값을 구하는 부분이다.

■ 핵심 알고리즘 코드
입사 지원자의 등수를 계산하는 부분인 31행~38행을 살펴보자.

```
31      for(i = max; i >= 0; i--) {
32        if(num_Grades[i]) {
33          j = num_Grades[i];
34          num_Grades[i] = rank;
35          printf("j : %d, rank : %d\n", j, rank);
36          rank += j;
37        }
38      }
```

앞에서 각 점수를 num_Grades 배열의 인덱스로 사용했으므로 가장 큰 점수부터 거꾸로 출력하면 등수별로 출력하게 된다. 따라서 31행 for문은 가장 큰 값인 max부터 0까지 반복 실행한다.

32행 if문은 배열 num_Grades의 값이 존재하는 경우에는 33행~34행처럼 현재 num_Grades에 저장된 값을 변수 j에 저장하고, num_Grades에는 현재의 등수인 변수 rank 값을 저장한다. 변수 j에는 같은 점수를 받은 사람 수 값이 저장되어 있다. 따라서 36행에서는 등수 rank에 j 값을 더한다. 결국 배열 num_Grades 안에는 각 점수에 맞는 등수가 저장된다.

모든 과정이 끝났으면 배열을 순서대로 출력하면 된다.

```
40        for(i = 0; i < num_Employee; i++)
41          printf("%d ", num_Grades[num_Scores[i]]);
42
43        printf("\n");
```

각 입사 지원자가 지원한 순서대로 해당 점수에 맞는 등수가 화면에 출력된다.

ARRANGEMENT
정리

이 문제는 입사 지원자의 점수를 배열의 인덱스로 사용했다는 점과 같은 점수가 있는 상황에 맞춰 등수를 조정해서 계산한 부분을 잘 알아두어야 한다. 알고리즘 시험 문제에는 이 문제에서 본 것처럼 배열의 인덱스를 조작해서 해결할 수 있는 문제가 많이 출제된다.

해커의 도전

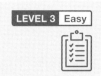

LEVEL 3 Easy

QUESTION 문제

한빛컴퍼니의 홈페이지에 회원 가입하려면 ID와 비밀번호를 입력해야 한다. 그런데 세계 제일의 해커 '다뚜러'가 자신의 SNS에 한빛컴퍼니 홈페이지 사용자의 ID와 비밀번호를 해킹하겠다고 선언했다.

이 때문에 개인정보관리 책임자인 김 과장은 회원으로 가입하려는 사람들이 쉽게 추측할 수 있는 암호를 사용하지 않도록 하는 업무를 맡았다. 일단 김 과장은 암호로 사용할 문자로 같은 문자를 연속해서 사용하지 않게 하는 규칙을 통해 쉬운 암호를 걸러내는 프로그램을 작성하려고 한다. 이 규칙의 예는 다음과 같다.

- APPLE: P가 반복되어 쉬운 암호다.
- CUCUMBER: CU가 반복되어 쉬운 암호다.
- ONION: ON이 반복되지만 바로 반복되는 것이 아니므로 쉬운 암호가 아니다.
- APRICOT: 반복되는 부분이 없으므로 쉬운 암호가 아니다.

위 규칙을 이용해 쉬운 암호라면 사용할 수 없도록 하고, 쉬운 암호가 아니라면 사용할 수 있게 하는 프로그램을 작성해보자.

■ 입력
- 여러 테스트 케이스가 포함될 수 있다.
- 첫 번째 행에는 테스트 케이스의 수 T가 주어지고, 이후 차례로 T개의 테스트 케이스가 주어진다(T ≤ 10).
- 각 테스트 케이스에는 판별해야 할 암호가 입력된다. 암호는 알파벳 대문자로만 이루어져 있고 문자열 길이는 10,000 이하다.

■ 출력
- 각 행마다 판별한 결과를 출력한다.
- 사용할 수 있는 암호라면 Accepted를 출력하고, 사용할 수 없는 암호라면 Rejected를 출력한다.

■ 입출력 예

입력

```
7
APPLE
APRICOT
KOREA
CAMECA
AMERICAA
CUCUMBER
ONION
```

출력

```
Rejected
Rejected
Accepted
Accepted
Accepted
Rejected
Rejected
Accepted
```

브레인 스토밍

이 문제는 2개 이상의 같은 문자가 나타나는지를 확인하는 데서 출발한다. 다음 코드처럼 총 2개의 반복문을 사용해 문자열을 확인한다.

```
for(i = 1; i < length; i++) {
  for(j = 0; i + j < length; j++) {
    k = i;
    while(k--) {
      if(passwd_str[j] == passwd_str[i + j])
        flag = 1;

      else {
        flag = 0;
        break;
      }
```

```
          j++;
        }

      if(flag == 1)
        break;
    }

  if(flag == 1)
    break;
  }
```

일단 서로 다른 위치에 있는 문자가 같다면 flag 값을 1로 설정한다. 그리고 전체 문자열을 계속 확인해 같은 문자가 한 번 나왔더라도 다른 문자가 나오면 flag 값을 0으로 설정한다. 결국 flag 변수가 1인지 0인지를 보고 비밀번호로 사용할 수 있는 문자열인지 아닌지를 판단한다.

SOLVE
문제 풀이

■ 정답 코드

코드 15-5

```
01  #include<stdio.h>
02  #define MAX 10001
03
04  int countString(char[]);
05
06  int countString(char str[])
07  {
08    int i;
09    int counter = 0;
10
11    printf("origin str : %s\n", str);
12    for(i = 0; i < MAX; i++) {
13      if((str[i] >= 'a' && str[i] <= 'z') || (str[i] >= 'A' && str[i] <= 'Z'))
14        counter++;
15
16      else
17        break;
18    }
19
```

```
20    return counter;
21  }
22
23  int main()
24  {
25    int i, j, k, length;
26    int tc, flag;
27    char passwd_str[MAX];
28
29    freopen("input.txt", "r", stdin);
30    scanf("%d", &tc);
31
32    while(tc--) {
33      length = 0;
34      scanf("%s", &passwd_str);
35      length = countString(passwd_str);
36      printf("str length : %d\n", length);
37
38      for(i = 1; i < length; i++) {
39        for(j = 0; i + j < length; j++) {
40          k = i;
41          while(k--) {
42            if(passwd_str[j] == passwd_str[i + j])
43              flag = 1;
44
45            else {
46              flag = 0;
47              break;
48            }
49
50            j++;
51          }
52
53          if(flag == 1)
54            break;
55        }
56
57        if(flag == 1)
58          break;
59      }
60
61      if(flag == 1)
62        printf("Rejected\n");
63
```

```
64      else
65        printf("Accepted\n");
66
67      printf("\n");
68    }
69
70    return 0;
71  }
```

■ 실행 결과

```
origin str : APPLE
str leng : 5
Rejected

origin str : APRICOT
str leng : 7
Accepted

origin str : KOREA
str leng : 5
Accepted

origin str : CAMECA
str leng : 6
Accepted

origin str : AMERICAA
str leng : 8
Rejected

origin str : CUCUMBER
str leng : 8
Rejected

origin str : ONION
str leng : 5
Accepted
```

■ **입력 처리**

input.txt 파일을 불러오고 테스트 케이스의 수를 입력받는 방법은 다음 코드를 사용한다.

```
29    freopen("input.txt", "r", stdin);
30    scanf("%d", &tc);
```

일반적인 알고리즘 문제에서는 문자열의 길이를 구하는 함수인 strlen()을 사용할 수 없다는 조건을 두기도 한다. 이를 직접 구현한 것이 아래의 countString() 함수다.

```
06    int countString(char str[])
07    {
08      int i;
09      int counter = 0;
10
11      printf("origin str : %s\n", str);
12      for(i = 0; i < MAX; i++) {
13        if((str[i] >= 'a' && str[i] <= 'z') || (str[i] >= 'A' && str[i] <= 'Z'))
14          counter++;
15
16        else
17          break;
18      }
19
20      return counter;
21    }
```

위 코드는 문자열이 알파벳으로 되어 있는 경우에만 동작한다. 만약 숫자나 특수문자를 사용하는 경우라면 조건문을 추가해야 한다.

34행~35행은 비밀번호로 사용할 문자열을 입력받은 후 countString() 함수를 이용해 비밀번호의 문자열 길이를 구한다.

```
34    scanf("%s", &passwd_str);
35    length = countString(passwd_str);
36    printf("str length : %d\n", length);
```

■핵심 알고리즘 코드

먼저 ABC를 비교하는 경우를 생각해보자. 쉬운 비밀번호의 조건은 다음 두 가지다.

> **1** 같은 문자가 2번 이상 반복되는 경우(예: AABCD , ABCDDE, ABCDEFFF 등)
>
> **2** 같은 문자열이 2번 이상 반복되는 경우(예: CUCUMBER, AMERICACA 등)

이 두 가지 경우를 각각 살펴보자.

첫 번째로 같은 문자가 2번 이상 반복되는 경우를 살펴보자. 2개의 문자가 동일하게 반복되는 경우라면 확인하기가 쉽다. 42행처럼 비밀번호 문자열이 저장된 passwd_str 배열 값 중 passwd_str[i]와 passwd_str[i + j]가 같은지를 확인하면 된다.

```
38          for(i = 1; i < length, i++) {
39            for(j = 0; j + i < length; j++) {
......
42                if(passwd_str[j] == passwd_str[i + j])
43                  flag = 1
......
55            }
......
59          }
```

두 번째로 같은 문자열이 2번 이상 반복되는 경우를 살펴보자. 그런데 이 경우는 약간 까다롭다. 예를 들어 'CUCU'라는 문자열이 있고 다음처럼 이 문자가 passwd_str 배열의 0~3 인덱스에 저장되어 있다고 가정해보자.

```
passwd_str[0] = C
passwd_str[1] = U
passwd_str[2] = C
passwd_str[3] = U
```

같은 문자가 2번 이상 반복되는 경우 for문을 사용해 비교했을 때는 같은 문자는 없다는 결과가 나온다.

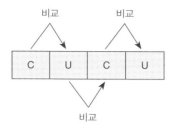

그림 15-1 for문을 사용한 비교

그 다음은 한 문자씩 건너뛰면서 비교한다.

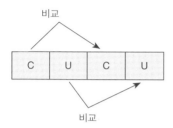

그림 15-2 한 문자씩 건너뛰면서 비교

'CUCU'의 경우는 이와 같이 한 문자씩 건너뛰면서 검사할 때 오류가 발생한다.

ARRANGEMENT
정리

이 문제는 문자가 반복되는 경우를 확인해서 서로 다른 문자의 집합이라고 하더라도 반복되는 경우라면 'Rejected'라는 값을 출력한다. 단, 두 문자 집합의 반복은 연속되는 경우에만 해당된다.

배낭 여행

QUESTION 문제

한빛여행사에서는 대학생들과 직장인들을 위한 새로운 여행 상품을 개발했다. 해외 여러 도시들의 명소를 방문하는 상품이다. 그런데 한 가지 문제가 있다. 방문해야 하는 도시들이 모두 해외에 있으므로 일정을 잘못 구성하면 항공료가 비싸진다는 점이다.

최소 항공료로 모든 도시를 1번씩만 방문하고 한국으로 돌아오도록 하는 투어 프로그램을 만들어보자.

■ 입력

- 여러 테스트 케이스가 포함될 수 있다.
- 첫 번째 행에는 테스트 케이스의 수 T가 주어지고, 이후 차례로 T개의 테스트 케이스가 주어진다(T ≤ 30).
- 각 테스트 케이스의 첫 번째 행에는 방문할 도시의 수 N이 주어진다. 이때 1번 지점은 한국(출발지)으로 생각한다(1 ≤ N ≤ 12).
- 각 테스트 케이스의 두 번째 행부터 N 번째의 행에 걸쳐 각 도시들을 이동하는 데 드는 항공료가 주어진다. 즉, i번째 행의 j번째 숫자는 i번 도시에서 j번 도시로 이동하는 데 드는 항공료다. 만약 두 도시 사이의 이동이 불가능한 경우에는 0으로 주어진다.

■ 출력

- 한 행마다 각 테스트 케이스의 최소의 항공료를 출력한다.

■ 입출력 예

입력

```
2
5
0 14 4 10 20
14 0 7 8 7
4 5 0 7 16
```

```
11 7 9 0 2
18 7 17 4 0
5
9 9 2 9 5
6 3 5 1 5
1 8 3 3 3
6 0 9 6 8
6 6 9 4 8
```

```
30
18
```

이 문제는 이 장의 3절에서 소개한 '시장의 도시 방문기' 문제와 거의 비슷한 알고리즘이다. 각
도시에서 다음 도시까지의 항공료를 모두 계산해 그중에 가장 적은 항공료인 경우를 기준으로
방문하게 만들면 된다. 핵심 코드는 다음과 같다.

```
void traverse(int src)
{
  for(i = 0; i < N; i++) {
    if(cost_Maps[src][i] != 0 && !visited[i]) {
      if(finalfare < fare + cost_Maps[src][i])
        continue;

      fare = fare + cost_Maps[src][i];
      traverse(i);
      fare = fare - cost_Maps[src][i];
    }
  }
}
```

주어진 시작 도시(src)에서 총 N개 도시의 항공료를 구한다. 첫 번째 if문은 시작 도시 src에
서 방문 도시 i까지의 항공료가 0이 아니므로 연결되어 있으며 visited[i]는 0이므로 아직 i 도

시를 방문하지 않은 경우다.

두 번째 if문은 최종 비용에 해당하는 finalfare가 현재 시작 도시 src부터 목적지 도시 i까지의 비용과 합한 것보다 작다면 최종 비용으로 생각하고 지불하게 한다. 이때는 도시 i를 방문할 필요가 없다. 작지 않다면 현재까지의 금액과 src부터 i까지의 금액을 합한다.

```
if(finalfare < fare + cost_Maps[src][i])
  continue;

fare = fare + cost_Maps[src][i];
```

그리고 시작 도시를 i로 생각해 다시 traverse() 함수를 호출한다.

```
traverse(i);
```

이 알고리즘은 재귀 호출을 이용하는 알고리즘이며 코드가 길게 보일지는 모르겠지만 실제 알고리즘 자체는 간단하다.

SOLVE
문제 풀이

■ 정답 코드

코드 15-6

```
01  #include <stdio.h>
02
03  int N;
04  int cost_Maps[13][13];
05  int visited[13];
06  int fare, finalfare, traverseCounter;
07
08  void traverse(int);
09
10  void traverse(int src)
11  {
12    int i, j;
13    visited[src] = 1;
```

```
14    traverseCounter++;
15
16    if(traverseCounter == N && cost_Maps[src][1] != 0) {
17      if(finalfare > fare + cost_Maps[src][1])
18        finalfare = fare + cost_Maps[src][1];
19
20      traverseCounter--;
21      visited[src] = 0;
22
23      return;
24    }
25
26    for(i = 0; i < N; i++) {
27      if(cost_Maps[src][i] != 0 && !visited[i]) {
28        if(finalfare < fare + cost_Maps[src][i])
29          continue;
30
31        fare = fare + cost_Maps[src][i];
32        traverse(i);
33        fare = fare - cost_Maps[src][i];
34      }
35    }
36
37    visited[src] = 0;
38    traverseCounter--;
39
40    return;
41  }
42
43  int main(void)
44  {
45    int tc, T;
46    int i, j;
47
48    freopen("input.txt", "r", stdin);
49    setbuf(stdout, NULL);
50    scanf("%d", &T);
51
52    for(tc = 0; tc < T; tc++) {
53      scanf("%d", &N);
54
55      for(i = 0; i < N; i++) {
56        for(j = 0; j < N; j++) {
57          scanf("%d", &cost_Maps[i][j]);
```

```
58          }
59        }
60
61        for(i = 0; i < N; i++) {
62          visited[i] = 0;
63        }
64
65        fare = 0;
66        finalfare = 99999;
67        traverseCounter = 0;
68
69        traverse(1);
70
71        printf("%d\n", finalfare);
72      }
73
74      return 0;
75  }
```

■ 실행 결과

```
30
18
```

해설

■ 입력 처리

입력 처리 코드 중에서 눈여겨봐야 할 부분은 55행~59행으로, 각 도시 사이의 항공료에 해당되는 부분이다.

```
55        for(i = 0; i < N; i++) {
56          for(j = 0; j < N; j++) {
57            scanf("%d", &cost_Maps[i][j]);
58          }
59        }
```

전체 도시 숫자인 N만큼 2번의 for문을 반복 실행해 cost_Maps 배열에 저장한다. 실무에서 배열의 인덱스는 0부터 N − 1까지로 해야 한다. 그러나 알고리즘 시험 문제에 따라서는 배열의 인덱스를 0부터 N − 1로 하는 것보다 1부터 N까지 하는 방법이 더 효율적인 경우도 있다. 모든 경우에 해당하지는 않으므로 문제에 따라 인덱스의 범위를 조정하는 방법도 생각해두자.

61행~63행은 방문한 도시를 확인하는 visited 배열을 0으로 초기화하는 부분이다.

```
61     for(i = 0; i < N; i++) {
62       visited[i] = 0;
63     }
```

62행 코드를 int visited[13] = {0};으로 바꿀 수도 있다. for문을 사용하든 위와 같이 배열 선언을 하든 상관은 없다. 단, 초기화 작업을 하지 않으면 이전 테스트 케이스의 값이 쓰레기 값으로 남게 되어 정확한 연산 결과가 나타나지 않을 수 있다는 점은 기억하자.

65행~71행은 알고리즘의 연산에 필요한 변수들을 초기화하고 실제 알고리즘을 실행하는 traverse( ) 함수를 호출한다. 시작 도시의 값은 1이므로 traverse(1)을 호출한다.

```
65     fare = 0;
66     finalfare = 99999;
67     traverseCounter = 0;
68
69     traverse(1);
70
71     printf("%d\n", finalfare);
```

■ 핵심 알고리즘 코드

traverse( ) 함수가 실행되면 먼저 해당 도시인 src를 시작 도시로 판단하므로 1로 설정한다. 따라서 배열 visited[src]를 1로 설정하고 방문 도시의 수를 1 증가시킨다.

```
13     visited[src] = 1;
14     traverseCounter++;
```

traverse() 함수는 재귀 호출 함수이므로 재귀 호출을 반환하는 종료 조건이 반드시 필요하다. 이 문제의 경우 traverse() 함수를 종료하는 조건은 다음 두 가지다.

1 지금까지 방문한 도시의 수(traverseCounter)와 전체 도시 수(N)가 같아진 경우

2 traverse() 함수의 시작 도시 값인 src와 전체 알고리즘의 시작 도시 값인 1 사이의 항공료를 계산하는 경우

이 두 가지 경우에 대해 traverse() 함수는 재귀 호출을 끝내고 최종 비용을 반환한다. 단, 이 경우에도 src 도시에서 1 도시까지의 비용(cost_Maps[src][1])을 계산해 최종 비용(finalfare)에 적용한다. 이 부분은 16행~24행이다.

```
16    if(traverseCounter == N && cost_Maps[src][1] != 0) {
17      if(finalfare > fare + cost_Maps[src][1])
18        finalfare = fare + cost_Maps[src][1];
19
20      traverseCounter--;
21      visited[src] = 0;
22
23      return;
24    }
```

이제 for문을 사용해 각 도시들의 항공료를 계산한다.

```
26    for(i = 0; i < N; i++) {
27      if(cost_Maps[src][i] != 0 && !visited[i]) {
28        if(finalfare < fare + cost_Maps[src][i])
29          continue;
30
31        fare = fare + cost_Maps[src][i];
32        traverse(i);
33        fare = fare - cost_Maps[src][i];
34      }
35    }
```

27행 if문은 1부터 전체 도시 수인 N까지 시작 도시(src)부터 목적 도시(i)까지의 항공료가 있는 경우와 목적 도시를 방문하지 않은 경우(!visited[i])라는 조건을 모두 만족하면 항공료를 계산한다. 31행에서 항공료를 계산한 후에는 32행에서 목적 도시(i)를 다시 시작 도시로 설정해 traverse(i)를 재귀 호출한다.

ARRANGEMENT
정리

이 문제는 주어진 맵에 있는 항목 각각의 최소 비용을 구하는 알고리즘이다. 알고리즘이 그리 복잡하지는 않으나 재귀 호출을 사용해야 한다는 점을 미리 고려해야 풀 수 있다.

CHAPTER

16

맵을 이용하는
알고리즘

이 장에서는 어떤 규격의 맵을 이용할 때 필요한 알고리즘을 알아본다. 특히 해결 방법을 얻을 때까지 모든 가능성을 확인해서 찾는다는 백 트래킹 알고리즘을 이용해 맵 데이터의 문제를 해결할 것이다.

SECTION 01 백 트래킹 알고리즘의 개념

백 트래킹Back Tracking 알고리즘의 개념은 해결 방법을 얻을 때까지 모든 가능성을 확인해서 찾는다는 것이다. 백 트래킹에서 확인하는 가능성 있는 해결 방법들은 트리 형태로 구성하며 이러한 트리를 검사하려면 깊이 우선 탐색Depth First Search, DFS을 사용한다. 따라서 백트래킹 알고리즘의 대표적인 예는 트리에서의 깊이 우선 탐색이라고 할 수 있다. 왜냐하면 부모 노드로 되돌아오는 과정을 백트래킹이라고 말하기 때문이다.

트리를 탐색할 때 원하는 해답이 아닌 경우는 현재 노드의 부모 노드로 돌아간 후 아직 방문하지 않은 노드가 있다면 다시 방문하는 형태다. 즉, 오답을 만나면 이전 분기점으로 돌아간 후 시도해보지 않은 다른 해결 방법이 있으면 시도한다. 하지만 해결 방법이 없으면 더 이전의 분기점으로 돌아간다. 모든 트리의 노드를 검사해도 답을 찾지 못할 경우 이 문제의 해결 방법은 없는 것이다.

그림 16-1은 트리에서 깊이 우선 탐색 과정을 나타낸 것이다.

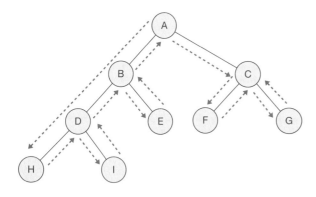

노드 방문 순서: A → B → D → H → I → E → C → F → G

그림 16-1 깊이 우선 탐색의 구조

보통 탐색 과정이 시작 노드에서 한없이 깊게 진행되는 것을 막으려고 깊이 제한$^{Depth Bound}$을 사용한다. 깊이 제한에 도달할 때까지 원하는 노드가 발견되지 않으면 앞에서 설명한 것처럼 최근에 방문한 노드의 부모 노드로 되돌아와 부모 노드의 자식 노드들 중에서 방문하지 않은 노드를 방문하게 된다.

결국 깊이 우선 탐색은 탐색 트리의 최근에 추가된 노드를 선택하고 이 노드에 적용할 수 있는 작업 중 하나를 선택한다. 그리고 트리에 다음 단계^{Level}의 자식 노드 하나를 추가한 후 추가된 자식 노드가 목표 노드일 때까지 자식 노드의 추가 과정을 반복하는 방식이다.

이러한 깊이 우선 탐색은 트리 구조뿐만 아니라 일반 그래프에서도 사용할 수 있다. 깊이 우선 탐색의 장점은 현재 방문하는 노드만 저장하면 되므로 다른 탐색 알고리즘과 비교했을 때 저장 공간이 적게 필요하며, 원하는 해결 방법이 깊은 단계에 있는 경우 빠르게 찾아낼 수 있다. 그러나 원하는 해결 방법이 없는 경우에는 전체 트리나 그래프를 모두 탐색해야 하며, 설사 해결 방법을 찾았다고 하더라도 이 해결 방법이 트리의 최단 경로라는 것을 보장할 수가 없다.

SECTION 02 생화학 폭탄

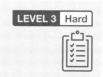

QUESTION 문제

테러범들이 도시 가운데 생화학 폭탄을 떨어뜨렸다. 이 생화학 폭탄에 노출되면 '가려움 바이러스'에 노출되어 평생 동안 가려움에 시달리며 살아가야 한다. 이 폭탄은 폭탄 주위에 있는 네 사람을 1초 동안에 감염시키며 다시 1초가 지나면 감염된 사람 주위에 있는 네 사람을 또 감염시킨다. 그러나 대각선 방향으로 바이러스가 전파되지는 않는다.

그림 16-2의 〈그림 1〉은 검은색 동그라미로 폭탄이 떨어진 위치를, 흰색 동그라미로 사람들의 위치를 나타낸 것이고, 〈그림 2〉는 바이러스가 퍼져나가는 모습을 1초 단위로 나타낸 것이다. 도시에 있는 사람들이 바이러스에 감염되는 데는 8초가 걸린 것을 알 수 있다.

〈그림 1〉

	○	○				
○	○	○	○		○	
		○	○	○	○	○
	○	○	○	○	○	○
	●			○	○	
	○	○	○	○		
		○		○	○	○
			○			

〈그림 2〉

		6	7			
7	6	5	6		8	
		4	5	6	7	8
	2	3	4	5	6	7
	1					
	2	3	4	5		
		4		6	7	8
				7		

그림 16-2 바이러스 전파 과정

이런 상황에서 빠르게 퍼져나가는 생화학 폭탄의 바이러스 감염을 막으려고 한다. 한계 시간을 파악하기 위해 도시 안 마지막 사람이 감염되는 시간은 얼마인지 계산해보자.

■ 입력

- 여러 테스트 케이스가 포함될 수 있다.
- 첫 번째 행에는 테스트 케이스의 수 T가 주어지고, 이후 차례로 T개의 테스트 케이스가 주어진다(T ≤ 30).
- 각 테스트 케이스의 첫 번째 행에는 도시의 가로와 세로 크기인 N, M이 공백으로 분리되어 주어진다(1 ≤ N, M ≤ 100).
- 두 번째 행부터 N번째 행에 걸쳐 도시 안 상황이 공백으로 분리되어 주어진다. 1은 사람이 있다는 것이고 0은 사람이 없다는 것이다.
- 마지막 행에는 생화학 폭탄이 떨어지는 곳의 가로와 세로 좌표가 공백으로 분리되어 주어진다.

■ 출력

- 한 행마다 각 테스트 케이스의 사람이 모두 감염될 때까지 몇 초가 걸리는지를 출력한다.

■ 입출력 예

입력

```
2
7 8
0 0 1 1 0 0 0
1 1 1 1 0 1 0
0 0 1 1 1 1 1
0 1 1 1 1 1 1
0 1 0 0 1 1 0
0 1 1 1 1 0 0
0 0 1 0 1 1 1
0 0 0 0 1 0 0
2 5
10 10
1 1 1 1 0 1 1 0 0 0
0 1 1 1 1 1 0 1 1 0
0 0 1 1 0 1 0 1 1 1
0 1 1 1 1 1 0 0 1 1
0 1 0 1 0 1 1 1 1 0
0 0 0 0 0 1 1 0 0 0
1 0 1 0 1 0 1 1 0 0
0 0 1 1 1 1 1 1 1 1
1 0 1 0 0 1 0 1 1 0
1 1 1 0 0 0 0 1 1 1
2 2
```

8
21

BRAIN STORMING

브레인 스토밍

이 문제 역시 주어진 맵 데이터를 이용해 맵의 크기만큼 for문을 반복 실행해 연산을 실행하는 알고리즘이다. 이 문제에서 구해야 하는 것은 시작 위치 (i, j)에서 동서남북으로 사람이 존재 (0이 아닌 수)할 때 바이러스가 퍼져나가는 경우다. 물론 이 경우도 재귀 호출로 해결할 수 있다. 하지만 이 문제에서는 재귀 호출 대신 for문과 조건문을 사용해 해결해보자.

해결 방법은 재귀 호출의 경우와 마찬가지다. 주어진 좌표 (i, j)에서 동서남북의 위치가 0이 아닌 경우를 확인해 1씩 증가시키면 된다.

```
if(map[i][j] == Solution) {
  if((map[i - 1][j] == 1) || (map[i][j - 1] == 1) ||
    (map[i + 1][j] == 1) || (map[i][j + 1] == 1))
    flag = 0;

  if(map[i - 1][j] == 1)
    map[i - 1][j] = Solution + 1;

  if(map[i][j - 1] == 1)
    map[i][j - 1] = Solution + 1;

  if(map[i + 1][j] == 1)
    map[i + 1][j] = Solution + 1;

  if(map[i][j + 1] == 1)
    map[i][j + 1] = Solution + 1;
}
```

재귀 호출에서 재귀 호출 함수를 반환하는 종료 조건이 있어야 하는 것처럼 반복문을 사용하는 경우에도 반복문을 빠져나오는 조건이 필요하다. 위 예처럼 동서남북을 확인하는 경우에도 마찬가지다. 반복문을 빠져나오는 조건은 퍼져나간 바이러스의 경과 시간이 맵의 크기보다 큰 경우다. 맵의 좌표를 하나씩 증가시키면서 반복문을 실행하는 경우 바이러스가 퍼져나가는 시간도 반복문의 크기까지만 퍼져나갈 수 있으므로(문제를 잘 읽어보면 1초에 하나씩 퍼져나간다고 되어 있다) 반복문을 빠져나오는 조건 역시 맵의 크기보다 커지면 빠져나오게 된다.

이를 판단하는 데는 flag 변수를 사용한다. 코드는 다음과 같다.

```
if(flag)
  break;

else
  Solution++;
```

flag가 1이면 반복문을 빠져나오고 그렇지 않으면 계속 퍼져나가야 하므로 Solution 값을 1 증가시킨다.

SOLVE
문제 풀이

■ **정답 코드**

코드 16-1

```
01  #include <stdio.h>
02
03  void displayTable(void);
04
05  int map[102][102] = { 0 };
06  int Solution, N, M;
07  int sx, sy;
08
09  void displayTable(void)
10  {
11    int i, j;
12
13    for(i = 1; i <= N; i++) {
14      for(j = 1; j <= M; j++)
15        printf("%3d ", map[i][j]);
16
17      printf("\n");
```

```
18        }
19    }
20
21    int main(void)
22    {
23      int tc, T;
24
25      freopen("input.txt", "r", stdin);
26      setbuf(stdout, NULL);
27      scanf("%d", &T);
28
29      for(tc = 0; tc < T; tc++) {
30        int i, j, flag;
31        scanf("%d %d", &M, &N);
32
33        for(i = 0; i <= N + 1; i++)
34          for(j = 0; j <= M + 1; j++)
35            map[i][j] = 0;
36
37        for(i = 1; i <= N; i++)
38          for(j = 1; j <= M; j++)
39            scanf("%d", &map[i][j]);
40
41        scanf("%d %d", &sy, &sx);
42        map[sx][sy] = 2;
43        Solution = 2;
44
45        printf("초기 맵\n");
46
47        for(i = 1; i <= N; i++) {
48          for(j = 1; j <= M; j++)
49            printf("%3d ", map[i][j]);
50
51          printf("\n");
52        }
53
54        while(1) {
55          flag = 1;
56          for(i = 1; i <= N; i++) {
57            for(j = 1; j <= M; j++) {
58              if(map[i][j] == Solution) {
59                if((map[i - 1][j] == 1) || (map[i][j - 1] == 1) ||
60                   (map[i + 1][j] == 1) || (map[i][j + 1] == 1))
61                  flag = 0;
```

```
62
63              if(map[i - 1][j] == 1)
64                map[i - 1][j] = Solution + 1;
65
66              if(map[i][j - 1] == 1)
67                map[i][j - 1] = Solution + 1;
68
69              if(map[i + 1][j] == 1)
70                map[i + 1][j] = Solution + 1;
71
72              if(map[i][j + 1] == 1)
73                map[i][j + 1] = Solution + 1;
74            }
75          }
76        }
77
78        if(flag)
79          break;
80
81        else
82          Solution++;
83      }
84
85      printf("바이러스가 퍼진 이후 맵\n");
86      displayTable();
87      printf("총 걸린 시간 : %d초\n\n", Solution - 1);
88    }
89
90    return 0;
91  }
```

■ 실행 결과 1

```
초기 맵
  0   0   1   1   0   0   0
  1   1   1   1   0   1   0
  0   0   1   1   1   1   1
  0   1   1   1   1   1   1
  0   2   0   0   1   1   0
  0   1   1   1   1   0   0
  0   0   1   0   1   1   1
  0   0   0   0   1   0   0
```

바이러스가 퍼진 이후 맵

```
0  0  7  8  0  0  0
8  7  6  7  0  9  0
0  0  5  6  7  8  9
0  3  4  5  6  7  8
0  2  0  0  7  8  0
0  3  4  5  6  0  0
0  0  5  0  7  8  9
0  0  0  0  8  0  0
```
총 걸린 시간 : 8초

■ 실행 결과 2

초기 맵

```
1  1  1  1  0  1  1  0  0  0
0  2  1  1  1  1  0  1  1  0
0  0  1  1  0  1  0  1  1  1
0  1  1  1  1  1  0  0  1  1
0  1  0  1  0  1  1  1  1  0
0  0  0  0  0  1  1  0  0  0
1  0  1  0  1  0  1  1  0  0
0  0  1  1  1  1  1  1  1  1
1  0  1  0  0  1  0  1  1  0
1  1  1  0  0  0  0  1  1  1
```

바이러스가 퍼진 이후 맵

```
4   3   4   5   0   7   8   0   0   0
0   2   3   4   5   6   0  16  15   0
0   0   4   5   0   7   0  15  14  15
0   6   5   6   7   8   0   0  13  14
0   7   0   7   0   9  10  11  12   0
0   0   0   0   0  10  11   0   0   0
1   0  18   0  16   0  12  13   0   0
0   0  17  16  15  14  13  14  15  16
22   0  18   0   0  15   0  15  16   0
21  20  19   0   0   0   0  16  17  18
```
총 걸린 시간 : 21초

EXPLANATION
해설

■ 입력 처리

35행처럼 먼저 데이터를 저장할 배열 map을 초기화한다.

```
33    for(i = 0; i <= N + 1; i++)
34      for(j = 0; j <= M + 1; j++)
35        map[i][j] = 0;
```

다음에는 39행처럼 사용자로부터 맵 데이터를 입력받는다. 실제로 맵의 영역은 0~N − 1의 범위를 고려해야 하지만 비교를 간단하게 하기 위해 맵 영역의 범위를 0~N + 1로 설정한 후 1~N까지의 부분을 사용한다.

```
37    for(i = 1; i <= N; i++)
38      for(j = 1; j <= M; j++)
39        scanf("%d", &map[i][j]);
```

맵 데이터는 가로와 세로 위치 값을 조합해야 하므로 2차원 배열을 사용한다.

■ 핵심 알고리즘 코드

핵심 알고리즘 코드 부분은 54행~83행의 while문이다.

```
54    while(1) {
55      flag = 1;
56      for(i = 1; i <= N; i++) {
57        for(j = 1; j <= M; j++) {
58          if(map[i][j] == Solution) {
59            if((map[i - 1][j] == 1) || (map[i][j - 1] == 1) ||
60              (map[i + 1][j] == 1) || (map[i][j + 1] == 1))
61              flag = 0;
62
63            if(map[i - 1][j] == 1)
64              map[i - 1][j] = Solution + 1;
65
66            if(map[i][j - 1] == 1)
```

```
67              map[i][j - 1] = Solution + 1;
68
69          if(map[i + 1][j] == 1)
70              map[i + 1][j] = Solution + 1;
71
72          if(map[i][j + 1] == 1)
73              map[i][j + 1] = Solution + 1;
74        }
75      }
76    }
77
78    if(flag)
79      break;
80
81    else
82      Solution++;
83  }
```

실제 연산은 앞에서 설명했듯이 맵 크기인 N × M만큼 56행~57행 2개의 for문을 반복 실행하면서 동서남북 좌표에서 바이러스를 퍼뜨릴 사람이 있는지를 조사하는 부분이다. 해당 조건을 만족한다면 '바이러스가 퍼져나가는 시간을 나타내는 변수 Solution 값을 1 증가시킨다.

이 반복문 실행을 도중에 종료하게 되는 경우는 더 이상 바이러스가 퍼져나갈 조건이 성립되지 않는 경우다. 즉, 58행 if(map[i][j] == Solution) 조건이 거짓이라면 flag가 1로 설정되고 반복문을 빠져나오게 된다.

정리

이 문제는 기존에 여러 번 다뤄본 맵 데이터인 2차원 배열을 사용하는 알고리즘 문제다. 단지 차이가 있다면 이전에는 재귀 호출로 문제를 해결했다면, 이 문제는 반복문을 사용해 해결했다는 것이다. 이 문제를 반복문을 사용해 해결하려면 재귀 호출과 마찬가지로 반복문을 빠져나오는 조건을 설정해야 한다. 이 문제에서는 flag 변수를 사용해 해결했다.

문제

한빛건설에서는 대규모 아파트 단지를 조성하려고 토지를 매입했다. 그림 16-3의 〈그림 1〉과 같은 정사각형 모양의 토지 지도를 기반으로 0은 아파트가 없는 곳으로, 1은 아파트가 있는 곳으로 정했다.

한빛건설에서는 이 지도를 이용해 연결된 아파트들의 모임인 아파트 단지를 정의하고, 아파트 단지에 번호를 붙이려고 한다. 여기서 연결되었다는 것은 어떤 아파트가 좌우 혹은 위아래로 다른 아파트와 붙어있다는 것을 의미한다. 대각선상에 있는 아파트는 연결된 아파트가 아니다.

0	0	1	0	1	1	0
1	0	1	0	1	1	0
1	0	1	0	1	1	1
1	1	1	0	0	0	0
0	0	0	1	1	1	0
0	1	1	1	1	1	0
1	1	0	0	0	1	0

〈그림 1〉

0	0	2	0	1	1	0
2	0	2	0	1	1	0
2	0	2	0	1	1	1
2	2	2	0	0	0	0
0	0	0	3	3	3	0
0	3	3	3	3	3	0
3	3	0	0	0	3	0

〈그림 2〉

그림 16-3 아파트 단지를 0, 1로 나타낸 구조

〈그림 2〉는 〈그림 1〉을 아파트 단지별로 번호를 붙인 것이다. 지도를 입력받아 아파트 단지의 수를 출력하는 프로그램을 작성해보자.

■ 입력

- 여러 테스트 케이스가 포함될 수 있다.
- 첫 번째 행에는 테스트 케이스의 수 T가 주어지고, 이후 차례로 T개의 테스트 케이스가 주어진다(T ≤ 20).
- 각 테스트 케이스의 첫 번째 행에는 지도의 크기 N이 주어진다. 지도는 항상 정사각형이다(5 ≤ N ≤ 25).

- 각 테스트 케이스의 두 번째 행부터 N 번째 행에 걸쳐 지도 정보가 공백으로 분리되어 주어진다. 해당 위치에 아파트가 없는 경우는 0, 아파트가 있는 경우는 1로 주어진다.

■ 출력

- 한 행마다 각 테스트 케이스의 아파트 단지 총 개수를 출력한다.

■ 입출력 예

입력

```
2
7
0 1 1 0 1 0 0
0 1 1 0 1 0 1
1 1 1 0 1 0 1
0 0 0 0 1 1 1
0 1 1 1 0 0 0
0 1 1 1 1 1 0
0 1 0 0 0 1 1
5
0 1 0 1 0
1 0 1 0 1
0 1 0 1 0
1 0 1 0 1
0 1 0 1 0
```

출력

```
3
12
```

BRAIN STORMING
브레인 스토밍

이 알고리즘은 아파트의 유무가 표시된 맵 데이터를 입력받아 처음부터 끝까지 (N × N)을 확인하는 방식으로 해결하면 된다. 주어진 좌표가 (i, j)일 때 동서남북에 해당되는 (i − 1, j), (i + 1, j), (i, j − 1), (i, j + 1)의 위치에 아파트가 존재하면 같은 단지로 여긴다. 네 가지 방향을 확인하는 데 사용하는 가장 간단한 방법은 역시 재귀 호출이다.

```
void checkHousing(int x,int y)
{
  map[x][y] = 0;

  if(map[x - 1][y])
    checkHousing(x - 1, y);

  if(map[x][y - 1])
    checkHousing(x, y - 1);

  if(map[x + 1][y])
    checkHousing(x + 1, y);

  if(map[x][y + 1])
    checkHousing(x, y + 1);
}
```

배열 map으로 구성한, 주어진 좌표 (x, y)의 위치를 0으로 초기화한 후 4개의 if문을 통해 4개의 방향을 확인하고 아파트가 존재하면 다시 checkHousing() 함수를 재귀 호출한다. 재귀 호출을 사용하면 아파트를 이미 방문한 경우를 특별히 고려할 필요 없이 주어진 조건(4개의 방향)에 맞도록 호출만 하면 되므로 코드가 간결해진다.

SOLVE
문제 풀이

■ 정답 코드
코드 16-2

```
01  #include <stdio.h>
02
03  int map[27][27] = {0};
04  int Solution;
05  int N;
06
07  void checkHousing(int, int);
08
09  void checkHousing(int x, int y)
10  {
11    map[x][y] = 0;
12
```

```
13    if(map[x - 1][y])
14      checkHousing(x - 1, y);
15
16    if(map[x][y - 1])
17      checkHousing(x, y - 1);
18
19    if(map[x + 1][y])
20      checkHousing(x + 1, y);
21
22    if(map[x][y + 1])
23      checkHousing(x, y + 1);
24  }
25
26  int main(void)
27  {
28    int tc, T;
29
30    freopen("input.txt", "r", stdin);
31    setbuf(stdout, NULL);
32    scanf("%d", &T);
33
34    for(tc = 0; tc < T; tc++) {
35      int i, j;
36      scanf("%d", &N);
37      Solution = 0;
38
39      for(i = 0; i < N; i++)
40        for(j = 0; j < N; j++)
41          scanf("%d", &map[i][j]);
42
43      for(i = 0; i < N; i++) {
44        for(j = 0; j < N; j++) {
45          if(map[i][j]) {
46            Solution++;
47            checkHousing(i, j);
48          }
49        }
50      }
51
52      printf("%d\n", Solution);
53    }
54
55    return 0;
56  }
```

```
3
12
```

EXPLANATION
해설

■ 입력 처리

input.txt 파일을 불러오고 테스트 케이스의 수를 입력받는 방법은 다음 코드를 사용한다.

```
30    freopen("input.txt", "r", stdin);
31    setbuf(stdout, NULL);
32    scanf("%d", &T);
```

주어진 맵의 가로와 세로 크기만큼의 데이터를 입력받아 2차원 배열 map에 저장한다.

```
39    for(i = 0; i < N; i++)
40      for(j = 0; j < N; j++)
41        scanf("%d", &map[i][j]);
```

■ 핵심 알고리즘 코드

43행~50행에서 2개의 for문을 가로와 세로 길이를 입력받은 맵의 크기만큼 반복해 연산을 실행한다. 연산의 조건은 map[i][j] 데이터가 존재하는 경우, 즉 아파트가 존재하는 경우에만 실행한다.

```
43    for(i = 0; i < N; i++) {
44      for(j = 0; j < N; j++) {
45        if(map[i][j]) {
46          Solution++;
47          checkHousing(i, j);
48        }
49      }
50    }
```

map[i][j]가 0이 아니면 아파트가 존재한다는 의미이므로 Solution 변숫값을 1 증가시키고 checkHousing(i, j)를 호출해 좌표 (i, j)의 동서남북 방향을 확인한다. 9행~24행 checkHousing(i, j)는 브레인 스토밍에서도 살펴봤듯이 좌표 (i, j)의 동서남북을 재귀 호출로 조사해 아파트가 존재하는지를 확인한다.

```
09  void checkHousing(int x, int y)
10  {
11    map[x][y] = 0;
12
13    if(map[x - 1][y])
14      checkHousing(x - 1, y);
15
16    if(map[x][y - 1])
17      checkHousing(x, y - 1);
18
19    if(map[x + 1][y])
20      checkHousing(x + 1, y);
21
22    if(map[x][y + 1])
23      checkHousing(x, y + 1);
24  }
```

 ARRANGEMENT
정리

이 문제는 주어진 좌표의 동서남북을 확인하는 알고리즘 문제다. 재귀 호출이 가장 간단한 방법이며 재귀 호출로 작성하지 않은 경우에는 고려해야 할 조건들이 늘어나므로 코드 길이가 길어진다는 단점이 있다.

SECTION 04 피곤한 배달부

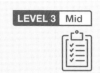

QUESTION 문제

너무 피곤해진 한빛우체국의 배달부는 최대한 빨리 일을 마치고 퇴근하려고 N번 방문지에서 1번 방문지로 돌아가려고 한다.

배달부가 방문해야 하는 여러 개의 방문지에는 양방향의 길이 총 T개 있다. 피곤한 배달부를 도와 N번에서 1번 방문지까지의 최소 경로를 알아내는 프로그램을 작성해보자.

■ 입력

- 여러 테스트 케이스가 포함될 수 있다.
- 첫 번째 행에는 테스트 케이스의 수 T가 주어지고, 이후 차례로 T개의 테스트 케이스가 주어진다(T ≤ 20).
- 각 테스트 케이스의 첫 번째 행에는 양방향 길의 수 T와 방문지의 수 N이 공백으로 분리되어 주어진다(1 ≤ T ≤ 10000, 1 ≤ N ≤ 1000).
- 각 테스트 케이스의 두 번째 행부터 T번째 행에 걸쳐 도로의 정보 S, E, D가 주어진다. 이는 S번 방문지와 E번 방문지에 연결된 길이 있으며, 이 길의 길이가 D라는 것을 의미한다(1 ≤ D ≤ 100).

■ 출력

- 한 행마다 각 테스트 케이스의 결과인, N번 방문지에서 1번 방문지인 집으로 이동하는 최소 경로를 출력한다.

■ 입출력 예

입력

```
2
5 5
1 2 20
2 3 30
3 4 20
4 5 20
1 5 100
```

```
10 2
1 2 68
1 2 66
1 2 64
1 2 62
1 2 60
1 2 58
1 2 56
1 2 54
1 2 52
1 2 50
```

출력

```
90
50
```

 BRAIN STORMING

브레인 스토밍

이 문제의 핵심은 현재 상태의 부분합에 새로운 연산을 추가로 수행했을 때도 최적의 값을 유지할 수 있는지를 확인하는 것이다. 다시 말해 배달부는 1부터 N까지 모든 방문지를 반드시 한번은 방문해야 한다는 원칙 아래 아직 방문하지 않은 방문지 중에서 최솟값을 갖는 방문지를 찾는 문제다. 또한 모든 방문지마다 도로가 연결되어 있는 것은 아니므로 연결된 도로가 있는지도 확인해야 한다.

다음 코드를 보자.

```
for(k = 0; k < num_Targets; k++) {
  if(min_dist[k] == UNCONNECTED) {
    if(map[u][k] != UNCONNECTED && !visited[k])
      min_dist[k] = min_dist[u] + map[u][k];
  }

  else {
    if(map[u][k]!= UNCONNECTED && !visited[k] &&
      (map[u][k] + min_dist[u] < min_dist[k]))
      min_dist[k] = min_dist[u] + map[u][k];
```

```
        }
    }
```

위 코드는 방문해야 하는 방문지의 수만큼 for문을 반복 실행한다. k번째의 방문지가 연결되어 있지 않다면(map[u][k] != UNCONNECTED) 지금까지의 최소 경로인 u부터 k까지의 경로가 연결되어 있는지 그리고 방문하지 않았는지(!visited[k])를 확인해 최소 경로의 합에 더한다.

그러나 k까지의 직접 경로가 연결되어 있다면 해당 경로의 연산 값과 u를 거쳐 가는 연산 값을 비교해 u를 거쳐 가는 경우가 더 작은 경우에만 합에 더한다. 이 구조만 이해한다면 이 문제는 쉽게 풀 수 있다.

 SOLVE **문제 풀이**

■ 정답 코드

코드 16-3

```
01  #include <stdio.h>
02  #define UNCONNECTED 99999
03
04  int map[1001][1001];
05  int min_dist[1001];
06
07  int calculateMinCosts(int);
08
09  int calculateMinCosts(int num_Targets)
10  {
11    int i, j, k;
12    int min;
13    int u;
14    int visited[1001] = { 0 };
15
16    for(i = 0; i < num_Targets; i++) {
17      if(map[0][i] != UNCONNECTED && i != 0) {
18        min_dist[i] = map[0][i];
19      }
20
21      else
```

```
22        min_dist[i] = UNCONNECTED;
23    }
24
25    visited[0] = 1;
26
27    for(i = 0; i < num_Targets; i++) {
28      min = UNCONNECTED;
29
30      for(j = 0; j < num_Targets; j++) {
31        if(visited[j] == 0 && min_dist[j] < min) {
32          min = min_dist[j];
33          u = j;
34        }
35      }
36
37      visited[u] = 1;
38
39      for(k = 0; k < num_Targets; k++) {
40        if(min_dist[k] == UNCONNECTED) {
41          if(map[u][k] != UNCONNECTED && !visited[k]) {
42            min_dist[k] = min_dist[u] + map[u][k];
43            printf("%d를 거쳐 %d를 방문한다. 최소 비용 : %d\n", u, k, min_dist[k]);
44          }
45        }
46
47        else {
48          if(map[u][k] != UNCONNECTED && !visited[k] &&
49            (map[u][k] + min_dist[u] < min_dist[k])) {
50            min_dist[k] = min_dist[u] + map[u][k];
51            printf("%d를 거쳐 %d를 방문하는 것이 더 효율적이다. 최소 비용 : %d\n",
52              u, k, min_dist[k]);
53          }
54        }
55      }
56    }
57 }
58
59 int main(void)
60 {
61    int tc, T;
62    int num_Roads, num_Targets;
63    int start, end, dist;
64    int i, j;
65
```

```
66    freopen("input.txt", "r", stdin);
67    setbuf(stdout, NULL);
68    scanf("%d", &T);
69
70    for(tc = 0; tc < T; tc++) {
71      scanf("%d %d", &num_Roads, &num_Targets);
72
73      for(i = 0; i < num_Targets; i++)
74        for(j = 0; j < num_Targets; j++)
75          map[i][j] = UNCONNECTED;
76
77      for(i = 0; i < num_Roads; i++) {
78        scanf("%d %d %d", &start, &end, &dist);
79        if(dist < map[start - 1][end - 1]) {
80          map[start - 1][end - 1] = dist;
81          map[end - 1][start - 1] = dist;
82        }
83      }
84
85      calculateMinCosts(num_Targets);
86      printf("%d\n", min_dist[num_Targets - 1]);
87    }
88
89    return 0;
90  }
```

■ 실행 결과

```
1을 거쳐 2를 방문한다. 최소 비용 : 50
2를 거쳐 3를 방문한다. 최소 비용 : 70
3을 거쳐 4를 방문하는 것이 더 효율적이다. 최소 비용 : 90
90
50
```

EXPLANATION
해설

■ 입력 처리

이 문제에서의 입력 부분은 크게 세 가지로 나눌 수 있다. 첫 번째는 input.txt 파일을 불러오고 테스트 케이스의 수를 입력받는다. 다음 코드를 사용한다.

```
66    freopen("input.txt", "r", stdin);
67    setbuf(stdout, NULL);
68    scanf("%d", &T);
```

두 번째는 각 맵을 초기화하는 부분이다.

```
73      for(i = 0; i < num_Targets; i++)
74        for(j = 0; j < num_Targets; j++)
75          map[i][j] = UNCONNECTED;
```

세 번째는 배열 map의 데이터를 초기화한 후 사용자에게 연결된 방문지의 정보와 그 거리를 입력받아 다시 배열 map에 저장하는 부분이다.

```
77      for(i = 0; i < num_Roads; i++) {
78        scanf("%d %d %d", &start, &end, &dist);
79        if(dist < map[start - 1][end - 1]) {
80          map[start - 1][end - 1] = dist;
81          map[end - 1][start - 1] = dist;
82        }
83      }
```

■ 핵심 알고리즘 코드

이 알고리즘의 실제 연산 부분은 calculateMinCosts() 함수다. 이 함수는 각 시작 시점에서 다른 위치와의 거리를 구해 min_dist라는 배열에 저장하고, 각각의 위치를 방문하면서 최솟값을 계산한다.

```
16    for(i = 0; i < num_Targets; i++) {
17      if(map[0][i] != UNCONNECTED && i != 0) {
18        min_dist[i] = map[0][i];
19      }
20
21      else
22        min_dist[i] = UNCONNECTED;
23    }
```

0부터 num_Targets − 1까지 for문을 반복 실행하면서 map[0][i]의 값 중에서 연결되어 있는 곳의 거리를 min_dist 배열에 저장한다. 연결된 경우가 없다면 상수인 UNCONNECTED 값을 저장해 연결되지 않았음을 알려준다.

그리고 min_dist 배열에서 최솟값을 찾아 변수 min에 저장하고 최소 경로 j 값을 변수 u에 저장한다.

```
30    for(j = 0; j < num_Targets; j++) {
31      if(visited[j] == 0 && min_dist[j] < min) {
32        min = min_dist[j];
33        u = j;
34      }
35    }
```

이제 39행~55행 for문을 실행해 현재 위치 u에서 k까지의 경로를 계산한다. 그중에 가장 최솟값을 갖는 경로를 구한다.

```
39    for(k = 0; k < num_Targets; k++) {
40      if(min_dist[k] == UNCONNECTED) {
41        if(map[u][k] != UNCONNECTED && !visited[k]) {
42          min_dist[k] = min_dist[u] + map[u][k];
43          printf("%d를 거쳐 %d를 방문한다. 최소 경로 : %d\n", u, k, min_dist[k]);
44        }
45      }
46
47      else {
48        if(map[u][k] != UNCONNECTED && !visited[k] &&
49           (map[u][k] + min_dist[u] < min_dist[k])) {
50          min_dist[k] = min_dist[u] + map[u][k];
```

```
51              printf("%d를 거쳐 %d를 방문하는 것이 더 효율적이다. 최소 경로 : %d\n",
52                  u, k, min_dist[k]);
53          }
54      }
55  }
```

ARRANGEMENT
정리

이 문제는 최소 경로를 구하는 전형적인 알고리즘 문제로, 연결된 위치까지의 거리를 계산해 최솟값을 구한다. 문제가 복잡하게 보일 수도 있으나 각 지점이 연결되어 있는지를 먼저 확인하고, 연결된 지점들 사이의 최솟값을 구해 별도의 공간에 저장해둔다. 그리고 연결되었을 때의 거리를 계산하면 해결할 수 있다.

QUESTION
문제

N × M 크기의 체스 판에 움직이지 않는 졸 1개와 움직일 수 있는 말 1개가 놓여 있다. 말의 이동 방향이 다음과 같을 때 말을 최대한 적게 이동해 졸을 잡으려고 한다.

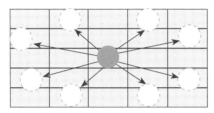

그림 16-4 말의 이동 방향

x 방향의 움직임은 다음과 같다.

```
move_X[NUM_MOVES] = {1, 2, 2, 1, -1, -2, -2, -1};
```

y 방향의 움직임은 다음과 같다.

```
int move_Y[NUM_MOVES] = {-2, -1, 1, 2, 2, 1, -1, -2};
```

말이 졸을 잡는 최소 이동 횟수를 알아내는 프로그램을 작성해보자.

■ 입력

• 여러 테스트 케이스가 포함될 수 있다.

• 첫 번째 행에는 테스트 케이스의 수 T가 주어지고, 이후 차례로 T개의 테스트 케이스가 주어진다(T ≤ 20).

• 각 테스트 케이스의 첫 번째 행에는 체스 판 행의 수 N, 열의 수 M이 공백으로 분리되어 주어진다(1 ≤ N, M ≤ 50).

- 각 테스트 케이스의 두 번째 행에는 말의 위치 정보 R, C, 졸의 위치 정보 S, K가 순서대로 주어진다. R, S는 행, C, K는 열의 번호다.
- 체스 판의 제일 왼쪽 상단의 위치를 (1, 1)로 설정해 기준을 둔다.

▪ 출력

- 한 행마다 각 테스트 케이스의 결과인, 말이 졸을 잡는 최소 이동 횟수를 출력한다.
- 이동할 수 없는 경우 −1을 출력한다.

▪ 입출력 예

입력

```
2
9 9
3 5 2 8
20 20
2 3 7 9
```

출력

```
2
5
```

BRAIN STORMING
브레인 스토밍

이 문제는 체스, 장기 등의 게임에서 사용하는 프로그래밍 기법 중 하나로, 주어진 말이 진행할 수 있는 여러 가지 경우의 수를 따져봤을 때 가장 효율적인 경로를 구하는 문제다. 여기서 효율적이라는 말은 이 문제에서는 '최단 시간에 상대 말을 잡을 수 있는 경로'라고 정의했다. 그러나 실제 게임 프로그래밍에서는 다양한 조건이 주어질 수 있으므로 코드를 작성할 때는 여러 가지를 함께 고민해봐야 한다.

이 문제와 같은 게임 프로그래밍에서는 큐^{Queue}를 사용하는 것이 일반적이다. 큐를 사용하는 이유는 여러 가지 경로를 큐에 저장해두고 각각의 경로에 관해 연산해서 주어진 경로의 최적 경로를 구하기 위해서다.

큐를 사용하는 방법은 의외로 복잡하지 않다. 다음 코드를 보자.

```
out = position_Queue[bottom++];

for(i = 0; i <NUM_MOVES; i++) {
  x = out.x + move_X[i];
  y = out.y + move_Y[i];

  if((x >= 1 && x <= N) && (y >= 1 && y <= M) && map[x][y] == 0) {
    in.x = x;
    in.y = y;
    in.counter = out.counter + 1;
    position_Queue[top++] = in;
    map[x][y] = 1;
  }
}
```

먼저 현재 큐(position_Queue)에 저장된 경로 중에서 하나를 선택해 out이라는 변수에 저장한다. 그 다음 for문은 해당 말(out)이 움직일 수 있는 수(NUM_MOVES)만큼 반복하면서 원하는 말(Victim)을 잡을 수 있는지 검사한다.

out 말의 이동 경로만큼 이동했을 때의 새로운 위치를 변수 in에 저장한 후 큐에 다시 넣는다. 그리고 배열 map의 해당 위치를 1로 설정해 이미 방문했다고 표시한다.

```
if(map[x_Victim][y_Victim] == 1)
{
  printf("KILLED VICTIM!!!\n");
  break;
}
```

현재 말이 이동한 위치가 Victim의 위치와 같다면 결국 해당 말을 잡았다고 볼 수 있으므로 프로그램을 빠져나온다.

결국 이 문제는 말의 이동 경로 수만큼 말의 이동 경로에 따른 새로운 위치를 큐에 저장해두고 Victim의 위치를 잡을 때까지 반복하는 알고리즘이다.

■ 정답 코드

코드 16-4

```c
01  #include <stdio.h>
02  #define NUM_MOVES 8
03
04  int move_X[NUM_MOVES] = {1, 2, 2, 1, -1, -2, -2, -1};
05  int move_Y[NUM_MOVES] = {-2, -1, 1, 2, 2, 1, -1, -2};
06  int map[101][101];
07
08  typedef struct {
09    int x, y;
10    int counter;
11  } POINT;
12
13  POINT position_Queue[10005];
14
15  int main(void)
16  {
17    int tc, T;
18    int i, j;
19    int N, M, x_Attacker, y_Attacker, x_Victim, y_Victim, x, y;
20    POINT start;
21    POINT out, in;
22    int top, bottom;
23
24    freopen("input.txt", "r", stdin);
25    setbuf(stdout, NULL);
26    scanf("%d", &T);
27
28    for(tc = 0; tc < T; tc++) {
29      for(i = 0; i < 101; i++)
30        for(j = 0; j < 101; j++)
31          map[i][j] = 0;
32
33      scanf("%d", &N);
34      scanf("%d", &M);
35
36      scanf("%d", &x_Attacker);
37      scanf("%d", &y_Attacker);
```

```
38          scanf("%d", &x_Victim);
39          scanf("%d", &y_Victim);
40
41          start.x = x_Attacker;
42          start.y = y_Attacker;
43          start.counter = 0;
44          top = bottom = 0;
45
46          position_Queue[top++] = start;
47
48          while(top != bottom) {
49            out = position_Queue[bottom++];
50            for(i = 0; i < NUM_MOVES; i++) {
51              x = out.x + move_X[i];
52              y = out.y + move_Y[i];
53
54              if((x >= 1 && x <= N) && (y >= 1 && y <= M) && map[x][y] == 0) {
55                in.x = x;
56                in.y = y;
57                in.counter = out.counter + 1;
58                position_Queue[top++] = in;
59                map[x][y] = 1;
60                printf("Queue에 새로운 위치 (%d, %d)를 저장한다\n", x, y);
61              }
62            }
63
64            if(map[x_Victim][y_Victim] == 1) {
65              printf("KILLED VICTIM!!!\n");
66              break;
67            }
68          }
69
70          if(map[x_Victim][y_Victim] == 1)
71            printf("총 %d회 이동으로 victim을 잡았다\n\n", in.counter);
72
73          else
74            printf("-1\n");
75
76      }
77
78      return 0;
79  }
```

■ 실행 결과

```
Queue에 새로운 위치 (4, 3)를 저장한다
Queue에 새로운 위치 (5, 4)를 저장한다
Queue에 새로운 위치 (5, 6)를 저장한다
Queue에 새로운 위치 (4, 7)를 저장한다
… 〈중간 생략〉 …
Queue에 새로운 위치 (3, 9)를 저장한다
Queue에 새로운 위치 (2, 8)를 저장한다
Queue에 새로운 위치 (2, 6)를 저장한다
KILLED VICTIM!!!
총 2회 이동으로 victim을 잡았다

Queue에 새로운 위치 (3, 1)를 저장한다
Queue에 새로운 위치 (4, 2)를 저장한다
… 〈중간 생략〉 …
Queue에 새로운 위치 (10, 6)를 저장한다
Queue에 새로운 위치 (9, 7)를 저장한다
Queue에 새로운 위치 (8, 8)를 저장한다
Queue에 새로운 위치 (7, 9)를 저장한다
KILLED VICTIM!!!
총 5회 이동으로 victim을 잡았다
```

EXPLANATION
해설

■ 입력 처리

input.txt 파일을 불러오고 테스트 케이스의 수를 입력받는 방법은 다음 코드를 사용한다.

```
24    freopen("input.txt", "r", stdin);
25    setbuf(stdout, NULL);
26    scanf("%d", &T);
```

주어진 말의 움직임은 (x, y)와 같이 2차원으로 이동한다. 따라서 미리 배열로 정의해둔다.

```
04  int move_X[NUM_MOVES] = {1, 2, 2, 1, -1, -2, -2, -1};
05  int move_Y[NUM_MOVES] = {-2, -1, 1, 2, 2, 1, -1, -2};
06  int map[101][101];
```

이 문제에서는 먼저 좌표를 저장할 구조체를 선언하고 해당 구조체로 큐를 선언해야 한다.

```
08  typedef struct {
09    int x, y;
10    int counter;
11  } POINT;
12
13  POINT position_Queue[10005];
```

그리고 현재 공격자(Attacker) 말의 위치와 희생자(Victim) 말의 위치를 입력받는다.

```
36        scanf("%d", &x_Attacker);
37        scanf("%d", &y_Attacker);
38        scanf("%d", &x_Victim);
39        scanf("%d", &y_Victim);
40
41        start.x = x_Attacker;
42        start.y = y_Attacker;
43        start.counter = 0;
44        top = bottom = 0;
```

공격자의 위치는 x_Attacker와 y_Attacker로 입력받고, 희생자의 위치는 x_Victim과 y_Victim으로 입력받는다. 그리고 공격자의 좌표를 변수 start에 저장하고, start의 이동 횟수가 되는 counter 항목을 0으로 초기화한다.

이제 큐의 top과 bottom 변수를 0으로 초기화하고 연산을 시작한다.

■ 핵심 알고리즘 코드

핵심 알고리즘 코드는 46행~68행이다.

```
46        position_Queue[top++] = start;
47
48        while(top != bottom) {
49          out = position_Queue[bottom++];
50          for(i = 0; i < NUM_MOVES; i++) {
51            x = out.x + move_X[i];
52            y = out.y + move_Y[i];
53
```

```
54              if((x >= 1 && x <= N) && (y >= 1 && y <= M) && map[x][y] == 0) {
55                in.x = x;
56                in.y = y;
57                in.counter = out.counter + 1;
58                position_Queue[top++] = in;
59                map[x][y] = 1;
60                printf("Queue에 새로운 위치 (%d, %d)를 저장한다\n", x, y);
61              }
62            }
63
64          if(map[x_Victim][y_Victim] == 1) {
65            printf("KILLED VICTIM!!!\n");
66            break;
67          }
68        }
```

먼저 46행에서 공격자 말의 위치를 시작점(start)으로 삼아 큐에 넣고 전체 연산을 시작한다.

48행 while문은 앞의 브레인 스토밍에서 설명한 대로 큐에 저장된 좌표를 하나 가져와서 해당 좌표에 공격자 말의 이동 횟수만큼 가능한 경로가 될 수 있는 새로운 좌표를 구한다. 단, 여기서 주의할 점은 한 번 방문한 좌표는 다시 방문하지 않아야 하므로 한 번 방문한 좌표는 맵에 map[x][y] = 1처럼 설정해둔다.

ARRANGEMENT
정리

이 문제는 체스 말의 이동 경로 중에서 최적의 이동 경로를 구하는 문제다. 워낙 유명한 문제이며 큐라는 자료구조를 사용하면 쉽게 풀 수 있는 문제이기도 하다.

SECTION 06 배수로 공사

QUESTION
문제

한빛파이프에서는 물 부족으로 고통받는 남부 지역에서 배수로 공사를 시작하게 됐다. 많은 조사 끝에 여러 지하수로부터 충분한 양의 맑은 물이 나오는 위치 한 곳을 발견하게 됐다. 그래서 발견한 지하수를 남부 지역의 각 소도시까지 수도관을 연결해주면 된다고 판단했다.

모든 소도시까지 수도관을 연결하면서도 수도관 길이를 최소로 하는 프로그램을 작성해보자.

■ **입력**

- 여러 테스트 케이스가 포함될 수 있다.
- 첫 번째 행에는 테스트 케이스의 수 T가 주어지고, 이후 차례로 T개의 테스트 케이스가 주어진다(T ≤ 10).
- 각 테스트 케이스의 첫 번째 행에는 마을의 수 N이 주어진다(3 ≤ N ≤ 100).
- 각 테스트 케이스의 두 번째 행부터 N 번째 행에 걸쳐 각 마을들 사이의 거리 정보가 주어진다.
- 정보는 N × N 행렬의 형태고, i번째 줄의 j번째 숫자는 i번째 마을에서 j번째 마을까지의 거리다.
- 대각선에 있는 수는 항상 0이다.

■ **출력**

- 한 행마다 각 테스트 케이스의 결과인, 모든 마을을 연결할 수 있는 최소 수도관의 길이를 출력한다.

■ **입출력 예**

입력

```
2
3
0 1 4
1 0 2
4 2 0
4
0 4 9 21
4 0 8 17
```

```
9 8 0 16
21 17 16 0
```

출력

```
3
28
```

브레인 스토밍
BRAIN STORMING

이 문제는 사용자로부터 입력받은 맵 데이터에서 최소 경로를 구하는 문제다. 해결 방법은 여러 가지가 있지만 여기에서는 모든 경로를 확인해 최솟값을 구하는 방식을 사용한다. 기본 코드 구조는 다음과 같다.

```
for(i = 1; i <= num; i++) {
   for(j = 1; j <= num; j++) {
      if((map[i][j] < temp) && (map[i][j] != 0)) {
         temp = map[i][j];
         m = j;
      }
   }
}
```

입력된 맵 크기인 num × num만큼의 맵에서 현재까지 구한 최솟값인 temp 값보다 map[i][j] 값이 더 작으면 map[i][j] 값을 새로운 temp 값으로 저장한다. 단, map[i][j] 값이 0이 되어서는 안 된다.

문제 풀이
SOLVE

■ 정답 코드

코드 16-5

```
01   #include <stdio.h>
02   #define MAX 999999
03
```

```
04  int Solution;
05
06  int main(void)
07  {
08    int tc, T;
09
10    freopen("input.txt", "r", stdin);
11    setbuf(stdout, NULL);
12    scanf("%d", &T);
13
14    for(tc = 0; tc < T; tc++) {
15      int num, map[101][101] = { 0 };
16      int i, j;
17      int temp = MAX, n = 1, m;
18      Solution = 0;
19      scanf("%d", &num);
20
21      for(i = 1; i <= num; i++) {
22        for(j = 1; j <= num; j++) {
23          scanf("%d", &map[i][j]);
24        }
25
26        map[0][i] = 1;
27      }
28
29      map[1][0] = 1;
30      map[0][1] = 0;
31
32      printf("initial map\n");
33
34      for(i = 0; i <= num; i++) {
35        for(j = 0; j <= num; j++) {
36          printf("%3d", map[i][j]);
37        }
38
39        printf("\n");
40      }
41
42      printf("\n");
43
44      while(n < num) {
45        for(i = 1; i <= num; i++) {
46          if(map[i][0] == 1) {
47            for(j = 1; j <= num; j++) {
48              if(map[0][j] == 1) {
```

```
49                    if((map[i][j] <temp) && (map[i][j] != 0)) {
50                        temp = map[i][j];
51                        m = j;
52                    }
53                }
54            }
55        }
56    }
57
58        Solution = Solution + temp;
59        temp = MAX;
60        map[0][m] = 0;
61        map[m][0] = 1;
62        n++;
63    }
64
65    printf("최소 파이프 길이를 구한 이후의 맵\n");
66
67    for(i = 1; i <= num; i++) {
68        for(j = 1; j <= num; j++) {
69            printf("%3d", map[i][j]);
70        }
71        printf("\n");
72    }
73
74    printf("최소 파이프 길이 : %d\n", Solution);
75    }
76
77    return 0;
78 }
```

■ 실행 결과

```
initial map
   0  0  1  1
   1  0  1  4
   0  1  0  2
   0  4  2  0

최소 파이프 길이를 구한 이후의 맵
   0  1  4
   1  0  2
   4  2  0
```

```
최소 파이프 길이 : 3

initial map
  0  0  1  1  1
  1  0  4  9 21
  0  4  0  8 17
  0  9  8  0 16
  0 21 17 16  0

최소 파이프 길이를 구한 이후의 맵
  0  4  9 21
  4  0  8 17
  9  8  0 16
 21 17 16  0
최소 파이프 길이 : 28
```

EXPLANATION
해설

■ 입력 처리

input.txt 파일을 불러오고 테스트 케이스의 수를 입력받는 방법은 다음 코드를 사용한다.

```
10    freopen("input.txt", "r", stdin);
11    setbuf(stdout, NULL);
12    scanf("%d", &T);
```

num × num 크기의 데이터를 사용자로부터 입력받아 2차원 배열 map에 저장한다.

```
21    for(i = 1; i <= num; i++) {
22      for(j = 1; j <= num; j++) {
23        scanf("%d", &map[i][j]);
24      }
25
26      map[0][i] = 1;
27    }
```

▪핵심 알고리즘 코드

브레인 스토밍에서 언급했듯이 44행~63행에서 2개의 반복문을 실행해 2차원 배열에 저장된 배열 map의 데이터를 비교해 연결된 최소 파이프의 길이를 구한다.

```
44        while(n < num) {
45          for(i = 1; i <= num; i++) {
46            if(map[i][0] == 1) {
47              for(j = 1; j <= num; j++) {
48                if(map[0][j] == 1) {
49                  if((map[i][j] <temp) && (map[i][j] != 0)) {
50                    temp = map[i][j];
51                    m = j;
52                  }
53                }
54              }
55            }
56          }
……
63        }
```

결국은 num × num 맵에서 최솟값을 찾아 변수 temp에 저장한다. 그리고 기존의 최솟값인 Solution과 합한 후 다시 변수 temp 값을 상수 MAX로 초기화한다.

```
58        Solution = Solution + temp;
59        temp = MAX;
```

ARRANGEMENT
정리

이 문제는 얼핏 보기에는 난이도가 높아 보이지만 사실상 사용자에게 입력받은 맵 데이터를 사용하여 최솟값을 구하는 문제다. 재귀 호출을 사용했다면 앞의 코드보다는 좀 더 간단했을 수는 있으나 이 문제에서는 반복문을 사용해 해결했다.

CHAPTER 17

출제 빈도가 높은 알고리즘 문제

이 장에서 소개하는 문제는 지금까지 배운 다양한 알고리즘 기법들을 사용한다. 또한 여러 알고리즘 대회나 시험에서 출제 빈도수가 높은 문제들로만 추려봤다. 문제 대부분은 앞에서 배운 알고리즘들을 이해했다면 그리 어렵지 않게 풀 수 있는 문제들이다. 혹시라도 이해가 안 되는 부분이 있다면 다시 이 책의 1부를 읽어보면서 개념부터 다시 한번 짚어보기 바란다.

SECTION 01 세뱃돈 만들기

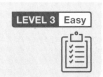

QUESTION 문제

한빛나 양은 매해 설날 세뱃돈을 받는다. 세뱃돈은 1원짜리 지폐부터 K원짜리 지폐까지 무한하다고 가정했을 때 지폐들을 사용해 한빛나 양이 N원을 만드는 방법을 모두 알아보려고 한다. 단, N원짜리 지폐는 사용하지 않는다.

예를 들어 1원, 2원, 3원이 있을 때 5원을 만드는 방법은 다섯 가지다.

- 경우 1: 1원 × 5장
- 경우 2: 2원 × 1장 + 1원 × 3장
- 경우 3: 2원 × 2장 + 1원 × 1장
- 경우 4: 3원 × 1장 + 1원 × 2장
- 경우 5: 3원 × 1장 + 2원 × 1장

한빛나 양이 세뱃돈으로 원하는 총 금액인 N원과 지폐 최댓값 K를 입력받아서 N원을 만드는 방법의 수를 구하는 프로그램을 작성해보자.

■ 입력

- 여러 테스트 케이스가 포함될 수 있다.
- 첫 번째 행에는 테스트 케이스의 수 T가 주어지고, 이후 차례로 T개의 테스트 케이스가 주어진다(T ≤ 20).
- 각 테스트 케이스의 첫 번째 행에는 만들고자 하는 지폐의 양 N과 무한한 지폐의 최댓값 K가 공백으로 분리되어 주어진다(1 ≤ N ≤ 1000, 1 ≤ K ≤ 100).

■ 출력

- 한 행마다 각 테스트 케이스의 결과인, N원을 만들 수 있는 방법의 수를 출력한다.
- 방법의 수가 많아질 수 있으므로 1억으로 나눈 나머지를 출력하도록 한다.

■ 입출력 예

입력

```
2
5 3
10 2
```

출력

```
5
6
```

BRAIN STORMING

브레인 스토밍

이 문제의 핵심은 배열 solutions 값들의 변화다. 다음 for문을 살펴보자.

```
for(i = 1; i <= availableMoney; i++)
  for(j = i; j <= targetMoney; j++)
    solutions[j] = (solutions[j] + solutions[j - i]) % MAXIMUM;
```

첫 번째 for문인 for(i = 1; i <= availableMoney; i++)는 1부터 시작해서 사용 가능한 금액을 다루는 availableMoney까지 반복 실행하라는 의미다. 두 번째 for문인 for(j = i; j <= targetMoney; j++)는 j = i부터 시작해서 목표로 하는 금액을 다루는 targetMoney까지 반복 실행하라는 의미다. for문 안에서 연산은 solutions[j] = (solutions[j] + solutions[j−i]) % MAXIMUM;이므로 입력값이 5일 때 이 for문을 풀어보면 다음과 같다.

```
solutions[1] = (solutions[1] + solutions[1 - 1 = 0]) % MAXIMUM;
solutions[2] = (solutions[2] + solutions[2 - 1 = 1]) % MAXIMUM;
solutions[3] = (solutions[3] + solutions[3 - 1 = 2]) % MAXIMUM;
solutions[4] = (solutions[4] + solutions[4 - 1 = 3]) % MAXIMUM;
solutions[5] = (solutions[5] + solutions[5 - 1 = 4]) % MAXIMUM;
```

현재 solutions[1]의 값이 1로 초기화되어 있으므로 다음과 같은 값이 된다.

```
solutions[1] = (0 + 1) % MAXIMUM; // --> 1
solutions[2] = (0 + 1) % MAXIMUM; // --> 1
solutions[3] = (0 + 1) % MAXIMUM; // --> 1
solutions[4] = (0 + 1) % MAXIMUM; // --> 1
solutions[5] = (0 + 1) % MAXIMUM; // --> 1
```

즉, j = i = 1일 때 중첩 for문의 실행 결과는 solutions[1]에서 solutions[5]까지의 모든 값이 1로 계산된다. 첫 번째 for문의 i가 1 증가해 2가 되고, 두 번째 for문의 j 값은 j = i이므로 2가 된다. 따라서 중첩 for문의 두 번째 실행 결과는 다음과 같다.

```
solutions[2] = (solutions[2] + solutions[2-2 = 0]) % MAXIMUM;
solutions[3] = (solutions[3] + solutions[3-2 = 1]) % MAXIMUM;
solutions[4] = (solutions[4] + solutions[4-2 = 2]) % MAXIMUM;
solutions[5] = (solutions[5] + solutions[5-2 = 3]) % MAXIMUM;
```

이것을 다시 값으로 풀면 다음과 같다.

```
solutions[2] = (1 + 1) % MAXIMUM; // --> 2
solutions[3] = (1 + 1) % MAXIMUM; // --> 2
solutions[4] = (1 + 2) % MAXIMUM; // --> 3
solutions[5] = (1 + 2) % MAXIMUM; // --> 3
```

여기서 눈여겨봐야 할 점은 solutions[3]까지는 2이지만 solutions[4]는 3이 된다는 것이다. solutions[4]부터 3이 되는 이유는 solutions[3] + solutions[2]일 때 solutions[3]은 1이고 solutions[2]는 2이므로 solutions[4]는 3이 되는 것이다.

이와 같은 방법으로 세 번째 값을 구하면 다음과 같다.

```
solutions[3] = (2 + 1) % MAXIMUM; // --> 3
solutions[4] = (2 + 2) % MAXIMUM; // --> 4
solutions[5] = (2 + 3) % MAXIMUM; // --> 5
```

결국 최종적인 값 solutions[5]는 5가 된다.

방금 소개한 중첩 for문을 사용하는 방법은 자주 애용되는 방법이다. 아예 문제와 풀이를 외워 두는 것도 좋다.

■ 정답 코드

코드 17-1

```c
01  #include <stdio.h>
02  #define MAXIMUM 100000000
03  #define MAX_ELEMENTS 10000
04
05  int solutions[MAX_ELEMENTS + 1];
06  void initSolutions(void);
07
08  void initSolutions(void)
09  {
10    int i;
11
12    for(i = 0; i <= MAX_ELEMENTS; i++)
13      solutions[i] = 0;
14  }
15
16  int main(int argc, char *argv[])
17  {
18    int workingSet, T;
19    int targetMoney, availableMoney;
20    int i, j;
21
22    freopen("input.txt", "r", stdin);
23    scanf("%d", &T);
24
25    workingSet = 0;
26
27    while(workingSet < T) {
28      scanf("%d %d", &targetMoney, &availableMoney);
29
30      initSolutions();
31      solutions[0] = 1;
32
33      for(i = 1; i <= availableMoney; i++)
34        for(j = i; j <= targetMoney; j++) {
35          solutions[j] = (solutions[j] + solutions[j - i]) % MAXIMUM;
36          printf("solutions[%d]: %d\n", j, solutions[j]);
37        }
```

```
38
39       printf("%d\n", solutions[targetMoney]);
40       workingSet++;
41     }
42
43     return 0;
44   }
```

■ 실행 결과

```
solutions[1] : 1
solutions[2] : 1
solutions[3] : 1
solutions[4] : 1
solutions[5] : 1
solutions[2] : 2
solutions[3] : 2
solutions[4] : 3
solutions[5] : 3
solutions[3] : 3
solutions[4] : 4
solutions[5] : 5

5

solutions[1] : 1
solutions[2] : 1
solutions[3] : 1
solutions[4] : 1
solutions[5] : 1
solutions[6] : 1
solutions[7] : 1
solutions[8] : 1
solutions[9] : 1
solutions[10] : 1
solutions[2] : 2
solutions[3] : 2
solutions[4] : 3
solutions[5] : 3
solutions[6] : 4
solutions[7] : 4
solutions[8] : 5
solutions[9] : 5
```

```
solutions[10] : 6

6
```

■ 입력 처리

input.txt 파일을 불러오고 테스트 케이스의 수를 입력받는 방법은 다음 코드를 사용한다.

```
22      freopen("input.txt", "r", stdin);
23      scanf("%d", &T);
```

테스트 케이스 수인 T만큼 반복 실행하면서 목표로 하는 금액인 targetMoney와 사용 가능한 금액인 availableMoney를 입력받는다.

```
27      while(workingSet < T) {
28        scanf("%d %d", &targetMoney, &availableMoney);
```

■ 핵심 알고리즘 코드

이 문제의 핵심 알고리즘은 브레인 스토밍에서도 소개한 33행~35행 코드다. 중첩 for문을 사용해 목표로 하는 금액이 되기까지의 가능한 방법을 모두 구한다.

```
33      for(i = 1; i <= availableMoney; i++)
34        for(j = i; j <= targetMoney; j++)
35          solutions[j] = (solutions[j] + solutions[j - i]) % MAXIMUM;
```

결국 이 2개의 for문을 사용하면 해답을 구할 수 있다. 위 코드의 진행 상황을 좀 더 자세히 살펴보면 다음과 같다.

입력받은 targetMoney의 값이 5이고, avaiableMoney의 값이 3이라면, 즉 1원, 2원, 3원이라는 지폐를 사용해 5원의 세뱃돈을 만드는 데 몇 가지 경우의 수가 있는지 구하는 것이다.

33행에서 i가 1이고, j가 1부터 targetMoney까지 실행되면 배열 solutions는 다음과 같은 값이 저장된다.

```
solutions[1]
1
solutions[2]
1
solutions[3]
1
solutions[4]
1
solutions[5]
1
```

33행 for문에서 i가 1 증가한 2가 된 이후에 34행 for문을 실행하면 배열 solutions는 다음과 같이 바뀐다. 배열 solutions가 solutions[1]부터 계산되는 것이 아니라 solutions[2]부터 계산된 이유는 34행 for문에서 j는 i부터 시작하기 때문이다.

```
solutions[2]
2
solutions[3]
2
solutions[4]
3
solutions[5]
3
```

---

i 값이 3이 되면 다음처럼 변경된다.

```
solutions[3]
3
solutions[4]
4
solutions[5]
5
```

---

i 값이 avaliableMoney 값과 같으므로 33행의 for문을 종료하고 최종 결괏값을 출력한다.

5

ARRANGEMENT
정리

이 문제의 핵심 코드는 다음과 같다.

```
for(i = 1; i <= availableMoney; i++)
  for(j = i; j <= targetMoney; j++)
    solutions[j] = (solutions[j] + solutions[j - i]) % MAXIMUM;
```

이와 비슷한 문제를 풀고 싶다면 위 코드를 외워두는 것도 도움이 된다.

한빛캐피탈의 스타트업 투자

QUESTION
문제

한빛캐피탈에서는 실리콘 밸리의 여러 스타트업에 돈을 투자해서 최대의 이익을 얻고자 한다. 투자는 백만 불 단위로 하며, 각 스타트업은 투자한 금액에 비례해 많은 이익을 벤처 캐피탈 회사에게 돌려준다. 돈을 투자하지 않은 경우는 당연히 얻게 되는 이익도 없다. 예를 들어 한빛캐피탈에서 4백만 불로 2개의 스타트업에 각각 백만 불 단위로 투자했을 경우 얻을 수 있는 이익은 다음과 같다.

표 17-1 2개 스타트업에 투자하는 액수에 따른 이익금

투자액(백만 불)	스타트업 A의 이익	스타트업 B의 이익
1	5	1
2	6	5
3	7	9
4	8	15

표 17-1의 경우라면 스타트업 A에 백만 불, 스타트업 B에 3백만 불을 투자하는 경우 한빛캐피탈이 얻는 이익은 1천4백만 불(5백만 불 + 9백만 불)이다. 4백만 불을 투자해서 가장 많은 이익을 얻을 수 있는 경우는 스타트업 B에만 4백만불을 투자하는 경우이며 이때 이익은 1천5백만 불이다.

투자액이 정해져 있고 스타트업 수와 각 스타트업에 투자했을 경우에 얻게 되는 이익금이 주어졌을 때 가장 많은 이익을 얻을 수 있는 투자 방식과 이익금을 구하는 프로그램을 작성해보자.

■ 입력

• 여러 테스트 케이스가 포함될 수 있다.

• 첫 번째 행에는 테스트 케이스의 수 T가 주어지고, 이후 차례로 T개의 테스트 케이스가 주어진다(T ≤ 20).

- 각 테스트 케이스의 첫 번째 행에는 투자 금액과 투자 가능한 스타트업의 수가 주어진다.
- 각 테스트 케이스 두 번째 행부터는 각 행마다 투자 액수와 각 스타트업에서 한빛캐피탈에게 주는 이익이 주어진다. 단, 총 투자 금액은 3백만 불을 넘지 않으며, 투자 가능한 스타트업의 수는 최대 20이다.
- 하나의 스타트업에만 투자할 수는 없다.

■ 출력

- 한 행마다 각 테스트 케이스의 결과인, 얻을 수 있는 최대 이익을 출력한다.

■ 입출력 예

입력

```
2
4 2
1 5 1
2 6 5
3 7 9
4 20 11
4 2
1 3 3
2 4 4
3 7 6
4 8 8
```

출력

```
21
11
```

BRAIN STORMING
브레인 스토밍

이 문제에서 혼동할 수 있는 부분은 투자 기업의 수다. 투자 기업의 수가 2개라는 점이 알고리즘을 만드는 데 혼동을 일으킨다. 그러나 사실 투자 기업의 수가 2개든 3개든 그 이상이든 상관없다.

이 문제를 해결하는 핵심 개념은 전체 투자 금액의 반대 순서로 구한 Solutions 값과 현재 투자 금액을 기업에 투자했을 때 얻는 금액을 비교해서 더 큰 이익이 되는 값을 구해야 한다는 것이다. 즉, 현재의 최대 수익금인 maxBenefit 값과 Solutions[j − k] + investmentTable[k][i] 값 중에서 더 큰 수를 구해서 maxBenefit 값을 변경해야 한다. 또한 maxBenefit 값을 구한 후 현재 Solutions 값도 변경해야 한다.

또 하나 여기서 기억해두면 좋은 것은 배열 초기화 방법이다. 아마 이 책을 보는 독자들이라면 배열 초기화 정도는 눈 감고도 할 수 있겠지만 여기에서는 몇 가지 방법을 소개하고자 한다.

알고리즘 문제를 해결하는 코드를 작성하다 보면 포인터보다는 배열을 많이 사용하게 되는데, 이 배열을 시기적절하게 초기화하는 것도 일이다. C에서 배열을 초기화하는 경우는 크게 두 가지로 나눌 수 있다. 0이나 −1로 초기화하는 경우와 0이나 −1 이외의 값으로 초기화하는 경우다.

−1로 초기화하는 경우에 가장 확실한 방법은 다음 코드처럼 memset() 함수를 사용하는 것이다.

```
int testArray_3[MAX];
memset(testArray_3, -1, sizeof(testArray_3));
```

원하는 배열을 −1로 초기화할 수 있다. 단, 알고리즘 시험 문제에 따라 메모리 관련 함수를 사용하지 못하는 경우에는 어쩔 수 없이 for문과 같은 반복문 안에 배열이나 포인터를 넣어서 초기화하는 방법을 사용해야 한다.

memset() 함수는 바이트byte 단위로 초기화하므로 0(16진수로 0x00)이나 −1(16진수로 0xFF)의 값만 초기화할 수 있다. 그 외는 for문을 사용해서 일일이 초기화해야 한다.

0으로 초기화할 때는 memset() 함수를 사용하지 않고 배열을 직접 초기화하는 방법도 자주 사용한다.

```
// 첫 번째 방법
int testArray_1[MAX] = {0};
// 두 번째 방법
int testArray_2[MAX] = {0,};
```

위와 같은 방법을 사용하면 원하는 배열을 0으로 쉽게 초기화할 수 있다. 이러한 배열의 초기화 방법을 코드로 구현해보면 다음과 같다.

```
01  #include <stdio.h>
02  #include <string.h>
03
04  #define MAX 5
05
06  int main(int argc, char *argv[]) {
07    int i;
08    int testArray_1[MAX] = {-1};
09
10    for(i = 0; i < MAX; i++)
11      printf("testArray_1[%d] : %d\n", i, testArray_1[i]);
12
13    printf("\n");
14    int testArray_2[MAX] = {-1, };
15
16    for(i = 0; i < MAX; i++)
17      printf("testArray_2[%d] : %d\n", i, testArray_2[i]);
18
19    printf("\n");
20    int testArray_3[MAX];
21    memset(testArray_3, (int)-1, sizeof(testArray_3));
22
23    for(i = 0; i < MAX; i++)
24      printf("testArray_3[%d] : %d\n", i, testArray_3[i]);
25
26    printf("\n");
27
28    return 0;
29  }
```

코드 17-2 실행 결과

```
testArray_1[0] : -1
testArray_1[1] : 0
testArray_1[2] : 0
testArray_1[3] : 0
testArray_1[4] : 0

testArray_2[0] : -1
testArray_2[1] : 0
testArray_2[2] : 0
```

```
testArray_2[3] : 0
testArray_2[4] : 0

testArray_3[0] : -1
testArray_3[1] : -1
testArray_3[2] : -1
testArray_3[3] : -1
testArray_3[4] : -1
```

배열 초기화의 여러 가지 방법을 확실하게 이해할 수 있을 것이다.

SOLVE
문제 풀이

■ 정답 코드

코드 17-3

```
01  #include <stdio.h>
02
03  #define MAX_INVEST_MONEY 301
04  #define MAX_STARTUP 21
05
06  int investmentTable[MAX_INVEST_MONEY][MAX_STARTUP];
07  int Solutions[MAX_INVEST_MONEY];
08
09  int getMaxBenefit(int, int);
10
11  int getMaxBenefit(int p, int q)
12  {
13    if(p > q)
14      return p;
15
16    else
17      return q;
18  }
19
20  int main(void)
21  {
22    int tc, testCases;
23    int totalMoney, num_Startup;
24    int maxBenefit;
```

```
25
26      freopen("input.txt", "r", stdin);
27
28      // 총 테스트 수를 입력받는다
29      scanf("%d", &testCases);
30
31      for(tc = 0;  tc < testCases; tc++) {
32        int i, j, k;
33
34        // 전체 투자 금액과 투자할 스타트업의 수를 입력받는다
35        scanf("%d %d", &totalMoney, &num_Startup);
36
37        // Solutions 배열 초기화
38        int Solutions[MAX_INVEST_MONEY] = {0, };
39
40        // 투자 테이블 입력받기
41        for(i = 0; i < totalMoney; i++)
42          for(j = 0; j <= num_Startup; j++)
43            scanf("%d", &investmentTable[i][j]);
44
45        for(i = 0; i < num_Startup; i++) {
46          for(j = totalMoney - 1; j >= 0; j--) {
47            int maxBenefit = -1;
48
49            for(k = 0; k < totalMoney; k++) {
50              if(j - k >= 0) {
51                printf("maxBenefit : %d, Solutions[%d] : %d, total : %d\n",
52                  maxBenefit, (j - k), Solutions[j - k], (Solutions[j - k] +
53                  investmentTable[k][i + 1]));
54                maxBenefit = getMaxBenefit(maxBenefit, (Solutions[j - k] +
55                  investmentTable[k][i + 1]));
56              }
57
58            Solutions[j] = getMaxBenefit(Solutions[j], maxBenefit);
59            printf("Solutions : %d, %d, %d, %d\n", Solutions[0], Solutions[1],
60              Solutions[2], Solutions[3]);
61          }
62
63          printf("\n");
64        }
65
66        printf("\n");
67      }
68
```

```
69        printf("최대 투자 이익금 : %d\n\n", Solutions[totalMoney]);
70      }
71
72      return 0;
73    }
```

■ 실행 결과

여러분의 이해를 돕고자 51행~53행과 59행~60행에서 printf() 함수를 사용해 중간 결괏값을 출력하게 했다. 실제는 printf() 함수를 삭제해야 한다.

```
maxBenefit : -1, Solutions[3] : 0, total : 5
Solutions : 0, 0, 0, 5
maxBenefit : 5, Solutions[2] : 0, total : 6
Solutions : 0, 0, 0, 6

… 〈중간 생략〉 …

maxBenefit : -1, Solutions[0] : 5, total : 6
Solutions : 6, 10, 14, 21
Solutions : 6, 10, 14, 21
Solutions : 6, 10, 14, 21
Solutions : 6, 10, 14, 21

최대 투자 이익금 : 21

maxBenefit : -1, Solutions[3] : 0, total : 3
Solutions : 0, 0, 0, 3
maxBenefit : 3, Solutions[2] : 0, total : 4
Solutions : 0, 0, 0, 4

… 〈중간 생략〉 …

maxBenefit : -1, Solutions[0] : 3, total : 6
Solutions : 6, 7, 10, 11
Solutions : 6, 7, 10, 11
Solutions : 6, 7, 10, 11
Solutions : 6, 7, 10, 11

최대 투자 이익금 : 11
```

해설

■ 입력 처리

input.txt 파일을 불러오고 테스트 케이스의 수를 입력받는 방법은 다음 코드를 사용한다.

```
26    freopen("input.txt", "r", stdin);
27
28    // 총 테스트 수를 입력받는다
29    scanf("%d", &testCases);
```

그리고 전체 투자 금액과 투자할 스타트업의 수를 입력받는다.

```
34    // 전체 투자 금액과 투자할 스타트업의 수를 입력받는다
35    scanf("%d %d", &totalMoney, &num_Startup);
```

최종 값을 저장할 Solutions 배열을 초기화하고 입력 파일 혹은 사용자에게 투자 테이블에 저장할 값을 입력받는다.

```
37    // Solutions 배열 초기화
38    int Solutions[MAX_INVEST_MONEY] = {0, };
39
40    // 투자 테이블 입력받기
41    for(i = 0; i < totalMoney; i++)
42      for(j = 0; j <= num_Startup; j++)
43        scanf("%d", &investmentTable[i][j]);
```

■ 핵심 알고리즘 코드

이 문제의 핵심은 전체 투자 금액에서 반대로 구한 Solutions의 값과 현재 투자 금액을 기업에 투자했을 때 얻는 금액을 비교해서 더 큰 이익을 주는 값을 구하는 것이다. 코드는 54행~55행이다.

```
54        maxBenefit = getMaxBenefit(maxBenefit, (Solutions[j - k] +
55            investmentTable[k][i + 1]));
```

따라서 45행~46행의 중첩 for문을 이용해 전체 스타트업의 수와 전체 투자 금액에 대한 이익을 얻어서 구한다.

```
45        for(i = 0; i < num_Startup; i++) {
46          for(j = totalMoney - 1; j >= 0; j--) {
47            int maxBenefit = -1;
48
49            for(k = 0; k < totalMoney; k++) {
50              if(j - k >= 0) {
51                printf("maxBenefit : %d, Solutions[%d] : %d, total : %d\n",
52                  maxBenefit, (j - k), Solutions[j - k], (Solutions[j - k] +
53                  investmentTable[k][i + 1]));
54                maxBenefit = getMaxBenefit(maxBenefit, (Solutions[j - k] +
55                  investmentTable[k][i + 1]));
56              }
57
58              Solutions[j] = getMaxBenefit(Solutions[j], maxBenefit);
59              printf("Solutions : %d, %d, %d, %d\n", Solutions[0], Solutions[1],
60                Solutions[2], Solutions[3]);
61            }
62
63          printf("\n");
64        }
65
66      printf("\n\n");
67    }
```

ARRANGEMENT
정리

사실 이 문제는 쉬운 문제는 아니다. 문제를 한 번 보고 코드로 프로그래밍하기가 쉽지 않다. 따라서 기억해두어야 할 코드는 45행~67행 중에서 printf() 문을 삭제한 다음 코드다.

```
for(i = 0; i < num_Startup; i++) {
  for(j = totalMoney - 1; j >= 0; j--) {
    int maxBenefit = -1;

    for(k = 0; k < totalMoney; k++) {
      if(j - k >= 0) {
```

```
    maxBenefit = getMaxBenefit(maxBenefit, (Solutions[j - k] +
       investmentTable[k][i + 1]));
  }

  Solutions[j] = getMaxBenefit(Solutions[j], maxBenefit);
 }
 }
}
```

첫 번째 for문인 for(i = 0; i < num_Startup; i++)는 스타트업의 수만큼 반복해 연산하는 코드이므로 일단 전체 알고리즘을 고려할 때는 생략하기로 한다. 따라서 핵심 알고리즘은 결국 다음 2개의 for문이다.

```
for(j = totalMoney - 1; j >= 0; j--) {
  int maxBenefit = -1;

  for(k = 0; k < totalMoney; k++) {
    if(j - k >= 0) {
      maxBenefit = getMaxBenefit(maxBenefit, (Solutions[j - k] +
         investmentTable[k][i + 1]));
    }

    Solutions[j] = getMaxBenefit(Solutions[j], maxBenefit);
  }
}
```

전체 투자 금액인 totalMoney 값을 하나씩 감소시키면서 최대 수익을 계산하여 Solutions라는 배열 값을 변경한다.

SECTION 03 외양간 고치기

QUESTION 문제

간밤에 태풍이 불면서 외양간의 지붕이 무너지고 문이 없어졌다. 외양간은 일렬이고 똑같은 너비의 칸으로 만들어졌는데, 어떤 외양간은 소가 도망치고 없었고 어떤 외양간은 소가 얌전히 있었다. 그러므로 문이 없어진 외양간에는 가능한 한 소가 빨리 도망가지 못하도록 판자 한 장이라도 붙여야 했다. 그런데 판자를 파는 목재상은 원하는 크기로 판자를 잘라주지만 잘라주는 개수는 정해져 있다. 또한 판자의 가격이 비싸므로 구입해야 하는 판자의 총 길이를 최소화해야 한다.

소가 도망가지 않고 남아 있는 모든 외양간의 문을 M개의 판자로 막을 때 판자 총 길이의 최솟값을 구해 보자.

■입력
- 여러 테스트 케이스가 포함될 수 있다.
- 첫 번째 행에는 테스트 케이스의 수 T가 주어지고, 이후 차례로 T개의 테스트 케이스가 주어진다(T ≤ 10).
- 각 테스트 케이스의 첫 번째 행에는 세 정수 M, N, C가 주어진다. M은 목재상에서 파는 판자의 수고, N은 총 외양간의 개수, C는 소가 도망치지 않고 남아 있는 외양간의 수다($1 \le M \le 50, 1 \le C \le N \le 200$).
- 각 테스트 케이스의 두 번째 행부터 C번째 행에 걸쳐 소가 남아 있는 외양간의 번호가 주어진다.

■출력
- 한 행마다 각 테스트 케이스의 결과인, 소가 남아 있는 모든 외양간의 문을 M개의 판자로 막을 때 판자 총 길이의 최솟값을 출력한다.

■입출력 예

입력

```
2
4 50 18
3
```

```
4
6
8
14
15
16
17
21
25
26
27
30
31
40
41
42
43
2 10 4
2
4
6
8
```

출력

```
22
5
```

이 문제는 주어진 판자의 개수 안에서 소가 남아 있는 외양간의 입구를 막는 문제다. 첫 번째로 해야 할 작업은 소가 남아 있는 외양간의 번호를 찾은 후 해당 구간을 하나의 판자로 연속해서 막을 수 있는지 구해야 한다.

예를 들어 1, 2, 3, 4, 5, 6, 7, 8, 9, 10번 총 10개의 외양간 중에 소가 남아 있는 외양이 3, 4, 6, 8번이고, 총 1개의 판자만 사용할 수 있다면 3번부터 8번까지의 구간을 막으면 된다. 비록 5번과 7번 외양간은 막을 필요가 없다고 하더라도 사용할 수 있는 판자의 수가 1개로 제한되어 있으므로 3번부터 8번까지를 하나의 판자로 막는 것이 최선의 방법이다.

먼저 각 외양간의 거리를 오름차순으로 정렬한다. 외양간의 거리를 오름차순으로 정리한 이유는 가장 큰 차이가 있는 외양간들부터 우선적으로 판자를 사용하기 위해서다.

각 외양간의 거리 차이를 저장하고 정렬한 후에는 판자의 수만큼 그 차이를 구한다. 결국 이 값은 판자를 붙일 필요가 없는 공간을 의미한다.

```
for(i = 0; i < M; i++) {
  if(i >= C)
    break;

  sum += diff[C - i - 2];
  printf("판자를 사용할 필요가 없는 길이 : %d\n", sum);
}
```

다음으로는 소가 남아 있는 첫 번째 외양간부터 소가 남아 있는 마지막 외양간까지의 거리를 구한 후 앞에서 구한 판자를 사용할 필요가 없는 길이를 빼면 판자를 붙여야 하는 전체 길이를 구할 수 있다.

```
max_length = cowHouse[C - 1] - cowHouse[0] + 1;
Solution = max_length - sum;
```

SOLVE
문제 풀이

■ 정답 코드

코드 17-4

```
01  #include <stdio.h>
02  #define MAX 10000
03
04  int M, N, C;
05  int cowHouse[MAX];
06  int diff[MAX];
07  int Solution;
08
09  void SortingData(int data[], int n);
10
```

```
11  void SortingData(int data[], int n)
12  {
13    long i, j, t;
14
15    for(i = 0; i < n; i++) {
16      for(j = 0; j < n - i - 1; j++) {
17        if(data[j] > data[j + 1]) {
18          t = data[j];
19          data[j] = data[j + 1];
20          data[j + 1] = t;
21        }
22      }
23    }
24  }
25
26  int main(void)
27  {
28    int tc, i, T;
29    int max_length;
30    int sum;
31
32    freopen("input.txt", "r", stdin);
33    setbuf(stdout, NULL);
34    scanf("%d", &T);
35
36    for(tc = 0; tc < T; tc++) {
37      sum = 0;
38      scanf("%d %d %d", &M, &N, &C);
39
40      for(i = 0; i < C; i++) {
41        scanf("%d", &cowHouse[i]);
42      }
43
44      SortingData(&cowHouse[0], C);
45
46      for(i = 0; i < C; i++) {
47        diff[i] = (cowHouse[i + 1] - cowHouse[i] - 1);
48      }
49
50      SortingData(&diff[0], C - 1);
51
52      for(i = 0; i < M; i++) {
53        if(i >= C)
54          break;
```

```
55
56        sum += diff[C - i - 2];
57        printf("판자를 사용할 필요가 없는 길이 : %d\n", sum);
58    }
59
60    max_length = cowHouse[C - 1] - cowHouse[0] + 1;
61    Solution = max_length - sum;
62
63    printf("판자로 막아야 할 외양간들의 총 길이 : %d\n", max_length);
64    printf("사용한 판자의 총 길이 : %d\n\n", Solution);
65    }
66
67    return 0;
68 }
```

■ 실행 결과

```
판자를 사용할 필요가 없는 길이 : 8
판자를 사용할 필요가 없는 길이 : 13
판자를 사용할 필요가 없는 길이 : 16
판자를 사용할 필요가 없는 길이 : 19
판자로 막아야 할 외양간들의 총 길이 : 41
사용한 판자의 총 길이 : 22

판자를 사용할 필요가 없는 길이 : 1
판자를 사용할 필요가 없는 길이 : 2
판자로 막아야 할 외양간들의 총 길이 : 7
사용한 판자의 총 길이 : 5
```

EXPLANATION
해설

■ 입력 처리

input.txt 파일을 불러오고 테스트 케이스의 수를 입력받는 방법은 다음 코드를 사용한다.

```
32    freopen("input.txt", "r", stdin);
33    setbuf(stdout, NULL);
34    scanf("%d", &T);
```

판자의 수 M, 외양간의 수 N, 그리고 소가 남아 있는 외양간의 수 C를 차례로 입력받는다. 그리고 소가 남아 있는 외양간의 번호를 입력받아 cowHouse 배열에 저장한다.

```
38      scanf("%d %d %d", &M, &N, &C);
39
40      for(i = 0; i < C; i++) {
41          scanf("%d", &cowHouse[i]);
42      }
```

■ 핵심 알고리즘 코드

가장 먼저 해야 할 작업은 소가 남아 있는 외양간들의 거리를 구하는 작업으로, 46행~48행이다.

```
46      for(i = 0; i < C; i++) {
47          diff[i] = (cowHouse[i + 1] - cowHouse[i] - 1);
48      }
```

외양간 사이의 거리를 구한 후에 차이를 배열 diff에 저장한다. 그리고 이 차이를 오름차순으로 정렬한다. 알고리즘 문제에서는 외부 함수를 사용할 수 없으므로 정렬해야 할 때 간단한 정렬 함수를 만들어서 사용해야 한다. 따라서 1~2개 정도의 정렬 함수는 머릿속에 기억해두는 것이 좋다. 다음 코드다.

```
11  void SortingData(int data[], int n)
12  {
13    long i, j, t;
14
15    for(i = 0; i < n; i++) {
16      for(j = 0; j < n - i - 1; j++) {
17        if(data[j] > data[j + 1]) {
18          t = data[j];
19          data[j] = data[j + 1];
20          data[j + 1] = t;
21        }
22      }
23    }
24  }
```

이 문제에서는 거품 정렬Bubble Sort 알고리즘을 사용했다.

이제 정렬한 diff 배열을 판자의 수만큼 반복 실행해 비교하면서 차이를 구한다. 결국 외양간의 거리 차이가 가장 큰 구간부터 먼저 판자를 붙인다.

```
52      for(i = 0; i < M; i++) {
53        if(i >= C)
54          break;
55
56        sum += diff[C - i - 2];
57        printf("판자를 사용할 필요가 없는 길이 : %d\n", sum);
58      }
```

결국 이 코드는 판자를 사용할 필요가 없는 길이를 구한 것이므로 판자를 붙여야 하는 전체 길이에서 이 차이만큼을 빼주면 가장 최소한으로 필요한 판자의 길이를 구할 수 있다.

```
60      max_length = cowHouse[C - 1] - cowHouse[0] + 1;
61      Solution = max_length - sum;
```

ARRANGEMENT
정리

이 문제는 중간에 구멍처럼 비어 있는 간격들을 오름차순으로 정렬한 후에 크기가 큰 값부터 차례로 구해서 전체 길이에서 빼는 알고리즘이다. 간단한 정렬 함수와 전체 길이를 구한 후에 판자를 붙일 필요가 없는 구간을 구해서 빼면 된다는 것만 안다면 쉽게 해결할 수 있는 문제다.

LEVEL 4 Mid

QUESTION
문제

호랑이가 별 다른 문제 없이 생태계에서 생존하려면 적절한 크기의 자기 영역이 필요하다. 따라서 나름대로 표시한 자기만의 영역 안에 다른 호랑이가 침범하면 치열한 싸움이 벌어진다.

한빛동물원에서는 사파리 형태의 호랑이 우리를 만들려고 계획 중이며, 우선 그림 17-1처럼 호랑이가 표시한 자기 위치를 전부 포함한 영역을 구하려고 한다.

그림 17-1 사파리 형태의 호랑이 우리

호랑이가 자기 구역이라고 표시한 여러 개의 점들이 주어질 때 모든 점을 포함하는 호랑이 영역의 면적은 얼마나 될까?

■ 입력

- 여러 테스트 케이스가 포함될 수 있다.
- 첫 번째 행에는 테스트 케이스의 수 T가 주어지고, 이후 차례로 T개의 테스트 케이스가 주어진다(T ≤ 10).

- 각 테스트 케이스의 첫 번째 행에는 점의 개수 N이 주어진다(3 ≤ N ≤ 100).

- 각 테스트 케이스의 두 번째 행부터 N번째 행에 걸쳐 두 정수 x, y가 공백으로 분리되어 주어진다.

- x, y는 i번째 점의 좌표고, 각 점의 좌표는 서로 다르다(−10000 ≤ x, y ≤ 10000).

■ 출력

- 한 행마다 각 테스트 케이스의 결과인, 호랑이 영역의 면적을 소수 둘째 자리까지 반올림해 출력한다.

■ 입출력 예

입력

```
2
7
10 30
30 10
20 0
30 30
50 10
40 50
60 30
20
8 -2
39 38
-22 -5
0 64
70 -8
-7 -30
40 -21
68 12
30 46
58 45
-24 40
8 1
16 66
41 58
37 25
20 -22
43 38
-12 14
29 40
-9 -4
```

```
1500.00
6863.50
```

브레인 스토밍

이 알고리즘은 다각형의 면적을 구하는 문제다. 다각형의 면적을 구하는 방법은 여러 가지가 있지만 그중에서 가장 많이 알려져 있는 방법은 벡터의 외적Cross Product을 사용해 구하는 방법이다.

벡터의 외적은 3차원 벡터에서 정의되므로 z = 0으로 가정해야 한다. 즉, 3차원 공간에서 세 점 $(x_1, y_1, 0)$, $(x_2, y_2, 0)$, $(x_3, y_3, 0)$이 이루는 삼각형 면적을 구하는 문제다.

두 변을 이루는 벡터가 다음과 같다고 하자.

$$\vec{a} = (x_2 - x_1, y_2 - y_1, 0), \vec{b} = (x_3 - x_1, y_3 - y_1, 0)$$

삼각형의 면적은 | a × b | / 2와 같다. 따라서 a × b = $(0, 0, (x_2 - x_1)(y_3 - y_1) - (x_3 - x_1)(y_2 - y_1))$이므로 구하는 삼각형의 면적은 다음 공식으로 구할 수 있다.

$$\text{Area} = |(x_2 - y_1)(y_3 - y_1) - (x_3 - x_1)(y_2 - y_1)| / 2$$

이 문제에서 구해야 하는 다각형의 면적은 삼각형들의 집합이라고 생각할 수 있다. 다음 코드를 보자.

```
for(i = 4; i <num_Points+1; i++) {
  while(crossProduct(data_Vertex[num_realData - 1],
      data_Vertex[num_realData], data[i]) <= 0)
    num_realData--;

  data_Vertex[++num_realData]=data[i];
}
```

각 지점의 데이터 중 벡터의 외적이 0보다 큰 경우만 계산해서 data_Vertex 배열에 저장한다. 이 저장된 data_Vertex 배열을 사용해 다각형의 면적을 구한다.

다각형의 면적을 구하는 코드는 주어진 점의 외적 벡터를 계산해 구하면 된다.

```
double polygon_area(const int n, POINT p[]) {
  double area = 0.0;
  int i;
  POINT temp = p[1];

  for(i = 2; i < n; ++i) {
    area += crossProduct(temp, p[i], p[i + 1]);
  }

  area = area / 2.0;

  return area > 0 ? area : -area;
}
```

SOLVE
문제 풀이

■ 정답 코드

코드 17-5

```
001  #include <stdio.h>
002  #define MAX 1000
003
004  typedef struct __POINT {
005    int x;
006    int y;
007  } POINT;
008
009  int N;
010  POINT data[MAX];
011  double Solution;
012  POINT data_Vertex[MAX];
013  int num_realData;
014
015  int areaTriangle(const POINT A, const POINT B, const POINT C)
016  {
017    return (B.x - A.x) * (C.y - A.y) - (B.y - A.y) * (C.x - A.x);
018  }
019
020  double distance(const POINT A, const POINT B)
```

```
021   {
022     return (A.x - B.x) * (A.x - B.x) + (A.y - B.y) * (A.y - B.y);
023   }
024
025   double polygon_area(const int n, POINT p[])
026   {
027     double area = 0.0;
028     int i;
029     POINT temp = p[1];
030
031     for(i = 2; i < n; ++i) {
032       area += areaTriangle(temp, p[i], p[i + 1]);
033     }
034
035     area = area / 2.0;
036     return area > 0 ? area : -area;
037   }
038
039   int main(void)
040   {
041     int tc, testCases, i, j;
042     int num_Points;
043
044     freopen("input.txt", "r", stdin);
045     setbuf(stdout, NULL);
046     scanf("%d", &testCases);
047
048     for(tc = 0; tc < testCases; tc++) {
049       scanf("%d", &num_Points);
050
051       for(i = 1; i <= num_Points; i++)
052         scanf("%d%d", &data[i].x, &data[i].y);
053
054       Solution = 0.0;
055
056       int temp = 1;
057
058       for(i = 2; i <= num_Points; i++)
059         if(data[temp].y - data[i].y > 0 || (data[temp].y - data[i].y == 0 &&
060             data[temp].x > data[i].x))
061           temp=i;
062
063       POINT tempPOINT = data[temp];
064       data[temp] = data[1];
065       data[1] = tempPOINT;
066       printf("tempPoint.x : %d, tempPoint.y : %d\n", tempPOINT.x, tempPOINT.y);
```

```
067
068     for(i = 2; i < num_Points; i++) {
069       temp = i;
070
071       for(j = temp + 1; j <= N; j++) {
072         if((areaTriangle(data[1], data[j], data[temp]) > 0) ||
073             (areaTriangle(data[1], data[j], data[temp]) == 0
074               && distance(data[1], data[j]) >
075               distance(data[1], data[temp]))) {
076           temp = j;
077         }
078       }
079
080       tempPOINT = data[temp];
081       data[temp] = data[i];
082       data[i] = tempPOINT;
083     }
084
085     printf("tempPoint.x : %d, tempPoint.y : %d\n", tempPOINT.x, tempPOINT.y);
086
087     data_Vertex[1] = data[1];
088     data_Vertex[2] = data[2];
089     data_Vertex[3] = data[3];
090     num_realData = 3;
091
092     for(i = 4; i < num_Points + 1; i++) {
093       while(areaTriangle(data_Vertex[num_realData - 1],
094           data_Vertex[num_realData],data[i]) <= 0) {
095         num_realData--;
096       }
097
098       data_Vertex[++num_realData] = data[i];
099     }
100
101     Solution = polygon_area(num_realData, data_Vertex);
102     printf("num_realData: %d\n", num_realData);
103
104     for(i = 0; i < num_realData; i++)
105       printf("data_Vertex[%d].x : %d, data_Vertex[%d].y: %d \n", i,
106           data_Vertex[i].x, i, data_Vertex[i].y);
107
108     printf("다각형의 면적은 %f\n\n", Solution);
109   }
110
```

```
111    return 0;
112  }
```

■ 실행 결과

```
tempPoint.x : 20, tempPoint.y : 0
tempPoint.x : 40, tempPoint.y : 50
num_realData: 3
data_Vertex[0].x : 0, data_Vertex[0].y: 0
data_Vertex[1].x : 20, data_Vertex[1].y: 0
data_Vertex[2].x : 50, data_Vertex[2].y: 10
다각형의 면적은 250.000000

tempPoint.x : -7, tempPoint.y : -30
tempPoint.x : 29, tempPoint.y : 40
num_realData: 12
data_Vertex[0].x : 0, data_Vertex[0].y: 0
data_Vertex[1].x : -7, data_Vertex[1].y: -30
data_Vertex[2].x : 39, data_Vertex[2].y: 38
data_Vertex[3].x : 0, data_Vertex[3].y: 64
data_Vertex[4].x : 8, data_Vertex[4].y: -2
data_Vertex[5].x : 40, data_Vertex[5].y: -21
data_Vertex[6].x : 68, data_Vertex[6].y: 12
data_Vertex[7].x : 58, data_Vertex[7].y: 45
data_Vertex[8].x : -24, data_Vertex[8].y: 40
data_Vertex[9].x : 20, data_Vertex[9].y: -22
data_Vertex[10].x : 43, data_Vertex[10].y: 38
data_Vertex[11].x : 29, data_Vertex[11].y: 40
다각형의 면적은 6505.000000
```

EXPLANATION
해설

■ 입력 처리

input.txt 파일을 불러오고 테스트 케이스의 수를 입력받는 방법은 다음 코드를 사용한다.

```
044    freopen("input.txt", "r", stdin);
045    setbuf(stdout, NULL);
046    scanf("%d", &testCases);
```

사용자로부터 각 점의 위치 정보를 입력받는다.

```
051    for(i = 1; i <= num_Points; i++)
052      scanf("%d%d",&data[i].x,&data[i].y);
```

■ 핵심 알고리즘 코드

세 점을 이용해 면적을 구하는 방법의 코드 부분은 다음과 같다. 실제 세 점을 이용한 삼각형은
areaTriangle( ) 함수에서 구한 값을 2로 나눠야 한다.

```
015    int areaTriangle(const POINT A, const POINT B, const POINT C)
016    {
017      return (B.x - A.x) * (C.y - A.y) - (B.y - A.y) * (C.x - A.x);
018    }
```

다음 함수인 polygon_area( ) 함수 내부에서는 다각형의 면적을 구한다.

```
025    double polygon_area(const int n, POINT p[])
026    {
027      double area = 0.0;
028      int i;
029      POINT temp = p[1];
030
031      for(i = 2; i < n; ++i) {
032        area += areaTriangle(temp, p[i], p[i + 1]);
033      }
034
035      area = area / 2.0;
036      return area > 0 ? area : -area;
037    }
```

ARRANGEMENT
정리

이 문제는 벡터의 외적을 이용해 삼각형의 면적을 구하는 수식을 알고 있어야 풀 수 있다. 간혹
알고리즘 문제에서 이와 같이 수학 공식을 알아야 풀 수 있는 문제들이 등장한다.

SECTION 05 식인종과 연구원

QUESTION 문제

한빛연구소에서는 아마존 강의 밀림을 연구하려는 목적으로 연구원들을 아마존 강으로 보냈다. 그런데 연구원들은 도착해서 밀림으로 들어가자마자 길을 잃어 식인종 마을로 들어가버렸다. 간신히 식인종 추장과 이야기가 되어 식인종 마을을 벗어날 수 있게 되었는데 모두가 살아서 나가려면 다음과 같은 상황을 고려해야 한다.

- 마을 경계에 강이 흐르고 있으며 배를 타야만 그 강을 건널 수 있다.
- 아마존 강의 식인종들은 무조건 사람을 잡아 먹는 것이 아니라 숫자를 세어 자신들의 수가 더 많은 경우에만 잡아 먹는다. 따라서 식인종 영토에는 항상 식인종보다 많은 수의 연구원이 있어야 한다.

이제 배를 타고 식인종 마을을 빠져나가려고 한다. 단, 다음 규칙을 지켜야만 한다.

- 정해진 인원을 초과할 수는 없다.
- 배에 탔던 식인종 또는 연구원은 일단 배에서 내렸다가 다시 타야 한다.
- 노를 저어야 하므로 배는 최소한 1명의 식인종 또는 연구원이 있어야 움직일 수 있다.

그림 17-2 식인종과 연구원

이러한 상황에서 배를 최소 몇 번 이동시켜야 연구원들이 식인종의 영토를 탈출할 수 있을지 계산하는 프로그램을 작성해보자.

■ **입력**

- 여러 테스트 케이스가 포함될 수 있다.
- 첫 번째 행에는 테스트 케이스의 수 T가 주어지고, 이후 차례로 T개의 테스트 케이스가 주어진다(T ≤ 20).
- 각 테스트 케이스의 첫 번째 행에는 식인종과 연구원들의 수 N(즉, 식인종 N명과 연구원 N명), 배에 탈 수 있는 인원 M이 공백으로 분리되어 주어진다(1 ≤ N ≤ 10, 1 ≤ M ≤ 5).

■ **출력**

- 한 행마다 각 테스트 케이스의 결과인, 연구원들이 강을 건너 식인종의 영토를 탈출하는 배의 최소 이동 횟수를 출력한다.
- 연구원들이 죽지 않고 건너갈 수 있는 방법이 없을 경우에는 'impossible'이라는 메시지를 출력한다.

■ **입출력 예**

입력

2
2 2
9 5

출력

5
11

BRAIN STORMING
브레인 스토밍

이 문제는 알고리즘 분야에서는 상당히 유명한 문제다. 해결하는 방법도 여러 가지가 존재하는데 여기에서는 큐^{Queue}를 사용한다.

먼저 배를 타고 연구원과 식인종이 이동할 수 있는 조건을 정확하게 알아야 한다. 조건은 다음과 같다.

- 연구원의 수가 식인종의 수와 같거나 많아야 한다.
- 적어도 1명의 연구원이나 식인종은 배에 타고 있어야 한다.
- 육지에 남아 있는 연구원의 수도 육지에 남아 있는 식인종의 수보다 많아야 한다.

따라서 위 조건을 만족하는 코드가 필요하다.

SOLVE
문제 풀이

▪정답 코드

코드 17-6

```
001  #include <stdio.h>
002  #include <memory.h>
003  #define SIZE 256
004
005  typedef struct {
006    int num_Researchers;
007    int num_Cannibals;
008    int boat;
009    int counter;
010  } NODE;
011
012  int N, M, Solution;
013  NODE Queue[SIZE];
014  int flag[11][11][2];
015
016  int front, rear;
017
018  void initQueue();
019  int fullQueue();
020  int emptyQueue();
021  void enQueue(NODE node);
022  NODE deQueue();
023  int checkStatus(NODE n);
024
025  void initQueue()
```

```
026  {
027    front = 0;
028    rear = 0;
029  }
030
031  int fullQueue()
032  {
033    if(front == (rear + 1) % SIZE)
034      return 1;
035
036    else
037      return 0;
038  }
039
040  int emptyQueue()
041  {
042    if(front == rear)
043      return 1;
044
045    else
046      return 0;
047  }
048
049  void enQueue(NODE node)
050  {
051    if(fullQueue())
052      return;
053
054    printf("node.counter : %d\n", node.counter);
055    Queue[rear] = node;
056    rear = (rear + 1) % SIZE;
057  }
058
059  NODE deQueue()
060  {
061    if(!emptyQueue()) {
062      NODE n = Queue[front];
063      front = (front + 1) % SIZE;
064      return n;
065    }
066  }
067
068  int checkStatus(NODE node)
069  {
```

```
070    int num_Researchers = node.num_Researchers;
071    int num_Cannibals = node.num_Cannibals;
072    int boat = node.boat;
073
074    if(num_Researchers != 0 && num_Researchers < num_Cannibals)
075      return 0;
076
077    if(N - num_Researchers != 0 && N - num_Researchers < N - num_Cannibals)
078      return 0;
079
080    if(num_Researchers < 0 || num_Cannibals < 0)
081      return 0;
082
083    if(num_Researchers > N || num_Cannibals > N)
084      return 0;
085
086    if(num_Researchers == N && num_Cannibals == N && boat == 0)
087      return 0;
088
089    if(num_Researchers == 0 && num_Cannibals == 0 && boat == 1)
090      return 0;
091
092    return 1;
093  }
094
095  int main(void)
096  {
097    int testCases, tc;
098
099    setbuf(stdout, NULL);
100    freopen("input.txt", "r", stdin);
101    scanf("%d", &testCases);
102
103    for(tc = 0; tc < testCases; tc++) {
104      int finishStatus;
105      NODE node;
106      scanf("%d %d", &N, &M);
107
108      Solution =- 1;
109      memset(flag, 0, sizeof(flag));
110      initQueue();
111
112      node.num_Researchers = N;
113      node.num_Cannibals = N;
```

```
114      node.boat = 1;
115      node.counter = 0;
116      enQueue(node);
117      finishStatus = 0;
118      flag[node.num_Researchers][node.num_Cannibals][node.boat] = 1;
119
120      while(!emptyQueue()) {
121        NODE tmp = deQueue();
122        NODE currentStatusNode;
123        int s = 0, c = 1;
124
125        // printf("%d %d %d\n", tmp.num_Researchers, tmp.num_Cannibals, tmp.boat);
126
127        for(s = 0; s <= M; s++) {
128          if(s == 0)
129            c = 1;
130
131          else
132            c = 0;
133
134          while((s == 0 && s + c <= M) || (s != 0 && s + c <= M && c <= s)) {
135            // printf("연구원 :  %d 식인종 :  %d\n", s, c);
136
137            if(tmp.boat == 1) {
138              currentStatusNode.num_Researchers = tmp.num_Researchers - s;
139              currentStatusNode.num_Cannibals = tmp.num_Cannibals - c;
140              currentStatusNode.boat = 1 - tmp.boat;
141              currentStatusNode.counter = tmp.counter + 1;
142
143              // printf("[->]%d명 연구원, %d명 식인종 %d번 이동\n",
144              // tmp.num_Researchers, tmp.num_Cannibals, tmp.counter);
145            }
146
147            else {
148              currentStatusNode.num_Researchers = tmp.num_Researchers + s;
149              currentStatusNode.num_Cannibals = tmp.num_Cannibals + c;
150              currentStatusNode.boat = 1 - tmp.boat;
151              currentStatusNode.counter = tmp.counter + 1;
152
153              // printf("[<-]%d명 연구원, %d명 식인종 %d번 이동\n",
154              // tmp.num_Researchers, tmp.num_Cannibals, tmp.counter);
155            }
156
157            if(currentStatusNode.num_Researchers == 0 &&
```

```
158                 currentStatusNode.num_Cannibals == 0 &&
159                 currentStatusNode.boat == 0) {
160             // printf("s %d c %d\n", s, c);
161             finishStatus = 1;
162             Solution = currentStatusNode.counter;
163
164             break;
165         }
166
167         if(checkStatus(currentStatusNode)) {
168             if(flag[currentStatusNode.num_Researchers]
169                 [currentStatusNode.num_Cannibals]
170                 [currentStatusNode.boat] == 1) {
171             c++;
172
173             continue;
174             }
175
176         else
177             flag[currentStatusNode.num_Researchers]
178                 [currentStatusNode.num_Cannibals]
179                 [currentStatusNode.boat] = 1;
180
181         printf("연구원 : %d 식인종 : %d 보트 방향 : %d\n",
182             currentStatusNode.num_Researchers,
183             currentStatusNode.num_Cannibals,
184             currentStatusNode.boat);
185         enQueue(currentStatusNode);
186         }
187
188         c++;
189     }
190
191     if(finishStatus == 1)
192         break;
193     }
194
195     if(finishStatus == 1)
196         break;
197     }
198
199     if(Solution == -1)
200         printf("impossible\n\n");
201
```

```
202      else
203          printf("총 %d회 이동\n\n", Solution);
204      }
205
206      return 0;
207  }
```

■ 실행 결과

```
node.counter : 0
연구원 : 2 식인종 : 1 보트 방향 : 0
node.counter : 1
연구원 : 2 식인종 : 0 보트 방향 : 0
node.counter : 1
연구원 : 1 식인종 : 1 보트 방향 : 0
node.counter : 1

… 〈중간 생략〉 …

연구원 : 0 식인종 : 2 보트 방향 : 1
node.counter : 10
연구원 : 1 식인종 : 1 보트 방향 : 1
node.counter : 10
연구원 : 1 식인종 : 1 보트 방향 : 0
node.counter : 11
총 11회 이동
```

EXPLANATION
해설

■ 입력 처리

input.txt 파일을 불러오고 테스트 케이스의 수를 입력받는 방법은 다음 코드를 사용한다.

```
099      setbuf(stdout, NULL);
100      freopen("input.txt", "r", stdin);
101      scanf("%d", &testCases);
```

테스트 케이스의 수에 맞추어 반복 실행하면서 식인종과 연구원들의 수 N(즉, 식인종 N명과 연구원 N명), 배에 탈 수 있는 인원 M을 고려해 연산하므로 106행에서 이를 입력받는다.

```
103    for(tc = 0; tc < testCases; tc++) {
104       int finishStatus;
105       NODE node;
106       scanf("%d %d", &N, &M);
```

■ 핵심 알고리즘 코드

연구원의 수, 식인종의 수, 배의 진행 방향, 지금까지의 이동 횟수를 하나의 구조체로 정의해 사용한다.

```
005    typedef struct {
006       int num_Researchers;
007       int num_Cannibals;
008       int boat;
009       int counter;
010    } NODE;
```

68행 checkStatus() 함수는 연구원과 식인종이 이동할 수 있는 조건을 확인한다.

```
068    int checkStatus(NODE node)
069    {
070       int num_Researchers = node.num_Researchers;
071       int num_Cannibals = node.num_Cannibals;
072       int boat = node.boat;
073
074       if(num_Researchers != 0 && num_Researchers < num_Cannibals)
075          return 0;
076
077       if(N - num_Researchers != 0 && N - num_Researchers < N - num_Cannibals)
078          return 0;
079
080       if(num_Researchers < 0 || num_Cannibals < 0)
081          return 0;
082
083       if(num_Researchers > N || num_Cannibals > N)
084          return 0;
```

```
085
086      if(num_Researchers == N && num_Cannibals == N && boat == 0)
087        return 0;
088
089      if(num_Researchers == 0 && num_Cannibals == 0 && boat == 1)
090        return 0;
091
092      return 1;
093    }
```

이 코드에서는 다음 총 여섯 가지 경우를 다룬다.

- 연구원이 있으면서 식인종 수가 연구원 수보다 많을 때

- 전체 연구원 수에서 현재 연구원 수를 뺐을 때 연구원이 있으면서 해당 수가 전체 식인종 수에서 현재 식인종 수를 뺀 수보다 적을 때

- 현재 연구원 수가 없거나 현재 식인종 수가 없을 때

- 현재 연구원 수가 전체 연구원 수보다 많거나 현재 식인종 수가 전체 식인종 수보다 많을 때

- 현재 연구원 수와 식인종 수가 전체 연구원 수 및 식인종 수와 같으면서 배의 이동 방향이 같을 때

- 현재 연구원 수와 식인종 수가 없으면서 배의 이동 방향이 바뀔 때

다음은 출발 지점에서 도착 지점까지 이동하려고 배에 탑승하는 경우다. 현재 육지에 남아 있는 상태는 currentStatusNode 변수로 표현하며 s는 사용자에게 입력받는 연구원의 수, c는 사용자에게 입력받는 식인종의 수다.

```
137              if(tmp.boat == 1) {
138                currentStatusNode.num_Researchers = tmp.num_Researchers - s;
139                currentStatusNode.num_Cannibals = tmp.num_Cannibals - c;
140                currentStatusNode.boat = 1 - tmp.boat;
141                currentStatusNode.counter = tmp.counter + 1;
142
143                // printf("[->]%d명 연구원, %d명 식인종 %d번 이동\n",
144                // tmp.num_Researchers, tmp.num_Cannibals, tmp.counter);
145              }
```

변수 tmp.boat 값이 1이라는 것은 출발 지점에서 도착 지점으로 진행하는 방향을 의미하며, tmp.boat 값이 0이 되면 도착 지점에서 다시 출발 지점으로 돌아오는 경우를 의미한다. 여기서 알아야 할 것은 배에 탑승하고 남은 사람들이므로 138행~139행 코드를 작성할 수 있다.

```
138                    currentStatusNode.num_Researchers = tmp.num_Researchers - s;
139                    currentStatusNode.num_Cannibals = tmp.num_Cannibals - c;
```

그리고 140행에서 보트의 진행 방향을 바꾸고 141행에서 이동 횟수를 1 증가시킨다.

반대로 도착 지점에서 출발 지점으로 돌아오는 경우의 코드도 거의 같다. 단, 건너갔다가 다시 돌아왔으므로 현재 인원 수에서 빼는 것이 아니라 더해준다는 것만 다르다.

```
147            else {
148                currentStatusNode.num_Researchers = tmp.num_Researchers + s;
149                currentStatusNode.num_Cannibals = tmp.num_Cannibals + c;
150                currentStatusNode.boat = 1 - tmp.boat;
151                currentStatusNode.counter = tmp.counter + 1;
152
153                // printf("[<-]%d명 연구원, %d명 식인종 %d번 이동\n",
154                // tmp.num_Researchers, tmp.num_Cannibals, tmp.counter);
155            }
```

반복문의 종료 조건은 finishStatus 값이 1이 되는 경우다. 이 경우는 출발지에 남아 있는 연구원과 식인종의 수가 모두 0이 되는 경우다.

```
157            if(currentStatusNode.num_Researchers == 0 &&
158                currentStatusNode.num_Cannibals == 0 &&
159                currentStatusNode.boat == 0) {
160            // printf("s %d c %d\n", s, c);
161                finishStatus = 1;
162                Solution = currentStatusNode.counter;
163
164                break;
165            }
```

마지막으로 현재 육지에 남아 있는 상태인 currentStatusNode를 매개변수로 두고 checkStatus( ) 함수를 실행할 수 있다면 연구원의 수, 식인종의 수, 배 이동 횟수 값을 갖는 배열 flag 값이 1이면 실제 배가 이동하지 않는 상태이므로 식인종의 수를 증가해 181행 printf( ) 함수에서 식인종 수를 하나 증가시키고 이를 큐에 저장한다. 1이 아니면 배가 이동하는 상태이므로 우선 배열 flag 값을 1로 만든 후 식인종 수를 증가시키지 않은 상태로 현재 연구원과 식인종 수, 보트 방향을 출력한다.

```
167            if(checkStatus(currentStatusNode)) {
168              if(flag[currentStatusNode.num_Researchers]
169                 [currentStatusNode.num_Cannibals]
170                 [currentStatusNode.boat] == 1) {
171                c++;
172
173                continue;
174              }
175
176              else
177                flag[currentStatusNode.num_Researchers]
178                   [currentStatusNode.num_Cannibals]
179                   [currentStatusNode.boat] = 1;
180
181              printf("연구원 : %d 식인종 : %d 보트 방향 : %d\n",
182                 currentStatusNode.num_Researchers,
183                 currentStatusNode.num_Cannibals,
184                 currentStatusNode.boat);
185              enQueue(currentStatusNode);
186            }
```

ARRANGEMENT
정리

식인종과 연구원 문제는 알고리즘 분야에서는 상당히 유명한 문제다. 이 책에서는 재귀 호출을
사용하지 않고 문제를 풀었지만 재귀 호출을 사용해 푸는 방법도 있다.

APPENDIX A

Visual Studio 2013의 설치 및 설정 방법

알고리즘 문제를 프로그래밍할 때 많이 사용하는 도구로 마이크로소프트에서 제공하는 Visual Studio가 있다. 학생들이나 일반인들이 간단하게 사용해볼 수 있도록 무료 버전인 Community 버전 혹은 Express 버전을 제공하므로 윈도우 기반에서 알고리즘 문제를 해결할 때 굉장히 유용하다.

또한 Visual Studio를 사용하면 C뿐만 아니라 C++나 C#과 같은 다른 프로그래밍 언어를 사용해볼 수도 있고, 일반 콘솔 애플리케이션이나 윈도우 프로그래밍도 가능하다.

부록에서는 Visual Studio를 자신의 컴퓨터에 설치하고, 이 책에서 사용하는 알고리즘들을 푸는 데 필요한 기본 사용법과 환경 설정을 살펴본다.

SECTION
01
Visual Studio 2013의 다운로드와 설치

Visual Studio 웹사이트

현재 최신 버전의 Visual Studio는 2015이지만 알고리즘 문제를 풀거나 간단한 애플리케이션을 개발하는 데는 아직까지 Visual Studio 2013 버전을 많이 사용한다. 물론 2015 버전을 사용해도 큰 차이는 없다.

먼저 https://www.visualstudio.com/ko-kr/downloads/download-visual-studio-vs.aspx에 접속한다. 그리고 중간 아래에 있는 [Visual Studio 2013]을 클릭한다. 클릭하면 다양한 Visual Studio 2013 버전이 보이는데, 이 중 [Community 2013] 혹은 [Express 2013 for Desktop]을 선택한다. 여기에서는 [Community 2013]을 기준으로 설명한다.

그림 A-1 Visual Studio 2013 다운로드 페이지

〈다운로드〉를 클릭하기 전에 형식을 선택해야 한다. '웹 설치 관리자'는 설치에 필요한 최소한의 파일만 다운로드한 후 설치하면서 필요한 파일을 다운로드하는 방식이다. 'ISO'는 설치에 필요한 모든 요소를 ISO 파일로 다운로드한 후 설치를 진행한다. 어떤 방식을 선택하든 큰 문제는 없다.

그리고 한국어 버전을 사용하려면 아래에 있는 '언어 선택'에서 한국어를 선택한 후 언어 팩을 별도로 다운로드해야 한다.

Visual Studio 2013의 설치

설치는 특별히 어려운 점은 없다. 단, 모든 설치 옵션을 선택해야 한다는 차이가 있다.

그림 A-2 Visual Studio 2013 설치

윈도우 8 이상이라면 [Tools for Maintaining Store Apps for Windows 8]과 [Windows Phone 8.0 SDK]라는 별도의 설치 옵션이 나타난다. 이는 Windows 8 이상의 매트로 앱을 제작할 필요가 있을 때 선택하는 옵션이므로 굳이 선택하지 않아도 된다.

그림 A-3 Windows 8 이상의 운영체제 설치 옵션

Visual Studio 2013의 실행

처음 Visual Studio 2013을 실행하면 다음과 같이 마이크로소프트 계정으로 로그인(Sign in)하라는 화면이 나타난다. 마이크로소프트 계정이 있다면 계정 이름과 암호를 입력하고, 〈로그인〉을 클릭하면 된다. 마이크로소프트 계정이 없는 사람들은 이어서 등장하는 로그인 창에서 '지금 등록'을 클릭해서 새로운 마이크로소프트 계정을 생성하면 된다.

그림 A-4 마이크로소프트 계정 로그인

Visual Studio 2013의 계정 등록까지 모두 마치면 다음 그림과 같은 첫 화면이 나타난다.

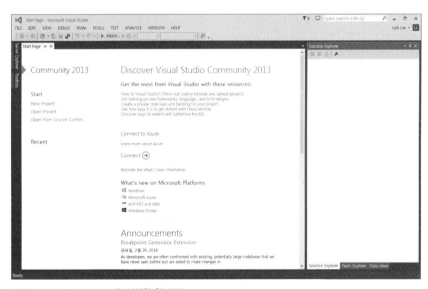

그림 A-5 Visual Studio를 실행한 첫 화면

SECTION 02 Visual Studio 2013을 사용한 테스트 코드 빌드와 실행

이제 본격적으로 Visual Studio 2013을 사용해 새로운 코드를 작성하고 실행해보자. 이번 절에서 다루는 내용은 이 책의 모든 알고리즘의 소스 코드를 실행할 때 매번 해줘야 하는 작업이다. 또한 이 부분에서 몇 가지 설정을 제대로 하지 않으면 실제 코드가 컴파일조차 되지 않으니 주의 깊게 읽어보기 바란다.

새로운 프로젝트의 생성

먼저 메뉴에서 [FILE] → [New] → [Project]를 선택한다.

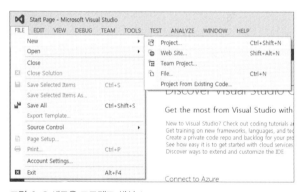

그림 A-6 새로운 프로젝트 생성 1

'New Project' 창이 나타나면 왼쪽 메뉴에서 [Templates] → [Visual C++]를 선택하고 오른쪽에서 [Win32 Console Application]을 선택한다. 꼭 [Win32 Console Application]을 선택해야 한다. 또한 기본으로 체크되어 있는 [Create directory for solution]의 체크 박스를 해제한다. 해제하는 것이 나중에 프로젝트 이름과 같은 폴더가 여러 개 만들어지는 것을 미연에 막을 수 있다. 프로그램 실행과는 상관없는 옵션이기는 하나 이 책의 알고리즘 코드를 테스트하는 여러분의 혼동을 막기 위해서다.

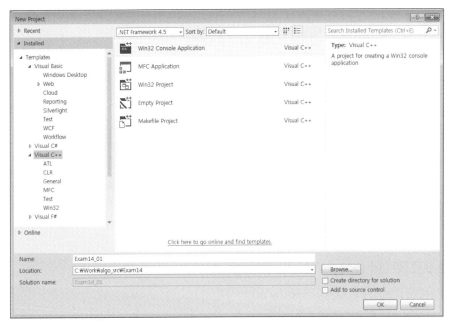

그림 A-7 새로운 프로젝트 생성 2

'Win32 Application Wizard – 프로젝트 이름' 창에서는 〈Next〉를 클릭한다.

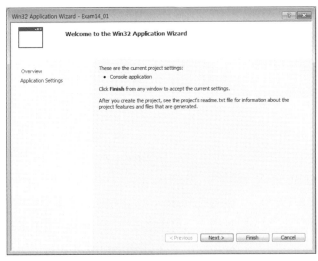

그림 A-8 새로운 프로젝트 생성 3

이 부분은 중요하다! [Application Type]은 [Console application]으로 설정한다(기본으로 설정되어 있으니 변경하지 않는 것이 좋다). 그 다음 [Additional options]에서 [Empty project]를 선택하고 [Security Development Lifecycle(SDL) checks]의 체크 박스를 해제한다. 이 2개 항목을 제대로 설정하지 않으면 컴파일할 때부터 오류가 발생할 수 있다.

모든 설정이 끝났으면 〈Finish〉를 클릭한다.

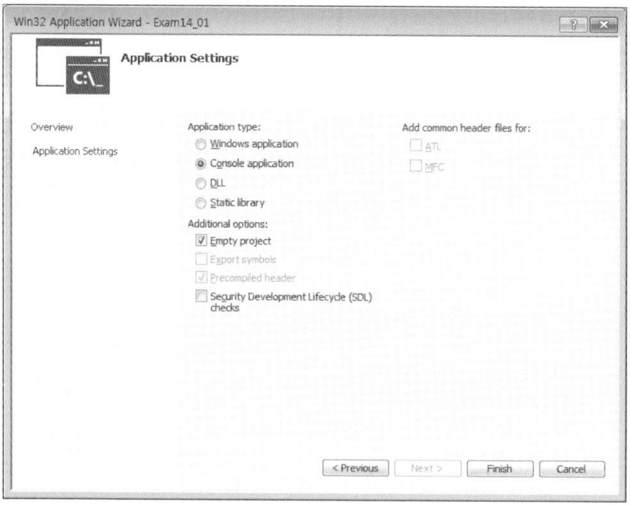

그림 A-9 새로운 프로젝트 생성 4

새로운 소스 코드의 생성

빈 프로젝트 화면이 나타나면 이제 코드를 입력한 '*.c' 파일을 생성할 차례다. [Solution Explorer]에서 [Source Files]를 마우스 오른쪽 버튼으로 클릭한 후 [Add] → [New Item]을 선택한다.

그림 A-10 새로운 소스 코드 생성 1

[C++ File]과 [Header File] 두 가지를 선택할 수 있는데 여기에서는 [C++ File]을 선택한다. 그리고 [Name] 항목에 원하는 파일 이름을 입력한다. 그림 A-11에서는 'test.c'라고 파일 이름을 입력했다.

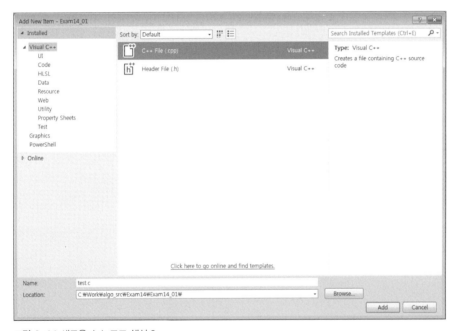

그림 A-11 새로운 소스 코드 생성 2

위 화면 오른쪽 아래에 있는 〈Add〉를 클릭하면 test.c 파일이 생성된다.

코드 입력과 빌드 및 실행

이제 test.c라는 빈 화면의 파일이 나타난다. 콘솔 창에 Hello World라는 메시지를 출력하는
코드를 작성해보자.

```c
#include <stdio.h>

int main()
{
    printf("Hello World\n");
}
```

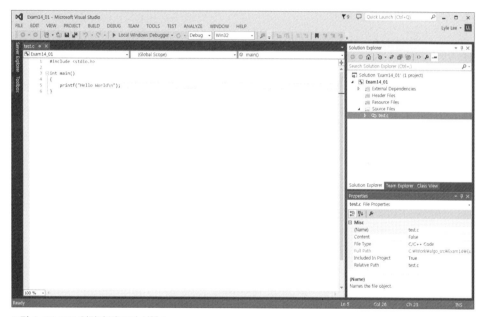

그림 A-12 코드 입력과 빌드 및 실행 1

코드를 모두 입력했으면 빌드한 후에 실행해보자. 빌드하고 바로 실행하는 명령어는 단축키로
[Ctrl] + [F5]를 누르거나 [DEBUG] → [Start without Debugging]을 선택하면 된다.

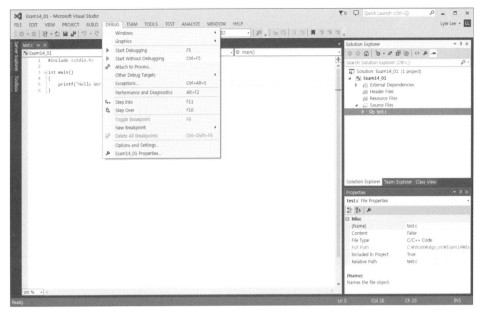

그림 A-13 코드 입력과 빌드 및 실행 2

다음처럼 콘솔 화면이 나타나고 그 안에 Hello World라는 문자열이 출력된다.

그림 A-14 코드 입력과 빌드 및 실행 3

사용자가 아무 키나 누르기 전까지는 계속 콘솔 화면이 대기 상태에 있으므로 알고리즘의 결과 화면을 확인하기가 편리하다.

SECTION 03 실행과 디버깅

input.txt 파일의 저장 위치

여기서 설명할 내용은 Visual Studio 2013의 통합 개발 환경^{IDE}을 이용해 이 책에서 다룬 알고리즘 문제들의 소스 코드를 실행하고 디버깅하는 방법이다.

먼저 이 책의 알고리즘은 대부분 'input.txt'라는 외부 텍스트 파일에서 데이터를 입력받는다. 따라서 input.txt라는 외부 입력 파일을 어디에 저장하는지가 중요하다. Exam14_01이라는 새로운 프로젝트를 생성했다면 그림 A-15와 같은 폴더가 생성된다.

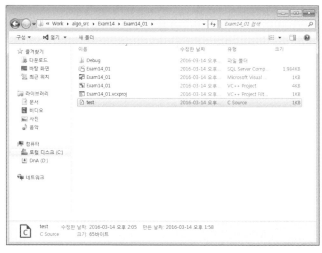

그림 A-15 새롭게 생성된 프로젝트 폴더의 구조

폴더 구조는 크게 Exam14_01 폴더와 Debug 폴더로 나누어진다. 처음 프로젝트를 생성하면 Debug 폴더가 존재하지 않으나 생성한 프로젝트를 한 번 빌드하고 나면 Debug 폴더가 생성된다.

이 책의 알고리즘 코드에서 외부 파일을 입력받는 코드는 다음과 같다.

```
freopen("input.txt", "r", stdin);

// 총 테스트 개수를 입력받는다.
scanf("%d",&testCases);
```

그런데 이 입력 파일에 해당하는 input.txt 파일의 경로가 명확하지 않다. 따라서 자칫 파일을 어디에 저장해야 할지 모를 수 있다. 그럼 파일을 저장해야 할 위치는 어디일까? 답은 Exam14_01 폴더다.

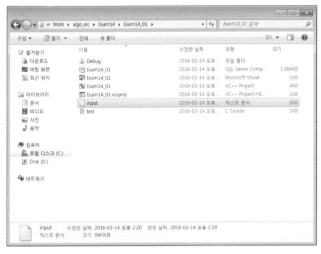

그림 A-16 input.txt 파일의 저장 위치

다른 곳에 input.txt 파일을 저장하면 입력 자체가 없기 때문에 프로그램이 실행되지 않는다. 종종 이 부분을 헷갈려 하는 사람들이 있는데 프로젝트 파일이 있는 곳에 입력 파일도 저장해야 한다는 사실을 기억해두자.

또한 기본 설치 상태에서 Visual Studio를 사용한다면 input.txt 파일을 저장할 때는 파일 인코딩 방식을 ANSI로 설정해야 한다. input.txt 파일 포맷을 UTF 형식으로 저장하면 알고리즘 프로그램을 실행할 때 텍스트 파일을 제대로 읽어올 수가 없다.

그림 A-17 input.txt 파일의 인코딩 형식

콘솔에서 실행 파일 입력해 실행하기

알고리즘 프로그램은 Visual Studio 2013에서 실행할 수도 있지만 명령 프롬프트에서 직접 실행하는 경우도 있다. 이 경우에는 입력 파일인 input.txt는 프로젝트 파일이 위치한 곳이 아닌 실행 파일이 위치한 곳에 있어야 한다.

다음은 아직 input.txt라는 입력 파일이 존재하지 않는 경우에 실행 파일을 실행했을 때의 결과 화면이다.

그림 A-18 입력 파일이 존재하는 경우의 실행 결과

입력 파일이 존재하지 않으므로 아무 결과도 출력하지 않고 프로그램이 종료된다.

이제 실행 파일이 위치한 곳에 input.txt 파일을 복사하고 실행해보자.

그림 A-19 입력 파일의 복사

그리고 Exam12_03이라는 실행 파일을 실행해보면 원하는 실행 결과가 나타나는 것을 확인할 수 있다.

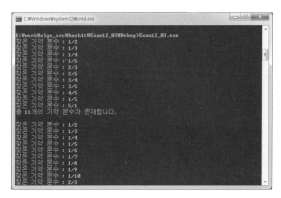

그림 A-20 실행 결과 확인

이번 절에서 소개한 두 가지 실행 방법 중 어떤 것이든 여러분에게 편한 방법을 사용하면 된다.

-- 218

* 80

* 연산자 84

& 연산자 81, 84

% 255

++ 218

16진수 61

1차원 테이블 416

2-3 트리 209, 235

2-3-4 트리 246

2-way 병합 정렬 알고리즘 302

2진수 60

3-way 병합 정렬 알고리즘 302

가독성 36

간접 정렬 알고리즘 251

감소 연산자 218

검색 알고리즘 39

고속 푸리에 변환 470

공간의 효율성 31, 34

공약수 389

구조체 106

균형도 209

기수 정렬 292

기수 정렬 알고리즘 291

기약 분수 474

깊이 162

깊이 우선 탐색 620

깊이 제한 621

나머지 연산자 255

내부 정렬 알고리즘 251

네트워크 322

노드 106

높이 162

다운힙 315

다차원 배열 75

단계 순회 알고리즘 165, 199

단말 노드 161

단일 링크드 리스트 116

대칭 행렬 528

데이터 타입 62

동적 계획법 536, 578

라이브러리 함수 384

런 303

레드-블랙 트리 209

레벨 162

루트 노드 161

리스트 63

리프 노드 161

리해싱 376

링크 106

링크 연결 133

링크드 리스트 106

매개변수 69

맵 데이터 658

메르센 수 471

메모리 블록 60

메모리 주소 60, 80

메모리 주소 값 85

메모리 할당 124

메모리 해제 124

무한 루프 387, 407

바이트 60

반복문 48

배열 63

배열 이름 90

배열의 초기화 78

백 트래킹 알고리즘 451, 620

버블 정렬 알고리즘 267

버킷 361

버킷 용량 375

병합 정렬 알고리즘 301, 470

부모 노드 161

부분 수열 55, 490

분할 244, 247

분할 정복 알고리즘 289, 470

비트 60

빅오 표기법 40

삭제 알고리즘 110, 120

삽입 알고리즘 110

삽입 정렬 알고리즘 261

상수 포인터 90

서로 소 474

선택 정렬 알고리즘 252

선형 조사 방법 375

세타 표기법 40

셸 정렬 알고리즘 273

소수 400

수열 395

수학적 분석 51

순서도 382

순회 165, 206

순회 알고리즘 165

스왑 258

스택 63, 135

스택 구조 140

스택 알고리즘 135

스톱 워치 51

슬롯 361

시간의 효율성 31, 33

시그마 43

시스템 39

시작 메모리 주소 92

시프트 연산자 62

식인종과 연구원 693

쏠린 트리 208

쏠림 현상 375

알고리즘 26

알고리즘의 성능 47

알고리즘의 실행 환경 47

암호화 알고리즘 39

압축 알고리즘 39

앞뒤가 같은 수 502

앞뒤가 같은 제곱 502

애플리케이션 개발 57

앰퍼샌드 81

약수 389

업힙 315

에스터리스크 80

엔드 노드 107

역참조 연산자 87

연 소수 508

연속 부분합 516

옆자리 조사 방법 375

오메가 표기법 40

오버플로 361

오버헤드 38, 246

완전 이진 트리 164

외부 정렬 알고리즘 251

외적 687

요소 31

우선순위 큐 309

운영체제 47

원형 링크드 리스트 126, 134

유클리드 호제법 476

의사 코드 417

이미지 프로세싱 57

이중 링크드 리스트 126, 127

이진 검색 알고리즘 324

이진 검색 트리 330

이진 트리 161, 162, 206

인덱스 67

임의의 숫자 385

ㅈ

자료구조 63, 106

자료형 62

자릿수 291

자식 노드 161

자식 트리 162

재귀 호출 38, 50, 470

전역 변수 35

전위 순회 알고리즘 165, 166

정렬 알고리즘 39, 250

정사각행렬 528

정 이진 트리 165

조건 27

주소 연산자 81

중위 순회 알고리즘 165, 176

증가 연산자 218

지역 변수 36, 72

직접 정렬 알고리즘 251

ㅊ **ㅋ**

차수 161

최대 연속 부분 516

최대공약수 389

최적 부분 구조 조건 500

최적화 54

최적화된 코드 37

충돌 361

컴파일 에러 91

컴파일러 37, 39

코드의 효율성 31, 36

퀵 정렬 알고리즘 251, 280

큐 63, 135, 143

큐 알고리즘 144

클러스터링 375

키-매핑 검색 알고리즘 354

키-주소 검색 알고리즘 350

ㅌ **ㅍ**

탐욕 알고리즘 414, 416, 500

탐욕스런 선택 조건 500

터미널 노드 161

테일 노드 107

트리 160

트리의 균형도 235

팝 135

패킹 밀도 374

팩토리얼 연산 50

포인터 65, 80

포인터 배열 96, 97

포인터 변수 82

포인터 연산 96, 98

포인터의 크기 81

푸시 135

프로그래밍 언어 26

피보나치 수 397

피보나치 수열 395

피타고라스의 정리 558

하노이의 탑 471

하드웨어 37

함수 원형 94

해시 알고리즘 350

해시 주소 375

해시 테이블 375

해시 함수 375

헤더 파일 41

헤드 노드 106

형제 노드 161

회전 210, 244, 246

효율적 28

후위 순회 알고리즘 165, 186

힙 320

힙 정렬 알고리즘 309

ⒶⒷⒸ

ANSI 716

AVL 트리 208

B 트리 246

Back Tracking 451, 620

Balance Factor 209

Big-O Notation 40

Binary Search Tree 330

Binary Tree 161, 162, 206

break문 388

BST 330

Bubble Sort Algorithm 267

Bucket 361

byte 60

Call by reference 102, 103

char 자료형 64

child node 161

clustering 375

collision 361

Complete Binary Tree 164

Condition 28

Console application 711

coprime 474

cross product 687

Data Type 62

degree 161

Delete Algorithm 110

depth 162

Depth Bound 621

Depth First Search 620

Dereferencing 87

DFS 620

Direct Sort Algorithm 251

DisplayStack( ) 함수 142

Divide and Conquer 289, 470

DOWNHEAP 315

Dynamic Programming 536

else if문 346

End Node 107

Euclidean algorithm 476

External Sort Algorithm **251**

 F **G**

Factorial **50**

Fast Fourier Transform **470**

FFT **470**

FIFO **143**

First In First Out **143**

for문 **29**

free( ) 함수 **124**

freopen( ) 함수 **480**

Full Binary Tree **165**

Get **143**

Get( ) 함수 **148**, **155**

getch( ) 함수 **34**

getchar( ) 함수 **34**

greatest common divisor **474**

Greedy Algorithm **416**, **500**

greedy choice property **500**

 H **I** **K**

Hash Algorithm **350**

heap **320**

Heap Sort Algorithm **309**

height **162**

if-else문 **50**

In-Order Traverse **165**

Indirect Sort Algorithm **251**

Insert Algorithm **110**

Insert Sort Algorithm **261**

int 자료형 **64**

Internal Sort Algorithm **251**

irreducible fraction **474**

Key-Addressing **350**

Key-Mapping **354**

 L **M** **N**

Last In First Out **136**, **143**

leaf node **161**

level **162**

Level-Order Traverse **165**

LIFO **136**, **143**

linear Proving Method **375**

Link **106**

Linked List **106**

LL 회전 **220**

LR 회전 **229**

malloc( ) 함수 **124**

Memory Address **60**

memset( ) 함수 **594**

Merge Sort Algorithm **301**

Node **106**

 O **P** **Q**

O(1) **41**, **42**

$O(2^N)$ **43**

O(logN) **42**

O(N) **43**

$O(N^2)$ **43**

$O(N^3)$ **43**

O(NlogN) **43**

Omega Notation **40**

optimal substructure **500**

overflow **361**

Overhead **38**, **246**

parent node **161**

Pointer **80**

Pop **135**

Post-Order Traverse 165

Pre-Order Traverse 165

printf( ) 함수 29

Priority Queue 309

Push 135

Put 143

Put( ) 함수 147, 153

Queue 135 143

Quick Sort 28

Quick Sort Algorithm 280

Radix Sort 292

Radix Sort Algorithm 291

RAM 60

rand( ) 함수 255, 387

random number 385

Readability 36

Recursive Call 38, 470

Rehashing 376

Right-Right 회전 212

RL 회전 232

root node 161

Rotation 210, 244, 246

RR 회전 212, 214

RUN 303

scanf( ) 함수 68

Security Development Lifecycle (SDL) checks
711

Selection Sort Algorithm 252

setbuf( ) 함수 506

Shell Sort Algorithm 273

sibling node 161

Skewed Tree 208

slot 361

Split Method 244, 247

srand( ) 함수 387

Stack 135

stdlib.h 387

Stop Watch 51

swap 258

symmetric matrix 528

Tail Node 107

terminal node 161

Theta Notation 40

time.h 387

time( ) 함수 387

Tower of Hanoi 471

traverse 165, 206

Tree 160

UPHEAP 315

UTF 형식 716

Visual Studio 706

XOR 연산자 529